KB249612

창비신서 120

계급으로부터의 후퇴

포스트맑스주의와 분석적 맑스주의 비판

엘린 메익신즈 우드 외 지음
손호철 편역

창 작 과 비 평 사

1 9 9 3

Ellen Meiksins Wood, *The Retreat from Class*
© Verso 1986

책머리에

  우리 사회에 유령이 출몰하고 있다. 잘 알려져 있듯이 '포스트주의'라는 유령이.

  포스트모더니즘, 포스트포드주의, 포스트맑스주의, 포스트코뮤니즘 등 언제부턴가 우리 사회에서는(아니면 우리 사회에서도) '포스트'라는 접두어가 없이는 지식시장에 '명함'을 내밀기가 어렵게 되어버렸다.

  이 중 특히 사회과학 분야에서 관심을 끄는 것은 '포스트맑스주의'다.

  주지하는 바와 같이 우리 사회에 포스트맑스주의의 돌풍이 몰아친 것은 현실사회주의의 몰락이라는 세계사적 사건과 관련하여 일어난 '한국판 맑스주의의 위기 논쟁' 속에서다. 분단 등 역사적 특수성으로 인해 우리 사회에서는 맑스주의가 줄곧 금기시되어왔으나 80년대에 들어와 민중운동이 활발해지면서 '단절된 전통을 복원'하려는 노력과 함께, 세계사적인 좌파의 퇴조와는 대조적으로 '맑스주의의 폭발', 특히 '스딸린주의적' 맑스주의의 폭발이 일어났다. 그러나 이같은 '뿌리 없는' 맑스주의의 폭발, 그리고 맑스주의가 우리 사회에 채 뿌리내리기 전에 강습한 현실사회주의의 몰락은 일부 '선도적' 맑스주의 이론가들을 포스트맑스주의에 경도하게 했고 포스트맑스주의의 유행을 가져다주었다.

  그러나 서구에서는 포스트맑스주의 논쟁이 현실사회주의의 몰락과 상관없이, 그 이전부터 이미 전개되어왔다. 내가 알고 있는 한, 포스트맑스주의라는 용어가 처음 사용되었고 이의 효시라 할 수 있는, 에르네스또 라끌라우(Ernesto Laclau)와 샹탈 무페(Chantal Mouffe)의 『헤게모니와 사회주의 전략』(*Hegemony and Socialist Strategy*)이 출판된 것은 1985년이다. 또이에 대한 최초의 체계적인 비판서이자 이제는 포스트맑스주의 논쟁의 고전에 속하는, 이 책의 기본 골격을 이루는 엘린 메익신즈 우드(Ellen Meiksins Wood)의 『계급으로부터의 후퇴』(*The Retreat from Class*)가 출판되고, 국내에 이미 번역 소개된 유명한 『신좌파평론』(*New Left Review*)지상의 포스트맑스주의 논쟁이 이루어진 것도 현실사회주의의 몰락 이전의일이다.

나는 2년 전 국내학계에 몰아친 포스트맑스주의의 돌풍을 바라보면서 유학시절 읽고 서가에 꽂아놓은 채 잊고 있던 엘린 우드의 『계급으로부터의후퇴』를 꺼내 번역에 들어갔다. 이는 맑스주의의 한계와 모순에 대한 포스트맑스주의의 비판이 '생산적'인 측면이 있기는 하지만(이 점에서 포스트주의를 "게으른 맑스주의를 자극해서 몸을 움직이게 하는 성가신 등에"[1]라고말한 한 학자의 비유가 시사적이다) 포스트맑스주의 역시 맑스주의 이상으로 그나름의 많은 문제점을 안고 있으며, 이와 대적하든 이를 수용하든 어떤 형태로건 이와 대면하기 위해서는 이 포스트맑스주의라는 '유령'의 정체를 명확히할 필요가 있다는 소박한 목적에서였다.

그리 많지는 않지만 그런대로 그동안 발표된 국내학계의 포스트맑스주의관련논문들에서 자주 인용되어, 관심있는 독자들에게는 익숙한 우드의 이책은 최초의 체계적인 포스트맑스주의 비판서로서 그 의미가 큰 저서다.이 책이 출판된 다음해인 1987년 세계 진보학계의 권위있는 저술상의 하나인 '아이작 도이처 기념상'을 받았다는 사실은 이를 잘 입증해주고 있다.

물론 이 책은 포스트맑스주의 비판이라는 용어를 직접 사용하지는 않고맑스가 '진정한 사회주의자'(True Socialist)라고 명명하여 그 비판에 많은노력을 기울인 바 있는 이론적 경향과의 유사성에 빗대어 '새로운 진정사회주의'(New True Socialism) 비판이라는 표현을 쓰고 있기는 하다. 그러나 용어의 차이와 관계없이 내용은 라끌라우·무페 등 세칭 '포스트맑스주의 이론가'들의 '새로운 (진정한) 사회주의론' 비판에 맞추어져 있다.

『계급으로부터의 후퇴』를 번역, 소개하려던 당초의 극히 단순한 계획은

---

1) 이성훈, 「서평: 포스트모더니즘의 쟁점」, 『이론』 제 1 호, 1992년 여름호, 243면.

준비과정에서 확대, 수정되었다. 책의 번역이 끝났으나 출판사의 사정으로 발간이 지연되고 있던 차, 이 책의 출판기획을 알고 있던 동료교수가 포스트맑스주의와 함께 '새로운 대안'으로 주목을 받고 있는 '합리적 선택 맑스주의'(Rational Choice Marxism, 국내학계에는 분석적 맑스주의로 더 잘 알려져 있음)에 대한, 『신좌파평론』지에 게재된 우드의 비판논문을 추가할 것을 제의해왔다. 나와 이 교수가 편집위원으로 있는 한 잡지에서 해외학문조류소개에 합리적 선택 맑스주의의 비판논문을 소개하기로 하고 조사한 결과, 우드의 「합리적 선택 맑스주의: 할 만한 게임인가?」("Rational Choice Marxism: Is the Game Worth the Candle?," *NLR* 177, 1989년 9·10월호, 41~88면)가 가장 적합하다고 판단했으나 잡지에 싣기에는 분량이 많으므로 우드의 책 속에 포함시키는 것이 좋겠다는 제의였다. 합리적 선택 맑스주의 역시 국내학계에서 주목받기 시작한 중요한 패러다임이라는 점에서 이를 수용하여 이 논문을 추가하였다.

이같이 되자, 이왕이면 이와 관련된 논쟁까지를 담아 좀더 포괄적인 책을 만들자는 생각에서 『계급으로부터의 후퇴』에 대한 중요한 서평들과 합리적 선택 맑스주의 비판에 대한 반비판, 이에 대한 우드의 답변 등 포스트맑스주의와 합리적 선택 맑스주의를 둘러싼 '우드논쟁'을 포함시키게 되었다. 그 최종결과가 현재와 같은 형식의 이 책이다.

이 책의 두 주제인 포스트맑스주의, 합리적 선택 맑스주의와 관련하여 짚고 넘어가야 할 하나의 쟁점은 이 두 이론의 정체성(identity)과 이 두 이론간의 관계, 나아가 이들 이론과 맑스주의 내지 '고전적' 맑스주의의 관계 문제이다. 이 문제를 여기서는 포스트맑스주의 정체성을 중심으로 간략히 짚고 넘어가고자 한다.

포스트맑스주의 문제를 다루는 데서 당혹스러운 것은 무엇보다도 먼저 포스트맑스주의가 구체적으로 무엇이며 그 외연이 어디까지인가 하는 정체성이 모호하다는 점 때문이다. 포스트맑스주의에 대한 뚜렷한 정의는 거의 없는 형편이며, 특히 권위있는 정의는 없다고 할 수 있다. 물론 이는 역으로 맑스주의란 무엇인가라는 맑스주의에 대한 정의가 모호하고 이런 정의에 대해 합의된 바가 없는 것과도 관련이 있을 수 있다. 그러나 포스트주

6

의자들 식의 표현법을 쓰자면 전략적으로 기의의 과잉을 의도해서인지, 내로라 하는 대표적인 포스트맑스주의자들의 경우에도 이에 대해 명확한 정의를 내리고 있지는 않다.

포스트맑스주의의 간판주자인 라끌라우·무폐의 경우, 포스트맑스주의를 주로 맑스주의 비판이라는 '부정적 어법'으로 정의하고 있는바, 이는 "노동자계급의 존재론적 중심성, … 이행(의) 근본적 계기로서의 대문자 R의 혁명(Revolution)의 역할, … 완벽하게 통일적이고 동질적인 집합의지에 대한 가상적 전망에 근거를 둔 사회주의라는 구상 전체"[2]를 부정하는 사상을 가리킨다. 여기에 굳이 긍정적 정의를 추가한다면 '주체의 다원주의'에 기초를 둔 "급진적·자유중심주의적(libertarian) 다원적 민주주의"[3] 사상일 것이다.

이들과 함께 포스트맑스주의자임을 자처하고 있는 무젤리스(N. Mouzelis)는 포스트맑스주의의 특징을 '총체성'과 '경제환원론'의 부정으로 이해하고 그 구체적 정향을 '비도그마성'과 '이론적 실용주의'라고 주장하고 있다. [4]

'전통적' 맑스주의에 비판적이면서 라끌라우·무폐류의 '포스트맑스주의'에 대해서도 일정한 거리를 유지하고 있는 밥 제숍(Bob Jessop)의 경우 포스트맑스주의를 라끌라우·무폐류의 '담화론적' 접근, '후기' 풀란차스류의 국가에 대한 '사회관계적' 접근, 아글리에따(M. Aglietta)·리피에츠(A. Lipietz)류의 '비환원론적' 정치경제학이론이라는 세 가지 조류로 파악하고 있다. [5]

한편 국내학계의 경우도 양상은 마찬가지이다. 라끌라우·무폐 저서의 번역자들의 경우, 포스트맑스주의의 핵심을 "결정론/환원론/본질주의에 대한 부정"[6]으로 요약하고 있다. 반면, 같은 책에 실린 보론에서 김성기

---

2) Ernesto Laclau & Chantal Mouffe, *Hegemony and Socialist Strategy*, London: Verso 1985, 2면.

3) C. Mouffe, "Hegemony and New Political Subjects," in Cary Nelson et al. (eds.), *Marxism and the Interpretation of Culture*, London: Macmillan 1988, 101면.

4) Nicos Mouzelis, *Post-Marxist Alternatives*, London: Macmillan 1990, 1~3면.

5) Bob Jessop, "Foreword," in René R. Bertramsen et al., *State, Economy and Society*, London: Unwin Hyman 1991, xiiii~xv면.

6) 라끌라우·무폐, 『사회변혁과 헤게모니』, 터 1990 중 「옮긴이의 말」, 4면.

는 포스트맑스주의의 특징을 "철학적 측면에선 루카치/헤겔식의 '총체성' 개념에 대한 부정·비판과 정치적 측면에서 레닌주의적 '당'개념에 대한 비판·부정"[7]으로 파악하고 있다. 국내의 대표적인 포스트맑스주의 논객인 이병천 교수는 "맑스의 죽은 것과 산 것을 준별하면서, 맑스의 산 것을 계승·보존하고, 이것과 비맑스주의적 진보이론의 풍부한 유산들을 올바르게 흡수·통합한 이론의 총체"[8]가, 박형준 교수는 "'새로운 주의'가 아니라 맑스주의를 넘어서려는 비판이론의 새로운 기획들"[9]이 포스트맑스주의라는 아주 '광의'의 정의를 내리고 있다. 김형기 교수 역시 이같은 광의의 개념화를 기초로 하여 좀더 구체적으로 시민사회론, 급진민주주의론, 담화이론(이상 '협의의 포스트맑스주의'), 나아가 조절이론과 합리적 선택 맑스주의를 포스트맑스주의로 파악하고 있다.[10]

이와는 대조적으로 포스트맑스주의에 비판적인 최장집 교수의 경우는 쉐보르스키(A. Przeworski), 라이트(E. O. Wright) 등의 세칭 합리적 선택 맑스주의를 포스트맑스주의에 포함시키는 것은 자의적인 개념의 확장이라는 좀더 엄격한 협의의 개념화를 채택하고 있다.[11]

여기에서 두드러진 것은 국내학계, 좀더 구체적으로 포스트맑스주의에 찬동하는 국내학자들의 경우 포스트맑스주의의 정당성을 제고하고 그 입지를 높이기 위해서인지 서구 학계에 비해 그 외연을 상당히 '자의적'으로 확대해석하고 있다는 점이다.

맑스주의의 산 것과 죽은 것이 구체적으로 무엇인지를 전제하지 않고 죽은 것을 버리고 산 것을 계승, 발전시키는 것이 '포스트맑스주의'라면 그람시, 레닌, 엥겔스, 나아가 맑스 자신("나는 맑스주의자가 아니다"라는 맑스의 언명을 상기하자)도 '포스트맑스주의자'라고 할 수 있다. 맑스주의와

---

7) 김성기, 「포스트마르크스주의의 한 시각」, 라끌라우·무페, 앞의 책, 278면.

8) 이병천, 「맑스 역사관의 재검토」, 『사회경제평론』 4, 1991, 114면, 주 5.

9) 박형준, 「좌담: 한국사회와 맑스주의」, 『동향과 전망』, 1992년 가을호, 백산서당, 22면.

10) 김형기, 「'운동의 위기론'을 넘어서 '위기의 운동론'으로」, 『월간 길』, 1993년 2월호, 181면.

11) 최장집, 「좌담: 한국사회와 맑스주의」, 앞의 책, 30면.

포스트맑스주의의 핵심이 무엇인가에 대해서는 이론(異論)이 있을 수 있으나, 맑스주의 핵심 중의 하나가 사회관계에서의 생산관계의 중심성, 이를 기초로 한 정치에서의 계급의 중심성이고 포스트맑스주의가 이를 부정하는 것이라고 할 때, '계급의 중심성'을 기초로 하여 이에 '미시기초'를 제공하려는 합리적 선택 맑스주의는 포스트맑스주의와는 구별되어야 한다고 볼 수 있다. (이것이 이 책의 부제를 '포스트맑스주의 비판'이 아니라 '포스트맑스주의와 분석적 맑스주의 비판'으로 한 이유이다.)

가장 협의의 정의를 제공하고 있는 라끌라우·무페의 경우도, '노동자계급의 중심성, 대문자 R의 혁명, 통일적이고 동질적인 집합의지에 기초를 둔 사회주의관'이라는 세 가지 기준 간의 관계가 이 세 조건을 다 부정할 때 포스트맑스주의인지 아니면 이 중 어느 하나만을 부정할 때도 포스트맑스주의인지에 따라 완전히 다른 의미와 외연을 갖게 된다. 제솝의 경우, 자본=사회관계라는 맑스의 문제의식을 상기할 때, 국가를 사회관계로 이해하는 것이 맑스주의적인 것이 아니라 포스트맑스주의적인 문제의식이라고 볼 수 있는지도 의심스럽다.

군이 이야기하자면, 어떠한 종류의 객관적 이해(interest)의 존재 그 자체를 부정하는 라끌라우·무페류는 분명히 '포스트맑스주의'(물론 그것은 이미 포스트맑스주의가 아니라 어떤 종류건 맑스주의와는 관계가 없는 '전향한 맑스주의 출신'(ex-Marxism)으로 구태여 맑스주의의 이름을 붙이는 이유를 모르겠다는 반론이 있기는 하지만)라고 할 수 있지만, 그 정확한 외연, 이같은 외연을 정의해줄 수 있는 그 핵심적 가정들, 나아가 이와 '고전적 맑스주의'의 관계들은 앞으로 계속 논의해야 할 주제이다. (합리적 선택 맑스주의의 정확한 정체성과 외연 자체도 포스트맑스주의와 같이 문제가 될 수 있지만 이 문제는 제 2 부의 우드 논문이 비교적 상세히 다루고 있어 생략하므로 이를 참고하기 바란다.)

두번째로, 포스트맑스주의가 스스로 주장하고 있는 그 이론적 위상이 무엇이냐, 즉 주장하고 있는 것이 '일반이론'으로서의 포스트맑스주의냐, '역사특수이론'으로서의 포스트맑스주의냐는 문제의 모호성이다. 다시 말해, 예를 들어 과거의 경우 계급의 중심성이 유지되었으며 이 점에서 과거에는 맑스주의가 '맞는 이론'이었으나 포스트근대사회 등에 이르러 이같은 중심성이 해체되어서 이제는 그 이론이 맞지 않고 포스트맑스주의가 올바른 이론이라는 뜻인지 아니면 과거('산업자본주의사회'뿐만 아니라 봉건제, 노예제 사회)까지도 포스트맑스주의적으로 해석할 수 있다는 이야기인지 불분명하다.

담화에 선행하는 실체나 이해를 부정하는 것은 분명 일반이론적 테제들일 수 있으나, "19세기 중반 이래의 선진자본주의 국가들에서는 민주주의적 위치들의 증식과 '불균등발전'이 민중적 극을 둘러싼 그 위치들의 단순하고 자동적인 통일을 점점 더 희석시켜왔다. … 성숙한 자본주의에서 정치적 투쟁의 조건들은 윤곽이 뚜렷한 '경계의 정치'라고 하는 19세기의 모델로부터 점점 더 멀어"[12]지고 있다는 주장 등은 제한적인 역사특수이론적 해석을 가능케 한다.

이는 특히 한국사회와 관련하여 각별한 의미를 갖는다. 만일 포스트맑스주의가 생산관계와 계급투쟁의 중심성을 부정하는 것이 기본적으로 역사특수적인 주장이라면, 과연 한국사회가 이같이 생산관계와 계급투쟁의 중심성이 지양된 '포스트근대사회냐'는 문제가 제기되기 때문이다. (물론 서구에서조차 서구가 이같은 '포스트근대사회'가 아니라는 반론이 제기되고 있기도 하다.)[13] 결국 포스트근대사회에 대한 '예비'도 중요하지만 포스트맑스주의의 '조기유행'은, 내가 다른 글에서 이미 지적한 바 있듯이,[14] '근대적'인 계급정치와 맑스주의가 오랫동안 단절된 끝에 우리 사회에 채 뿌리내리기도 전에 여기서 '조기은퇴'할 것을 강요당하는 폐해를 확산시키고 있는 것이 아닌가 반문해보아야 한다.

마지막으로 라끌라우·무페류의 포스트맑스주의는 '사소하고 당연한 사실'로부터 거대한 논리의 비약을 통해 그릇된 결론을 유도해내고 있다는, 이 책 속의 우드의 핵심주장을 주목할 필요가 있다. 즉 포스트맑스주의는 객관적인 (경제적) 이해로부터 정치와 이데올로기를 자동적으로 도출할

---

12) 라끌라우·무페 (김성기 외 역), 앞의 책, 165면.
13) Alex Callinicos, *Against Postmodernism*, NY: St. Matin's Press 1989, 132~44면 등.
14) 졸고, 「자유민주주의와 선거: 선거사회주의의 가능성과 한계」, 『경제와 사회』, 1992년 봄호, 47~48면.

수 없다는 천하가 다 아는 진리(맑스주의자들도 인정하는)로부터, 따라서 담화 이전에는, 담화에 선행하는 이해란 존재하지 않는다는 논리의 비약을 통한 그릇된 결론을 내리고 있다는 비판이다. 이와 관련하여, 라끌라우와 무페가 맑스주의의 필연／우연 등의 해소할 수 없는 이분법을 비판하면서 그 대안으로 제시하고 있는 포스트맑스주의의 이론들을 상기해보는 것은 의미가 있다. 즉, 이들은 고정된 '사회'(나아가 '국가')라는 것은 존재하지 않는다고 주장한다. 그러나 동시에 사회는 완전히 '봉합된' 것도 아니지만 제멋대로 '완전히 유동적인' 것도 아니다. 이는 "상대적으로 봉합"되어 있고 "상대적으로 폐쇄"된 것이다. [15] 이것이 필연('완전한 봉합')과 우연('완전한 유동')이라는 이분법을 피하는 포스트맑스주의의 해답이다. 결국 이같은 '상대적 봉합'은 맑스주의의, 경제에 의해 궁극적 규정을 받기는 하지만 '상대적으로 자율적'인 이데올로기와 정치라는 이론화의 모호성과 비과학성에서 얼마나 전진한 것일까?

이같은 문제의식에서 한 국내 포스트맑스주의 이론가가 제시한 '민중주체민주주의론'을 살펴보는 것은 흥미롭다. 포스트맑스주의에 따르면, 민중적 주체위치는 "정치적 공간이 두 적대적 진영으로 분리"될 때를, 민주적 주체위치는 "그런 식으로 분리시키지 않는 명백히 제한된 적대의 장소"를 지칭함으로써[16] 양자는 대안적 관계에 있는데, 따라서 '민중주체민주주의'란 일종의 언어모순이라 할 수 있다. 또 이때 '민중'은 포스트맑스주의의 논리에 따라 '객관적'인 계급적 위치 등 '객관적 주체위치'와는 전혀 관계가 없고 담화에 의해서만 형성되는 '우연적 집합체'인가? 즉 가장 악랄한 독점자본가나 억압적 국가관료도 담화에 의해 접합만 되면 민중이 되고 민중주체민주주의의 주체가 되는가? 그것이 아니라면 (사회가 완전히 유동적인 것이 아니므로) 무언가 객관적 토대를 기초로 하게 되는바, 이는 그토록 포스트맑스주의가 증오하는 '객관주의'와 담화에 선행하는 객관적 이해의 존재를 승인하는 것이 아닌가? 이같은 객관적 토대를 기초로 하되 사회가 '완전봉합'된 것이 아니므로 상대적으로 자율적인 담화에 의해 접합되어야 하는 것이라면, 이는 맑스주의의 상대적 자율성론과 무엇이 다른가?

15) 라끌라우·무페, 앞의 책, 164면.
16) 라끌라우·무페, 앞의 책, 161~70면.

한편 이 책에 포스트맑스주의와 합리적 선택 맑스주의에 관한 비판과 옹호의 다양한 입장들이 수록되어 있음에도 불구하고 부제가 '포스트맑스주의와 분석적 맑스주의 논쟁'이 아니라 '포스트맑스주의와 분석적 맑스주의 비판'이라는 점을 주목할 필요가 있다. 이는 물론 이 책이 이 두 패러다임에 대한 우드의 비판을 기본 골격으로 하고 있기 때문이다. 그러나 이는 단순히 이같은 이유를 넘어서, 내가 이 두 패러다임이 맑스주의의 한계에 대한 비판과 대안제시에 많은 긍정적인 요소를 갖고 있다는 점을 인정하면서도, 앞에서 부분적으로 지적했듯이, 이들 이론에 대한 우드의 비판에 더 공감하기 때문이다. 특히 역사적 특수성에 의해 근 30년 이상 계급이란 단어가 일상용어로부터는 말할 것도 없고 학술용어로도 자취를 감추는 등 '근대적'인 계급형성과 계급정치가 지체되어오다가 간신히 제자리를 찾아가기 시작하던 시점에서 현실사회주의의 몰락이라는 '된서리'를 맞은 우리 사회, 즉 '근대적'인 계급정치가 지양의 대상이 아니라 이제 갓 시작한 '완성의 과제'인 우리 사회에서는 더 더욱 그러하다고 믿기 때문이다. (물론 이 주장이 그렇다고 우리 사회에 '포스트근대적' 요소가 없다든가, '근대정치' '포스트근대정치' 등이 하나가 완결된 뒤 그 다음이 나타난다는 식으로 반드시 시기순으로 제기되어야 한다는 주장은 아니다.) 이와 관련하여, 이 책의 한국어판 서문을 요청하면서 한국사회의 최근 지적 풍토의 변화를 배경설명으로 간략히 소개한 나의 편지에 대해 우드는 지성사적 측면에서 볼 때는 한국사회에서와 같은 "스딸린주의적 맑스주의로부터 포스트맑스주의로의 이행은 충격적이지만 사실상 놀랄 만한 것은 아니나" "좌파의 주된 조류들이 준비가 안 되어 있는 계급정치의 새로운 국면(phase)에 들어가고 있는 유럽과 아마도 미국" 등과 달리 "이제 비로소 '근대적'인 계급정치로 옮아가기 시작한 한국"에서 포스트맑스주의가 유행한다는 것은 시사하는 바가 크다고 지적했다.

그렇다고 내가 우드의 입장에 전적으로 공감한다는 것은 아니다. 우드는 크게 보아 교조적 맑스주의자도, 그렇다고 알뛰쎄류의 '구조주의적 맑스주의자'도 아니나(생산관계에 대한 강조, 경제·정치·이데올로기라는 '층위론'과 위상학적인(topological) 토대-상부구조론에 기초를 둔 '초기' 알뛰쎄가 생산관계 그 자체가 지배-종속과 권력관계라는 점을 망각한 것이라는 우드의 비판 등을 참고하라) '고전적 맑스주의자', 특히 개방적이고 비판적인, 따라서 맑스주의의 정신에 더욱 철저하려는 '고전적 맑스주의자'라고 할 수 있다. 이같은 '고전적 맑스주의'에 기초를 둔 우드의 포스트맑스주의와 합리적 선택 맑스주의 비판은 분명 뛰어나고 설득력이 있음에도 불구하고, 다른 한편 서구에서 나타나는 고전적인 계급정치와 노동운동의 쇠퇴 등을 고려할 때 정치적으로 무력하고 이를 돌파할 만한 대안을 제시하고 있지 못하는 한계를 안고 있다는 느낌을 지울 수 없다. 이는 특히 현실사회주의의 몰락 등 이 글들이 출판된 이후 전개된 세계사적 변화를 고려할 때 더욱 그러하다. 또 이는 맑스주의의 위기가 돌이킬 수 없는 '불회귀점'을 넘어섰고 맑스주의의 모순은 해소불가능한 것이므로 이같은 모순을 작동시켜 맑스를 넘어서는 맑스주의의 전화를 시도해야 하며, 특히 포스트맑스주의 등 각종 '포스트주의'들이 강조하고 있는 포스트근대의 문제설정을 수용하면서도 최근 유행하고 있는 '포스트주의'들과는 달리 이를 '맑스주의적'으로 돌파하려는 '후기'('중기'?) 발리바(E. Balibar)류의 문제의식과 구별되고, 이에 비해서는 (물론 두 저술간의 시기적 차이에도 기인한 것일 수 있으나) 한 발짝 '뒤진' 것이 아닌가 싶다. 발리바는 정치를 신분에 기초를 둔 '전근대', 시민권의 보편화를 특징으로 하는 '근대', '적대'와는 구별되는 '차이' 특히 성적 차이와 지식노동과 육체노동의 분리라는 지적 차이(근대정치에서 '억압'되어온)에 주목하여 보편적 시민성을 기초로 한 추상적·유(類)적 인간 개념의 지양을 특징으로 하는 '포스트근대'로 파악함으로써 '포스트근대'의 문제설정을 수용하고 있다.[17] 그러면서도 그는 동시에 "이 시기들은 모두 분리된 총체성 속에, '현재적 계기' 구조 자체인 '비동시성' 속에 아직 현존"[18]하여 앞으로도 "사회주의의 이념은 … 자본주의적 모순들과 관련하는 한에서 그 문제들만큼의 정치적 중심성을 갖고 … 이러한 갈등들이 그 형태의 진화를 넘어서 … 금방 소멸될 것 같지 않다면 … '탈근대'의 시간들은 아직 오지 않았다"고[19] 밝히고 있다.

---

17) 에띠엔 발리바, 「인간의 권리와 시민의 권리」, 윤소영 편역, 『맑스주의의 역사』, 민맥 1991, 213~43면.

18) 같은 글, 242면.

19) 에띠엔 발리바, 「사회주의와 맑스주의」, 윤소영 편역, 앞의 책, 271면.

그러나 이같은 사실이 우드 저작의 의미를 감소시키지는 않을 것이다.

이 책은 크게 3부로 구성되어 있다. 제1부가 『계급으로부터의 후퇴』이며, 제2부가 「분석적 맑스주의 비판」이다. 제3부는 논쟁으로서 제1부에 대한 서평과 반박인 앤드루 갬블(Andrew Gamble)의 「계급정치와 급진적 민주주의」("Class Politics and Radical Democracy," *New Left Review* 164, 1987년 7·8월호, 113~22면), 가빈 키칭(Gavin Kitching)의 「엘린 메익신즈 우드에 대한 답변」("A Reply to Ellen Meiksins Wood," *New Left Review* 163, 1987년 5·6월호, 121~28면), 리차드 라이트(Richard Wright)의 「『계급으로부터의 후퇴』에 대한 비판」("Reviews," *Rethinking Marxism*, vol. 1, no. 2, 1988년 여름호, 167~70면, 172~75면)과 제2부에 관한 논쟁으로 모두 *New Left Review* 184호(1990년 11·12월호)에 실린 앨런 카링(Alan Carling)의 「합리적 선택에 대한 옹호: 우드에 대한 답변」("In Defense of Rational Choice: A Reply to Ellen Meiksins Wood," 97~109면), 알렉스 캘리니코스(Alex Callinicos)의 「'정치적 맑스주의'의 한계」("The Limits of 'Political Marxism'," 110~15면)와 엘린 우드의 「전부냐, 전무냐?」("Explaining Everything or Nothing," 116~28면)이다.

이 책의 제2부와 제3부 중 라이트, 카링의 논문은 내가 직접 번역하였다. 제1부와 제3부의 나머지 논문들은 서울대학교 정치학과 박사과정의 김영순, 구갑우 씨가 초역한 것을 내가 원문과 일일이 대조하여 수정한 뒤 다시 초역자들이 나의 수정부분의 표현들을 손보았다. 그럼에도 불구하고 인명의 경우 다소 부정확한 것이 있을지도 모르겠다.

마지막으로 한국어판 서문을 써준 엘린 우드 교수와 어려운 사회과학계 출판사정에도 불구하고 이 책의 출판을 흔쾌히 응낙하고 오히려 앞장서준 창작과비평사의 백낙청 교수님, 고세현 실장, 실무를 맡아준 김영애씨에게 감사드린다.

1993년 5월
손 호 철

한국어판 출간에 부쳐

서구 좌파에게 있어 사태는 매우 급속히 변화해오고 있다. 나의 『계급으로부터의 후퇴』가 처음 출판되었을 당시에는 '포스트맑스주의'라는 용어가 아직 자신을 확립해가는 과정에 있었다. 그후 6~7년밖에 지나지 않은 오늘날, 포스트맑스주의는 거의 아무 것도 의미하지 않는다. 이 용어로 자신들을 서술했던 당사자들은 이제 이같은 자기묘사를 아마도 부인할 것이다. 무엇보다도 먼저, 이 용어가 만들어졌을 때 그 의도는 이 이론의 주창자들이 자신들이 맑스주의를 훨씬 넘어서고 있다고 느꼈지만 다른 한편으로 그들이 맑스주의 전통에 자신들의 뿌리와 빚이 있다는 것을 전달하려는 것이었다. 이제 그들과 맑스주의 간의 연관은 매우 요원하고 약해져 거의 보이지 않게 되었다. 그들은 다양한 방식을 통해 맑스주의, 사회주의와 의절하는 것 이외에는 맑스주의 나아가 사회주의와도 거의 관련이 없는 방향으로 이동해왔다.

물론 여기에는 공산주의의 몰락이 개입되어 있다. 그러나 이 혁명이 사회주의 전통에 유례없는 자기반성과 '재사고'(rethinking)의 물결을 초래하는 극적인 결과를 가져다주었다고는 하지만, 이같은 세계사적 사건은 여러 중요한 측면에서 이미 작동중이던 과정을 가속화한 것에 불과하다. 이제 좋든 나쁘든 자본주의가 모든 있을 수 있는 세계 중 최상의 것이고 역사의 종말이라는 확신으로 수렴되는 자본주의적 영원불멸주의와 사회주의적 비관주의 간의 반신성동맹(unholy alliance)이 존재하고 있는 것 같다. 그러나 이러한 동맹이 쏘비에뜨제국의 몰락과, 구소련과 동구에서 자본주의를 '재건'하려는 노력에 의해 공고히되어왔다고는 하지만, 자본주의에 대한 순응은 뻬레스뜨로이까가 시작되기 이전에 서구 좌파의 다양한 지적 경향 속에 이미 내재해 있었다.

1980년대에 번창한 지적 경향, 특히 포스트맑스주의와 '합리적 선택 맑스주의'(Rational Choice Marxism)는 외관상 서로 매우 다른 것처럼 보인다. 포스트구조주의와 '담화이론'에 빚을 지고 있는 포스트맑스주의는 현재 다양한 '포스트모던' 경향 속에서 절정에 달해 있는 반합리주의의 점차적인 증대를 예시해주고 있다. 한편 합리적 선택 맑스주의는 일종의 초이성주의 (super-rationalism)인 것처럼 보인다. 그러나 이들은 일정한 중요한 공통점, 특히 이들을 '고전적' 맑스주의와 가장 근본적으로 구별시켜주는 몇가지 공통점을 갖고 있다.

첫째, 이들은 하나는 '담화'에 선차성을 부여함으로써, 또다른 하나는 역사를 분석철학의 추상화와 인간합리성이라는 초역사적 모델로 대치함으로써 모두 사회주의 프로젝트를 역사 속에 존재하는 그 물질적 기반으로부터 분리시키고 있다.

두번째 중요한 공통점은, 두 경향이 모두 맑스주의의 자본주의 비판(강조 원저자)에서 이탈해가고 있다는 점이다. '고전적' 맑스주의의 핵심은 고전적 정치경제학자들의 이론적 범주들을 영유하고 전복적으로 초월함으로써, 이데올로기적으로 구축된 이들 개념 속에 구현된 '현실적 외양' 뒤에 은폐된 사회현실을 폭로함으로써 자본주의에 대해 비판적 분석을 해낸 맑스의 정치경제학 비판이다. 포스트맑스주의는 정치경제학 비판을 가장 조야한 종류의 기술결정론으로 환원시킨 뒤 폐기해버렸다. 동시에 특수한 사회경제로서의 자본주의라는 사고는 모두 사라져버리기 시작했다. 예를 들어, 라끌라우와 무페는 '자본주의'보다는 '산업사회'에 관해 이야기하는 경향이 있다.

합리적 선택 맑스주의는 맑스주의의 정치경제학 비판을, 전통적인 부르조아 경제학(나아가 신고전주의 경제학까지도)의 도구들을 수용하고 이를 사회주의적 목적에 이용하려는 노력으로 대치하려 했다. 그 과정에서 이 이론은 맑스가 자본주의 비판을 위해 고안해낸 가장 강력한 무기들을 방기해버렸다. 맑스는 고전적 정치경제학이 자본주의에 특수한 사회관계를 거슬러 올라가 전 역사 속에 적용시켜 독해했다고 공격하면서 자본주의에 특수한 운동법칙을 규명한 데 반해, 이 이론은 시장합리성이라는 자본주의적 원리에 기초를 둔 '경제인'이라는 초역사적 아니 차라리 몰역사적 (ahistorical) 모델을 구축함으로써 자본주의의 특수성을 모호하게 만들어왔다. 자본주의 비판이 여전히 이 이론적 경향의 목적인 한에는 (합리적 선택 맑스주의의 다른 주된 이론가들은 점점 이로부터 멀어지고 있으나 존 로머(John Roemer)의 경우는 그런대로 이같은 목적을 유지하고 있다), 이 이론은 전통적 경제학의 무비판적인 범주들에 종속됨으로써 극히 불리한 조건에 놓여 있다.

어쨌든 이 두 경우에 맑스의 이론적 비판을 방기하는 것은 점점 자본주의를 어떤 방식으로든 근본적으로 비판하지 않는 경향으로 이어진다. 좌파의 주된 지적 작업으로서의 자본주의 비판은 점점 후퇴해왔다. 포스트맑스주의와 합리적 선택 맑스주의 이론가들은 모두 자본주의에 반대하는 것보다는 맑스주의의 결함을 찾아내는 데 관심이 많은 것 같다. 사회주의가 설사 매우 먼 미래에나 실현되는 것으로 연기되어야만 한다 할지라도 그것은 기껏해야 자본주의의 반명제가 아니라 자유민주주의의 단순하고 무비판적인 확장으로 묘사된다. 최악의 경우, 자본주의를 사회주의로 대체하는 것은 가능한 목표가 아니며, 나아가 바람직한 목표조차 아닌 것이 된다. 이 두 이론적 경향은 물적 기초가 없는 정치, 즉 몰역사적 자발주의와 결정론적 비관론의 모순적 통일체로 귀결되고 만 것 같다.

유럽과 북미 좌파에서 가장 유행하는 조류 중 일부는 이제 이같은 경향들, 특히 포스트맑스주의와 연관된 경향들을 그 궁극적인 결론으로 이끌어 갔다. 특히 문학분야에서 두드러진 '포스트모더니즘' 이론의 영향을 받은 새로운 포스트좌파의 조류들은 세계의 모습을 맑스주의와 같은 '총체화시키는 지식'이나 '계몽주의 프로젝트'의 보편적 가치를 적용할 수 없는 파편화되고 분절된 것으로 채색하고 있다. 이러한 세계에서는 통일된 '주체'나 정체성은 존재하지 않고 따라서 사회주의와 같은 해방을 위한 통일된 프로젝트의 주체를 상정할 수 없다. 포스트맑스주의 이론에 그처럼 중심적인 '신사회운동'까지도 완전히 파편화된 '정체성의 정치' 그리고 '차이의 정치'로 해체되어왔다.

　이같은 새로운 포스트좌파 이론들은 자본주의에 정면으로 반대하지 않는, 자본주의와의 관련방식을 모색해오고 있다. 이들은 자본주의를 그 부정인 사회주의라는 시각에서 총체적으로 대항하는 대신 자본주의의 틈새들 사이에서 공간들, 즉 포스트모던한 세계의 파편들 내의 내지 파편들간의 대안적 '담화들'을 위한 공간을 찾고 있다. 그중 대표적인 것은 포스트맑스주의보다도 더 철저하게 정치를 '담화'로 환원시키는 것이다. 이같은 정치의 지형은, 텍스트를 무수한 방식으로 '해체'시킴으로써 '정체성의 정치'와 '차이의 정치'가 이루어지는 강단아카데미에 더욱 굳건히 자리잡게 되는 경향이 있다. 여기서는 과거보다도 계급정치를 위한 공간이 더욱 축소된다.

　아이러니컬한 것은, 선진자본주의 경제가 심각하고 지속적인 불황에 빠져 있고 공산주의의 몰락이 냉전에 의해 포장되고 은폐되었던 자본주의 세계의 균열과 모순을 드러내고 있는 때 바로 이같은 현상이 발생하고 있다는 사실이다. 새로운 미국정부는 가장 거대하고 강력한 자본주의를 소생시키기 위해 몰두하고 있는 반면, 서독의 통일은 유럽의 가장 성공적인 경제에서 이미 나타나기 시작한 취약점을 급속히 악화시키고 있다. 대규모 실업, 빈곤, 노숙(homelessness), 인종주의, 강력범죄는 세계에서 가장 부유한 나라들의 고정장식물인 것처럼 보인다. 그리고 서구 국가의 생태의식의 성장 모두를 합쳐놓아봐야 환경을 악화시키는 자본주의의 구조적 충동에 의미있는 수정을 가할 수 없다. 이 모든 것들은 좌우 모두의 전통적인 정치 구성물들이 다양한 수준의 위기를 겪고 있는 가운데 생겨나고 있다. 이 중 일부(가장 극적인 것은 이딸리아)에서는 이 구성물들이 거의 사실상의 붕괴에까지 이르는 동안에 생겨난 것이다. 지금 그 어느 때보다도 자본주의에 대항할 수 있는 임종술(dying art)이 필요하다.

　게다가 계급정치의 새로운 시대가 시작되고 있다는 증후들이 보인다. 그러나 비극적이지만 새로운 포스트좌파는 이에 대해 전혀 준비가 되어 있지 않다. 한국이 내가 알고 있듯이 이제 처음으로 자신의 '근대적인' 계급정치를 경험하고 있다면 다른 자본주의 국가들, 특히 유럽과 북미는 이의 부활이 임박해 있는 것처럼 보인다. '새로운 민주주의 국가들'(한국 등 최근 '민주화'된 제3세계와 동구 등을 지칭 — 역자)은 '시장'의 고통이 심화되면서 계급투쟁의 비옥한 기반이 될 것이 확실하다. 한편 서구 자본주의를 다시 활성화시킬 것으로 기대되는 새로운 발전들, 즉 유럽통합과 북미자유교역 그 자체가 노동과 자본 간의 새로운 계급적 충돌의 조건을 창출하는 것처럼 보인다. 예를 들어, 유럽통합은 과거 유럽의 국민경제들이 이를 통해 임금상승을 수용하고 실업을 흡수할 수 있었던 재정적자와 환율평가절하 등과 같은 기제들을 약화시키는 효과를 갖고 있다. 이러한 효과들은 이미 유럽에서의 노동쟁의의 홍수와 노동조합의 점차적인 정치화로 가시화되고 있다.

우리는 현재를 맑스주의 이론과 사회주의적 실천에서 새롭고 창조적인 이니셔티브를 발휘할 적절한 시기라고 생각할 수 있고 사실이 정말로 그러하다. 그럴진대 왜 이미 죽어가고 있는 포스트맑스주의 논쟁으로 돌아가야 하는가? 하나의 답변은 포스트좌파의 정치적 사고 속에서 보이는 현재의 교착상태의 근원을 그 핵심적 전환점으로 추적해 올라가는 것이 도움이 되기 때문이라는 것이다. 그렇다면 최소한 우리의 비전으로부터 계급 그리고 사회주의 나아가 자본주의 비판까지도 모두 앗아가버린 그 전환 이전에는 논쟁이 그래도 계급정치에 관한 것이었다. 계급정치에 관해 생각하는 데서 좌파가 우리의 자원을 새롭게 갱신시켜야 할 긴박성이 지금 우리에게 주어져 있다면, 아마 그 지점이 출발점으로서 그리 나쁜 곳만은 아닐 것이다.

1993년 5월
엘린 메익신즈 우드

차 례

20

제 1 부

계급으로부터의 후퇴

E. M 우드

1
새로운 '진정'사회주의

1840년대에 맑스와 엥겔스가 가장 열렬히 논박하고자 했던 주요 논적 중 하나는 '진정'사회주의('true' socialism)라고 묘사된 지적 조류였다. 그들은 『독일 이데올로기』에 다음과 같이 쓰고 있다. '진정'사회주의자들은 "순진하게도 사회주의가 '가장 합리적인' 사회질서의 문제이지 특수한 계급과 특수한 시대의 요구에 의존하는 것이 아니다… 라는 환상을 믿고 있다.… 그들은 현실적인 역사적 기초를 포기하고 이데올로기적 기초로 되돌아갔다. 그러나 '진정'사회주의는 이제 더이상 현실적인 인간존재가 아니라 '인간 일반'(Man)을 염두에 두게 되면서, 모든 혁명적 열정을 잃어버렸으며 그 대신 인류에 대한 보편적 사랑을 주장하고 있다."[1] "만일 이 진정사회주의자들이 철학자들처럼 모든 현실적 분열이 개념적인 분열에 의해 야기된다고 믿어 의심치 않는다면, 왜 이들이 사회에 대해서 조금이라도 언급하는지 그 이유를 알 수가 없다. 개념의 힘이 세계를 창조하거나 파괴한다는 철학적 신념을 바탕으로, 그들은 이와 똑같이 어떤 개인들은 이러저러한 방식으로 개념을 '폐기함으로써' '삶의 분열을 폐기할 수 있다'고 상상할 수 있는 것이다."[2] 따라서 『공산당선언』에서는 다음과 같이 '진정'사회주의를 요약하고 있다. 사회주의가 "더이상 한 계급의 다른 한 계급에 대한 투

---

1) *The German Ideology*, in *Collected Works*, New York 1976, vol. 5, 455~57면.
2) 같은 책, 467면.

쟁의 표현이 아니기 때문에, … 〔'진정한' 사회주의자들은〕 진정한 요구가
아닌 진리의 요구, 프롤레타리아트의 이해가 아닌 인간 본성의 요구, 어떤
계급에도 속하지 않고 아무런 현실성도 가지고 있지 않은 인간 일반의 이
해를 대변한다고 생각하고 있다. 그러나 그런 인간은 안개에 싸인 철학적
환상이라는 영역 속에서나 존재할 뿐이다."

　1980년대에 우리는 '진정'사회주의의 부활을 목도하고 있는 듯하다. 새로
운 '진정'사회주의(New 'True' Socialism: NTS)는, 맑스주의적 '경제주의'와
'계급환원론'을 거부하는 것을 자랑으로 내세우면서, 사회주의적 프로젝트
에서 계급과 계급투쟁을 사실상 제거해버렸다. 이런 조류의 가장 독특한
특징은 이데올로기와 정치를 모든 사회적 토대로부터, 더 구체적으로는 모
든 계급적 기반으로부터 자율적인 것으로 만들어버린다는 것이다. 경제적
조건들이 자동적으로 정치세력을 형성시키며, 프롤레타리아트는 주어진 계
급적 조건으로 말미암아 불가피하게 사회주의를 위한 투쟁을 떠맡지 않을
수 없다는 가정――NTS는 이를 맑스주의에 속하는 것으로 보고 있다
――에 반대하여, NTS는 경제와 정치 사이에는 아무런 필연적인 조응관
계도 없기 때문에, 노동자계급은 사회주의를 위한 투쟁에서 아무런 특권적
지위도 차지할 수 없다고 주장한다. 그 대신 사회주의 운동은 경제적인 계
급적 조건으로부터 상대적으로(절대적으로?) 자율적인 이데올로기적·정
치적 수단들에 의해 건설될 수 있으며, 조야한 계급적인 물질적 이해관계
가 아니라 '보편인류적 선'과 합리적 사회질서에 대한 이성적 호소에 의해
추동된다. 이러한 이론적 장치들은 사실상 사회주의 프로젝트의 핵심부로
부터 노동자계급을 추방하고 계급적대를 이데올로기 혹은 '담화'(discourse)
의 균열로 대체했다.

　NTS는 다양한 정치적 입장을 포괄하고 있으며 다양한 지적 장르에서
자신을 표현하고 있다. NTS의 대변자들에는 정치이론가, 경제이론가, 이
데올로기와 문화 분석가, 역사학자 등이 포함된다. 그들은, 예컨대 에르네
스또 라끌라우(Ernesto Laclau), 배리 힌데스(Barry Hindess), 폴 허스트
(Paul Hirst), 개러스 스테드만 존스(Gareth Stedman Jones) 등과 같은 사
람들을 비롯하여 광범위한 관심영역과 스타일을 포괄하고 있다. NTS의
영어로 된 주요 이론기관지 중 하나는 영국 유로코뮤니즘의 이론지인 『오

늘날의 맑스주의』(*Marxism Today*)이다. 그러나 NTS가 이론적으로나 정치적으로나 대륙과 영국에서의 유로코뮤니즘의 발전에 밀접히 관련되어왔음에도 불구하고, 그것은 공산당원으로부터 노동당원에 이르는 참으로 광범위한 분야의 사회주의자들과 결합되었으며 대서양 양쪽 모두에서 자신의 대변인들을 발견해냈다.

NTS는 '신수정주의'(new revisionism)[3]라 불리는 것과 상당히 동일시될 수 있다. 그러나 맑스주의적 전통으로부터의 근본적인 이탈을 대표하며 실제로 그 핵심적 전제들을 거부하는——비록 맑스주의적 전통의 일부분이 되고 싶어하기는 했지만——이론적 정식들을 정교화함으로써 자신의 정치적 견해를 뒷받침하고자 하는 '신수정주의자들'을 (신수정주의자 일반으로부터—역자) 가려내기 위해서라면, 양자를 구분지을 필요가 있다. 일반적으로 '신수정주의'는 특정한 정치적 원칙을 공유하는 '사상의 스펙트럼'

---

3) 특히 Ralph Miliband, "The New Revisionism in Britain"(*New Left Review* 150, 1985년 3·4월호)을 보라. 또한 Ben Fine et al., *Class Politics: An Answer to its Critics*(London 1985)를 보라. 여기서는 '신수정주의'를 '더 새로워진 좌파'라고 칭하고 있다. 파인의 책은 NTS와 중요한 유사성을 지니고 있음에도 불구하고 본 연구에서는 제외된 몇몇 중요한 인물들을 다루고 있다. 본 연구가 빠뜨린 가장 중요한 사람은 아마도 스튜어트 홀(Stuart Hall)일 텐데, 그는 스스로 라끌라우와 '담화'의 정치에 깊은 감명을 받았다고 말한 바 있다. 홀의 이론적 진술은 지극히 모호하며, 그의 NTS적 방향으로의 이동은 종종 그가 서있는 곳이 어딘지 정확히 파악하기 어려울 정도로 애매한 개념 정의 및 그것의 방기를 동반하면서 이루어진다. 그러나 그는 순수히 계급을 기반으로 하는 정치는 부적절하며 비용이 많이 든다고 다소 실용주의적으로 주장하면서도, 한편으로는 계급정치의 중심성, 나아가 노동자계급의 이해와 사회주의적 정치역량 간의 유기적 관계조차 명시적으로 부정되지는 않는다는 사실을 강조할 필요가 있다. (부언하자면, 근래 그는 라끌라우의 최근논문인 "Authoritarian Populism: A Reply", *New Left Review* 151, 1985년 5·6월호, 122면과는 거리를 두고 있다.) 새처를 패배시키기 위해 사실상 거의 무제한적인 계급간 동맹을 추진하는 데 대해서 최소한 다른 유명한 맑스주의자들만큼은 그 필요성을 역설했던 홉스봄(Eric Hobsbawm)은 상당히 다른 경우에 속한다. 그는 '신사회운동'에 거의 아무런 관심이나 공감을 표하지 않았는데, 그의 정치적 입장은 과거 공산당들의 인민전선전략의 전통에 훨씬 더 가깝다. 더구나 그는 자신이 지금까지 이해해왔던 것과 같은 맑스주의의 이론적 교의로부터의 어떤 명시적인 이탈의 징후도 보이지 않아왔다.

을 대변한다. 특히 '신사회운동'에 의해 수행되고 있는 바와 같이 '민주주의적 투쟁'을 선호하면서 계급정치의 일차성을 거부하는 것이야말로 이 원칙들의 가장 중요한 요소다. NTS가 보기에 이러한 정치적 원칙들은 사회적 실재, 혹은 최소한 그것을 설명하는 이론적 장치들에 대한 전반적인 재평가를 요구한다. 이러한 이론적 재고에 가장 많은 공헌을 한 사람들은 신수정주의적 스펙트럼의 가장 오른쪽에 위치하는 경향이 있으며, 대다수의 그들의 동료들까지도 지나치게 극단으로까지 나갔다고 생각할 만한 입장을 취해왔다고 하는 것 역시 사실이다. 심지어는 우파 쪽으로 이동한 정도와 이론적 정교화 및 복잡성── 과장이나 모호성은 말할 것도 없고──의 정도 사이에 직접적인 연관관계가 있는 것으로 보인다고까지 할 수 있다. 어떤 경우든 현행 연구의 주목표는 이론의 재구축에 헌신하는 동시에 현재의 조류의 정치적 우파 쪽에 위치지어지는, 그 스펙트럼의 일부가 되는 것이다.

이와같은 운동의 다양성에도 불구하고, 그리고 이 운동에 속한 모든 성원들이 어찌됐든 이 모든 원칙들에 대해 똑같이 명확한 입장을 가지고 있지는 않다거나 이에 대한 신봉도가 같지는 않다는 사실을 감안하더라도, 우리는 이러한 지적 조류들의 논리를 규명하기 위해 그것의 극대치를 다음과 같은 몇개의 주요한 명제들의 형태로 종합해볼 수 있을 것이다.

1) 노동자계급은 맑스가 기대한 것처럼 혁명적인 운동을 만들어내지 않았다. 즉 노동자계급의 경제적 상황은 그에 적절히 조응하는 정치세력이라고 여겨졌던 것을 만들어내지 않고 있다.

2) 이는 일반적으로 경제와 정치 사이에 어떤 필연적인 조응관계가 존재하지 않는다는 사실을 반영한다. 계급과 정치 사이에 존재하는 어떠한 관계도 우연적인 것이다. 바꿔 말하면, 이데올로기와 정치는 경제적 (계급)관계들로부터 (상대적으로? 절대적으로?) 자율적이며, **사후적으로**(*a posteriori*) 정치적 개념으로 전환될 수 있는 '경제적인' 계급이해 따위는 존재하지 않는다.

3) 더 구체적으로, 이러한 명제들은 노동자계급과 사회주의 사이에 필연적이거나 특권적인 관계가 존재하지 않는다는 것, 그리고 실질적으로 노동

자계급은 사회주의에 아무런 '근본적인 이해관계'도 갖고 있지 않다는 것을 의미한다.

4) 따라서 사회주의 운동은 원칙적으로 계급과는 독립적으로 형성되며, 사회주의 정치는 경제적인 (계급적) 조건으로부터 다소 자율적으로 구성될 수 있다. 이것은 다음과 같은 두 가지의 특별한 의미를 지닌다.

5) 정치세력은 이데올로기적·정치적 수준에서 구성되고 조직되며 다양한 '민중적인' 요소들로 구성될 수 있는데, 이 요소들은 사람들 사이의 계급적 연관이나 대립과는 무관하게 순수히 이데올로기적이고 정치적인 수단에 의해 결합되고 촉발될 수 있다.

6) 사회주의의 적절한 목표는 계급적 이해관계라는 견지에서 규정되는 협소한 물질적 목표라기보다는, 계급을 초월하는 보편적인 인간의 목표이다. 우리는 이러한 목표들을 여러 종류의 사람들에게, 그들의 물질적 계급 상황과 상관없이, 자율적인 이데올로기적·정치적 수준에서 호소할 수 있다.

7) 특히 사회주의를 위한 투쟁은 다양한 형태의 불평등 및 억압에 대한 다양한 저항을 묶어내는 다원적인 '민주주의적' 투쟁들로 인식할 수 있다. 사실 사회주의라는 개념은 '급진적 민주주의'라는 개념으로 대체될 수도 있는 것이다. 사회주의란 자유민주주의의 다소 자연스러운 확장인 것이며, 선진자본주의 사회에서 제한된 형태로나마 어쨌든 존재하는 '민주주의'는 원칙적으로 '불확정적인' 것으로서 사회주의적 민주주의로의 확장을 가능케 한다. (미국의 NTS가 무엇보다도 이러한 가설의 형태로 존재한다는 것은 주목할 필요가 있으며, 그것은 사무엘 보울스 Samuel Bowles 나 허버트 진티스 Herbert Gintis 같은 필자들의 손에 의해 매우 정교하게 발전되었다.)

사회주의적 프로젝트의 탈계급화는 이제 더이상 계급의 폐기와 동일시될 수 없는 사회주의의 목적을 재정의해야 한다는 것뿐만 아니라, 사회적·역사적 과정에 대한 유물론적 분석을 거부한다는 것을 의미하는 것이다. 전체적인 주장의 논리가 물질적 생산, 사회적 생활을 구성하는 데서 기껏해야 부차적인 위치로 전락시킬 것을 요구함은 분명하다. 사회주의 프로젝트가 어떤 특수한 계급으로부터도 분리됨에 따라, 그것은 정체성(identity),

응집의 원칙, 목적 그리고 집단적 행동역량이 구체적인 사회적 관계 혹은 이해에 뿌리를 둔 것이 아니라 정치와 이데올로기 자체에 의해 구성되는 사회적 집합체들――'민중동맹'(popular alliance)――속에 재배치되었다. 따라서 NTS는, 역사적 세력들은 구체적인 물질적 생활조건에 근거를 두고 있지 않으며 전략적 힘과 행동능력을 지닌 집단적 행위자들은 사회의 물질적 생활조직에 전혀 기초를 두고 있지 않다고 가정하고 있다. 좀더 정확히 말하자면, 사회변혁의 행위자를 규정하는 데서 전략적 힘과 집단행동을 할 수 있는 능력의 소유 여부는 본질적인 기준으로서 취급되지 않는다.

이데올로기와 정치를 자율적인 것으로 만드는 이론적인 경향은 가장 극단적으로는 언어(language) 또는 '담화'를 사회적 생활의 지배적인 원칙으로 수립하는 경향과 결합되며, 이에 따라 '포스트맑스주의'적 경향은 사회적·역사적인 토대로부터 이데올로기와 의식을 궁극적으로 분리시키는 포스트구조주의로 수렴된다. 사회적 실재의 언어로의 해소, 순환논리, 결국은 허무주의라는 이와같은 접근방법이 지니고 있는 결함에 대해서는 페리 앤더슨(Perry Anderson)이 설득력있게 파헤친 바 있다.[4] 우리의 관점에서 중요한 것은, 사회적·정치적 세력이 사회적 관계에 거의 근거를 두지 않으며 담화에 의해 구성된다고 가정하고 있는 이러한 접근방법이 어떻게 정치적 전략에 활용되어왔는가라는 점이다.

따라서 NTS들의 프로젝트의 전형적인 주체는 자율적인 이데올로기, 기원이 불투명한 이데올로기로부터 도출되었다는 것 외에는 아무런 구별가능한 정체성도 지니고 있지 않은 매우 광범위한 것으로 인식되는 느슨한 집합체, 민중동맹으로 나타난다. 그러나 NTS의 주체가 특정한 정체성을 전혀 가지고 있지 못하다는 지적은 전적으로 옳다고만은 할 수 없을 것이다. NTS는 '바른 생각'을 지닌 인간들이라고 불릴 수 있는 사람들, 조야한 물질적 이해가 아니라 이성과 설득을 받아들이는 것을 공통의 기반으로 하는 사람들이 사회주의의 자연스러운 구성요소들이라는 견해를 공유하고 있는 듯하다. 특히, 지식인들은 매우 중요한 역할을 하는 경향이 있다. 어떤 경우에, 지식인들의 우위성은 아주 명시적이기도 하다. 그러나 그렇지 않

---

4) Perry Anderson, *In the Tracks of Historical Materialism*, London 1983, 40~55면.

은 경우에도, NTS 프로젝트가 이데올로기 혹은 담화라는 수단에 의해 '사회적 행위자'의 구성이라는 바로 그 임무의 수행을 지식인들에게 부과하는 한, 사회주의 프로젝트에서의 지배적인 역할은 필연적으로 그들에게 귀속될 수밖에 없다. 이러한 경우에, '민중'의 무리를 구성하는 성숙하지 못한 대중은 담화의 담지자들인 지식인 지도자들로부터 집단적 정체감을 부여받지 못할 경우에는 여전히 집단적인 정체성을 지니지 않은 상태로 남아 있게 된다.

따라서 우리의 모델에 마지막 한가지 원칙을 덧붙일 수 있다.

8) 어떤 종류의 사람들은 사회주의라는 보편적이며 이성적인 담화를 다른 사람보다 더 잘 수용하며 협소한 물질적 —— 벤담(Bentham)이 '사악하다'고 얘기하는 —— 이해관계와는 구분되는 보편인류적 목표에 좀더 (적극적으로—역자) 개입하려 한다. 그리고 이들은 사회주의 운동의 자연스런 구성부분이 된다(이런 입장이 한편으로 이성적·인도주의적 목표라는 것과 다른 한편으로 물질적 이해라는 것을 반정립으로 놓으며, 그것들이 적대관계에 있다고 보는 것은 특기할 만한 점이다).

최소한의 수준에서 모든 NTS가 공유하는 하나의 가정은 노동자계급이 사회주의를 위한 투쟁에서 아무런 특권적 지위도 차지하지 않으며, 또한 그 투쟁 속에서 그들의 계급적 상황이 다른 사회집단보다 더 자연스럽게 혹은 쉽사리 사회주의적 정치를 만들어내는 것도 아니라는 점이다. 그러나 몇몇 사람들은 여기서 더 나아가, 실제로 노동자계급 —— 혹은 '전통적인' 노동자계급 —— 은 사회주의적 정치를 만들어내는 데 다른 사회집단들보다 오히려 덜 기여하는 경향이 있다고까지 주장한다. 노동자계급이 혁명적일 필연성이 존재하지 않을 뿐만 아니라 그들의 본질적 성격은 반혁명적이며 '개량주의적'이고 '경제주의적'이라는 것이다.

그러나 이런 주장 속에는 모순이 있을 수 있다. 정치와 이데올로기가 계급에 대해 자율성을 지닌다는 것이 핵심적 원칙임에도 불구하고, 최소한 노동자계급의 경우에는 이제 경제적 계급 상황이 이데올로기와 정치를 결정하는 것으로 —— 그것도 맑스가 예상했던 것과 다른 식으로만 —— 나타난다. 이런 주장이 폐기되는 것을 막을 수 있는 유일한 방법은 다음과 같은 생각이다. 경제적 조건 자체는 다른 현상들이 그것으로부터 자율적일 수 있는 정도를 결정한다. (자신에 유리한 알뛰쎄의 정식을 적용하여) 다른 '심급'이 결정적이거나 지배적일 수 있지만 그것을 결정하는 것은 경제라는 단지 그러한 의미에서, 최종심급에서는 경제가 결정한다. 다른 심급은 정치나 이데올로기가 '상대적으로' 자율적이며 지배적일 수 있게 결정하지만 몇몇 경제적 조건들은 경제 자체가 지배적이게 되도록 결정한다, 등등. 좀더 전통적인 개념으로 표현한다면, 이 주장은 특정한 계급적 조건들은 사람들이 물질적 필요성에 얽매이도록 결정하지만, 다른 조건들은 더 큰 지적·도덕적 자유, 바꿔 말하면 '바르게 생각할 수 있는' 더 큰 능력, 따라서 사회주의적 담화에 대한 더 큰 감응성을 만들어낸다는 것이다.

그러므로 사람들은 물질적 조건으로부터 누리는 자율성의 정도가 크면 클수록 사회주의적 담화를 더 잘 받아들이는 경향이 있고 그리하여 이성적·보편적 목적에 부응하는 능력도 더 커진다. 따라서 노동자계급이 사회주의적 정치에 적합한 기반이 될 수 없는 것은 단순히 그들의 물질적 이해관계가 '경제주의적' 혹은 '개량주의적' 정치를 만들어내는 경향이 있기 때문은 아니며, 오히려 그들이 어쨌든 물질적 이해관계에 의해 동기를 부여받는다는 바로 그 사실 때문이다. 이렇게 하여 사회주의 이론은, 장구한 정치사상의 역사를 관통하고 있으며 그 계보가 플라톤의 반민주주의적 철학으로까지 소급될 수 있는 고전적인 보수주의적 원리를 기반으로 재구성되었다. 그러나 이 형이상학적 맑스주의(Platonic Marxism)에 대해서는 다음에 좀더 살펴보기로 하자.

이것이 바로 새로운 '진정'사회주의이다. 물론, 거기에는 새롭다고 하기 어려운 요소들이 많다. 크게 보아 진부하고 오래된 우익 사회민주주의적 해결책의 반복일 뿐이다. 자본주의적 민주주의를 단지 '확대하기만' 한다면 사회주의를 창출할 수 있다거나 사회주의는 계급과 상관없이 바른 마음을 가진 모든 사람에게 호소력을 지닌 인생의 고차적 이상을 표현한다는 견해는 예를 들면 맥도날드(Ramsay MacDonald)에게도 지극히 친숙한 것일 수 있으며, 단지 그 문제에 관해서라면, 심지어 밀(John Stuart Mill)에게도 그리 낯설지 않은 것이다. NTS에 새로운 것이 있다면, 그 대변인들이 자신이 맑스주의적 전통 내에서, 혹은 그 연장선상에 있는 모종의 전통('포스트맑스주의') 내에서 작업을 하고 있다고 주장한다는 점이다. 맑스주의적 전통으로부터 가장 근본적으로 이탈했고, 가장 눈에 띄게 NTS 스펙트럼의 오른쪽 맨 끄트머리로 옮아간 사람들조차도 —— 에르네스또 라끌라우와 샹탈 무페(Chantal Mouffe) 같은 —— 단지 "맑스주의 이론의 과장성과 유효성의 범위를 축소시키기…"[5]만 하는 것일 뿐, 여전히 맑스주의는 자신들의 구성요소가 되는 중요한 전통들 중 하나라고 주장하고 있다. 이러한 주장들은 이 조류의 가장 독특한 특징 중 몇몇, 특히 그것이 지닌 복잡다단하고 기만적이며 회피적인 —— 이렇게 표현할 수밖에 없다 —— 이론적 왜곡을 설명해주는데, 그것은 어떤 정교한 이론적 변장도 하려 하지 않았던 전통적인 사회민주주의의 공개적이고 꾸밈없는 기회주의와 뚜렷하게 대조된다.

확실히 대답되어야 할 물음은 왜 이런 조류가 발전해왔으며, 왜 지금 결실을 맺으려 하고 있는가, 그리고 왜 그것이 영어권에서 그렇게 특별히 강한 발판을 찾아냈는가이다. 물론 좀더 넓은 견지에서 보자면, 그것은 지난 10년간 좌파에 영향을 준, 그리고 의심할 바 없이 세계 여러 지역의 사회주의자들의 무수한 희망의 좌절과 패배에 의해 조건지어진 더 커다란 경향의 일부이다. 그러나 밀리반드(Ralph Miliband)가 '신수정주의'에 대한 논평에서 언급했듯이, 이 현상이 "다른 나라들에서는 좀더 유해하고 파괴적인 형태를 띠었다는 사실을 강조할 필요가 있다. 특히 프랑스에서는 그것이 '신수정주의'가 아니라 반공주의적 히스테리와 반계몽주의로의 —— 종교적이면서 동시에 세속적인 —— 대규모의 후퇴를 만들어냈다."[6] 영국의 NTS는 확실히 이 정도에까지 이르지는 않았다. 그리고 이런 관점에서 본다면 그들이 맑스주의적 전통과 완전히 단절하기를 거부하는 것은, 이 거부가 얼마나 오도된 것이든지간에, 긍정적인 진술로 받아들일 수 있다. 그것은 모종의 사회주의적 가치에 대해 계속 헌신하고자 하는 의도를 표현하는 것이다. 그럼에도 불구하고 여전히 설명되어야 할 중요한 사회주의적 견해가 상당히 방기되어왔다.

NTS 조류가 발전한 것은 대략 1976~85년 사이의 기간이지만, 그 직접

---

5) Ernesto Laclau and Chantal Mouffe, *Hegemony and Socialist Strategy : Towards a Radical Democratic Politics*, London 1985, 4면.

6) Miliband, 6면.

적인 이론적 조상, 즉 알뛰쎄주의 속에 존재하는 뿌리는 1968년을 획기적
계기로 하는 이론적·정치적 형성기로 거슬러 올라간다. 이론적 배경을 추
적하면서 살펴보게 되겠지만, 이들의 전형적인 궤도는 마오주의가 1960년
대의 급진주의로 이식되면서부터 시작되는데 그것은 알뛰쎄의 이론을 통해
유로코뮤니즘에 소개되었고 그들 중 우파를 자극했다. 알뛰쎄로부터 시작
하여 풀란차스를 거쳐 라끌라우에 이르는 계보는 1970년대 중반을 결정적
단절점으로 하는 NTS의 이론적·정치적 경로를 다소나마 보여준다. 영국
에서는 힌데스와 허스트가 전형적인 경로를 따라갔는데, 1975~76년 사이
에 그들이 마지막 마오주의적 알뛰쎄주의의 흔적으로부터 이탈하여 포스트
알뛰쎄주의적인 우파적 노동당 이념을 펴기 시작함에 따라 이 짧은 두 해
는 그들에게 중요한 전환점이 되었다. 다른 사람들은 약간 다른 정치적 환
경 속에서, 예컨대 영국공산주의의 틀 안에 머무르면서, 이와 비슷한 여정
을 걸어갔다. 영국공산당(CPGB) 내의 현재의 싸움들은 이런 경향을 입증
해주는 것이다.

　1970년대 중반 무렵, 이러한 새로운 조류의 발전원인에 대한 해답을 줄
수 있는 어떤 일이 일어났는가? 우리는 좌파의 절망 내지 정신적 파탄이
라는 일반적인 분위기뿐만이 아니라, 이러한 특수한 형태로 영어사용권 세
계——그중에서도 특히 영국——라는 특정한 지역에서 발생했던, 사회주
의로부터의 특수한 후퇴를 설명할 필요가 있다. 그것은 사회주의를 '재고'
하게 된 일반적인 이유들에 대해 얘기하는 것만으로도 충분할 수 있는데,
밀리반드는 이를 다음과 같이 간략하게 요약했다.

　'현존사회주의'의 경험, 체코슬로바키아와 아프가니스탄, 마오주의적 환상의
붕괴, 캄보디아와 베트남전 승리의 쓸쓸한 뒤끝, 유로코뮤니스트들의 희망의
소멸, 전통적인 노동운동 및 사회주의 운동과 사회주의적 정당들의 한계에 대
한 불만에서 비롯된 '신사회운동'의 등장, 급진적인 사회변혁의 행위자들인 노
동자계급의 역량에 대한 불신의 증대, 그리고 이 모든 것의 결과인 '맑스주의
의 위기'. 특히 영국의 경우에는 많은 사람들에게 충격으로 받아들여진 '새처
주의'가 대두했는데, 더욱더 충격적인 것은 새처주의가 선거에서 승리할 수 있
는 능력을 가지고 있었다는 점이었다.[7]

이 마지막 문제는 NTS를 해명하는 데서 가장 직접적이고 특히 적실성이 있는 한 요인을 지적해준다. NTS의 발전에 가장 명백한 역사적 상관관계를 가지고 있는 것은 '신우파'의 발전, 특히 영국과 미국에서의 그것이라고 할 수 있다. 그렇다면, 매우 일반적인 의미에서, NTS는 '신우파'의 성장에 대한 하나의 대응이라고 말하는 것은 적절한 것일 수 있다. 그러나 그 자체만으로는 더이상 문제를 풀어나갈 수 없다. 여전히 우리는 왜 이같은 특수한 대응이 나타났는가를 알 필요가 있다. 예컨대, '새처주의'가 세계를 자본과 노동 사이의 계급대립이라는 측면에서 인식한다는 특징을 가지고 있다면, 즉 새처정부가 자신의 눈에는 노동의 입장에 지나치게 우호적으로 경도되어 있다고 보이는 자본과 노동 간의 힘의 균형을 역전시키는 것을 자신의 일차적인 목적으로 삼고 있다면, 사회주의자들은 왜 있는 그대로의 새처주의에 대처하지 않고, 그것을 그 자체로 이론화하지 않고, 그리고 새처주의에 의해 촉발된 계급전쟁에서 그 반대편에 서서 정치적으로 대응하지 않고, 계급정치의 중심성을 부정하는 방식으로 대응해야만 했는가? 왜 사회주의자들은 노동자에 대한 계급전쟁을 고발하는 현실적인 실천을 하기보다는 새처주의의 이데올로기적 공세——소위 '권위주의적 민중주의'(authoritarian populism)——에 점점 더 사로잡히고 말았는가?

이 두 경향은 실제로 동시에 발생한 것이기 때문에, 아마도 NTS를 신우파에 대한 대응만으로 간주하기보다는, 신우파를 만들어낸 동일한 원인에 대한 반작용이라고 해석하는 것이 훨씬 나을 것이다. 영국에서의 신우파의 발전이 직접적인 추진력을 갖게 된 것은 1970년대 노동자들의 전투성이 생겨나면서부터였다는——그것은 1968~69년 유럽의 급진주의 시기 직후에, 특히 1972년과 1974년의 광부들의 파업과 히스(Heath)정권의 패배 이후에 등장했다——점은 거의 의심할 여지가 없다. 확실히 새처는 조직된 노동운동에 대항하는 계급전쟁에서 투쟁하고 승리하겠다는 명백한 결심과 더불어, '다시는 이와같은 일을 허용하지 않겠다'는 정신을 가지고 등장했다. 1978~79년, '불만의 겨울'이 불에 기름을 부어버렸다. NTS의 발전 역시 이러한 전투적인 양상들과 동일한 시기에 이루어졌으며, 1984~85

---

7) Miliband, 6~7면.

년 광부들의 파업이라는, 노동자계급투쟁의 역사 속에서 또하나의 극적인 계기가 발생하는 동안 결실을 본 것이다. 그리고 노동자계급의 전투성을 나타내주는 각각의 이정표들이 세워질 때마다 그에 뒤이어 NTS의 이론도 점점 더 발전해왔다.

따라서 NTS의 성장——노동자계급의 전투성이라는 극적 에피소드의 시작과 종결 모두에 대한 반작용으로 나타났으며, 그 사이에 계속 전투성이 표출됨으로써 촉진된——이 서구 그리고 특히 영국에서의 최근의 노동자계급의 투쟁의 역사와 어떤 관련을 가지고 있다고 주장하는 것은 근거가 없지 않을 것이다. 그러나 역사적 사실들을 조합해보면, NTS와 그들이 노동자계급을 사회주의적 변혁의 담지자로 보기를 거부하는 것이 단지 사회주의자의 입장에서 노동자계급의 묵종성에 대해 느끼는 절망을 표현하는 것이라고 주장하기는 어렵다.

그렇다면 유럽 몇몇 나라에서 노동자계급이 새로운 전투성을 보여주고 있던 그 순간에, 그리고 특히 영국에서는 그것이 새로운 정점에 도달했던 ——전투적 노동자들이 정치현장을 지배할 때면 언제나 그랬듯이——바로 그 순간에, 노동자계급을 사회주의적 프로젝트의 중심부로부터 이론적으로 추방하는 작업이 준비되고 있었다는 이 아이러니를 어떻게 설명해야 하는가? 이런 명백한 역설을 설명할 수 있는 한가지 방법은 노동자들의 혁명적 잠재력에 대한 새로운 비관이 바로 그 전투성의 표출에 의해서 생겨났으며, 결국 그러한 전투성의 표출이 사회주의를 위한 결정적인 전투로 귀결되지 못했기 때문이라는 것이다. 그것은 마치 유일하게 의미있는 투쟁은 최후의 투쟁이라고 보는 것과 같다. 동시에 '신사회운동'은 조직노동자들에 의해 부적절하게 제기된 여러 문제들에 주의를 돌렸다. 그러나 '담화'가 80년대의 스타일이 되면서 나타난 지적 유행이라는 유혹물, 나아가 까다로운 중산층의 노동자계급에 대한 혐오감——공포는 차치하고라도——그리고 써비스의 축소에 의해 야기된 불편함에 대한 분노에 찬 거부감 등등이 역설을 설명하는 데 무시할 수 없는 다른 요소들 또한 존재한다. 이론상으로는 목마르게 희구하던 전투성이 현실적으로는 동의하기 어려워진 것이다.

어쨌든 NTS를 발생시킨 특정한 역사적 원인들이 숙고할 문제로 남아 있다면, 그 이론적 기원은 확실한 해명을 요하는 문제다. 그러므로 이제 우리는 NTS의 조상들에 대한 탐구를 시작해야 한다.

2

새로운 '진정'사회주의로의 여정: 계급투쟁과 노동자계급의 제거

1

계급투쟁은 맑스주의의 핵심이다. 그것은 서로 뗄 수 없는 두 가지 의미에서 그러한데, 그 하나는 맑스주의에서 역사의 역동성을 설명하는 것이 계급투쟁이라는 것이며, 다른 하나는 혁명과정의 궁극적 목표가 계급투쟁의 역명제 혹은 그것의 최종 결과물로서의 계급의 폐지라는 것이다. 맑스주의에서 자본주의 사회에 존재하는 노동자계급이 특히 중요한 이유는 이 계급이야말로 자신의 계급적 이해가 계급 자체의 폐지를 요구할 수밖에 없는 유일한 계급이며, 또한 그것을 가능케 할 조건에 있는 유일한 계급이기 때문이다. 맑스주의를 여타 사회변혁의 구상들과 구분지어주는 것은 무엇보다도 바로 이와같은 역사와 혁명적 목표에 대한 견해가 갖고 있는 불가분의 통일성이며, 이것이 없다면 맑스주의는 존재할 수 없다. 이 명제들은 사소해 보일 만큼 명백한 것일지도 모른다. 그러나 20세기 맑스주의의 역사는 이런 원칙으로부터의 점진적인 이탈이 특징이라고 해도 과언이 아니다. 맑스주의적 관점들은 **권력투쟁**이란 개념에 의해 점점 더 지배되어왔다. 본래 맑스주의는 정치권력의 장악을 계급을 폐지하기 위한 투쟁의 한 측면이나 수단으로 이해했음에도 불구하고, 이제는 계급투쟁이 점점 더 정치권력을 장악하기 위한 수단으로——그것도 때로는 부차적이거나 비본질적인 수단으로——되어가는 경향이 있다.

맑스주의적 전통의 변질은 '민주주의적' 수단, 혹은 선거라는 수단에 의해 집권하는 것——권력획득이라기보다는——을 명백한 자기 목표로 하는 운동들에만 국한된 것은 아니다. 봉기행동을 권력을 위한 투쟁에서 가능하며 심지어는 필연적이고 적절한 방책으로 간주하는 혁명적 운동 내에서도 역시 중대한 일탈이 나타났다. 어떤 의미에서, 20세기의 중요한 혁명적 운동들은——러시아와 중국의——역사적 상황 때문에 권력을 위한 투쟁을 다른 무엇보다도 우위에 놓지 않을 수 없었으며, 심지어는——특히 중국의 경우——계급에 앞서서 '민중'(people) 혹은 '대중'(mass)을 투쟁의 일차적 담지자로 설정할 수밖에 없었다. 이들의 경우 그런 식의 사태발전은 권력을 장악해야 한다는, 물리칠 수 없는 기회를 포착해야 한다는 절박한 필요성, 그것도 다수의 잘 발전된 노동자계급 없이 그렇게 해야 한다는 필요성에 의해 결정된 것이었다. 그러나 '민중투쟁'의 원칙과 권력투쟁의 선차성은 이들과는 지극히 상이한 조건 속에 놓여 있는 선진자본주의 국가들에 뿌리내렸고, 지극히 상이한 결과를 낳았다. 여기서는 권력투쟁이라는 말이 점차 선거적 경쟁을 의미하게 되었으며, 노동자계급이 다수, 심지어는 압도적 다수였음에도 불구하고 '민중' 혹은 '대중'이란 말이 일차적으로 피착취계급들, 특히 노동자와 농민의 동맹을 의미하지 않게 되었다. '민중' 동맹의 구성부분들이 계급의 폐지, 혹은 좀더 정확히 자본주의적 착취의 폐지를 자신의 목표로 할 수 있을 것인지 그리고 그들이 이런 목표를 성취할 수 있는 전략적인 사회적 힘을 지니고 있는지에 대해서는 거의 관심을 가지지 않은 채, 선거에서 얼마나 많은 표를 획득할 수 있는가가 동맹의 일차적 기준이 되었다. 그 함의는 혁명적인 것과는 거리가 멀었으며, 맑스주의의 핵심에서 계급투쟁과 노동자계급을 제거하는 역할을 하는 것이었다.

이와같은 역사적 발전은 맑스주의 이론에 심대한 영향을 끼쳤다. 이런 상황에서 이론은 역사적 변화의 복잡성과 정치투쟁의 타협성을 헤쳐나갈 지침으로 기능할 수도 있었을 것이다. 즉 이론은 계급구조의 변화, 특히 노동자계급 내부의 새로운 형태들의 발전을 분석하고, 혁명적 목표를 견지하는 가운데 투쟁의 새로운 양상의 기초를 마련함으로써 계급투쟁과 그것의 궁극적 목표라는 영원한 등불로 이런 과정들을 조명해주는 수단으로 기능할 수도 있었을 것이다. 그러나 그러는 대신에 맑스주의 이론은, 실천이라는 문제에 조금이라도 관심을 가질 때에는 혁명적 행동의 형태든 선거동맹이든 정치권력을 위한 경쟁이라는 눈앞의 요구에 점점 더 자신을 적응시키려 해왔다.

좀더 최근의 서구 맑스주의의 중요한 발전과정에서 이론은 여러 측면에서 유로코뮤니즘적 전략의 이론화, 그중에서도 특히 '민중동맹'이라는 선거전략의 이론화가 되어버렸다. 여전히 유로코뮤니즘의 궁극적인 목표가 아마도 착취 없는 무계급사회인 사회주의라 할지라도, 이런 목표는 더이상 혁명적 변화의 전과정을 밝혀줄 수 없을 것으로 보인다. 그 대신에 그 과정은 당장의 정치전략적 요구와 집권이라는 요구에 의해 윤색된다. 그리하여, 예컨대, 맑스주의 이론은 노동자계급의 전진에 방해가 되고 있는 자본주의적 신비화를 제거함으로써 노동자계급의 통일성을 신장시키는 것을 이제 더이상 목적으로 하지 않는 것처럼 보인다. 그 대신에, 우리가 앞으로 보게 될 것처럼, 이러한 신비화는 사실상 포스트맑스주의적 계급론 속에 통합되어버렸다. 포스트맑스주의적 계급론은 이제 계급형성의 과정이나 계급투쟁의 경로를 설명하는 것이 아니라 정치권력, 좀더 정확히 말해, 정부를 장악하려는 목표를 위해 지금 바로 여기에 존재하고 있는 계급들 내부의 동맹 및 계급들간의 동맹의 근거를 만들어내는 일에 자신의 노력을 기울이고 있다.

이와같은 혁명적 프로젝트의 재개념화는 다른 방향에서 생겨난 또 하나의 경향 역시 강화해주고 있는데, 그 경향이란 맑스주의적 이론과 실천의 핵심부로부터 노동자계급을 제거해버리려는 것이다. 이러한 노동자계급의 제거가 권력투쟁의 절박성에 의해 결정된 것이든, 비혁명적인 서구 노동자계급에 대한 절망에 의해 결정된 것이든, 단순히 보수적이고 반민주주의적인 충동에 의해 생겨난 것이든간에 (노동자계급을 대신할—역자) 혁명의 대리인을 찾으려는 노력은 현대사회주의의 전매특허가 되어버렸다. 이러한 경향의 원인이 무엇이든, 그리고 그 경향이 맑스주의 자체와 혁명과정에 대한 맑스주의의 모든 개념들에 대한 명시적인 재정식화를 수반하든 그러지 않든간에, 노동자계급의 제거는 사회주의적 프로젝트를——그 수단과 목적 모두를——재규정하는 데 필수불가결한 것이다.

전통적으로 혁명적 사회주의는 노동자계급과 그들의 투쟁을 사회변혁과 사회주의 건설의 핵심부에 위치지었는데, 그것은 단순히 신념에서 나온 행위가 아니라 사회적 관계와 권력에 대한 포괄적인 분석을 기반으로 한 결론이었다. 첫째, 이 결론은 생산관계를 사회생활의 중심에 놓으며, 그 착취적 성격을 사회적·정치적 억압의 뿌리로 간주하는 역사적·유물론적 원칙에 기초를 두고 있다. 노동자계급이 혁명적 잠재력을 지닌 유일한 계급이라는 명제는 형이상학적 추상이 아니라 이와같은 유물론적 원칙을 확대한 결과인바, 이 원칙은 인간의 사회생활에서 생산과 착취가 지니고 있는 중심성과 자본주의 사회에서의 생산 및 착취의 특수한 성격을 상정하면서 다음과 같은 사항들을 주장하고 있다. (1) 노동자계급은 사회주의로의 이행을 실현하는 데 가장 직접적이고 객관적인 이해관계를 지니고 있는 사회집단이다. (2) 노동자계급은 가장 근본적이며 결정적인 억압형태——물론 유일한 것은 아니지만——의 직접적인 대상이며, 여타 계급을 억압함으로써 이익을 얻지 않는 유일한 계급으로서, 자신을 해방시키는 투쟁 속에서 모든 인류를 해방시킬 조건을 만들어낼 수 있다. (3) 착취계급과 피착취계급 간의 근본적이며 궁극적으로 해소불가능한 적대가 억압구조의 심장부에 자리잡고 있는 상태에서 이와같은 해방을 위한 변혁의 일차적 원동력은 계급투쟁일 수밖에 없다. (4) 노동자계급은 자신의 발전을 혁명적 힘으로 전화시키기에 충분한 전략적인 사회적 힘을 지니고 있는 유일한 사회세력이다. 이러한 분석 밑에 깔려 있는 것은 노동의 창조력에서부터 국가의 정치권력에 이르는 모든 수준의 인간활동에서 권력의 탈소외를 지향하는 해방의 전망이다.

사회주의를 위한 투쟁에서 노동자계급이 차지하고 있는 지위로부터 그들을 추방하는 것은 엄청난 전략적 오류이거나, 사회적 관계와 권력에 대한 이런 식의 분석에 도전하는 것, 그리고 사회주의가 제공할 해방의 성격을 최소한 암묵적으로라도 수정하는 것이다. 그러나 중요한 것은, 노동자계급을 혁명의 일차적 담지자로 간주하는 전통적 견해가 자본주의 사회의 사회적 권력과 이해관계를 분석하는 다른 어떤 이론에 의해서도 결코 실질적으로 도전받아본 적이 없다는 사실이다. 물론 그렇다고 해서 많은 사람들이 노동자계급의 혁명적 잠재력에 의문을 제기해왔다는 것, 그리고 노동자계

급을 대신하여 다른 혁명적 주체들──학생, 여성, 다양한 대안적 '생활
양식'을 갖는 전문가들 및 이런저런 종류의 민중동맹들 그리고 가장 최근
의 것으로는 '신사회운동' 등──을 내세우고 있다는 것을 부인하는 것은
아니다. 핵심적 문제는 이런 대안들 중 어느 것도 자본주의와 그것에 비판
적인 전략적 목표물을 만들어낼 사회세력에 대한 체계적인 재평가에 의해
뒷받침되고 있지 않다는 사실이다. 이와같은 대안적 전망의 전형적인 형태
는 자발주의적 유토피아, 자포자기적 태도이며 둘을 동시에 지니고 있는
경우도 드물지 않다. 즉 그것은 변혁의 과정에 대한 진정한 희망을 결여
한, 변혁된 사회에 대한 전망인 것이다.

　노동자계급에 대한 전통적인 맑스주의의 견해를 공격한, 잘 알려진 한
저작은 이런 징후를 보여주고 있는바, 이와같은 대안적 전망의 전략적 파
산을 설명하기 위해서 잠시 고려해볼 만하다. 고르(André Gorz)의 『노동
자계급이여, 안녕』(Farewell to the Working Class)은 유토피아적 전망과 자
포자기적 태도를 동시에 보여준다. 고르는 미래사회는 노동(work)의 폐지
를 기반으로 해야 하기 때문에, 노동이 폐지될 수 있는 특수한 형태를 마
련하는 것──예컨대, 대량실업의 감소를 통해서든(이미 고용되어 있는
노동자들의 노동시간을 줄이는 등의 방식을 통해 ─역자), 획기적인 '시간
으로부터의 해방'을 통해서든(자동화나 레저시장의 확대 등을 통해 ─역자)
──이 사회주의적 프로젝트의 목표가 되어야 한다는 가정에서 출발한다.
그가 제시하는 목표는 "두 개의 상이한 영역으로 이루어지는 불연속적인
사회적 공간"[1]의 창출인데, 그 하나는 결코 완전히 빠져나올 수 없는 영
역인 일차적 욕구들을 만족시켜줄 필수적인 물질적 생산의 요구들로 구성
되는 필연성의 영역이며, 다른 하나는 필수적인 사회적 생산의 제약 바깥
에 존재하는 자유의 영역이다. 후자는 확장되어야만 하는 자율의 영역이자
물질적 생산이라는 '타율적' 영역이 반드시 종속되어야만 할 영역이다. 노
동자계급은 그 자체의 성격상 이러한 변혁의 담지자가 될 수 없는데, 그것
은 노동의 폐지가 그들의 목표가 될 수 없기 때문이다. 자본주의에 의해 '생
겨난'[2] 계급인 노동자계급은 자신을 자신의 노동과 자본의 생산주의적 논

---

1) André Gorz, *Farewell to the Working Class: An Essay on Post-Industrial
　Socialism*, Boston 1982, 96면.

리와 일치시킨다. 그들은 그 자체로 자본의 모사품(replica)이며, "그들의 계급적 이해관계, 역량 및 숙련기술이 현존하는 생산력에 순기능적인" 계급인데, 현존 생산력 그 자체만이 유일하게 자본의 합리성에 순기능적이다. 또한 노동자계급은 자신의 권력이 노동과정의 형태와 구조에 의해 파괴되어온 계급이다. 따라서 변혁의 동력은 '자본주의적 생산관계의 표지를 달고 있지' 않은 '비노동자의 비계급'(non-class of non-workers)으로부터[3] 나와야만 한다. 그들은 노동을 자신의 생활을 낭비해버리게 하는 '외부로부터 부과된 강제'로 체험했기 때문에 '노동의 전유의 폐지가 아니라 노동과 노동자 그 자체의 폐지'를 자신의 목표로 할 수 있는 사람들로 구성된다.[4] 이 집단에는 체제가 실질적 혹은 잠재적으로 실업이나 반실업 상태에 빠뜨렸던 모든 사람들, 현재의 사회적 생산에서 '잉여인간'(supernumeraries)으로 밀려난 모든 사람들이 포함되며, 아마도 생태계운동이나 여성운동 같은 '신사회운동들'과 동맹관계에 있는 집단들일 것이다.

현대자본주의의 노동과정과 그것이 노동자계급에 끼친 영향에 대한 고르의 분석에 대해서는 무수한 의문이 제기될 수 있다. 특히 중요하게 지적될 수 있는 한가지 사항은, 그의 모든 주장이 일종의 전도된 기술주의(inverted technologism), 노동과정의 물신화, 그리고 착취의 특수한 형태인 생산관계 속에서보다는 노동의 기술적 과정 속에서 생산양식의 본질을 찾으려는 경향에 기초를 두고 있다는 것이다. 이것은, 앞으로 우리가 보려는 바와 같이, 풀란차스와 같은 포스트알뛰쎄주의자와 그가 공유하고 있는 부분이다. 두 경우 모두에서 계급을 착취관계라는 견지에서가 아니라 노동의 기술적 과정이라는 견지에서 규정하려는 경향은 '노동자계급'에 대해 지극히 제한적인 개념규정을 하게 하는데, 여기서 노동자계급은 단지 공업부문의 육체노동자만을 포괄하는 것으로 나타난다. 또한 이러한 경향은 노동자계급의 개념 및 그들의 잠재력에 대한 그의 인식에도 영향을 끼치는데, 그것은 그가 생각하기에는 착취 및 적대적인 생산관계의 경험, 그리고 그것을 둘러싼 투쟁의 경험——즉 계급 및 계급투쟁의 경험——이 노동자

---

2) 같은 책, 15면.
3) 같은 책, 68면.
4) 같은 책, 7면.

의 계급의식을 형성하는 데 거의 아무런 역할도 하지 않기 때문이다. 따라서 계급의식은 전적으로 노동의 기술적 과정에 의해 형성되고, 또 그것에 흡수되는 것으로 보인다. 노동자계급의 구조 속에서 심각하게 직시해야만 할 중요한 변화들이 발생했다는 것은 틀림없는 사실이다. 그러나 고르는 이 변화를 거의 설명하고 있지 않은데, 그것은 그가 결국은 노동자계급과 그들의 한계에 대해 역사학적이거나 사회학적이 아닌 형이상학적인 규정을 하고 있기 때문이다. 그 규정은 노동자계급의 이해관계, 경험 및 피착취계급으로서의 투쟁 등과 거의 아무런 관련도 가지고 있지 않다.

그의 유토피아적 전망 자체에 대해서도 역시 의문을 제기할 수 있다. 우리의 입장에서 중요한 것은 단순히 고르의 유토피아가 지니고 있는 이런저런 못마땅한 특징들만이 아니라 그것이 변혁의 과정 속에 기반을 두고 있지 않은 유토피아라는 사실 그 자체이다. 실제로 그것은 자포자기에 근거를 두고 있는 전망이다(유토피아에 대한 고르의 설명이, 어느날 아침 일어나 자신의 세계가 이미 변혁되었음을 발견하는 시민들로 시작되는 것은 결코 우연이 아니다). 결국 고르는 노동자계급을 대신할 아무런 혁명의 담지자도 제시하지 않는다. '비노동자의 비계급', 명백히 새로운 사회를 '예시'해주는 이 새로운 혁명적 룸펜프롤레타리아트는 그 약속을 단지 원칙 속에서만, 관념적으로만 그리고 아마도 형이상학적으로만 지킬 수 있음이 판명된다. 그들이 아무런 전략적인 사회적 힘도, 행동의 가능성도 지니고 있지 않다는 것을 고르 자신이 증명하고 있는 것이다. 결국 우리에게는 '대항문화'라는 낡아빠진 전망에 지나지 않는 것만이 남겨졌을 뿐이며, 그것은 자본주의라는 황야에 둘러싸인 작은 영토 안에서 '체제'에 반대함을 입증하는 것에 불과하다. 이것은 밀의 얼빠진 '사회주의'로부터, 공동소유의 창문가 화초상자에 마리화나나 키우고 있는 온실 속에서 자란 부르조아 아이들——때때로 부르조아 아빠가 집에서 부쳐주는 돈이나 받아 쓰는——의 덧없는 몽상(마리화나의 망상?)에 이르기까지 다양한 형태로 제시되었던 그런 유의 혁명이다.

좌파의 목표가 노동의 폐지——계급이나 착취의 폐지가 아닌——라고 생각할 수 있다 할지라도 그것은 자본주의와 자본주의적 착취의 폐절 그리고 그것들의 사회주의로의 대체일 수밖에 없으며, 이 대체가 노동의 폐지

가 일어나는 형태를 결정할 것이다. 다른 대안적 전망과 마찬가지로, 고르
의 주장에서 중요한 것은 변혁의 필요성, 즉 자본주의를 파괴해야 할 필요
성을 탈각시키는 것에 의거해 변혁의 담지자로서의 노동자계급을 배제하는
것이다. 그것은 소망적 (혹은 소망을 상실한) 사고를 보여주는 기념비적
행동이며, 그의 유토피아를 가로막고 있는 권력구조와 이해관계의 구조를
무시하면서 자본주의의 장벽을 뛰어넘는 거대한 도약이다. 우리는 여전히
그 장벽을 제거할 수단으로서 노동자계급을 대신할 일관되며 그럴 듯한 대
안을 제시받지 못하고 있다. 고르에게도 마지막 분석에서 문제가 되는 것
은 또다른 누가 사회를 변혁할 것인가이지 않았던가? 실제로 그는 우리에
게 답을 주고 있는 셈인데, 그것은 노동자계급이 아니면 아무도 없다는 것
이다. 그렇다면 이제 문제는 혁명적 변혁을 일으키는 데 노동자계급이 지
금까지 실패한 것이 최종적인 것이고, 극복할 수 없는 것이며, 그들의 내
재적 본성에 기인하는 것인가라는 점이다. 고르 자신의 절망의 근거는
── 노동자계급과 피착취계급으로서의 그들의 경험, 이해관계 및 투쟁들
을 부인하는 거의 형이상학적인 기술주의에 기반을 두고 있는── 전혀 확
실치 않은 것이다. 이 중 상당부분은 유로코뮤니즘의 민중동맹론이 함축하
고 있는 제안을 비롯하여 혁명의 대리인을 제시하고 있는 여타 입장들에도
똑같이 적용될 수 있는 것이다.

2

최근 몇해 동안 서구 맑스주의에서 가장 영향력있는 단일학파는 루이
알뛰쎄(Louis Althusser)로부터 주된 영감을 끌어낸 이론적 조류였다. 페리
앤더슨은 알뛰쎄 자신의 혁신을 '서구 대중의 혁명적 실천의 결여'와 스딸
린주의의 억압이라는 두 가지 원인에서 비롯되어 '맑스주의 이론과 대중의
실천 간의 정치적 통일성의 단절'로 기울어져가는 서구 맑스주의의 일반적
경향 속에 위치지었다.[5] 그리하여 알뛰쎄가 이론적 형식이라는 문제로서
다른 서구 맑스주의자들과 공유하고 있는 '과도한 방법론주의'는 정치적 내
용이라는 문제를 제거해버렸다. 그리하여 서구에서 사회주의의 퇴조에 직

---

5) Perry Anderson, *Considerations on Western Marxism*, London 1976, 66면.

면하여 '부르조아 사상이 다시 상대적으로 생명력과 우월성을 획득하게 되자'[6] 부르조아 문화의 우위와 맑스주의의 전(前)맑스주의적 철학, 특히 그 것의 관념론적 형태로의(알뛰쎄의 경우에는 특히 스피노자의 철학) '퇴행적 동화'[7]가 나타났다. 알뛰쎄의 모호한 언어들 역시 그래서 출현했다. 알 뛰쎄의 이론적 아카데미즘은 프랑스공산당(PCF)에 대한 그의 적극적인 정 치적 개입과 힘겹게 양립할 수 있었으며, 그의 이론과 실천 간의 정확한 연관은 열띤 논쟁거리가 되어왔다. 어떻든 정치적 실천, 그것도 혁명적 실 천을 역사에는 아무런 **주체**도 존재하지 않는다고 인식하는 이론과 결합시 키려는 시도 속에는 어떤 불일치가 존재할 수밖에 없었다. 알뛰쎄의 제자 및 후학들의 이론적 작업은, 몇몇 예외가 있기는 하지만, 스콜라적 추상주 의, '과도한 방법론주의', 철학적 관념론 그리고 모호한 언어들로 나타나는 경향이 있다. 그러나 이 조류의 발전은 아주 명확하고도 구체적으로 1960,70년대 서구의 정치운동들, 특히 유로코뮤니즘의 프로그램 변경과 결 합되었다.

유로코뮤니즘은 사회민주주의와는 달리 자신의 목표가 단순히 자본주의 를 잘 관리하는 것뿐만 아니라 그것을 변혁시켜 사회주의를 건설하는 것이 라고 주장한다. 이러한 목적을 달성하기 위한 그들의 전략은 본질적으로는 부르조아 민주주의의 형태를 이용하고 확대하는 것, 부르조아 민주주의의 법적·정치적 틀 안에서 합법적 수단을 통해 사회주의를 건설하는 것이다. 일반적으로 유로코뮤니즘 이론가들은, 민중의 투쟁이 부르조아 국가 속으 로 침투할 수 없으며 부르조아 국가는 외부로부터의 공격, 즉 대안적인 정 치적 제도에 저항의 기초를 둔 공격과 파괴에 의해서만 취약해질 뿐이라고 보는 전략을 거부한다. 따라서 유로코뮤니즘 정당들은 자신을 '투쟁하는 정당'이면서, 동시에 선거에서의 승리를 통해 부르조아 국가에 침투해서 그것을 변형시키며 사회주의 건설의 조건을 마련할 수 있는 '수권정당'이라 고 내세운다. 좀더 특징적인 것은, 그들의 전략이 자본주의의 '독점단계'에 서는 착취자와 피착취자, 자본과 노동이라는 낡은 계급적대의 측면에서, 심지어는 그 낡은 적대를 압도하기까지 하면서 새로운 적대가 출현한다는

6) 같은 책, 64~65면.
7) 같은 책, 55면.

확신에 기초를 두고 있다는 점이다. '국가독점자본주의'에서는 국가에 의해 조직되고 통일되는 독점세력과 '민중' 혹은 '인민대중' 사이에 새로운 적대가 생겨난다. 유로코뮤니즘의 원칙 중 절대적인 중요성을 지니며 실제로 가장 핵심적인 것은 바로 이 '민중동맹'인데, 그것은 전통적인 노동자계급만이 아니라 쁘띠부르조아지와, 심지어 부르조아지의 일부까지도 포함하는 인구의 실질적 대다수가 사회주의의 대의에 동의할 수 있다는 가정에 기초를 둔 초계급적 동맹(cross-class alliance)이다. 사회주의로의 '평화적이며 민주주의적인' 이행을 가능케 하는 것은 바로 이와같은 새로운 현실이다. 따라서 공산당들은 어쨌든 '분파적인' 의미를 띨 수밖에 없는 노동자계급의 당일 수 없으며 다른 당이나 집단들과의 동맹에 개방적인 자세를 취하거나 그들에 양보하는 것만으로는 부족하다. 그들은 스스로 '민중'의 다양한 이해관계를 직접적으로 대변해야 한다.

따라서 유로코뮤니즘의 일반적인 전략은 최소한 암묵적으로라도 자본과 노동 사이의 직접적인 적대가 아닌 어떤 갈등, 그리고 계급투쟁이 아닌 다른 원동력을 기반으로 하여 세워지는 것으로 보인다. 그리고 그 일차적인 목표는 '국가독점자본주의'에 반대하는 '민중'세력을 규합하는 것, 가능한 한 가장 광범위한 대중동맹을 창출하는 것, 그러고 나서 이러한 민중동맹을 기초로 '선진민주주의'(advanced democracy)를 수립해가는 것이며 이를 기반으로 해서 모종의 사회주의를 점진적으로 건설할 수 있다는 것이다. 이 운동을 추동해가는 것은 자본과 노동 사이의 긴장이 아니다. 사실상 이 전략은 자본과 노동 간의 전면대치를 회피해야 할 필요성——그리고 그럴 가능성——에 의해 앞으로 전진해갈 수 있는 것처럼 보인다. 이 전략이 반자본주의적 목표를 지향하고 있다 할지라도 그것은 단순히 자본에 의해 직접적으로 착취당하는 사람들의 이해관계에 이끌릴 수는 없으며, 다양하고 때로는 모순적이기까지 한——그것은 독점자본주의에 반대하는 동맹이 상이한 요소들로 구성되어 있다는 데 기인한다——방책들을 자신의 입장으로 취해야 한다. 그렇다면 이 운동은 일차적으로 사회주의의 고유한 목표에 따라 움직일 필요가 없으며, 또 사실상 그럴 수도 없다고 보아야 할 것이다.

따라서 유로코뮤니즘이 제시하는 초계급적 동맹의 원칙이란 결국 단순한

선거전략 이상의 것이라고 할 수 있다. 그것은 역사변혁의 원동력에 대한
특수한 판단을 내포하고 있는 것이다. 일찍이 노동자계급에 부여되었던 역
사적 역할을 다른 계급들에 확장하는 것에 대해서는 두 개의 상이한 관점
이 존재한다. 하나는 자본주의 국가의 '민주화' 가능성과 관련하여 유로코
뮤니즘이 갖는 낙관성을 강조하는 것이며, 다른 하나는 노동자계급의 혁명
적 잠재력과 관련하여 그들의 비관성을 강조하는 것이다. 그러나 그들의
주장이 아무리 낙관적이라 할지라도 유로코뮤니즘의 전략이, 서구 맑스주
의의 이론과 실천 일반이 형성되는 데 그토록 깊은 영향을 끼쳤던 바로 그
역사적 사실, 즉 혁명적 정치에 대한 노동자계급의 기피증에 궁극적으로
근거를 두고 있다는 것은 거의 의심할 여지가 없는 일이다. 또 한가지 덧
붙이지 않을 수 없는 것은 유로코뮤니즘의 해결책이라고 하는 것이 인민전
선(Popular Front)의 경험에 커다란 영향을 받았다는 점이다. 게다가 이
정치전략에는 노동자계급에 대한 단순한 비판 이상의 그 무엇이 존재한다
고 볼 수 있다. 예컨대, 부르조아 민주주의적 형태들의 단순확장에 의해,
그리고 직접적인 평의회 민주주의에 대조되는 대의제도들의 확대를 통해
자본주의 국가를 변형시킨다는 전략은 민중권력에 대한 관심의 심각한 결
여, 혹은 그것에 대한 불신을 반영하는 것일 수도 있다.[8] 민중동맹의 원
칙이 어떻게 이해되고 설명되든간에, 그 결과는 마찬가지다. 그것은 노동
자계급을 혁명적 변화의 담지자라는 특권적 역할에서 축출하는 것이며 사
회변혁의 일차적 동력으로서의 계급투쟁의 기능을 축소하는 것이다.

　바로 여기에 유로코뮤니즘의 난점이 있다. 우리는 유로코뮤니즘과 사회
민주주의를 단순히 등치시키는 것만으로는 문제의 핵심에 다가갈 수 없다.
그들의 목표가 자본주의를 관리하는 것이 아니라 변혁하는 것이라는 유로
코뮤니즘의 선언을 그저 기각해버리는 것은 아무런 도움도 되지 않는다.
그렇게 하는 것은 유로코뮤니즘의 현실적 도전을 회피하는 것에 지나지 않
는다. 문제를 수단의 선택 문제——혁명적 봉기 대 합법주의, 선거정치
및 부르조아 민주주의적 제도들의 확대——로 단순히 환원시켜서도 안된
다. 핵심적 문제는 혁명적 변화의 원천과 그 담지자에 관련된 것이다. 이

---

8) Ralph Miliband, "Constitutionalism and Revolution: Notes on Eurocommu-
　　nism," *Socialist Register*, 1978, 165~67면.

문제야말로 궁극적으로 사회주의적 전략의 수단뿐만 아니라 목적까지도 결정한다. 왜냐하면 사회변혁의 동력을 확정하는 것은 또한 사회주의 그 자체의 성격과 한계 그리고 인간해방에 대한 그것의 약속을 동시에 규정해주는 것이기 때문이다.

3

유로코뮤니즘 이론의 두 가지 측면은 포스트알뛰쎄주의 이론에서 가장 명확한 형태로 모습을 드러냈는데, 그 두 가지 측면이란 사회주의로의 이행이라는 구상을 부르조아 민주주의의 확대로 이해하는 것, 그리고 좀더 근본적인 것으로는 계급간 '민중'동맹의 논리이다. 따라서 이와같은 맑스주의의 가장 중요한 이론적 혁신은 국가론과 계급론의 영역에서 일어났으며, 이데올로기의 문제는 거기서 점점 더 핵심적인 역할을 부여받게 되었다. 그 과정에서 맑스주의의 이론적 원칙 일반의 근본적인 재정식화가 일어났다. 계급간 동맹의 논리와 유로코뮤니즘의 정치전략은 궁극적으로 계급 그 자체와 전통적 맑스주의의 계급론 및 계급투쟁론이 의거하고 있는 모든 개념적 장치들에 대한 재정의, 역사적 담지자의 재정의 그리고 사회구조와 사회적 과정의 핵심부로부터 생산 및 착취 관계를 제거해버릴 것 등을 요구하는 것에 지나지 않는다. 더구나 정치, 나아가 이데올로기의 자율성뿐만 아니라 그것의 지배성을 확립함으로써 맑스주의적 '경제주의'로부터 벗어나고자 하는 경향이 있어왔다. 민중동맹 및 '민주화'라는 전략을 뒷받침하는 데서 이와같은 이론적 장치들이 갖는 기능은 우리가 포스트알뛰쎄주의자들에 의해 이루어진 맑스주의 국가론 및 계급론의 중대한 변형들을 검토하면 명백해질 것이다.

그러나 정치와 이데올로기의 자율성 및 지배성이라는 사고는 마오주의에 그 원초적 뿌리를 두고 있다. 이는 대부분의 우리의 새로운 '진정'사회주의자들이 알뛰쎄의 도움을 받으면서 마오주의에서 출발하여 유로코뮤니즘에 이르는 여정을 걸어간 뒤 그것을 넘어섰던 사실을 상대적으로 쉽게 설명할 수 있게 해준다. 이러한 여정의 논리, 그리고 그것을 교사한 애매모호한 민주주의와 민중투쟁이라는 개념을 이해하기 위해서는 '문화혁명', '대중노선' 및 반경제주의 등 마오주의적 교리가 지니고 있는, 유럽 좌파의 많은 사람들, 특히 학생과 지식인들을 사로잡을 수 있었던 매력이 무엇이었는 가, 그리고 이러한 교리들이 왜 중국으로부터 지극히 상이한 서구의 조건 들 속으로 바람직스럽지 못하게 치환되어 들어왔는가를 설명해야 한다.

중국인민들의 '후진성'과 노동자계급의 미발달이라는 상황 속에서 중국공 산당(CPC)은 계급투쟁과 혁명을 다양한 방법으로 분리시킴으로써 적절한 혁명적 조건——즉 계급적 조건——의 결여 속에서도 '전진을 향한 거대 한 도약'이 가능하다고 주장했다. 대중들——다소 미분화된 노농대중—— 이 변혁세력으로서의 계급을 대체했을 뿐만 아니라, '경제주의'에 대한 거 부는 생산관계라는 물질적 조건과 계급이 혁명의 가능성을 결정하는 데서 부차적인 중요성을 갖는 것으로 간주할 수 있다는 특수한 의미를 지닌 것 이었다. 이에 따라 정치적 행동과 이데올로기를 물질적 관계들과 계급으로 부터 지극히 자율적인 것으로 생각할 수 있게 되었으며, 혁명의 지형을 지 극히 자율적인 정치적·문화적 투쟁으로 옮겨놓을 수 있게 되었다. 이후에 나타난 문화혁명은 이러한 견해의 최종적인 표현이었으며, 이와같은 정치 적 행동과 이데올로기 투쟁의 자율화의 필연적인 결과로 출현한 극단적인 주의주의(voluntarism)의 표현이었을 뿐이다.

이러한 혁명의 개념화가 대중 및 민주주의와 모호한 관계를 갖게 되는 것은 불가피했다. 한편으로는, 대중적인 인민의 개입이 필연적이라는 주장 이 존재했다. 그러나 다른 한편으로, 마오주의적 혁명은 필연적으로 당의 기간요원들에 의해 지도될 수밖에 없었는데, 그들에게 인민의 개입이란 민 중적인 민주주의적 조직을 의미하는 것이 아니라 대중과의 '접촉을 유지하 고' 그들이 전파하는 이데올로기와 여론이라는 '원료'를 가지고 '대중노선' 을 건설하는 것을 의미했다. 이제 혁명은 그 자신의 계급적 이해관계에 의 해 지도되고 통일되는 특정계급의 투쟁으로부터 직접적으로 출현하는 것으 로 더이상 상정되지 않는다. 그나름의 자기정체성, 이해관계 및 투쟁을 갖 는 특정계급 대신에 혁명의 인민적 토대는 다소 무정형적인 대중('인민'이 나 '대중'이 어떤 자기정체성을 가질 수 있는가? 그들이 '그들 자신의 이 름으로' 만들어낸 혁명의 내용은 과연 무엇이었는가?)이 되는데, 그들은 당에 의해 움직이며 자신의 통일성, 자신의 지향 및 자신의 정체성 자체를 자율적인 당간부로부터 공급받는 집단이다. 정규적인 당기구가 외곽으로 밀려났던 '문화혁명' 말기에 정치적·이데올로기적 행동의 자율화는 그 극치에 이르렀다.

이런 원칙들이 서구 선진자본주의국들에 수입되어 특히 학생과 지식인들에 의해 각색되는 것은 중국의 지식인들이 처해 있던 이상적 조건과 거리가 먼 것은 물론이고, 장구한 투쟁의 역사를 지닌 잘 발달된 대규모의 노동자계급이 존재하는 이들 나라에서 분명 쉬운 문제가 아니었으며, 중대한 수정이 요구되었다. 그럼에도 불구하고 민주주의적 요소와 반민주주의적 요소의 미묘하고도 모호한 종합이라는 특징을 지닌 이런 혁명관이 어떤 매력을 발휘했는지 알아내는 것은 그리 어렵지 않다. 마오주의적 교의는 한편으로는 대중과 지속적으로 접촉해야 한다는 주장, 관료주의의 만성화에 대한 공격, 대중노선 그리고 문화혁명 등으로 극도의 반국가주의적·민주주의적 열정을 충족시켜주는 것이라고 할 수 있다. 다른 한편, 그것이 중국에서 지녔던 실질적 함의가 무엇이었든간에, 그것은 탈계급적인 지식인들을 혁명의 주변부에 놓지 않은 상태에서 반국가주의적·민주주의적 열정을 충족시키는 것으로 이해할 수 있다. 혁명을 계급투쟁으로부터 분리시키는 것, 이데올로기적·문화적 투쟁을 자율화하는 것은 지식인들을 인민의 혁명적 의식으로서 힘을 발휘하도록 유도하는 것이며, 고유한 계급적 열망과 이해관계 대신에 그들을 인민투쟁의 지침으로 삼고자 하는 것으로 해석될 수 있다. 결국 지식인들에 의해 지도될 수 있는 혁명이 존재할 수 있다면, 확실히 그것은 '문화적' 혁명일 수밖에 없을 것이다.

마오주의는 선진자본주의의 상황에는 잘 부합하지 않는 주변적 현상에 불과하기에 계속해서 수입될 수는 없었다. 그러나 문화혁명의 주된 문제, 정치투쟁의 자율성, 그중에서도 특히 이데올로기적 투쟁의 자율성, 그리고 특히 계급투쟁을 인민대중의 투쟁으로 대체하는 것 등은 서구 상황에 좀더 적합한 형태들로 살아 남았다. 최소한 마오주의가 이러한 교의들을 고수하는 까닭에 그에 이끌렸던 사람들 중 일부는, 유로코뮤니즘에서 합리적 대안을 발견했던 것 같다. 그 합리적 대안이란 스딸린주의에 대한 대안으로, 곧 민주주의나 대중개입을 약속해주며 당의 엘리뜨요원과 탈계급적 지식인들에게 특수한 공간을 보장해주는 것이었다. 여기서는 특히 계급까지도 좀

더 유연한 '인민대중'——물론 그것은 지극히 다양한 형태를 띠었지만
——으로 차츰 대체되었다. 또한 정치투쟁 및 이데올로기투쟁은 물질적
관계들과 계급으로부터 다소 자율적인 것으로 상정되었다. 물론 유로코뮤
니즘의 교의를 설명하는 데 반드시 마오주의의 영향을 거론할 필요는 없
다. 유럽의 공산주의는 초계급적 동맹의 형태를 취했던 인민전선의 유산,
이데올로기와 문화적 지배를 강조하면서 그람시의 헤게모니 이론을 적절히
변형시킨 견해 등 끌어다 붙일 수 있는 자신의 전통을 가지고 있다. 그러
나 유럽좌파의 한 주요분파에게 '마오주의'(의 서구적 변종)로부터 유로코
뮤니즘으로의 이행은 모종의 편안한 논리를 가지고 있었다. 따라서 유로코
뮤니즘과 나란히 성장해온 아카데믹한 이론체계 내에서 특정한 주제들의
(마오주의와의——역자) 연속성이 현저히 나타나고 있음을 발견하게 되는
것은 결코 놀라운 일이 아니다.

3

선구자: 니코스 풀란차스

1

NTS의 모든 주요 주제들은 니코스 풀란차스(Nicos Poulantzas)의 저작 속에서 맹아를 보이고 있다. 그리고 그가 더 오래 살아 있었다면 그의 이론적·정치적 궤적의 논리는 아마도 대다수의 그의 포스트알뛰쎄주의적 동료들이 지금 차지하고 있는 위치에 도달했을 것이다. 그러나 그렇다 할지라도 그가 그렇게 멀리까지 나아갔던 것은 결코 아니었다. 그리고 그는 의심할 바 없이 NTS에 중요한 이론적 영향을 끼친 사람이기는 하지만, 이론적으로나 정치적으로나——이데올로기와 정치를 모든 사회적 결정으로부터 이론적으로 분리시킨다는 측면에서든, 사회주의를 노동자계급으로부터 정치적으로 분리시킨다는 측면에서든——결코 완전히 NTS로 넘어간 사람이라고 간주할 수는 없다.

풀란차스는 특별히 주목받을 만한 가치가 있는데, 그것은 그가 포스트알뛰쎄주의적 전통에 속하는 가장 중요한 이론가로 철학주의적인 편향을 지닌 그러한 전통을 현대사회주의의 절박한 정치적 문제들에 좀더 확실히 의거하도록 하는 작업의 대부분을 수행한 사람이라는 이유 때문이기도 하지만, 맑스주의자들로 하여금 일반적으로 오랫동안 무시되어온 이론적 문제들에 주의를 돌리게 하는 중요한 공헌을 했기 때문이기도 하다. 현세대 맑스주의 정치이론가들에 대한 그의 영향력의 정도로 볼 때——그것은 비극적으로 짧게 끝난 그의 생애 때문에 더 더욱 인상적인데—— 그는 충분히

본보기가 되는 사례로 선택할 만하다. 그러나 그는 좀더 일반적이고 역사
적인 의미에서도 역시 하나의 본보기가 된다. 그의 정치적·이론적 발전과
정은 유럽 좌파의 주요조류의 궤도를 따라갔으며, 그것은 한 세대 전체의
정치행로(odyssey)를 반영하는 것이기도 하다.

　1968년에 출판된 그의 최초의 중요한 이론적 저작인 『정치권력과 사회계
급』(Political Power and Social Classes)을 썼을 때, 풀란차스는, 많은 다른
사람들이 그랬듯이 스딸린주의적이지도 사회민주주의적이지도 않은 사회주
의적 정치를 모색하고 있었다. 유로코뮤니즘 시대의 전야였던 그때, 유럽
에는 아무런 확실한 대안이 없었다. 정치의 기초에 대한 풀란차스의 이론
적 탐색은 아직 추상적으로 비판적이며 소극적이었고 어떤 당노선에도 뚜
렷이 적극적인 개입을 하지 않은 채 가능한 주요 선택지들의 이론적 기초
를 조금씩 잠식해가는 성격의 것이었다. 그러나 그의 여러 동시대인들처럼
풀란차스는 극좌파적인, 다소 마오주의적인 대안 쪽으로 경도되었던 것으
로 보인다. 최소한, 알뛰쎄에게 크게 빚졌던 그의 이론적 장치들은 그러한
개입의 중요한 흔적을 보여주는데, 당시 알뛰쎄는 자신이 마오주의에 공감
함을 아주 명확히 드러내고 있었다. 풀란차스 저작의 전매특허이며, 정치
적인 것(the political)의 고유성 및 자율성에 대한 강조의 기초가 되는 '경
제주의'에 대한 공격은 마오주의의 본질적 구성요소이자, 또한 알뛰쎄 같
은 사람에게는 마오주의의 가장 매력적인 부분 중 하나였다. '문화혁명'이
라는 개념은, 그것이야말로 1968년 5월혁명과 같은 '혁명'의 작동원리라고
주장했던 다른 많은 사람들의 경우와 마찬가지로 풀란차스에게도 아주 매
력적인 개념으로 받아들여졌다. 이 개념이 중국에서 무엇을 의미했든간에,
서구에서 그것은 구체적인 집중점이나 초점이 되는 정치적 목표가 없는 대
신 사회'체계' 전체에 투쟁을 확산시키며 그 수단이라고는 이데올로기적·
문화적 통합이 전부인 혁명적 운동들을 포괄하는 개념으로 학생과 지식인
들에 의해 받아들여졌다. 이런 구상의 이론적 함의는 풀란차스 자신에 의
해, 예를 들면 밀리반드와의 논쟁에서 제시된 바 있다. 이 논쟁에서 풀란
차스는 '이데올로기적 국가장치'라는 알뛰쎄적 개념을 채택했는데, 이에 따
르면 지배계급의 헤게모니를 유지하는 기능을 하는 시민사회 내의 다양한
이데올로기적 제도들——교회, 학교, 심지어 노조까지도 포함되는——은

국가체계에 속하는 것으로 간주된다.[1] 나아가 그는 '문화혁명'이란 개념
과, 이런 이데올로적 국가장치들의 '단절'이라는 전략적 필요성 간의 관계
를 제시했다. '문화혁명'의 옹호자들이 왜 이 '장치들'을 국가의 일부로 생
각하는 견해에 매료되는지, 그리고 그럼으로써 '문화적'·이데올로기적 저
항으로의 전환과 투쟁의 확산을 이론적으로 정당화하는지를 이해하는 것은
그리 어렵지 않다. 실제로 포스트알뛰쎄주의적 정치학과 이론에서 이데올
로기의 중심성은, 그것이 어떻게 수정되었든지간에, 사회변혁을 '문화혁명'
으로 생각하는 구상에 뿌리를 두고 있다고 보아도 좋을 것이다. 설사 원래
의 중국적 형태 속에서는 그렇지 않았다 할지라도, 적어도 1968년 5월의
특이한 서구적 맥락 속에서는 그런 의미였다. 파시스트적이건 자유민주주
의적이건, 자본주의 국가의 다양한 형태들간에 별 차이가 없으며 부르조아
민주주의적 형태들은 속임수나 신비화에 불과하다고 보는 '극좌파적인 편
향'을 연상시키는 많은 요소들이 다수 동시대인들과 마찬가지로 초기 풀란
차스에게도 존재하고 있다(이는 밀리반드가 풀란차스와의 논쟁에서도 지적
한 바 있다). 이런 견해를 뚜렷이 보여주는 흔적은, 예를 들면 보나빠르띠
슴을 모든 자본주의 국가의 본질적 특징으로 보는 풀란차스의 보나빠르띠
슴 개념화 속에서 발견된다.

　이런 견해 중 상당 부분은 논쟁과정과 그의 후기저작 속에서 풀란차스
자신에 의해 폐기되거나 수정되었다. 극좌파적이고 마오주의적인 혼합물로
이루어졌던 초기의 정치적 입장이 유로코뮤니즘 쪽으로 바뀌게 됨에 따라
그는 보나빠르띠슴, '이데올로기적 국가장치' 등등에 대한 그의 초기의 견
해로부터도 이탈했다. 가장 눈에 띄는 것은 명시적인 정치적 견해뿐만 아
니라 국가론도, 자유민주주의적 형태에 대한 명백한 평가절하로부터, 사회
주의로의 이행을 현존 부르조아 민주주의 형태들의 확대로 보는 유로코뮤
니즘의 견해를 조심스럽게 수용하는 쪽으로—— 특히 그의 마지막 저서인
『국가, 권력, 사회주의』(*State, Power, Socialism*)에서 —— 바뀌었다는 점이
다.

　정치적이면서 동시에 이론적인 이러한 입장의 이동은 매우 중요한 것이

---

1) Robin Blackburn (ed.), *Ideology in Social Science*, London 1972, 제 11 장을 보
　라.

다. 그러나 그럼에도 불구하고 거기에는 하나의 연속성, 즉 풀란차스 자신
뿐만 아니라 1960년대 이래 유럽좌파 혹은 그 주요분파의 발전과정을 관류
하고 있는 논리에 대해서도 많은 것을 얘기해주는, 기본적으로 동일한 전
제가 존재한다. 민주주의적 사회주의와 그것을 달성할 수단에 대한 풀란차
스의 개념화 속에는 독특한 모호함이 있는데, 그것은 '마오주의'로부터 유
로코뮤니즘에 이르는 여정을 통해 내내 지속되었던 것이며, 또한 계급투쟁
과 노동자계급의 제거를 지향하는 것이다.

2

풀란차스의 국가론은, 스콜라주의적 성격을 가지고 있기는 하지만, 처음
에는 그것을 통해 특정의 정치적 프로그램을 '과학적으로' 비판하고 다른
프로그램을 뒷받침하는 이론적 기초를 제공한다는 전략적 고려와 필요라는
동기를 지니고 있었다. 『정치권력과 사회계급』에서 풀란차스는 자본주의
국가의 두 가지 중요한 특징을 광범위하게 증명하고 해명할 수 있는 정교
한 이론적 주장들을 구축했는데, 그 두 가지 특징이란 제도화된 자본주의
국가권력의 통일성과 지배계급에 대한 그것의 자율성이다. 역설적이게도
풀란차스는 자본주의의 지배계급은 자신들의 '명확하고도 배타적인' 정치권
력을, 제도화된 국가권력에 직접 참여하거나 그것 중 '몇개의 덩어리'를 소
유하는 것을 통해서가 아니라 국가로 하여금 자신들에게 정치적인 통일성
을 제공하도록 해주는 '상대적 자율성'——그렇지 않을 경우 그들은 통일
성을 결여하게 된다——으로부터 도출한다고 주장했다. [2]

이러한 이론적 주장 밑에 자리잡고 있는 물음은 기본적으로 전략적인 것
이다. "국가는, 한 계급이 권력을 장악한다면, 국가장치를 파괴하지 않고
도 사회주의로의 이행을 성취할 수 있을 정도로 지배계급에 대해 자율성을
지니고 있는가? "[3] 풀란차스의 답은 구체적인 목표물을 겨냥하고 있다.
그는 국가를 지배계급의 단순한 도구에 불과한 것으로 취급하는 '도구
주의적' 주장들을 공격하고 있다. 그는 또한 이 '도구주의'라는 동전의 뒷

---

2) Nicos Poulantzas, *Political Power and Social Classes*, London 1973, 288면.
3) 같은 책, 271면.

면, 즉 그 도구는 쉽게 임자가 바뀔 수 있으며 자력으로는 움직이지 않는 중립적인 도구로서 이전에 자본의 이해에 맞게 사용되었듯이 사회주의의 이해에 맞게 사용될 수 있다는 견해 역시 거부한다.[4] 요컨대, 폴란차스는 '개량주의'의 이론적 근거와 사회민주주의의 정치전략을 명확히 공격하고 있다. 사실상 이런 전략은 국가가 서로 상쇄되는 다양한 이해관계에 종속될 수 있다는 부르조아 다원주의적 견해를 공유하고 있으며, 그것으로부터 일단 노동자계급의 대표성이 우세해지면 혁명은 국가 자체의 아무런 변혁 없이도 '위로부터' 조용하게 점진적으로 이루어질 수 있다는 믿음으로 나아가게 된다. 실제로 사회민주주의자들에게 오늘날의 국가독점자본주의는 이미 자본주의와 사회주의 사이에 존재하는 이행국면인 것처럼 보인다. 경제에 앞서가는 정치형태와 법적 형태들은 계급투쟁 없이 사회주의로의 점진적인 이행을 가능하게 하면서 경제가 손쉽게 그것들의 뒤에서 끌려오도록 할 수 있을 것이다.

이 단계에서, 폴란차스 자신의 정치적 처방은 사회민주주의에 대한 이와 같이 지극히 일반적인 공격과는 거리가 먼 매우 암시적인 것에 머물러 있다. 그의 국가론이 스딸린주의를 공격하는 데 이용될 수 있었음에도 불구하고 —— 후에 그가 스딸린주의를 사회민주주의적 '국가주의'의 또다른 표현으로 취급함으로써 명시적으로 그렇게 했듯이 —— 이 초기저작에서는 그런 비판이 행해지지 않는다. 게다가 아직까지는 '반국가주의'라고 해석될 만한 요소가 거의 없다. 그 비판은 이 책을 프랑스공산당(PCF)에 대한 묵시적 비판을 내포하고 있는 것으로 이해할 수 있을 정도로 완전히 암호화되어 있다. 마치 당시 알뛰쎄의 저작 속에 있는 PCF에 대한 비판이 그러했던 것처럼. 『정치권력과 사회계급』에 대해 얘기할 수 있는 것은, 그것이 알뛰쎄주의를 매개로 하여 일반적으로 레닌주의적 전통에 충실하고자 하는 의도를 보여준다는 것이다.

그러나 이 저작에는 향후 영향을 끼칠 정치적 함의를 갖는 중요한 이론적 책략이 내포되어 있다. 폴란차스가 맑스주의의 '경제주의'로부터 거리를 두면서 그의 사부인 알뛰쎄나 발리바(E. Balibar)보다 한걸음 더 나아가

---

4) 같은 책, 273, 288면.

정치적인 것의 우위(dominance of the political)를 확립하기 시작한 것은 바로 여기서다. 아마도 그는 여기서 그의 다음 주요저작인 『파시즘과 독재』(*Fascism and Dictatorship*) 속에서 좀더 명료해지게 될 마오주의적 편향을 내비치고 있었던 것 같다. 그러나 그는 또한 이후 그가 유로코뮤니즘으로 이동하면서 계속해서 유용하게 사용할 수 있을 것이며, 실제로 그러했던 이론적 도구들을 만들어내고 있다.

풀란차스는 정치적인 것이 '우위'를 점하게 되는 상황을 설명하는 것으로 시작하고 있다.

> … 국가의 전체적 역할 속에서 경제적 기능이 우위를 점한다는 사실은 곧 일반적으로 한 구성체의 심급의 접합에서 지배적 역할이 정치적인 것에 귀속되어 있다는 것을 의미한다. 이것은 엄격히 정치적인 계급투쟁에서 국가가 직접적인 기능을 담당한다는 엄밀한 의미에서만 그러하다는 것이 아니라, 오히려 여기서 지적되고 있는 또다른 의미에서 그렇다는 것이다. 이 경우에 국가의 경제적 기능이 다른 기능에 대하여 우위를 점한다는 것은 다음과 같은 국가의 **지배적 역할**(dominant role)과 짝을 이루고 있다. 즉 응집인자라고 하는 국가의 기능이, 한 구성체의 **결정적 역할**(determinant role)을 유지하고 있는 심급, 즉 경제적 심급에 대한 국가의 특이한 개입을 불가피하게 만든다는 것이다. 예컨대, 아시아적 생산양식하에서의 전제국가는 정확히 이에 해당하는 경우다. 이 경우에는 정치적인 것의 우위는 국가의 경제적 기능의 우위 속에 반영되어 있다. 그것은 자본주의 구성체 가운데 국가독점자본주의 및 자본주의 국가의 '개입주의적'(interventionist) 형태의 경우에도 마찬가지다. 반면에, 사적 자본주의에서의 '자유주의적' 국가와 같은 자본주의 국가형태의 경우에는, 경제적인 것이 가지고 있는 지배적 역할이 국가기능에 있어서 엄격히 정치적인 기능의 우위에 의해 ―― '야경'국가(*l'état gendarme*) ―― 그리고 경제에 대한 국가의 특이한 불개입에 의해 반영된다.[5]

그의 후기저작에는 이와 동일한 사고가 좀더 간명하게 기술되어 있다.

> … 독점자본주의는 자본주의적 생산양식 내에서 우위의 도치, 즉 경제적인 것

---

5) 같은 책, 55면.

으로부터 정치적인 것으로의, 국가로의 우위의 도치, 다시 말해 국가의 우위의 확립이라는 특징을 갖는다. 반면 경쟁단계는 경제적인 것이 결정적이면서게다가 지배적인 역할까지 한다는 사실에 의해 특징지어진다.[6]

환언하면, 자본주의의 독특한 특징이며 독점단계에서도 여전히 유지되는경제적인 것과 정치적인 것의 분리에도 불구하고, 국가개입 영역의 확대때문에 정치적 영역은 전(前)자본주의적 생산양식에서 정치적 영역이 차지했던 '우위'와 유사한 지위를 획득한다는 것이다. 심지어 풀란차스는 이런측면에서 국가독점자본주의와 '아시아적 생산양식'의 유사성을 끌어내기까지 한다.

이런 비유와 국가독점자본주의 단계에서의 정치적인 것의 '우위'라는 풀란차스의 개념은 그의 관점의 상당부분을 드러내준다. 그의 주장은 항상'최종심급에서는' 경제적인 것이 결정하지만 사회구조의 다른 '심급'들이'결정적' 혹은 '지배적' 위치를 점할 수도 있다는 알뛰쎄주의적 원칙에 기반을 두고 있다. 사실상 경제적인 것은 단지 결정적이거나 지배적으로 될 심급들을 결정하는 것에 의해서만 '결정한다'. 이것은 어줍잖은 불확실한 사고에 불과하다. 그러나 그것은 어떤 생산양식들에서는 —— 실제로는 전형적으로 전자본주의적인 사회에서 —— 생산 및 착취 관계 그 자체가 '경제외적' 방법으로 조직될 수도 있다는 것을 전하고자 하는 의도를 지니고 있는 한에서는 일정한 의미가 있는 주장이다. 그래서, 예컨대, 봉건제에서는영주의 착취권이 그의 정치권력, 그가 국가의 한 '부분'을 소유하는 것과뗄 수 없는 밀접한 관계를 맺고 있기 때문에 잉여추출이 경제외적 수단에의해 일어난다. 이와 비슷하게 '아시아적 생산양식'에서는 정치적 관계가착취관계에 우선한다는 의미에서가 아니라, 국가 자체가 잉여노동의 주요한 직접적인 전유자가 될 정도로 착취관계 자체가 특정의 정치형태를 전제로 한다는 의미에서, '정치적'인 것이 지배적이라고 이야기할 수 있다. 이런 경우들과, 착취가 법적 혹은 정치적 종속이나 복종이 아닌 직접 생산자로부터의 생산수단의 완전한 박탈을 기반으로 하며 순수히 '경제적인' 형태를 취하는 자본주의를 구분해주는 것은 바로 이와같은 '정치'와 '경제'의 융

---

6) *Classes in Contemporary Capitalism*, London 1975, 101면.

합이다. 이것은 알뛰쎄와 발리바가 정교화했던 '최종심급에서의 결정'이라는 원리 속에 담긴 것과 거의 비슷한 의미다. 그러나 풀란차스의 손에서 이 개념은 미묘하나 아주 중요한 변형을 겪게 된다. [7]

원래의 정식에서 착취관계는 비록 '경제외적' 형태를 취한다 할지라도 항상 중심적이다. 풀란차스의 정식에서는 착취관계가 '결정적'이기를 그치게 된다. 그가 보기에 착취관계는 **경제적** 영역에 속하는 것이다. 그리고 전자본주의 사회에서, 또 독점자본주의에서도 명백히 '경제적'인 것은 자신의 독특한 지배구조를 가지고 분리되어 존재하는 정치적 영역에 종속될 수 있다. 물론 풀란차스가 '정치적인 것'의 역사적 역할과 중심성이 잉여추출에서 정치가 직접적인 역할을 담당하는가 간접적인 역할을 담당하는가에 따라, 그리고 그것이 '경제적인 것'과 구별되는가에 따라 달라진다고 지적하는 것은 지극히 타당한 것이다. 현대자본주의에서 국가 역할의 확대가 그것을 점점 더 계급투쟁의 표적이 되도록 하는 경향이 있다고 주장하는 것 역시 정당한 것이다. 그러나 풀란차스는 이런 주장들을 넘어서 훨씬 더 나아간다. 그는 착취관계의 성격은, 그것이 '경제적' 형태를 취하는가 '경제외적' 형태를 취하는가에 따라 여러 생산양식에서 달라질 수 있다고 주장할 뿐만 아니라, 그 생산양식들은—— 혹은 심지어 생산양식의 단계들까지도—— 착취관계가 그 자체로 완전히 '지배적인가'의 여부에 따라 달라질 수 있다고 주장한다. 따라서 그가 독점자본주의에서는 '경제적인 것'이 아니라 '정치적인 것'이 지배적이라고 주장할 때, 사실상 그는 착취관계(의심할 바 없이 이것이 '최종심급에서는 결정하지만')가 더이상 '최고의 통치자' (reign supreme)가 아니라고 주장하고 있는 것이다.

3

1970년에 풀란차스는 『파시즘과 독재』를 펴냈는데, 그것은 그의 저작 중 마오주의적 색채를 가장 뚜렷이 드러내고 있는 책이다. 프랑스 좌파에 속하는 대다수의 청년들이 '프롤레타리아 좌파'(La Gauche Prolétarienne)의

---

7) 풀란차스가 발리바의 접근방법을 지나치게 '경제주의적'이라고 보고 있음은 주목할 만하다. *Classes in Contemporary Capitalism*, 13면, 주 1.

형태로 마오주의에 경도되어 있던 1968년 5월의 궤적 속에서 씌어졌던 이 책은 마오에 준거해야 함을 강조하고 있다. 그리고 이 준거들이 당시 그의 정치적 입장을 분명히하는 데 불충분하기라도 했던 것처럼 그는 또하나의 준거를 제시하고 있는데, 그것은 베틀렝(Charles Bettelheim)(그의 책은 이미 『정치권력과 사회계급』에서도 동의하는 태도로 인용되었다)에게서 차용했음에 틀림없는 소련에 대한 성격규정——이 책의 문맥에는 전혀 맞지도 않는——이다. 그가 부르조아 민주주의적 혹은 의회제적 자본주의 국가와 파시스트적 형태의 자본주의 국가 간의 차이에 대해 놀랄 만한 둔감함을 보여주었던 것 역시, 정치사회학에 풀란차스가 가장 실질적으로 공헌한 이 책 속에서였다. 이에 입각해서 그의 견해는 그후 몇년 동안 극적으로 바뀌었다.

그 다음의 중요한 이정표는 1974년에 출판된 『현대자본주의의 계급들』 (Classes in Contemporary Capitalism)이었다. 이제 풀란차스는 마오주의를 폐기처분했으며, 또한 여전히 좌파적 입장에서이기는 하지만 PCF의 이론을 직접적으로 비판하기 시작했다. 이 책에서는 그의 국가론이 공산주의 운동의 몇몇 전략적 문제에 중요하게 적용되고 있으며 나아가 계급론에서의 더 중요한 발전도 보여주고 있는데, 그것은 계급의 결정요인으로서의 생산 및 착취 관계를 폐기하는 먼 길을 가는 것이었다. 그리고 그것은 앞으로 우리가 보게 될 것처럼 중요한 정치적 결과를 수반하는 것이었다.

이 책의 비판이 특별히 표적으로 삼고 있었던 것은 PCF의 '반독점동맹' 전략과 그 밑에 깔려 있는 '국가독점자본주의'론이었다. 풀란차스에 따르면, PCF의 교의는 몇가지 근본적인 오류를 지니고 있다. 그것은 국가가 독점자본의 '헤게모니' 분파만을 대변하는 것이 아니라 몇개의 계급 혹은 계급분파들의 '파워블록'을 대변한다는 사실을 무시하면서 국가와 독점자본 간의 관계를 마치 단순한 융합인 것처럼 취급한다. 그것은 진정으로 '민중적인' 세력으로부터 부르조아지 전체를 분리시키는 계급장벽을 인정하지 않으면서 모든 비독점적 이해관계라는 것이 부르조아지의 일부까지 포함하는 '인민대중'과 동일한 것처럼 취급한다. 또한 그것은 사회민주주의자들과 똑같은 방법으로 원칙적으로는 국가는 경제발전의 절박한 기술적 요구들에 일차적으로 책임을 지는 계급중립적인 도구라고 간주하기 때문에, 단순히

인수하여 국민적 요구에 맞게 바꾸는 것을 방해할 자본주의 국가의 본성에
내재한 것은 아무것도 존재하지 않는 듯이 보인다.

풀란차스는 PCF의 전략적 기반을 잠식하고 있는 것처럼 보인다. 그러나
비록 그의 입장이 PCF 주류보다 더 좌파적인 것이라 할지라도, 그것은 공
통적으로 받아들여지는 기본원칙들에서 출발하는 내부로부터의 비판을 나
타내는 것일 뿐이다. 그 원칙이란 특히 혁명의 담지자를 '민중'이나 '민중
동맹'으로 이동시키는 것, 부르조아 국가의 '변형'(transformation) 혹은 '선
진민주주의'를 통한 사회주의로의 이행, 따라서 계급투쟁의 폐기 등이다.
궁극적으로 풀란차스의 이론이 의도하고 있는 것은 (프랑스 — 역자)공산당
의 전략을 잠식하는 것이 아니라 그것을 좀더 건강한 기반 위에 놓는 것이
다. 그는 '국가독점자본주의'라는 개념을 근본적으로 거부하지 않으며 오히
려 그것을 구출해낸다. 그는 국가가 독점자본의 헤게모니 분파의 이해와는
다른 이해를 대변한다는 자명한 사실을 설명하면서 그 모순을 교정할 개념
을 다시 정식화해낸다. 이것은 또한 국가가 왜, 그리고 어떻게 민중투쟁의
침투에 의해 취약해지는가를 명확히할 수 있다는 부가적인 이점이 있다.
비록 풀란차스는 '민중' 속에 비독점 분파를 무조건 포함시키는 것에 의문
을 표하기는 하지만, 좀더 근본적으로 그는 여전히 '민중동맹'이라는 구상
을 유지하고 있으며, 자본과 노동 간의 직접적인 계급적대 대신 '파워블록'
과 '민중' 간의 정치적 대치에 투쟁의 초점을 맞추고 있다. 풀란차스의 '좌
파 유로코뮤니즘'은 몇몇 중요한 측면에서 유로코뮤니즘의 원래의 교의와
는 확실히 다르지만, 그가 유로코뮤니즘과 공유하고 있는 전제들은 차이점
보다는 근본적인 유사성을 가지고 있으며 맑스주의 이론에 중대한 결과를
초래하는 것이다.

여기서 우리는 문제의 핵심에 도달하게 되며, 계급투쟁을 제거하는 데
풀란차스가 어떤 공헌을 했는가라는 문제와 마주치게 된다. 맑스주의적 이
론과 실천의 결정적인 변형, 즉 유로코뮤니즘적 전략이 선회의 축으로 삼
고 있는 것은 노동과 자본 사이의 계급관계에서 비롯되는 가장 중요한 적
대를 '민중'과 지배세력, 혹은 민중과 국가에 의해 조직되는 파워블록 간의
정치적 관계로 대체하는 것이다. 이러한 지극히 중요한 (입장의 — 역자)
전환에는 무수한 준비운동이 필요하다. 국가와 계급 모두가 사회주의를 위

한 투쟁 속에서 다시 위치지어져야만 하며, 그러기 위해서는 국가와 계급 모두를 다시 규정해야만 한다. 민중 혹은 민중동맹과, 국가와 밀접하게 관련된 파워블록 간의 적대가 지배적인 것이 되려면 단순히 자본과 노동 사이의 착취관계를 국가가 어떻게 반영하며 유지하는지, 혹은 재생산하는지를 보여주는 것만으로는 충분하지 않다. 두 개의 정치조직——국가에 의해 조직되는 파워블록과 민중을 조직하는 민중동맹——간의 정치적 갈등이 실질적으로 어떻게 자본과 노동 간의 계급갈등을 대체할 수 있는가를 보여주어야만 하는 것이다.

우리는 이미 『정치권력과 사회계급』에서 '정치적인 것의 우위'를 확립함으로써 풀란차스가 어떻게 생산 및 착취 관계를 국가론의 중심적 위치에서 제거하기 시작하는지를 본 바 있다. 앞으로 보게 될 것처럼, 이와 유사하게 그의 계급론에서도 이러한 제거가 이루어진다. 그 즉각적인 효과는 계급투쟁을 국가에 의해 조직되는 파워블록과 민중동맹 간의 정치적 대치로 변형시켜버리는 것, 아니 그보다는 오히려 전자를 후자로 대체해버리는 것이다. 혹자는 계급투쟁은 살아 있는 실천이라기보다는 '구조의' 결함 내지 '모순'으로만 존재할 뿐이라고 말할 수도 있을 것이다. 풀란차스가 지적하듯, '노동자계급'의 정당이 민중동맹을 조직하고 통일시키는 역할을 하는 것과 마찬가지로, 국가는 부르조아 정당과 더불어 파워블록에 대해 똑같은 역할을 수행한다.[8] 더구나 주요 적대세력들은 이제 더이상 계급투쟁에 참가하는 계급들이나, 심지어 정치조직을 통해 투쟁에 참가하는 계급조차 아니며, 정당정치라는 경쟁에 참여하는 정치조직들일 뿐이다. 현대자본주의 사회의 국가에 대한 그의 새로운 이론은 유로코뮤니즘 전략의 이론적 기반을 확립하는 머나먼 길로 나아가고 있는데, 그보다 훨씬 더 중요한 것은 '민중동맹'의 교의가 계급의 개념에도 이와 유사한 변형을 가한다는 점이다. 계급과 계급투쟁이 자본과 노동 간의 적대가 갖는 핵심적 역할을 거세해버리는 전략과 양립할 수 있게 되려면, 착취관계가 계급을 결정하는 데서 더이상 '지배적'일 수 없는 그런 방식으로 계급 자체를 반드시 재규정해야만 한다. 풀란차스는 이런 재정식화를 완결지으며, 그 과정에서 바로 그

---

8) 같은 책, 98면.

정의 자체에 의해 '민중동맹'에 근거를 두지 않는 어떤 전략도 무모하고 무책임하다고 주장할 정도로 **노동자계급**을 미미한 지위로 떨어뜨리는 데 성공한다.

풀란차스의 계급론에서 가장 중요한 요소는 '신쁘띠부르조아지'에 대한 논의이다. 풀란차스도 지적했지만 쁘띠부르조아지 문제는 계급구조에 대한 '현재의 논쟁의 심장부'에 위치하며, 결정적인 전략적 중요성을 지닌다.[9] 중요한 논쟁은 상인·상점점원·수공업자 등과 같은 '전통적' 쁘띠부르조아지의 계급적 상황뿐만 아니라, 특히 임금을 받는 상업부문 피고용인 및 은행원, 사무직 노동자 및 써비스 노동자, 특정한 전문직업인 집단 등 소위 '화이트칼라', 혹은 '제3부문' 노동자라 불리는 '신중간계급' 혹은 '중간층'을 둘러싸고 벌어졌다. 이 두 '쁘띠부르조아지'는 노동자계급과의 민중동맹의 중요한 구성부분이 되며, 이들은 노동자계급과 더불어 '민중' 혹은 '인민대중'을 구성한다. 이들을 현대자본주의의 계급구조 속에 바르게 위치짓는 것은 유로코뮤니즘 전략가와 이론가들의 최우선적 과제였다. 풀란차스는 이 이론적 논쟁이 갖는 전략적 중요성을 강조하며 "민중동맹의 올바른 기초를 확립하기 위하여…"[10] 이 집단들의 계급적 지위를 정확히 판별할 필요성을 강조한다.

풀란차스는 우선 이 '새로운 임금소득집단'의 문제에 대한 두 개의 일반적인 접근방법을 공격하면서, 이 두 범주 각각에서 근본적으로 상이한 몇 개의 주장을 한데 뭉뚱그려버린다. 그중 첫번째 접근방법은 이 집단들을 프롤레타리아트나 부르조아지 중 하나로, 혹은 그 둘 다에 모두 속하는 것으로 해소시켜버리는 것이다. 두번째의 일반적 '경향'은 풀란차스가 '중간계급론'이라고 불렀던, 정치적 동기를 갖는 이론인데, 그에 따르면 부르조아지와 프롤레타리아트는 점점 우세해지는 중간집단이라는 '잡탕' 속에, 즉 '계급투쟁이 해소되어버리는 지역'[11]에 함께 뒤섞여 존재하고 있다. 이러한 이론들의 대부분은 계급과 계급투쟁이라는 개념을 모두 희석하려 하고 있다. 맑스주의적 이론과 사회주의적 전략의 관점에서 본다면, 이 두 개의

---

9) 같은 책, 193면.
10) 같은 책, 204면.
11) 같은 책, 196~97면.

범주에 포함되는 몇개의 이론 중 풀란차스 자신의 이론에 심각한 위협이 되는 이론은 하나뿐이다. 그것은 화이트칼라 노동자들이 점차 '프롤레타리아화'하고 있음을 주장하면서 새로운 임금소득집단을 노동자계급에 포함시키는 이론이다. 잠시 후에 우리는 풀란차스가 이런 접근방법을 기각해버리는 근거가 무엇인가라는 문제로 돌아가려 한다.

풀란차스는 PCF가 '반독점'동맹이라는 정치전략 속에서 제시했던 해결책으로 돌아간다. 풀란차스처럼 PCF노선은 "임금소득집단을 노동자계급으로 해소시켜버리는 것"에 반대한다. [12] 그러나 PCF 노선은 그들의 계급적 고유성을 완전히 부정하며 그들을 '중간층'으로서 계급이 존재하지 않는 회색지대에 머무르도록 한다. 풀란차스는 이렇게 새로운 임금소득'계층'의 계급적 상황을 명확히 판별하기를 거부하는 것을 공격한다. 그는 그렇게 하는 것은 부르조아적 계층론으로 투항하는 것이며, '계급적 형태로 구분짓는 것이 모든 사회적 계층화의 준거틀이라는' 맑스주의의 근본명제와 모순되는 것이라고 주장한다. "계급이야말로 '역사과정' 속에 존재하는 기본집단"이라는 원칙은 "계급과 나란히 혹은 계급의 외부에 다른 집단이 존재할 수 있는 가능성…"과는 양립할 수 없다. [13]

'새로운 임금소득집단'과 관련된 PCF의 노선에 대한 풀란차스의 비판이 이론적으로나 실천적으로 그것을 근본적으로 부정하지는 않는다는 점이 즉시 지적되어야만 한다. 사실상 그의 주장은 주류 당노선보다 약간은 좌파적이긴 하지만, PCF의 원칙을 거부하는 것이 아니라 또다시 그것에 좀더 건실한 이론적 기반을 제공하려는 시도 쪽으로 나아가게 된다. 그는 민중동맹에 대한 진정한 맑스주의적 이론화는 이 '계층'들을 계급의 외부에 놓아두는 것이 아니라 그들에게 자신의 계급적 위치를 지정해주는 계급의 정의에 기반을 두어야만 한다고 주장한다. 그렇지만 중요한 점은, 이들의 계급적 위치가 노동자계급 내부에서 발견되지 않는다는 것이다. 바꿔 말하자면, 풀란차스는 협소하게 정의된 노동자계급과, 노동자계급에 속하지 않는 민중세력 간의 동맹이라는 유로코뮤니즘의 개념을 좀더 명확히 맑스주의적인 이론으로 뒷받침해주기 위한 모색을 하고 있는 것이다.

---

12) 같은 책, 198면.
13) 같은 책, 199면.

그렇다면 왜 풀란차스는, PCF와 더불어, 이 '계층'들을 노동자계급으로 '해소시켜버리는' 이론을 수용하려 하지 않는가? 그가 원래 밀즈(C. Wright Mills)의 것이라고 치부하는 이 이론은, 좀더 최근에는 브레이버만 (Harry Braverman) 등에 의해 확실히 맑스주의적인 방법으로 발전해왔다. 그러나 풀란차스는 명확히 이것을 맑스주의로부터의 일탈이라고 —— 예컨 대, 임금을 노동자계급을 판별하는 준거기준으로 만들고 그럼으로써 분배 양식을 계급결정의 핵심적 요소로 만들어버린다는 이유로[14] —— 간주한다 (풀란차스가 착취양식이 아닌 분배양식으로서의 임금에 초점을 맞추고 있다는 사실은, 우리가 조만간 보게 될 것처럼, 중요한 의미를 갖는다). 나아가 그는 이러한 견해가 이 집단들을 노동자계급과 유사한 것으로 치부함으로써 개량주의적·사회민주주의적 경향을 촉진한다고 주장한다. '중간계층'의 이해를 노동자계급의 그것과 동일시하는 것은 노동자계급의 이해를 좀더 후진적인, 덜 혁명적인 요소들 속에 집어넣음으로써 왜곡하는 것이다.[15] 그는 노동자계급의 헤게모니와 그들의 혁명적 이해관계에 기반을 둔 정치전략은 이런 후진적 요소들을 노동자계급 대열에서 배제할 것을 요구한다고 주장한다.

그렇다면 풀란차스가 화이트칼라 노동자들의 프롤레타리아트화라는 주장 앞에서 그것을 받아들이기를 거부하는 것은 혁명적 입장과 유일하게 '최후까지 혁명적일 수 있는' 노동자계급의 헤게모니를 지지하고자 하는 것으로 볼 수 있다.[16] 심지어 그는, PCF가 이러한 화이트칼라 노동자들을 노동자계급으로 해소시켜버리는 것을 거부함에도 불구하고 새로운 임금소득층의 특수한 계급적 이해와 거기서 비롯되는 그들과 노동자계급 간의 차이를 명확히할 것을 무시함으로써 똑같은 위험을 자초한다고 비판하기까지 한다. 사실 그는 다른 계급의 이해를 직접적으로 대변함으로써 자신의 노동자계급적 성격을 희석하는 것을 목표로 하는 '노동자계급'의 당이 어떻게 이런 위험을 회피할 수 있을지 설명하지 못했지만, 일단 이 문제는 접어두기로 하자. 먼저 그의 '신쁘띠부르조아지' 이론이 맑스주의적 분석과 사회주의적

---

14) 같은 책, 194면.
15) 같은 책, 204면.
16) 같은 곳.

실천의 중심에 자리잡고 있는 착취적 계급관계, 계급투쟁 그리고 노동자계급의 이해관계를 고수하려는 시도를 실제로 보여주는지를 알아보기 위해 그 이론의 함의를 살펴보자.

풀란차스가 보기에 노동자계급과 신쁘띠부르조아지를 구분하는 일차적인 구조적 범주는 일단 생산적 노동과 비생산적 노동 간의 구분인 듯하다. 화이트칼라 노동의 '비생산적' 성격으로 인해 그 집단은 '생산적인' 노동자계급과 분리된다. 풀란차스는, 맑스 자신이 이 범주를 적용했으며 노동자계급을 생산적 노동을 수행하는 사람들로 한정함으로써 그 '본질적 경계'를 분명히했다는 가정에 입각하여 논의를 전개하고 있다. 그렇다면 이제 맑스는 결코 그런 구분이 그런 방식으로 쓰이기를 의도하지 않았다는 것을 확실히 보여줘야 한다.[17] 어떤 경우에도 맑스는 그런 의도로 그렇게 했다고 말한 적이 없으며, 풀란차스는 맑스가 뜻한 바가 바로 이것이라고 증명하지 못했다. 그의 주장은 맑스를 잘못 독해한 데 기반을 두고 있다. 그는 맑스를 인용하여, "모든 생산적 노동자는 임금소득자이다. 그러나 그렇다고 해서 모든 임금소득자가 다 생산적 노동자인 것은 아니다"[18]라고 말한다. 풀란차스는 이를 상당히 다른 의미로 해석한다. 그는 맑스의 입을 빌려 말하는 것처럼 "맑스가 그랬듯이, 노동자계급에 속하는 모든 행위자들이 임금소득자일지라도, 이것이 반드시 모든 임금소득자들이 노동자계급에 속한다는 것을 의미하지는 않는다"라고 주장한다. 물론 두 명제는 결코 같은 것이 아니며 풀란차스가 전자가 후자를 가져온다고 주장하는 것도 아니다. 단지 그는 그것을 가정할 뿐이다. 즉 그는 '노동자계급에 속하는 행위자'는 '생산적 노동자'와 동의어라는, 증명될 필요가 있는 바로 그 명제를 가정하고 있는 것이다. 따라서 이제 그는 맑스의 정의(최소한 그가 해석한 맑스의 정의)에 따라 여러 다양한 집단들이 단순히 생산적 노동자가 아님을 보여주기만 하면 노동자계급에 속하지 않는다고 증명할 수 있다.

왜 이런 구분이 —— 이 구분이 다른 이유 때문에 중요한 것일 수는 있다

---

17) Peter Meiksins, "Productive and Unproductive Labor and Marx's Theory of Class," *Review of Radical Political Economics*, vol. 13, no. 3, 1981년 가을호, 32~42면을 보라.

18) *Classes in Contemporary Capitalism*, 210면.

할지라도——계급분할의 기초로 간주되어야만 하는지는 결코 명확해지지 않는다. 왜 이러한 구분이, '블루칼라' 노동자계급과 마찬가지로 이 집단들이 생산수단으로부터 완전히 분리되어 있다는 사실, 그들 역시 착취당하고 있다는 사실(이 점은 그도 인정한다), 그들이 잉여노동——그 본질이 자본주의적 생산관계에 의해 결정되는——을 수행하고 있다는 사실보다 더 중요해지는가가 불명확한 것이다. 생산수단을 몰수당한 노동자가 자신의 노동력을 판매하도록 강요당하는 임금관계나, 심지어 노동자계급의 노동의 조직화 속에서 작용하는 것과 똑같은 자본주의적 강제——노동의 '합리화', 분절화, 규율 등——는 이들에게도 역시 작용하는 것이다. 자본에 의해 직접적으로 착취당하지 않지만 이를테면 국가나 '이윤을 추구하지 않는' 단체들에 고용된 노동자들에게조차도 사실상 똑같은 조건——어쩔 수 없는 노동력의 판매 및 자본축적의 착취논리에서 비롯되는 노동의 조직화——이 적용된다. 현대자본주의에서 계급의 복잡성이 어떤 것이든지——새로운 계급구성들이 나타나고 낡은 것이 변화함에 따라 그것이 증대한다 할지라도——생산의 착취적 관계가 왜 이제 계급을 결정하는 데서 이차적인 것으로 간주되어야만 하는지 알 수가 없다. 화이트칼라 노동자를 노동자계급으로부터 분리하기 위해 풀란차스가 사용하는 생산적 노동과 비생산적 노동 간의 구분법은 지극히 자의적이고 순환론적이며, 계급들과 계급적 이해관계들이 실제로 어떻게 현실세계를 구성하고 있는지를 이해하는 데 명확한 함의를 조금도 제공해주지 않는다.

사실 이 '특이한 경제(적)' 결정론이 신쁘띠부르조아지를 규정하기에 충분하지 못하다는 것——혹은 필요하지조차 않다는 것——은 곧 판명된다. 그것은 풀란차스가 이 계급에 포함시키고자 했던 모든 집단들을 설명할 수 없다. 그것은 물질적 생산과정에 관계하는 특정집단들(즉 엔지니어, 전문기술자 및 감독진)을 설명할 수 없을 뿐만 아니라, 이 이질적 요소들을 노동자계급과 구분되는 단일한 계급으로 묶어주는 통일성 또한 설명할 수 없다. 따라서 이제 정치적·이데올로기적 요소들이 결정적인 것으로 간주될 수밖에 없다. 이 요소들은 생산적·비생산적 노동의 구분에 의해 이미 구획지어진 집단들에게조차도 결정적이며[19] 몇몇 경우에는 그 구분을 무시하기조차 한다. 궁극적으로, 일단 이 집단이 그들이 착취당한다는 사실에 의해 부르조아지와 구별된다면, 그들을 노동자계급과 구별지어 하나로 통일시켜주는 결정적인 요소는 이데올로기적인 것이며, 정신노동과 육체노동의 구분에서는 특히 그렇다. 풀란차스는 이런 구분이 '기술주의적' 혹은 '경험주의적' 견지에서 —— 예를 들면, '지저분한' 일과 '깨끗한' 일, 손을 써서 일하는 사람과 머리를 써서 일하는 사람, 직접 기계를 만지는 사람과 그러지 않는 사람 등등을 경험적으로 구별해냄으로써 —— 규정되어서는 안된다고 주장한다. 그것은 본질적으로 '정치이데올로기적' 분할(division)이다. 비록 이 분할이 완전히 명확하게 선을 그을 수 없고 신쁘띠부르조아지 내에 하위분파를 만들어내는 복잡성을 내포하고 있다 할지라도, 풀란차스에 따르면, 그것이야말로 이 집단을 노동자계급과 구분지어주며, 또한 그것에 부합하지 않는 생산적 노동과 비생산적 노동 간의 구분을 포함하여 계급 내의 다양한 차이를 무시할 수 있게 하는 유일한 결정인이다. 바꿔 말하면, 이런 이데올로기적 분할이야말로 어쨌든 신쁘띠부르조아지를 하나의 계급으로서 구성해내는 데서 결정적인 요소다.

어떤 현실이 풀란차스의 이데올로기적 구분에 부합하는 것인지, 또 왜 그것이 노동자들의 구조적 유사성을 무시해야 하는지는 전혀 명확하지 않다. 확실한 것은 산업자본주의의 생산조직은 노동과정 내의 노동자들을 다양하게 분할한다는 것이며, 그것은 노동과정 그 자체의 기술적 요구가 아니라 그 자본주의적 성격에 의해 규정된다는 사실이다. 이러한 분할들은 종종 통일된 하나의 계급을 형성하는 데 장애가 된다. 그것은 자본과 착취에 대한 관계에 의해 동일한 계급에 속하게 되는 노동자들의 경우에도 역시 마찬가지다. 그러나 풀란차스가 인용하는 그런 분할기준이 왜 노동과정에서 노동자들을 분열시키거나 계급조직화의 과정에서 그들을 해체시키는 데서 다른 요소보다 결정적인 것인지는 명확치 않다. 왜 그런 분할기준이 단순히 단결의 장애물이나 계급조직화의 과정 —— 그것은 블루칼라 노동자들의 경우에도 장애물로 뒤덮인 과정이다 —— 을 곤란하게 하는 걸림돌이 되는 것이라기보다는 오히려 노동자계급의 구성원과 그렇지 않은 사람을 가르는 결정적인 계급장벽이 되는지도 역시 불명확하다.[20] 사실 풀란차스의

---

19) 같은 책, 224면.

이론은 계급들의 발전에서 나타나는 어떤 과정도 전혀 수용할 수 없는 것
처럼 보인다. 단지 정태적이며, 때로는 서로 중첩되는 일련의 계급상황(위
치? 처지?)만이 존재하는 것처럼 보인다. 이것은 그 자체로 중요한 정치
적 함의를 지니고 있는 듯한 견해다.

착취당하는 임금소득집단 내에서 이데올로기에 따른 정신노동자와 육체
노동자 간의 분할이 생산관계에 의해 직접적으로 결정되는 자본과 노동 간
의 어떤 객관적 계급장벽에도 상응하지 않는다면, 그것은 또한 이 노동자
들 사이의 현실적이며 극복불가능한 이해관계의 분열에도 상응하지 않는
다. 두 집단의 계급적 이해는 그들이 노동력의 판매를 통해 직접적으로 착
취당한다는 사실에 의해 결정된다. 이 이해관계는 일차적으로는 이와같은
노동력의 판매라는 규정 및 조건과 관련을 가지고 있으며, 궁극적으로는
어쨌든 자본주의적 생산관계—— 노동의 자본에 대한 '형식적' 포섭 및 '실
질적' 포섭—— 의 폐지와 관련되어 있다. 노동과정에서 이 노동자들이 행
하는 상이한 기능들은 몇몇 경우에는 그들의 책임의 정도, 교육, 소득 등
등의 차이에 기반을 둔 그들간의 분열을 초래할 수도 있을 것이다.[21] 그러
나 이 차이들이 생산 및 착취 관계와 관련된 어떤 기준에 의한 계급분할로
간주될 수는 없다. 그들간의 이데올로기적 분할은 그들 자신의 계급적 이
해라는 견지에서 생겨나기보다는 오히려 그들을 서로 떼어놓음으로써 이익
을 얻는 자본의 견지에서 만들어지는 것이다. 강제적으로 부과되는 자본주
의적 이데올로기는 노동자계급 내부의 통일을 저해하는 방식으로 작동하며
계급조직화의 과정에 끼어든다. 그러나 그것을 여러 종류의 노동자들 사이

---

20) 예컨대, 엔지니어의 경우에 적용되는, 계급판별과 계급조직화의 장벽을 구분하
   는 것에 대한 논의는 Peter Meiksins, "Scientific Management: A Dissenting
   View," *Theory and Society*, no. 13, 1984, 177~209면을 보라.

21) 이 요소들 중 몇몇—— 예를 들면 교육—— 은 여러 자본주의 나라들에서 때에
   따라 달라지는 순수히 '상황적인' 요소에 지나지 않는 경우도 있다. 예컨대, 풀란
   차스는 미국이나 캐나다 같은 나라보다 화이트칼라 노동자들의 교육과 블루칼라
   노동자들의 교육 간의 차이가 훨씬 두드러지게 나타나는 유럽의 사례—— 특히 프
   랑스?—— 로부터 일반화했을 수도 있다. 그러나 프랑스의 경험이 지니는 역사적
   특수성이 알뛰쎄적 이론에 의해 이론적 보편성으로 변형된 것은 이번이 처음은 아
   니다.

에 세워지는 절대적인 계급장벽으로 보기는 어렵다.

따라서 풀란차스는 착취관계가 더이상 결정적인 역할을 하지 않는 계급분석을 제시한다. 이것은 그의 이론에서 계속 유지되고 있는 기본원칙이다. 그에 따르면 생산 및 착취 관계는, 비록 '최종심급'에서는 결정한다 할지라도 주어진 특정의 생산양식이나 사회구성체에서는 **지배적이지는 않은** —— 우리가 이미 보았듯이 —— '경제적' 영역에 속할 뿐이다. 이러한 견해는 계급분석에도 영향을 끼치고 있다.[22] 이제 정치적 요소 혹은 이데올로기적 요소가 계급을 결정하는 데서 '최고의 통치자'(reign supreme)가 되는 경우가 있다는 것이 분명해진다. 풀란차스는, 단순히 계급의 형성이 경제적 과정일 뿐만 아니라 항상 정치적·이데올로기적·문화적 과정이기도 하다는 것 혹은 계급들간의 관계는 경제적일 뿐만 아니라 정치적이며 이데올로기적이라는 것을 이야기하는 것이 아니라 그 이상의 것을 말하고 있다. 또한 그는 단순히 생산관계 그 자체를 '정치적으로' 조직하는 '정치적인 것'의 특수한 역할을 지적하고 있는 것이 아니다. 그는 '객관적인' 계급형성에서 정치적·이데올로기적 관계가 착취관계보다 실질적인 우위를 점할 수 있으며, 정치적·이데올로기적 분할이 본질적인 계급장벽을 나타내줄 수도 있다는 것을 주장하고 있다. 다시 한번 착취관계는 제거되어버렸다.[23]

---

22) 예를 들면, *Political Power and Social Classes*, 62~70면을 보라.

23) 풀란차스는 '경제적인' 것이 명백히 '지배적인' 경우, 즉 자본주의적 생산양식이 (그 단순한 형태 혹은 '경쟁적' 형태로) 우위를 점하는 사회구성체의 경우에도 착취관계에 초점을 맞추는 데 어려움을 느끼고 있는 것처럼 보인다. 예컨대, 생산양식을 결정하는 특징들을 규정하는 기본원칙들을 언급할 때에도, 그는 모든 계급사회의 **소유관계**(property relations)는 노동수단으로부터의 생산자의 분리에 의해 특징지어진다고 주장한다. 자본주의를 독특하게 특징짓는 생산수단으로부터의 특수한 분리는 노동과정 속에서, 즉 '실질적 전유'(real appropriation) 관계 속에서 발생한다. 이러한 분리는 '중공업 단계에서 발생한다'(*Political Power and Social Classes*, 27면). 또다시 풀란차스는 이런 견해를 맑스의 것으로 돌린다. 그러나 맑스의 경우 결정적인 요소는 임금노동이며, 자본에 대한 노동의 '실질적 포섭'이 이루어진 상태에서의 노동과정의 재편뿐 아니라 그전에 발생한 '형식적 포섭' 상태에서의 착취관계의 변형과 관련해 '중공업 단계' 이전에 중요한 분리가 일어난다. 비록 노동과정의 변형이 스스로의 궤도를 따라갔고 계급형성에 지대한 영향을 끼쳤다 할지라도, 자본주의적 관계와 다른 생산양식 간의 본질적인 경계선은 바로 여

그렇다면 풀란차스의 계급론의 실천적인 결론은 무엇인가? 화이트칼라 노동자가 이론적으로 노동자계급에 포함되는가 그렇지 않은가가 왜 그렇게 결정적으로 중요한 문제가 되는가? 우리가 이미 보았듯이, 풀란차스 자신은 '신쁘띠부르조아지'를 분리해내는 것이 노동자계급의 혁명적 통일성과 헤게모니를 보호하기 위해 전략적으로 중요하다고 주장한다. 그러나 다른 각도에서 이를 바라볼 수도 있다. 우리는 이미 풀란차스에게서 생산관계는 화이트칼라 노동자의 계급상황을 결정하는 데 핵심적인 변수가 아니라는 것을 살펴본 바 있다. '신쁘띠부르조아지'는 자본의 관점에서 규정되는 이데올로기적 분할을 기초로 하여 하나의 계급으로 구분된다. 바꿔 말하면, 그들은 자본주의의 헤게모니적 이데올로기에 동화되는 한에서만 하나의 계급을 형성한다. 그리고 이러한 동화는 확정적인 것으로 보인다. 신쁘띠부르조아지로 하여금 노동자계급의 특정한 입장을 채택하게 할 수도 있다. 즉 그들의 정치적 태도는 프롤레타리아트 '쪽으로 분극화될(polarize)' 수 있다. 그러나 그들은 노동자계급의 일부가 될 수는 없다. 이런 명제는 화이트칼라 노동자는 블루칼라 노동자들보다 자본주의적 이데올로기를 수용하는 경향이 더 강하다든가, 이런 성향들은 계급의 조직화, 계급의식의 발전, 계급통일성의 구축에 문제점을 낳는다든가, 따라서 그들은 어떤 사회주의적 전략에서도 중요한 고려대상이 되어야 한다든가라는 등등의 견해와는 아주 다른 것이다. 풀란차스가 보기에 이런 경향은 결정적인 계급의 경계를 보여주는 것이며, 이것은 중요한 전략적 함의를 지닌다.

PCF의 이론과 전략에 대한 풀란차스의 비판에도 불구하고, 그의 계급론은 '서구 프롤레타리아트의 비중을 사회 내의 소수의 지위로 떨어뜨리려는

기다. 풀란차스는 초점을 착취관계에서 노동과정으로 옮겨버렸는데, 그렇게 되면 그것은 '경제적' 수준에서의 생산양식의 독특하고도 본질적인 특징으로 나타나게 된다. 이것은 우리가 이미 그의 화이트칼라 노동자에 대한 분석에서 지적한 바 있는 몇가지 특징들을 설명하는 데 도움이 된다. 예컨대, 노동자들의 계급을 결정하는 데서 핵심적인 것은 임금노동자라는──즉 노동력의 판매에 의해 착취당한다는──그들의 지위라는 사고를, 임금은 단지 분배양식의 하나일 뿐이라는 더 이상한 근거를 들어 거부하는 것, 그리고 대신에 노동과정의 조직 속에서 차지하는 이들 노동자들의 지위와 정신노동자와 육체노동자 간의 분리의 이데올로기적 표현에 결정적인 역할을 부여하는 그 경향이 그것이다.

유로코뮤니즘 이론가의 시도…'[24] 중 하나일 뿐이다. 펜의 일격을 받아 프롤레타리아트는 서구 자본주의 나라에서의 압호적 다수라는 위치에서 계급동맹을 자신의 의제의 맨 앞머리에 놓을 수밖에 없는 한줌의 집단으로 격하되었다. 일반적으로는 계급 자체, 특수하게는 쁘띠부르조아지를 정의하면서 풀란차스는 사회주의 전략의 핵심을 통일된 노동자계급을 창출하는 것에서 계급적 차이들, 심지어는 자본에 의해 강요된 분열에 기초를 둔 '민중동맹'을 건설하는 문제로 대체해버렸다. 예를 들면, '신쁘띠부르조아지'에 대한 어떤 호소도 노동자계급의 이익이 아니라 그들이 쁘띠부르조아지로서 갖는 고유한 이익을 지향해야만 한다.

　(이런 입장의―역자) 전략적 함의는 동맹에 대한 이런 견해가 '노동자계급'정당에 대한 특수한 개념화――단순히 다른 집단 및 다른 당과의 동맹을 만들어내는 조직이 아니라, 여타 계급의 이익까지도 직접적으로 대표하는 조직으로 보는 것――속에 구체화될 때 더욱 명확해진다. 풀란차스는 "쁘띠부르조아지가 프롤레타리아트의 계급적 입장으로 분극화되는 것은 노동자계급 자신의 계급투쟁 조직에 의해 대표되는 쁘띠부르조아지에 달려 있으며 … 이것은 무엇보다도 노동자계급 헤게모니하의 민중의 통일성은 동맹의 일부를 구성하는 계급들 및 계급분파들간의 계급적 차이에 기반을 둘 수밖에 없다는 것을 의미하는 것이다…"[25]라고 주장한다. 이런 견해는 양날의 칼이다. 한편으로 이런 주장은 민중세력 그 자체가 투쟁의 과정 속에서 변형되어야 함을 시사한다. 풀란차스에 따르면, 그 이유는, 엄밀한 의미에서는 동맹이 "노동자계급이 동맹자들을 있는 그대로 받아들이는 것과 같은 양보의 방법을 통해서가 아니라, 그들에게 영향을 끼치는 고유한 계급적 결정요소와 고유한 계급분극화가 존재하고 있음을 인정하면서도, 끊임없는 투쟁의 과정과 단계 속에서 이 동맹자들을 변형시킬 수 있는 목표를 수립함으로써"[26] 건설되어야 하기 때문이다. 다른 한편으로 동맹이 단순히 동맹자들을 '있는 그대로 받아들이는' '양보'에 기반을 두어서는 안된다는 개념 자체는 노동자계급의 조직들은 이제 노동자계급의 조직이기를

24) Ernest Mandel, *From Stalinism to Eurocommunism*, London 1978, 209면.
25) *Classes in Contemporary Capitalism*, 334~35면.
26) 같은 책, 335면.

그만두어야만 한다는 논리를 수반한다. 이제 이 조직들은 노동자계급의 이
해관계의 통합성이 아니라 쁘띠부르조아지의 그것까지도 보호해야만 하는
것으로 나타난다. 이제 풀란차스는 그들의 다양한 계급적 이해의 고유성을
인정하지 않은 채, '민중동맹'을 너무나 당연한 것으로 간주한다는 이유로
PCF를 비판하고 있는 것처럼 보인다. '노동자계급'의 당은 처음부터 끝까
지 노동자계급의 이해관계에 의해 결정되는 그들의 이익이라는 관점에 서
면서, 단순하게 자신의 외부에 있는 요소들에 '양보'를 할 수는 없다. 그것
은 실제로 다른 계급의 이해를 대표해야만 한다. 그리고 이것은 이와같이
노동자계급과 상이한 계급적 이해관계를 갖는 사람들에게 제시할 수 있는
목표를 만들어낸다는 것을 의미한다. 이것은 사회주의 자체의 궁극적인 목
표가 계급간 동맹의 기준에 의해 재단될 수 있는 정도는 과연 어디까지인
가라는 문제를 필연적으로 제기한다.

4

이렇게 본다면 유로코뮤니즘을 이론화하는 기초작업은 이미 『현대자본주
의의 계급들』에서 확실하게 이루어졌다. 그러나 그 논리와 전략적 함의는
풀란차스가 그의 마지막 두 저작을 쓰고 난 뒤에야 비로소 완성되었다. 그
두 저작은 1975~76년에 씌어진 『독재의 위기』(The Crisis of the
Dictatorships) —— 이 책은 결정적인 우경화를 나타내는 것이라고 할 수 있
다 —— 와 1978년 출간된 『국가, 권력, 사회주의』이다. 이 중 첫번째 저작
은 유로코뮤니즘의 공식적인 출현과 (시기적으로 — 역자) 일치하며 아마도
그리스 공산당 '내부당'(그리스공산당 내무국이 중심이 되었다는 이유로 '내부당'이
라 불리는 분파로서 동유럽 등에서 망명생활을 한 정통파 '외부당'과는 대조적으로 소
련의 체코 침공 등을 비판했다 — 역자)에 대한 그의 개입과도 연관이 있을 것이
다. 마지막 저작 —— 좌파연합(Union de la Gauche)의 패배 전이긴 하나 신
철학파 및 그와 관련된 반(反)맑스주의적 조류들이 이미 프랑스에 대두하
고 난 뒤에 씌어진 —— 속에서 풀란차스는 맑스주의에 대한 현대적 공격에
직면하지 않을 수 없었으며 동시에 새로운 몇몇 지적 조류들 —— 특히 푸
꼬(Foucault) —— 과 최소한 타협이라도 해야만 한다고 느꼈다. 이 두 저

작에 나타난 결정적인 사고의 발전은 사회주의로의 이행을 순조로운 '민주
화'의 과정으로 보는 유로코뮤니즘의 전망을 승인하는, 국가 및 이행에 대
한 인식이다. 『독재의 위기』속에서, 예컨대 포르투갈 혁명에 대한 분석
속에서, 그는 국가의 통일성에 대한 어떤 공격도, 국가장치의 어떠한 '균
열·분열·탈구'도 '민주화'에 위협이 된다고 거부함으로써 그의 사고가 이
런 방향으로 얼마나 멀리 나아갔는가를 드러냈다.

이 지점에서 풀란차스는 그가 학자로서 입문할 무렵에 공격했던 사회민
주주의 국가론의 중요한 방책들에 가까워지기 시작한다. 그는 여전히 사회
민주주의를 공격하지만, 그러나 이제 그것은 사회민주주의가 일종의 '국가
주의'라는 이유 때문이다. 그는 처음으로 스딸린주의 역시 명시적으로 공
격한다. 그는 사회민주주의자들과 마찬가지로 국가는 민중세력이 침투할
수 있도록 열려져 있으며, 국가가 '어떠한 틈도 없는 하나의 블록'이라는
가정에 근거를 둔 전략——'이중권력'이라는 개념 속에 함축되어 있는
——은 불필요하다고 주장한다.[27] 사실상 그런 전략들은 '국가주의'나 그
와 유사한 권위주의적 기형화를 가져오는 지극히 유해한 것이다. 국가는
외부로부터 공격되거나 파괴될 필요가 없다. 내적 모순——계급 내 갈등
혹은 계급간 갈등에 내재하는 모순들——이 국가를 '관통할 수 있기' 때문
에, 민중투쟁이 국가의 내적 모순을 촉진하게 됨에 따라 국가 자체가 중요
한 투쟁의 지형이 될 수 있다. 이것은 많은 점에서 그가 일찍이 공격했던
전도된 도구주의적 견해를, 즉 국가 혹은 그 일부분은 '여러 계급들이 욕
심내는 목표물'처럼 지배계급의 손에서 피지배계급의 손으로 양도될 수 있
으며 그럼으로써 자본주의에서 사회주의로의 이행에 영향을 끼칠 수 있다
는 사회민주주의의 견해를 생각나게 한다. 사회민주주의적 전략처럼 이런
견해 역시 국가가 넘어설 수 없는 계급적 장벽과 내내 맞부딪치지 않고 사
회주의로의 이행을 이끌어낼 수 있다고 확신하고 있는 듯하다. 풀란차스가
보기에 이 두 전략의 차이점은 국가가 단순히 **차지**할 수 있는 것이 아니라
변형되어야만 한다는 점이다. 국가 내부에서, 즉 선거에서의 승리에 의해
대의제도 속에서뿐만 아니라 행정적·억압적 국가기관들, 공무체계, 사

---

27) *State, Power, Socialism*, London 1980, 254면.

법부 및 경찰과 군대 내에서도 '결정적인 세력관계의 이동'이 있어야만 한다., 국가의 통일성을 유지해야만 한다는 권고와 짝을 이루는 이와같은 처방이 비길데없이 애매함은 이런 식의 전략이 과연 사회민주주의와 실질적으로 얼마나 차이가 있는 것인가라는 의구심을 자아낸다. 그러나 양자간에 중요한 차이가 있다고 한다면, 이 프로젝트는 최소한 계급투쟁을 통해 자본주의 국가를 사회주의의 하수인으로 변형시킬 수 있는 가능성에 대해 사회민주주의적 프로그램보다 확실히 더 낙관적이라고 할 수 있다는 것이다.

풀란차스의 이론이 현재 가장 의기투합할 수 있는 정치적 조류가 있다면, 그것은 유로코뮤니즘 주류다. 그는 이제 최소한 '민중동맹' 및 자본주의적인 의회제 민주주의의 '확대'에 의한 사회주의로의 이행에 관련된 유로코뮤니즘의 근본적 가정의 대부분을 명시적으로 공유하고 있다. 역설적이게도 풀란차스의 접근방법 —— 그리고 유로코뮤니즘의 일반적인 접근방법 —— 은 노동자계급 내부에 인위적인 계급장벽을 세움으로써 사회주의를 위한 투쟁의 도정에 불필요한 장애물을 설치하는 반면, 그와 똑같은 접근방법으로 계급들 사이의 장벽을 과소평가함으로써 이 투쟁의 현실적 장애물을 우습게 보는 경향이 있다. 예컨대, 풀란차스의 분석은 노동자계급과 명백히 노동자계급에 속하지 않는 '민중동맹'의 구성요소들 간의 예리한 차이를 희미하게 만들어버리는 계급들의 점진적인 연속체(gradual continuum of classes)를 만들어낸다. 그러나 좀더 근본적으로 착취관계는 부차적 위치로 격하시키면서 광범위한 계급적 이해관계들을 민중동맹 속에 통합해 들이는 것은 심지어는 자본주의적 세력과 사회주의적 세력 간의 간격까지도 좁히는 경향이 있다. 그것은 유로코뮤니즘이 왜 "[바로 그] 이행의 문제를 언급하기를 삼가고"[28] 직접적인 계급대치와 계급투쟁을 과소평가하는 경향을 띠는지를 설명하는 데 도움을 준다. 이 모든 접근방법은 진정한(잠재적으로 혁명적인) 노동자계급이 소수를 대표할 뿐이라는 가정에 입각한 비관주의와, (수정된) 사회주의적 프로그램을 지지하는 층이 광범위한 다수를 대표한다는 가정에 입각한 낙관주의의 혼합물이다. 두 가정 모두 서로가 서로를 취하면서 사회주의적 전략을 제한하는 —— 낙관주의는 수단을

---

28) Ralph Miliband, "Constitutionalism and Revolution: Notes on Eurocommunism," *Socialist Register*, 1978, 170면.

제한하고 비관주의는 목표를 축소시킨다──중요한 실천적 결과를 가져온
다.

국가론에서 정치적인 것의 우위를 확립하고, 계급론에서 계급의 일차적
결정요인으로 착취를 기각하고 대신 이데올로기를 끌어올리면서, (그리고
그럼으로써 또한 노동자계급을 '민중동맹' 속에 용해된 한줌의 집단으로 격
하시키면서, 그리고) 자본주의적 '민주주의'와 사회주의적 '민주주의'를 질
적 단절이 없는 연속체 선상에서 결합시켜 점차 '민주주의'를 불확정적인
개념으로 받아들이는 가운데 자본주의와 사회주의 사이에 존재하는 모순과
적대와 계급갈등을 모호하게 하면서, 풀란차스는 새로운 '진정'사회주의의
모든 주요주제들을 예시했던 것이다. 그럼에도 불구하고 그는 이런 주제들
을 그 궁극적 결론에 이를 만큼은 추구하지 않았다. 따라서 아마도 그는
NTS의 최초의 대변자라기보다는 그들의 선구자에 속하는 인물 중 최후의
사람이라고 보아야 정확할 것이다.

4

이데올로기와 정치의 자율화

1

확실히 풀란차스는 NTS의 이론적 발전에 지대한 영향을 끼쳤다. 그러나 궁극적으로 그는 노동자계급의 목표라는 측면에서는 여전히 지나치게 '경제주의적'이었으며, 또한 여전히 지나치게 노동자계급을 사회주의적 프로젝트의 주요한 구성부분으로 간주했다. 계급으로부터 정치의 결정적인 분리는 이데올로기와 '담화'——그 자체도 계급으로부터 자율적인 것으로 인식되는——를 역사의 가장 주된 결정요인으로 만듦으로써 이루어졌다. NTS의 관념론에 따르면, 개인들을 '주체'로 구성하는 것은 바로 이데올로기 혹은 '담화'라는 것이다. 좌파에게 주요한 정치적 주체란 '민중민주적' (popular democratic) 혹은 '민족민중적'(national-popular) 담화 따위에 의해 구성되는 '민중'인 것이다.

거대한 이론적 이동은 에르네스또 라끌라우에 크게 영향을 받으며 이루어졌다. 그는 풀란차스처럼 정통 맑스주의의 교의와 이론적 엄밀성이라고 생각했던 것의 옹호자로서 출발했지만——예컨대 프랑크(André Gunder Frank)나 심지어는 발리바와 풀란차스까지도 반대하면서—— '이데올로기적 결정성'을 특권화하고 그것의 사회적 불확정성(indeterminacy)을 확립하는 데서 풀란차스를 넘어서 나아갔다. 무페와 함께 쓴 최근의 저작에서 그는——우리가 앞으로 보려는 바와 같이—— 이데올로기를 사회적 결정성에서 분리할 뿐만 아니라 사회적인 것을 모두 이데올로기나 '담화'로 해소시킴으로써 마지막 일보를 내디뎠다. 이 책 『헤게모니와 사회주의 전략: 급진적 민주주의 정치를 향하여』(*Hegemony and Socialist Strategy: Towards a Radical Democratic Politics*)는 어느 정도는 검토해볼 가치가 있는데, 그것은 이 책이 특별히 유력한 NTS의 사례를 대표하기 때문은 아니다. 그것은 이 책이 모든 NTS의 주제들을 요약하고 그것을 자신의 궁극적 결론으로 취하고 있다는 점에서 잘 정돈된 패러다임을 보여주며, 이론적으로나 정치적으로 그 논리 속에 내재한 모든 비약과 모순을 특히 명료하게 드러내주고 있기 때문이다.

이데올로기를 자율화하는 중요한 첫걸음은 라끌라우가 파시즘에 대한 풀란차스의 책을 비판하면서 내디뎌졌다.[1] 이러한 이론적 이동의 목표는, 민족주의를 파시즘에 대항하는 싸움의 적절한 무기로 인정하지 않는다고 풀란차스를 비판하는 명백히 정치적인 것이었다. 라끌라우에 따르면, 예컨대 1920년대 동안 독일노동운동이 결여하고 있던 것은 이와같은 '민족민중적' 혹은 '민중민주적' '호명'(interpellation: "내가 그의 이름을 불러주었을 때 그는 나에게로 와서 꽃이 되었다"라는 식으로 관계 속에서 정체감을 확인시켜줌으로써 개인을 주체(subject)로 형성시키는 과정을 일컬음—역자)이었다. 풀란차스에 반대하면서 그는 사실상 독일 배외주의에 놀아나고 있던 독일공산당(KPD)의 정책, 그중에서도 특히 '슐라게터 노선'(Schlageter line)의 몇몇 요소들을 승인했다. 우리는 '슐라게터 노선'이 파시즘과 모종의 거래를 부추겼음을 —— 예컨대 KPD가 라인지방에서 프랑스에 대항하다 죽은 나찌 강경파의 원형이 되는 인물들을 추모하면서 총파업을 요구했을 때 —— 기억해야만 한다. 라끌라우는 이 노선에 '기회주의적' 요소가 존재하며, 그것이 나찌즘에 대항하는 노동자계급을 약화시키는 결과를 초래했음을 인정한다. 그러나 그는 이런 결과들이 민족주의적 경향의 내재적 본성은 아니라고 주장한다. 그것들은 오히려 민족주의적 경향의 '산발적 적용'에 의해, 그리고 KPD로 하여금 이 정책을 쁘띠부르조아지에 대한 양보로 인식하도록 강요했던 '계급 환원주의'에 의해 생겨났다는 것이다.[2]

---

1) Ernesto Laclau, *Politics and Ideology in Marxist Theory*, London 1979, 81~142면.
2) 같은 책, 130면.

이와같은 민족주의에 대한 옹호를 이론화하기 위해 라끌라우는 '민족민중적 호명'이 갖는, 그리고 사실상은 이데올로기 일반이 갖는 불확정성 및 계급적 중립성과 관련하여 좀더 일반적으로 적용할 수 있는 일련의 이론적 원칙을 제시하고 있다. 이 주장이 그의 모국인 아르헨티나의 정치상황에 대한 그의 태도와 페론주의적 전통의 '민중적 호명'에 대한 공감에서 비롯되었다는 것은 의심의 여지가 없다. 그리고 그의 견해에 따르면 페론주의적 전통은 어떤 자유주의화도, '민중적 호명과 부르조아 이데올로기 간의 어떠한 안정적 접합의 형태'[3]도 저지하면서, 체제가 붕괴하면 그것으로부터 간단히 이탈해버렸던 강력한 '민중민주주의적' 잠재력을 갖는 것이었다.

이런 논쟁에서 출현한 이데올로기론은 그것이 좀더 일반적으로 적용되고, 유로코뮤니즘으로 연결되는 주요한 이론적 경향과 그것 사이에 '접합'이 일어났기 때문에, 『헤게모니와 사회주의 전략』 속에 담긴 라끌라우의 이론적·정치적 항해의 최종 결과물들을 좀더 상세히 살펴보기에 앞서 특별히 탐구해볼 가치가 있다. 초기저작에서──비록 노동자계급이 라끌라우의 사회주의 전략구상에서 아직도 우월한 역할을 지니고 있긴 하지만──이미 사회주의를 위한 투쟁은 계급투쟁이라기보다는, 본질적으로 계급중립적인 이데올로기에 의해 건설되는 민중동맹이 수행할 불확정적인 '민주주의적' 투쟁이 되어가고 있었다.

우리가 이미 살펴본 것처럼 유로코뮤니즘적 관점에서 본다면, '노동자계급' 운동의 가장 중요한 과제는 '중간부문'의 마음과 정신을 사로잡는 것이다. 이 싸움은 이데올로기적·정치적 지형에서 이루어져야만 하기 때문에, 민중동맹전략은 이데올로기적 투쟁에 특별히 중요한 임무를 부과하며, 이데올로기 문제에 아주 특별한 이론적 중요성을 부여한다. 「파시즘과 이데올로기」(Fascism and Ideology)라는 논문에서 라끌라우는 계급동맹전략이 부과하는 이론적 요구들을 명백히 정식화하고 있다. "유럽 노동자계급이 자신의 영향력을 점점 증대시키고 있으며, 자신의 투쟁을 점점 더 중간부문에 대한 이데올로기적·정치적 헤게모니를 획득하기 위한 경쟁으로 인식해야만 할 오늘날, 맑스주의는 계급환원주의의 마지막 흔적을 제거할 엄밀

---

3) 같은 책, 191면.

한 이데올로기적 실천론의 개발을 그 어느 때보다도 필요로 하고 있다."[4) 따라서 라끌라우는 이런 전략적 요구에 부응하려는 구체적 목적을 가지고 맑스주의 이데올로기론에 중요한 혁신을 도입한다.

그러나 그 기반을 마련하기 위해서 그는 우선 유로코뮤니즘 전략가들과 풀란차스에 의해 제시된 계급론 속에 존재하는 어떤 느슨한 끈의 끝자락들을 단단히 묶어내야만 한다. 문제는 또다시 '중간부문'이 어디에 위치하는 가다. 라끌라우 역시 '임금소득 중간층'을 근본적으로는 비계급적인 것으로 간주하는 프랑스공산당(PCF)의 공식견해에 만족하지는 않지만, 그래도 이 입장이 풀란차스가 제시하는 것보다는 덜 잘못되었다고 결론짓는다.[5) 라끌라우는, 풀란차스의 입장의 난점은 이런 경우들('중간부문'—역자)에 이데올로기적 요소를 계급의 일차적 결정요인으로 만듦으로써 계급을 생산관계와 무관한 것으로 보기 때문에 맑스주의의 기반 자체를 실질적으로 부인하게 된다는 점이라고 주장한다.[6) 따라서 라끌라우에게 문제가 되는 것은 이 집단들의 이데올로기적 통일성(그가 받아들이는)을 인정하고 설명하는 것, 그리고 맑스주의적 계급분석의 근본명제들과 모순을 빚지 않으면서 이데올로기적 통일성에 그것이 부여받아 마땅한 일차성을 부여하는 것이다. 그의 분석에서 계급은 이론적 순수성은 유지하지만 역사적 의미는 잃어버린다.

풀란차스와는 대조적으로 라끌라우는 '신쁘띠부르조아지'가 노동자계급의 한 분파임을 인정한다. 단지 그는 생산관계라는 견지에서 볼 때 이 집단의 객관적인 계급적 상황이 어떻든지간에, 그 상황은 그들의 지위를 결정하는데 이차적이라고 주장하는 쪽으로 나갈 뿐이다. 이 집단들에게 '지배블록'과의 일차적 '모순'은 계급모순이 아니다. 그들의 경우에 중요한 모순은 "지배적 생산관계의 수준이 아니라 정치적·이데올로기적 수준에 놓여 있다. …"[7) 바꿔 말하면, "그들의 민중(the people)으로서의 정체성은 계급으로서의 정체성보다 훨씬 더 중요한 역할을 한다."[8) 풀란차스가 말하는 구쁘띠

---

4) 같은 책, 141~42면.
5) 같은 책, 114면.
6) 같은 책, 113면.
7) 같은 책, 114면.
8) 같은 책, 114면.

부르조아지와 신쁘띠부르조아지가 두 개의 서로 다른 계급이라는 사실과 후자는 기술적으로 노동자계급에 속한다는 사실은, 그들을 함께 묶어주며 다른 계급들과 분리시키는 것이 정치적·이데올로기적 통일성이라는 사실에 의해 별 의미를 갖지 못하게 된다. 그리고 두 주요계급들 사이에 존재한다는 그들의 위치 때문에 그들은 어떤 방향으로든 '분극화'된다. 따라서 부르조아지와 프롤레타리아트 간의 계급투쟁은, 이 두 경쟁자들이 이데올로기적 수단을 통해 중간집단들을 획득하려 함에 따라 점점 더 그들에 대한 이데올로기적 전투가 되어가고 있다.

이는 명백히 맑스주의적 계급 및 계급투쟁 개념에 대한 중대한 혁신을 표현하는 것이다. 그러나 '중간부문'을 적절히 설명하기 위해서 맑스주의 이론을 수정하고자 하는 세 가지 시도——PCF의 비계급적인 임금소득중간층론, 풀란차스의 신쁘띠부르조아지론, 그리고 계급모순을 이데올로기적 분열로 대체한 라끌라우의 이론——는 민중동맹전략과 그것이 바탕으로 하는 '파워블록과 민중'의 적대를 뒷받침하는 데 어떠한 계급론이 가장 적합한가에 대한 논쟁, 즉 내부논쟁을 드러내는 것임을 강조해야만 한다. 세 가지 시도는 모두 이런저런 방법으로 생산 및 착취 관계와 자본과 노동 간의 직접적 대립을 맑스주의적 이론과 실천의 중심부로부터 추방하는 데 의존하고 있다. 비록 라끌라우는 풀란차스보다도 훨씬 더 멀리까지 나아가고 있지만.

라끌라우는 이데올로기를 계급관계로부터 가능한 한 최대로 분리시킴으로써 그것의 자율성을 확장시키는 이데올로기론을 제시하고 있다. 이런 주장은 계급모순 및 계급투쟁에 의해 결정되는 이데올로기적 표출('호명')과, 다른 종류의 모순, 특히 민중들(이 범주는 계급을 넘나드는 것이다)이 무엇보다도 국가라는 형태 속에서 지배적인 '파워블록'과 대립하게 되는 '민중민주적' 투쟁에 의해 발생하는 이데올로기적 표출을 구분함으로써 시작된다. 이와같은 비계급적 이데올로기는 항상 계급적인 이데올로기와 결합되어('접합되어') 나타난다. 그러나 그것들은 원칙적으로 자율적이고 중립적이며 계급특수적이지 않은 것이기 때문에, 특정한 하나의 계급적 이데올로기로부터 분리 혹은 '탈구'될(disarticulated) 수 있으며 다른 것들에 동화될 수도 있다. 예를 들면, 지배계급의 헤게모니는 민중민주적 이데올로기를 자신에 맞게끔 적절하게 바꿈으로써 대립을 중화시킬 수 있는 능력에 상당정도 의존한다.

따라서 이 주장의 핵심은 다음과 같다. 이렇게 분리될 수 있고 계급중립적인 민중민주적 '호명'들은 "가장 탁월한 이데올로기적 계급투쟁의 영역"[9]이다. 실제로 이데올로기에 엄청난 중요성이 주어지고 있는 까닭에, 이러한 자율적인 이데올로기적 요소들은 계급투쟁의 중심적 장(場)들을 대표한다고 말할 수 있다. 이러한 주장의 중요성은 "비록 계급이 결정하는 영역이 감소된다 할지라도, 계급투쟁의 장은 광범위하게 확대될 수 있다"[10]는 데 있다. 이에 따라 계급을 초월하는 정치동맹——혹자는 인민전선(Popular Front)의 '이론화'라고 말할지도 모르겠다——을 만들어낼 뿐만 아니라 계급투쟁의 주요 행위자들을 계급 바깥에 위치시키기 위한 이론적인 토대가 마련되었다. 라끌라우는 누가 그러한 행위자들이 될 것인가에 대해 우리에게 어떤 암시를 하고 있다. 계급투쟁의 부담 중 상당부분을 자율적인 이데올로기적 '호명'의 '접합'과 '탈구'에 부과함으로써, 그는 대부분의 계급투쟁을 '자율적인' 지적 행위로 보이게 한다. 여기서는 각 계급의 지적 대변인들이 비계급적인 이데올로기적 요소들을 둘러싸고 벌어지는 줄다리기에서 경쟁하여, 자신의 계급에 속한 지식인들이 이러한 요소들을 각각의 특수한 이해관계에 부합하도록 가장 확실하게 재규정할 수 있는 계급에게 승리가 돌아가게 된다.

이런 관점에 따른다면, 자유민주주의와 같은 이데올로기적 체계에 대해 채택할 수 있는 적절한 이론적 전략이란, 우선 (일시적이고 자의적으로) 계급적 연관을 가지게 된 자유민주주의로부터 그것의 비계급적——특히 민중민주적인——'호명들'을 분리시키는 것으로 보인다. 이것은 그것들을 추상화함으로써, 즉 그것들에서 구체적인 사회적·역사적인 내용을 비워냄으로써 달성될 수 있다. 따라서 그것들은 어느정도 보편적으로 적용되는 다소 형식적인 명제들로 환원될 수 있는데, 그러고 나면 그것들은 새로운 일련의 사회역사적 이해관계와 접합되도록 재구성될 수 있다. 부르조아지의 헤게모니가 민중민주적 '호명'을 자기만의 것이라고 주장하는 능력에 의

---

9) 같은 책, 109면.

10) 같은 책, 110면.

존하고 있다면, 사회주의적 정치이론가들의 대항헤게모니적 임무는 우선, 그것들의 비계급적 성격을 보여줌으로써 부르조아 이데올로기로부터 이러한 이데올로기적 요소들을 '탈구'시키는 것이 될 것이다.

라끌라우가 사회적 갈등 모두가 계급투쟁인 것은 아니며 심지어 이데올로기가 계급투쟁과 관련되어 있을 때조차도 그것들 모두가 계급이데올로기가 아니라는 주장 이상의 것을 하고 있다는 점에 주목해야만 한다. 마찬가지로 그는 부르조아 민주주의 이데올로기와 같은 특수한 계급이데올로기가 특정한 **보편성**의 외양을 획득할 수 있다는, 그리고 바로 이와같은 보편성의 외양을 획득하는 것이야말로 계급헤게모니를 구성하는 것이라는 주장을 넘어선 그 무엇을 이야기하고 있다. 그는 단순히 이같이 보편성을 획득하려는 노력이 헤게모니적인 것이 되기 위해서는 중요한 진리의 요소를 담고 있어야만 한다고 말하는 것조차 아니다. 이 모든 것이 진실일 수도 있으며 부르조아적 민주주의를 올바로 규정하는 것일 수도 있다. 부르조아적 민주주의는 계급이데올로기이면서도, 동시에 단순한 신비화에 의해서뿐만 아니라 다른 계급들에게 현실적인 이익을 부여함으로써 그들의 충성을 확보해온 한에서는 보편성을 주장할 만한 그럴 듯한 자격을 갖고 있기도 하다. 그러나 라끌라우는 무언가 다른 것을 이야기하고 있다. 그는 어떤 이데올로기가 그 기원과 의미에서 계급결정적이라 할지라도 일반성의 외양을 획득할 수 있으며 그리하여 그것이 본래 기원을 두고 있는 계급의 헤게모니에 기여할 수 있다고 주장하는 것이 아니다. 그는 본질적으로 이와 정반대되는 주장을 하고 있다. 즉 그러한 이데올로기란 "아무런 확실한 계급적 함의도 지니지 않는"[11] 것으로 인식되어야만 하며, 계급헤게모니는 이와같이 본질적으로 계급중립적인 '호명들'을 주장하고 장악하는 데 달려 있다는 것이다. 이러한 입장에서 부르조아 민주주의의 '민주주의적' 측면을 판단한다는 것은, 예컨대, 부르조아 민주주의적 형식들이 아무리 '부르조아적'인 것이더라도 단순한 거짓말이나 신비화로 치부될 수 없다고 인식하는 것과는 상당히 다르다는 점이다. 이는 결과적으로 부르조아 민주주의적 형식들이 결코 '부르조아적'이 아니라고 주장하는 것과 같다. 라끌라우는 한 각주

---

11) 같은 책, 111면.

에서 자신이 '민주주의적 호명'이라고 말할 때 자유주의적 이데올로기와 의회주의적 민주주의 이상의 것을 염두에 두고 있다고 주장하지만,[12] 그의 주장이 부르조아적 민주주의와 사회주의적 민주주의 사이에 가로놓인 간격을 메우고 그들 사이에 존재하는 근본적인 단절을 개념적으로 없애버리기 위해 계산된 것이라는 점은 명백하다.

 이러한 주장의 전략적 함의는 사회주의는 단지 본질적으로 계급중립적인 민주주의적 형태를 확장하기만 하면 성취될 수 있다는 것인 듯싶다. 또다시, 우리는 우리의 도정에서 어떠한 계급적 장벽과도 마주치지 않을 수 있다는 얘기다. 만일 반대로 우리가 이러한 형태들을 계급특수적인 것으로 간주한다면, 우리는 그것들의 가치를 인식할 수 있게 되며 심지어 그것이 모종의 일반성을 가지고 있다는 그들 주장 역시 그럴 듯한 것임도 인식할 수 있게 된다. 그러나 그럴 경우, 우리는 또한 부르조아 민주주의로부터 사회주의적 민주주의로 전진하는 데서 나타나는 어려움뿐만 아니라, 이들 사이에 놓인 '불의 강'과도 같은 단절을 인식해야만 한다. 라끌라우에게 적절한 전략이란 사회주의의 특수성을 강조하는 것이 아니라, 대안적인 사회주의적 민주주의의 형태를 가지고 부르조아 민주주의의 한계에 도전함으로써 사회주의를 위해 민주주의를 교정하는 것이 아니라, 그리하여 결국 노동자계급의 특수한 이해를 추구하는 것이 아니라, 그것들을 중간적 형태의 '잡탕' 속에다 섞어 넣어 희석하는 것이다. 우리는 이제 민중동맹 전략과, 자본과 노동 사이에 직접적인 대립을 완전히 무시함으로써 부르조아 민주주의적 형태의 확장에 의해 사회주의를 건설한다는 전략을 뒷받침하는 데 필요한 국가론과 계급론을 갖게 되었을 뿐만 아니라, 이에 수반되는 이데올로기론도 갖게 되었다.

2

 그러나 라끌라우는 전통적인 맑스주의 이론과 실천으로부터 이미 실질적으로 결별한 이같은 이론화에서 멈추지 않는다. 초기저작의 이론적·정치

---

12) 같은 책, 107면, 주 36.

적 논리는 그의 최근의 저작에서 이미 끝장나고 있다. 그는 맑스주의에, 특히 노동자계급에, 실제로 사회주의라고 인식될 만한 모든 것에 ── 이렇게 말하지 않을 수 없다 ── 마지막 작별이라고 할 만한 것을 고하고 있다. 그의 초기저작에서 나타나고 있는 유럽 노동자계급의 증대되는 영향력에 대한 언급, 그리고 '중간부문'(middle sectors)에 대해 노동자계급의 헤게모니를 수립하기 위한 노력을 사회주의적 투쟁을 위한 처방으로 제시하는 것 등은 오늘날의 그에게서는 찾아보기 힘들다. 노동자계급은 '민중'으로 완전히 대체되었다. 그리고 사회주의는 '급진적 민주주의'라고 불리는 그 무엇으로 대체되었다. 무엇보다도, 자율적인 이데올로기 ── 혹은 좀더 정확히 담화 ── 는 이제 온 세상을 집어삼켜버렸다. 이는 더이상 모든 사회적 기반으로부터 이데올로기를 분리시킨다는 단순한 문제가 아니다. 이제는 사회 자체가 이데올로기 혹은 '담화'에 의해 구성된다. 이제 사회적 관계나 정체감 따위는 더이상 남아 있지 않다. 다만 담화성의 장(場)들만이 남아 있을 뿐이다. 그는 사회주의 자체를 공개적으로 평가절하함으로써 ── 이제 그것은 급진적 민주주의 한 '구성요소'일 뿐이다 ── NTS의 논리 중에서도 가장 극단적인 입장을 취하고 있으며, 그의 동지들 중 이 점에서 그에 필적할 사람은 아직은 거의 없다.

『헤게모니와 사회주의 전략』에서 라끌라우와 공저자인 샹탈 무페는 노동자계급이 사회주의적 변혁의 담당자가 될 것이라는 맑스주의적 견해의 기초 자체를 잠식하기 시작했으며, 맑스주의적 관점을 '급진적 민주주의'를 목표로 하며 담화에 의해서 구성되는 ── 계급관계에 의해서 구성되지 않으며 사실상 아무런 결정적인 사회적 관계에 의해서도 구성되지 않는 ── 민중동맹을 주체로 하는 정치적 프로젝트로 대체하는 작업에 착수했다. 이러한 이론적 프로젝트는 맑스주의의 첫번째 원칙 바로 그것에 도전할 것을 요구한다. 라끌라우와 무페는 그들이 '정통적인 본질주의의 최후의 보루'라고 간주하는 것, 즉 맑스주의적 '계급환원론'이라는 근본가정을 공격하기 시작한다. 그들이 맑스주의적 환원론의 근본가정이라고 생각하는 것은 다음과 같은 것들이다. 경제는 '자기조절적인' 기제이며 '정치적 개입 혹은 다른 외부적 개입으로부터 생겨나는 불확정성'을 전혀 가지고 있지 않은 '내재적' 법칙에 의해 엄격하게 작동한다.[13] 이러한 메커니즘은 자체의 운동법칙에 의하여 자동적으로 사회적 행위자들을 구성해낸다. 그리고 이러한 사회적 행위자들은 생산관계 속에서 주어진 그들의 위치 때문에 '역사적 이해관계'를 갖게 되는데, 그것은 다른 '사회적 수준', 특히 정치적 표출, 그중에서도 사회주의에 대한 노동자들의 '근본적인 이해관계'에 영향을 끼칠 것이다 등등. [14)]

이러한 이론적인 프로젝트는 첫발짝부터 보기좋게 비틀거리기 시작한다. 이 프로젝트는 맑스주의에 대한 얼토당토 않은 오해로부터 시작하고 있어 그들의 주장 전체가 의심스러워질 정도다. 맑스주의의 첫번째 원칙에 대한 그들의 요약, 즉 '경제'에 대한 개념화는, 특히 그것이 NTS들 사이에 공통적으로 받아들여지는 맑스주의에 대한 해석을 드러내고 있기 때문에 길더라도 인용해볼 필요가 있다. '경제의 운동법칙'이라는 개념은 '생산력의 중립성이라는 테제에 상응한다'는 명제에서 시작하여, 다음과 같은 설명이 이어진다.

> '맑스주의는 과거의 생산력의 발전이 사회주의를 가능하게 만들고 미래의 생산력의 발전은 사회주의를 필연적인 것으로 만든다'는 전제하에, 생산력의 발전이 사회주의를 향한 역사의 진화에 핵심적인 역할을 하는 것으로 상정한다. 생산력은, 지금보다 훨씬 다수이게 되지만 여전히 착취당하는 프롤레타리아트가 형성되는 근원이 되는데, 그들의 역사적 임무는 고도로 사회화되고 발전된 생산력을 장악하고 집단적으로 관리하는 것이다. 현재, 자본주의적 생산관계는 이러한 생산력의 진보에 극복할 수 없는 장애물이 되고 있다. 따라서 부르조아지와 프롤레타리아트 간의 모순은 생산력 발전의 일반법칙에 자본주의적 생산양식의 특수한 발전법칙을 결합시킨 원초적인 경제적 모순의 사회적·정치적 표현이다. 이러한 관점에 의하면, 역사가 어떤 의미를 지니고 있고 합리적인 토대를 지니고 있다면, 그것은 생산력 발전의 일반법칙에 기인하는 것이다. 따라서 경제는 인간행위와는 독립적으로 객관적 현상에 영향을 끼치는 사회의 메커니즘으로 이해될 수 있다. [15)]

13) Ernesto Laclau and Chantal Mouffe, *Hegemony and Socialist Strategy: Towards a Radical Democratic Politics*(이하 HSS로 표기), London 1985, 76면.
14) 같은 책, 76~77면.
15) 같은 책, 77~78면. 라끌라우와 무페가 이러한 주장을 맑스가 아닌 코헨(G. A.

핵심논점을 부각시키기 위해 여기서 잠시 멈추도록 하자. 여기서 맑스의 것이라고 부당하게 귀속시키고 있는 조야한 기술결정론에 대해, 그리고 역사를 생산력의 중립적 발전이라고 보는 이같은 개념화가 자본주의의 특수성과, 생산력을 혁명화시키는 자본주의 특유의 충동에 관해 맑스가 제기한 본질적인 문제들을 어떻게 회피하고 있는가에 대해 많은 비판을 할 수도 있겠지만, 이러한 문제들로 인해 지체할 필요는 없다.[16] 단지 여기서는 라끌라우와 무페가 다음과 같은 견해를 맑스의 것으로 돌리고 있음을 지적해 두는 것만으로도 충분하다. 생산력은 '중립적'이고 그들의 발전은 '중립적'인 과정이다(이것이 의미하는 바가 무엇인지는 다음에 살펴볼 것이다). 부르조아지와 프롤레타리아트 사이의 대립(계급착취 개념은 여기서 전혀 등장하지 않는다)이 그러하듯이, 프롤레타리아트는 이와같이 근본적으로 기술적인 발전과정의 단순한 반영물이다. 프롤레타리아트의 '역사적 임무'는 자신들이 더 발전할 수 있도록 자본주의에 의해 발전된 중립적인 생산력을 집단적으로 전유함으로써 기술의 불가피한 요구에 복종하는 것으로 환원될 수 있다(계급착취의 폐지라는 '역사적 임무'는 여기서도 역시 등장하지 않는다. 그것은 계급투쟁처럼 '불확정적'이며 '외생적인' 것은 아무것도 수용할 수 없다).

물론, 맑스가 기술결정론자로 읽혀진 것은 이번이 처음——비록 이번의 독해가 어느 것보다 더 부적절하다 할 수는 있겠지만——은 아니다. 이들의 특수한 설명에서 중요한 것은 이것이 하나의 근본적인 가정을 깔고 있다는 것이다. 라끌라우와 무페에 따르면, 노동자계급을 정치적 행위자, 사회주의적 변혁의 특권적 행위자로 보는 맑스의 개념은, 노동자계급이 불가피한 기술적 요구에 기계적으로 대응하는 가운데 자동적으로 통일된 정치세력으로서 나타날 것이라는 점을 전제하며, 따라서 맑스주의는 이러한 단순한 결정론이 진실을 담지하고 있는지의 여부에 의해 살아남든지 기각

　　Cohen)으로부터 인용하고 있음을 주목할 필요가 있다. 직접 맑스를 인용하는 것
　　이 아니라 이와같이 대리인을 통해 맑스를 해석하는 방식은 그들이 맑스를 설명하
　　는 과정에서 계속 나타난다.
16) 나는 이 문제들에 대해 "Marxism and the Course of History," *New Left Review* 147, 1984년 9·10월호, 95~107면에서 상당히 길게 논의했다.

되든지 한다는 것이다. 그러나 그것은 분명 그렇지 않다. 이같은 주장의 전말과 그것이 얼마나 엄청한 오해에 기초를 두고 있는가는 다음 문장에서 명백하게 나타나고 있다.

이제, 생산력 발전의 이러한 일반법칙이 전적으로 타당할 수 있으려면, 생산과정에 개입하는 모든 요소들이 반드시 그 결정성에 종속되어야 한다. 이를 확실히하기 위해 맑스주의는 일종의 허구에 의존할 수밖에 없었는데, 그것은 노동력을 상품으로 인식하는 것이다. 보울스(Samuel Bowles)와 진티스 (Herbert Gintis)는 이같은 허구가 어떻게 해서 맑스주의로 하여금 자본주의적 생산과정의 요소로서 노동력이 지니는 일련의 특성에 대해 눈감게 만들었는가 를 보여주고 있다. 노동력은 자본가들이 그것을 단순히 구입하는 것 이상의 역할을 분명히 수행한다는 점에서 다른 필수적 생산요소들과는 구별된다. 자본가들은 또한 노동력이 노동을 생산하게끔 해야만 한다. 그러나 이와같은 본질적인 측면은 노동력을 그 사용가치가 노동인 상품으로 보는 개념을 벗어난 것이다. 만일 이것이 다른 여러가지 것들처럼 단순한 상품이라면, 그것의 사용가치는 명백히 그것을 구입하는 순간부터 자동적으로 효율적이어야만 한다. "노동을 자본에 대한 노동력의 사용가치를 가리키는 것으로 만드는 것은 사회적 실천을 할 수 있는 인간들 속에 체화되어 있는 생산적 투입요소들과, 자본이 그것을 소유함으로써 생산적 써비스의 '소비'를 충분히 확보할 수 있는 다른 나머지 투입요소들 사이에 존재하는 절대적으로 근본적인 차이를 모호하게 한다." 자본주의적인 노동조직의 대부분은 자본가들이 구매한 노동력으로부터 노동을 뽑아내어야 할 필요성에서 만들어낸 결과에 불과한 것으로 이해해야 한다. 만일 이렇게 자본가가 노동과정의 바로 그 핵심부에서 지배를 수행해야 할 필요성을 이해하지 않는다면, 우리는 생산력의 발전을 이해할 수 없게 된다. 이는 물론 생산력의 발전을 자연적이고 자연발생적으로 진보해나가는 현상으로 간주하는 인식 전반에 의문을 제기한다. 우리는 따라서 경제주의적 관점의 두 요소—— 상품으로서의 노동력과 중립적인 과정으로서의 생산력의 발전——가 서로 상대방을 강화시켜나가는 것을 볼 수 있다. …

노동력이 일단 구매되면 가능한 최대의 노동이 그것으로부터 추출되어야만 한다는 것이 현실이다. 그래서 노동과정은 일련의 지배관계 없이는 존재할 수 없게 된다. 그리하여 또한 독점자본주의가 도래하기 훨씬 이전부터도 노동의 자본주의적 조직화는 생산기술이면서 동시에 지배기술이어야만 했다.[17]

그러고 나서 이같은 지배관계들에는 또한 노동자들의 저항이 따른다는 것, 따라서 생산력의 본성과 발전의 정도는 노동자계급의 투쟁에 영향을 받는다는 점을 보여주려는 의도하에서 몇몇 문장을 제시한 다음, 그들은 다음과 같이 결론짓는다.

이러한 관점에서 노동자들의 투쟁을 이해하면, 그것은 자본주의의 내생적인 논리에 의해서는 설명될 수 없다는 점이 명백해진다. 왜냐하면 그들의 투쟁의 역동성 그 자체는 노동력의 '상품'형태 속에 포섭될 수 없기 때문이다. 그러나 만일 자본의 논리와 노동자의 저항의 논리 사이에 존재하는 이같은 균열이 자본주의적 노동과정의 조직화에 영향을 끼친다면, 그것은 마찬가지로 생산력의 성격과 확대리듬에 결정적인 영향을 끼치게 된다. 따라서 생산력은 중립적인 것이며 생산력의 발전은 자연적이고 단선적인 것으로 인식될 수 있다는 테제는 전혀 근거가 없게 된다. 마찬가지로 이는 생산력이 자율적이고 자기조절적인 세계로 이해될 수 있다는 주장의 유일한 근거도 제거해버린다. 따라서 사회적 행위자들을 구성하는 데서 경제적 영역에 배타적인 특권을 부여할 수 있는 첫번째 조건은 충족되지 못하게 된다. [18]

이제 우리는 여기서 얘기되는 것들이 무엇인가를 명확히 이해할 수 있게 되었다. 첫째, 맑스는 다음과 같은 점들을 이해하지 못한 데——그것은 상품으로서의 노동력이란 '허구'에 눈이 멀었기 때문이다——책임이 있다. 즉 노동력은 다른 여러가지 상품과 동일한 상품이 아니다. 왜냐하면 그것은 '사회적 실천'을 할 수 있는 인간에 체화되어 있기 때문이다. 자본은 최대한의 잉여가치를 추출하기 위해 노동과정을 통제할 필요가 있다. 따라서 자본주의에서 노동과정은 지배관계라는 특성을 갖게 된다. 노동자들은 저항한다. 그리고 자본주의적 생산기술과 조직형태의 발전은 노동자계급의 투쟁에 의해 형성된다.

맑스가 이러한 문제를 무시했다고 비난하는 것은 다음과 같은 사실을 고려할 때 깜짝 놀랄 만한 일이다. 즉 맑스는 그의 저술 어디에서나 자본주의에서의 노동과정의 적대적인 성격에 대해, 상품 물신성에 대해, 노동력

---

17) HSS, 78~79면.
18) 같은 책, 80면.

이라는 '독특한' 상품이 살아 있고 투쟁하는 인간존재 속에 체화되어 있음으로 해서 갖게 되는 특수성에 대해, 사용가치의 생산이 잉여가치의 생산과 분리될 수 없는 자본주의적 생산의 '이중적' 성격에 관해, 이러한 '이중적' 성격이 어떻게 생산의 조직화를 왜곡하며, 동시에 그와같은 생산의 조직화는 적대적 착취관계의 조직화에 봉사할 수밖에 없다는 점에 대해, 계급적대와 노동자들의 저항이라는 조건하에서 통제의 필요성을 가진 자본에 의해 생산의 조직화가 이루어지는 방식에 대해, 노동자계급의 투쟁역사와 어떻게 그들이 자본주의적 생산의 발전에 영향을 끼치는가에 대해, 노동도구 그 자체와 현대적 '과학기술' 자체가 '중립적'인 것이 아니라 계급착취와 지배 그리고 투쟁의 관계에 영향을 받는 것이라는 점에 대해 말해왔다는 사실이다. 『자본』의 제1권 대부분은 바로 이같은 주제들을 다루는 데 바쳐지고 있으며, 노동과정에 대한 자본의 통제는 단순히 '효율성'이라는 '중립적'인 필요에 의해 결정되는 것이 아니라 "그 과정의 자본주의적 성격, 그러므로 또한 적대적인 성격에 의해 불가피한 것이 되며,"[19] 또한 자본가와 노동자 사이의 이해관계의 적대성 즉 지배와 저항 관계를 함축하는 적대감 때문에 불가피해진다는 사실이 함의하는 바를 추적하는 데 바쳐지고 있다. 심지어 『공산당선언』과 같은 경구적인 소책자에서도, 생산력의 발전은 결코 중립적인 것이 아니며 (기술적 — 역자) 불가피성과 계급모순에 의해서 결정된다는 것이 명백히 표현되고 있다.

그러나 라끌라우와 무페의 주장에서 더욱더 놀라운 점은, 그들이 맑스주의가 보지 못했다고 비난하고 맑스주의적 프로젝트 전체의 이론과 실천에 치명타를 날릴 수 있는 것이라고 제시하는 이같은 테제들이 다름아닌 노동자계급의 '경제적 이해'를 사회주의적 정치와 결합시키고자 하는 맑스주의가 다루고 있는 핵심적인 주제들이라는 사실이다. 맑스가 보기에, '경제'와 다른 사회'영역들' 사이에 유기적인 연관이 존재하는 것은 '경제적인 영역' 속으로 계급이해의 적대와 계급적 착취관계가 침투하기 때문이며, 실제로 '경제적 영역'이 이러한 계급관계에 의해 —— 단순히 어떤 '중립적'인 기술적 요구에 의해서가 아니라 —— 구성된다는 바로 그 이유 때문이다. 맑스

---

19) Marx, *Capital,* vol. 1, Harmondsworth 1976, 450면. Moscow 1971, 314면.

에게서는 물질적 생산이 계급관계를 왜곡하는 방식으로 조직되어 있다는
바로 그 이유 때문에 '경제적 관계'가 '경제적 영역'에서뿐만 아니라 다른
사회적 영역들과 정치의 장에서까지 작동하는 권력관계이자 갈등·투쟁관
계인 것이다(사실 물질적 생산이 사회적 현상이라는 것이 역사적 유물론의
첫번째 전제가 아닌가?). 따라서 생산의 조직화가 '전체적인 사회관계'로
부터 분리될 수 없다는 그들의 명제[20]가 어떻게 해서 맑스주의에 대한 궁
극적인 정당화가 아니라 맑스주의에 대한 치명적인 도전으로 간주되어야
하는지 전혀 이해할 수가 없다. 또한 자본주의적 생산의 중심에 근본적인
적대가 존재하며 이같은 적대는 다른 사회적 '수준'에서의 지배·저항·투
쟁관계로부터 분리될 수 없다는 그들의 명제가 어떻게 해서 맑스주의가 기
초로 하고 있는, 사회주의 정치와 노동자계급에 고유한 반자본주의적 이해
관계 사이의 유기적 연관이라는 전제 그 자체를 재확인하는 것이 아니라,
사회주의적 프로젝트에 대한 맑스주의적 사고에 치명타를 날리는 것으로
간주되어야 하는지도 마찬가지로 전혀 이해할 수가 없다.

            3

    따라서 이는 라끌라우와 무페의 맑스주의에 대한 공격에서 나타나는 최
초의 치명적인 결함이며, 맑스에 대한 기막힌 오독(誤讀)뿐만 아니라 추론
과정의 근본적인 실패까지 내포하고 있는 것이다. 그러나 이보다 더 근본
적으로 문제가 되는 그 무엇이 존재하는바, 그것은 그들의 이론적 장치의
핵심 그 자체에 다가가는, 그리고 사실상 NTS 프로젝트 전체의 이론적인
토대에까지 다가가는 것이다. 라끌라우와 무페는, 맑스주의가 사회주의적
정치와 노동자계급의 이해관계를 연결시킨 것을 다음과 같은 명제에 따라
공격한다. 즉 그 명제란 맑스주의는 노동자계급의 통일성과 그들의 사회주
의적인 추진력이 이데올로기적·정치적 '영역'으로부터의 '외적' 개입이 없
는 단순한 자본주의적 발전의 '효과', 즉 생산력의 중립적이고 자연적인 발
전의 '효과'라고 가정했음에 틀림없다는 것이다. 바꿔 말하면, 노동자계급

─────────────

20) HSS, 80면.

은 자본주의적 생산으로부터 곧바로 사회주의를 지향하는 통일된 세력으로서 완전히 성숙되어 나와야 하며, 만일 그렇지 못하다면 맑스주의는 실패했다는 것이다. 고전적 맑스주의가 자본주의적 생산의 경제적 현실과 노동자계급이 통일된 사회주의 세력으로서 구성되는 것 사이에 어떤 매개가 필요하다고 인식하면, 그것은 바로 그 인식의 정도만큼 자신의 기초를 허문다는 것이다. 만일 노동자들이, 아무런 매개물 없이 "과학적 지식에 접근할 수 있는 역사의 합리적이고 필연적인 운동"에 의해 통일되지 못한다면,[21] 계급적 이해가 아니라 역사적 이해관계의 다원성에 종속되어 있는 역사적으로 분열된 노동자계급에게 '객관적인 이해'를 부과하려는 어떠한 시도도 정당화될 수 없을 것이다.

이제 대안은 명백한 것이다. 이러한 모순적 다원성은 반드시 제거될 것이며 절대적으로 통일된 노동자계급이 프롤레타리아트의 천년왕국을 맞아 스스로 투명하게 드러나게 될 것이라는 역사이론을 취하든지——그 경우 노동자계급의 '객관적인 이해'는 처음부터 결정될 수 있다——혹은 그와같은 이론을 포기함과 동시에 하나의 총체로서의 행위자들의 '객관적'인 이해를 결정하는 데서 특정한 주체위치를 다른 주체위치보다 특권화시키는 모든 근거들을 포기하든지——그 경우 특권화된 주체란 아무런 의미도 없다——중의 양자택일만이 가능하다.[22]

말을 바꾸어, 만일 노동자계급이 통일된 혁명적 세력으로 구성된다는 사실이 전적으로 자본주의의 생산력 발전에 내재해 있는 것이 아니라 어떠한 '외적 개입'——예컨대 정치교육과 조직화의 형태를 취하는——을 요구하는 것이라면, 그 계급은 혁명적 행위자로서의 특권적 위치, 심지어 계급으로서의 정체성마저도 상실하며, 집단적 정체성을 얻고 사회주의적 프로젝트와 연관을 맺는 것이 전적으로 우연적이며 '담화 구성'에 의존하고 있는 다른 모든 사회적 존재들과 제휴해야만 할 것이다.

노동자계급의 '객관적 이해'를 부정한다는 것, 혹은 노동자들이 그들의

---

21) 같은 책, 83~84면.
22) 같은 책, 84면.

이익을 사회주의의 목표와 일치시키는 정도에서 다른 '사회적 행위자'들과
별다른 차이가 없다는 것이 정확히 의미하는 바는 무엇인가? 우선 이같은
주장은 물질적 이해라는 것이 자연발생적으로 정치적 **목표**로 전환되지 않
는다는 점, 더구나 공동의 정치적 **행동**으로 전환되지는 더 더욱 않는다는
점을 단순히 인정하는 것과는 완전히 다른 것이라는 점에 주목해야만 한
다. 이 주장은 물질적 이해란 그것들이 정치적 목표와 공동의 정치적 행동
으로 전환되지 않는 한 **존재하지 않는다**는 것을 의미한다. 이 주장은 노동
자들의 생활조건과 경험을 결정하는 데서 자본주의적 착취라는 조건들이
그들의 삶을 스쳐가는 다른 어떠한 조건들이나 우연성보다도 인과적인 비
중이 더 크지는 않다는 것을 의미한다(그것은 인간의 사회적 삶을 구성하
는 데서 착취와 생산 관계의 중심성에 관심을 두는 역사적 유물론의 첫번
째 원칙에 대해서도 의문을 제기하는 것이다). 이들의 주장은, 노동자들이
착취의 직접적인 대상이 되지 않는 다른 어떤 인간존재들보다 자본주의적
착취에 의해 더 커다란 영향을 받는 것은 아니라는 점을 시사하고 있다.
이들의 주장은 자본가들이 노동자들에 대한 착취로부터 아무런 근본적인
이익도 얻지 않는다는 것, 노동자들이 자본에 의한 착취 때문에 근본적인
불이익을 당하지는 않는다는 것, 노동자들은 착취의 폐지로부터 어떠한 근
본적인 이익도 얻지 못한다는 것, 착취당한다는 조건이 계급적 착취의 폐
절에 대한 '이해관계'를 가져오지는 않는다는 것, 자본과 노동 간의 관계는
전체적인 사회적·정치적 권력구조에 어떠한 근본적인 영향도 끼치지 못한
다는 것, 자본과 노동 사이의 이해의 갈등은 다만 그것을 보는 사람의 눈
에나 존재하는 것으로 보인다는 것 등을 함의하고 있다(이것이 라끌라우와
무페가 자본주의적 생산에 침투되어 있는 저항과 지배의 관계 —— 자본에
대한 노동자계급의 투쟁의 전역사는 말할 것도 없고 —— 에 관하여 맑스주
의에 대해 공격을 시작할 때 사용한 명제들에서 넌센스를 만들어낸다는 것
은 전혀 문제가 되지 않는다). 요컨대, 라끌라우와 무페의 주장은 물질적
이해관계 따위는 **존재하지 않으며**, 다만 담화적으로 구성된 그에 대한 관
념만이 존재한다는 것이다. 실천적인 명제라는 측면에서 생각해본다 하더
라도, 생산관계에서 공통된 상황에 처해 있다는 것을 이유로 해서는 노동
자들에게 아무런 공통된 '객관적 이해관계'도 부과할 수 없다고 말하는 것

이 그 외에 도대체 어떤 의미를 갖겠는가? 이러한 주장의 궁극적인 결론은 만일 적절한 담화에 접근할 수 있는 기회가 제공되기만 한다면, 혈거인 (穴居人)이 사회주의자가 될 수 있는 가능성은 프롤레타리아가 그럴 수 있는 가능성과 마찬가지일 수밖에 없게 된다.[23]

그리고 라끌라우와 무페가 '본질주의의 최후의 보루'에 대한 공격으로부터 끌어낸 결론이란 사실상 '고정된' 사회적 이해관계나 정체성은 존재하지 않는다는 것, 모든 사회적 정체성은 담화적으로 구성될 수 있으며 '정치적으로 타협가능하다'는 것임이 판명된다. 사실, 이것이야말로 그들의 이론이 궁극적으로 의존하고 있는 명제이다. 그리고 그것은 사회적 실체를 담화로 해체시키는 것뿐만 아니라 역사와 역사과정의 논리를 부정하는 결과를 초래한다. 노동자계급의 이해와 사회주의 간에 존재하는 유기적 연관성에 대한 총체적인 부정 —— 사실상 노동자계급의 이해 그 자체에 대한 총체적인 부정 —— 과 단순한 혁명적 천년왕국주의 양자 사이에서, 라끌라우와 무페가 제안한 '분명한 대안'을 주의깊게 고려해보면 그 속에는 역사적이고 사회적인 과정에 대한 독특한 개념화가 존재한다는 것, 좀더 확실히 이야기하자면, 이에 대한 어떠한 개념화도 존재하지 않는다는 것이 드러난다. 결과적으로 그것이 의미하는 것은 단순하고 절대적이며 기계적이고 단선적이고 무모순적인 결정성이 존재하지 않는 곳에서는 어떠한 결정성도, 관계도, 인과성도 존재하지 않는다는 것이다. 역사적인 조건도, 연관성도, 한계도, 가능성도 존재하지 않는다. 단지 자의적인 병렬들, '정세들' (conjunctures), 그리고 우연성들만이 존재할 뿐이다. 만일 분산되고 고립된 현실의 파편들을 함께 묶어낼 수 있는 어떤 것이 있다면, 그것은 오직 담화의 논리일 뿐이다. ('생산관계에서 차지하는 위치와 생산자들의 정신상태' 간의 관계 중 아마도 맑스주의의 타당성을 입증해줄 수 있는 '증거'로서 이들이 유일하게 인정해줄 수 있는 것은 논리적 연관 —— 그것이 무엇을 의미하든지간에 —— 에 불과한 것이라는 점은 중요한 의미를 가질 것이다.[24])

---

23) 같은 곳. 나는 이 문장을 Peter Meiksins와 함께 쓴 "Beyond Class? A Reply to Chantal Mouffe," *Studies in Political Economy* 17, 1985년 여름호에서 인용하였다.

여기서 라끌라우와 무폐는 구조주의로부터 포스트구조주의에 이르는 궤도——이제는 우리에게도 매우 친숙한——를 따라갔다. 비록 그들이, 사회적 실체를 담화로 포스트구조주의적으로 해체시키는 것을 (말하자면) 역사의 일반적인 법칙으로 간주할 수 있는지, 혹은 단지 현대에서만, 특히 사회적 실체가 탈물질화되고 담화적인 구성에 쉽게 영향을 받게 되는 '산업사회'의 도래와 더불어만 나타나는 것이라고 보아야 하는지에 대해 확신이 서있지 않은 듯 보이지만. 어떻든 그들은 이처럼 해체된 사회세계로부터 정치적 프로그램을 구성함으로써 새로운 영역을 수립하고 있는 것이다.

물론 사회적 정체성의 담화적 구성이 정치적 프로그램의 기초가 될 수 있다면, 우리는 이러한 정체성들과 '협상'할——즉 그것을 창조할——의지와 능력이 어디에서 비롯되는지, 그리고 누가 그들에게 그들의 정치적 목적과 방향을 지시할 수 있는지 알아야 할 필요가 있다. 그러나 라끌라우와 무폐의 주장을 관통하고 있으나 답이 주어지지 않고 있는 의문은 다음과 같은 것들이다. 누가 담화의 담지자가 될 것인가? 누가 적실성 있는 사회적 정체성을 구성할 것인가? 혹은 라끌라우와 무폐 자신의 말을 빌려 다른 방식으로 질문하자면, "누가 접합하는 주체인가?"[25] 이것은 누가 '헤게모니적인' 담화를 만들어낼 것인가라는 문제일 뿐만 아니라, '사회적인 것(the social)의 개방적이고 불확정적인 성격'을 전제로 할 때 정치적 행위자들이 '헤게모니적 주체'를 중심으로 하여 '접합적 실천'에 의해 구성된다면 그 헤게모니적 주체는 과연 누구여야 하는가라는 문제이기도 하다.

두 가지의 대답이 가능하다. 하나는 명시적인 것이며, 다른 하나는 불행하게도 주로 묵시적인 것이다. 첫번째 해답은 결과적으로 아무도 아니라는 것 혹은 그 누구도 될 수 있다는 것이다. 라끌라우와 무폐는 '본질주의적인' 노동자계급 대신에, 다중적인 사회적 정체감을 지닌, 혹은 그러한 정체감을 전혀 지니지 못한 사람에 의해 구성되는 불확정적인 '다원적 주체', 즉 '민중'세력을 우리들에게 제시하고 있다. 그러나 이러한 다원적 주체는 그 자체가 담화에 의해 구성되는 까닭에 이것은 기껏해야 순환론적인 대답에 불과하다. 만일 그것이 어쨌든 무엇인가를 의미한다면, 그것은 지극히

---

24) HSS, 84~85면.
25) 같은 책, 134면.

사소한 것, 그리고 당황스럽게도 우리에게 이미 익숙한 어떤 것을 의미할 것이다. 그것은 다음과 같은 얘기다. 현대세계는 더이상 분명하게 대립되는 사회적 이해관계로 구성되지 않는다. 우리는 끊임없는 유동성과 이동성에 의해 특징지어지는 점점 더 다원화되는 사회에 살고 있다. 그리고 그 사회에서 사람들은 다중적이며, 변화하는 사회적 정체감을 공유하고 있는 것이다. 이것이야말로 '헤게모니적 정치', 즉 담화적으로 구성되는 사회적 정체감의 정치가 오직 '현대의 시작' 이후에만 지배적인 정치의 양식으로서 나타나게 되는 이유이다. [26] (이것은 현대 이전에는 현실적인 물질적 조건과 사회적 관계가 존재할 수도 있었던 반면, 포스트구조주의적인 사회적 실체의 담화로의 해체는 단지 '현대'에 이르러서야 비로소 적용될 수 있다는 것을 의미하는 것인가?) 이러한 것은 우리가 어디선가 많이 들어본 소리가 아닌가? 많은 이론적 우여곡절이 힘든 헛수고에 불과했던 것이 아닐까? 그리고 결국 얻은 것이 다원주의란 말인가?

그 대안——항상 협박조로 배후에 숨겨놓는 것——이란, 어떤 외부의 행위자가 그 자신의 내적 자원으로부터 다소 독특하게, 그리고 자율적으로 헤게모니적 담화를 산출함으로써 불확정적인 대중에게 집단적 정체성을 부여하고, 이전에는 아무것도 존재하지 않았던 곳에 '민중' 혹은 '국민'들을 창출하여 위로부터 그 담화를 부과할 것이라는 이론이다. 그러한 견해에 불길한 가능성이 내재해 있다는 것은 명백하다. 그러나 비록 그러한 위험들이 본질적으로 뿌리가 없는 그들의 정치 속에 내재해 있다 할지라도, 비록 그들이 자율적인 담화적 활동이라는 수단에 의해 사회적인 주체들을 구성하는 과정에서 지식인들에게 중요한 역할을 부여할 준비가 되어 있다 할지라도, 라끌라우와 무페에게도 공정을 기하기 위해서는, 그들은 이런 위험을 전혀 의식하지 못하고 있으며 단지 최선의 민주주의적 의도만을 갖고 있을 뿐으로 보인다는 것 역시 분명히 말해두어야만 할 것이다.

---

26) 같은 책, 138면.

4

그러나 그들이 말하는 민주주의라는 것에는 과연 장애가 존재하지 않는가? 무페와 라끌라우가 그들의 정치적 프로젝트를, 통일된 주체 즉 노동자계급에 의해 수행되는 사회주의를 위한 투쟁을 대신할 '다원적' 주체에 의해 수행되는 '급진적인 다원적 민주주의'를 위한 투쟁이라고 요약하기 때문에, 이것은 결정적으로 중요한 문제이다. 사회주의적 요구가 단지 '민주주의 혁명의 내재적 계기 중 하나'일 뿐임에 반해 민주주의적 충동과 '민주주의적 투쟁'의 다원성은 역사의 동력인 물질적 이해와 계급투쟁을 대체한다. 그러므로 '민주주의적 담화'는 역사와 정치를 통일시키는 실마리이며 다원적 주체의 본질적으로 상이한 구성요소들을 느슨하게 묶어주는 접착제이다.

이런 주장은 프랑스 혁명 이래로 정치적 분열에 조응하여 표현될 수 있는 어떤 사회적 적대도 존재한 적이 없다는 명제로부터 나온다. '민중 - 구체제(ancien-régime)'라는 대립쌍 —— 정치적 분열이 두 개의 적대적인 사회형태에 조응했던 최후의 대립쌍 —— 이후, 정치적 대립은 점점 더 '연약한' 사회적 적대로부터 만들어졌다. 현대 산업자본주의의 도래 —— 사회주의와 자본주의 간의 정치적 적대 속에서 표현되는 것과 같은 아주 날카로운 사회적 분열을 만들어내는 것과는 거리가 먼 —— 는, 맑스의 믿음과는 달리, 오히려 "사회체제(social body)의 총체성을 두 개의 적대진영으로 분열시키는"[27] 것과 같은 명백한 적대의 종언을 나타내주는 것처럼 보인다. 맑스가 점증하는 '산업사회'의 복잡성과 다원성을 맞받아치기 위해 **계급들** 간의 대치라는 사회분열의 '새로운 원칙'을 발명하지 않을 수 없었던 것은 바로 이런 이유 때문이었다. 그러나 그에게는 불행한 일이지만, 사회적 분열과 정치적 대립 간에는 아무런 자동적 조응성이 존재할 수 없다. 그래서 계급투쟁이 정치적 분열을 낳는 근본원리라는 명제는 "항상 그것을 미래에나 완전히 적용될 수 있는 것으로 간주하는 보완적 가설들을 수반할 수밖

---

27) 같은 책, 151면.

에 없다."[28] 따라서 맑스주의자들은 장래에는 사회구조의 단순화와 진보적인 계급의식의 발전이 이루어질 것이며, 이것은 실제로 정치투쟁과 '생산관계의 수준에서 구성되는 행위자'인 계급들의 투쟁 간에 조응성을 가져올 것이라는 가정을 만들어낼 수밖에 없었다.

라끌라우와 무페에 따르면, 우리는 정치적 분열을 만들어내는 데서 특권적 지위를 차지하는 어떤 특수한 사회적 적대가 존재한다는 가정을 폐기하는 것에서, 그리고 반대로 "사회적인 것의 다원성과 불확정성"을 받아들이는 것에서 시작해야 한다.[29] 종속에 대한 여러가지 상이한 종류의 저항이 존재해왔지만, 어떤 특정한 조건에서만 사람들은 결국 종속적 관계 그 자체를 끝장낼 투쟁을 제기해왔다. 종속에 대한 다종다양한 저항에서 비롯되는 이와같은 정치적 투쟁들을 만들어내는 것은 담화구성의 문제이다. 그러므로 우리는 '불평등에 대한 투쟁과 종속적 관계에 대한 도전을 지향하는 집단행동을 출현케 할 담화적 조건에' 초점을 맞추어야 한다. "또한 우리는 종속관계가 억압의 관계로 되는, 그리고 그럼으로써 그 자체를 적대의 장소로 만드는 조건들을 명확히 밝히는 것이야말로 우리의 임무라고 말할 수 있을 것이다."[30]

'민주주의 혁명'이라는 개념이 이 주장 속으로 들어오는 것은 바로 이 지점에서다. 2세기 전 프랑스혁명으로 "사회질서가 신의 의지에 기초를 둔 목적론적·정치적 논리에 의해 지배되는 위계적이고 불평등한 유형의 사회의 종언"[31]이 특징인 새로운 시대가 시작되었다. 이런 발전에서 참으로 유의미하며 새로운 것은 '민주주의적 문화의 발명'인바, 이것은 특정한 '종속관계'를 '억압관계'로, 따라서 '적대의 장소'로 변형시키는 '담화적 조건'을 제공할 수 있었다. 근대적인 민주주의적 담화가 도래하고 나서야, 이 종속관계들은 부당한 것으로, 따라서 억압적인 것으로 간주될 수 있었다. 그리고 그것이 투쟁의 지형으로서 형성될 수 있는 것은 오직 이와같은 담화의 맥락 속에서다. 그래서, 예컨대 민주주의적 담화에서 수반되는 정치적 불

---

28) 같은 곳.
29) 같은 책, 152면.
30) 같은 책, 153면.
31) 같은 책, 155면.

평등에 대한 비판은 사회주의적 담화에서처럼 그것을 경제적 불평등에 대한 비판으로 '치환'될 수 있게 했다. 이것이야말로 사회주의적 요구를 '민주주의적 혁명의 한 내재적 계기'로 보아야만 하는 이유이다. [32]

이처럼 참으로 기괴한 현대사에 대한 설명만큼이나 '사회적 실재의 담화적 구성'을 주장하는 이 접근방법의 엄청난 공허함을 잘 보여주는 것은 아마도 없을 것이다. 예컨대, 프랑스혁명의 순간에 이르기까지의 유럽사회를 '사회질서가 신의 의지에 기반을 둔 목적론적·정치적 논리에 의해 지배되었던' 사회로 특징짓는 것은 특히나 공허하다. 그러나 '민주주의적 혁명'이란 문제를 집중적으로 보기로 하자.

어떤 의미에서 18세기의 마지막 10년 동안 '민주주의 혁명'(때때로 대서양 혁명 Atlantic Revolution 으로 불리기도 하는)이 일어났다고 할 수 있는가? 일반적으로 팔머(R. R. Palmer)나 고드숏(J. Godechot) 같은 비교적 보수적인 역사가들과 관련을 갖고 있는 이 때문은 개념은 역사가들에게도 제한적인 가치만을 지니고 있음이 증명되었으며, 하나의 조류를 형성하는 데 실패했다. 그것은 이 개념이 자신의 시계(視界) 속에 들어오는 광범위한 사회구조, 정치제도 및 혁명운동들을 실질적으로는 무의미할 만큼이나 넓게 정의하기 때문이다. [33] 그러나 우리가 이런 다양한 사례들이 그렇게 주장할 수 있을 만큼의 공통점을 가지고 있고 그 자체만으로도 그들을 하나의 혁명으로 특징짓는 것을 정당화할 수 있게 하는 개념 체계에 초점을 맞춘다면(다시 한번 말하지만 이 개념들이 그렇게 넓게 인식될 수 있다면), 그 결과는 무페와 라끌라우에 그리 유리한 것만은 아니다.

그들은 새로운 민주주의적 담화——이 주장이 나아가 얘기하듯 그들은 이를 점점 자유민주주의 이데올로기와 등치시키게 된다——는 사회관계들을 부당하며 억압적인 것으로 '구성해내야'만 한다——이 사회적 관계들은 그렇게 하지 않으면 그런 식으로 인식되지 않을 것이다——고 주장한다. 그러나 자유민주주의적 담화의 역사적 의미와 효과는 매우 애매모호했다. 우리는 민주주의라는 개념이 매우 긴 역사를 가지고 있다는 것——그들의

---

32) 같은 책, 156면.
33) 예를 들어, Alfred Cobban, *Aspects of the French Revolution*, London 1971,
    11~12면을 보라.

설명만으로는 결코 짐작할 수 없을 정도로——을 상기할 필요가 있으며
또 거기서 출발해야 한다. 현대적인 평등개념이, 여성과 노예에게는 민주
주의의 원리를 적용하지 않으려 했던 배제적인 그리스적 평등개념을 훨씬
넘어서 확장되었다——깊이에서는 아닐지라도 최소한 넓이에서는——는
것은 의심의 여지가 없는 것이다. 하지만 민주주의의 의미에서 발생한 변
화가 항상 불평등을 부당한 것으로 간주하는 쪽으로만 일어났던 것은 아니
다. 오히려 그것과는 거리가 멀었다. 사실상 '민주주의 혁명'의 가장 중요
한 차원 중 하나는 그것이 인민(demos)에 의해 지배되는 인민권력(popular
power)이라는 의미와 '민주주의'를 분리시키는 것을 두드러진 특징으로 한
다는 점이다.[34] '민주주의'가 더이상 지배계급들 사이에서 혐오스런 말로
받아들여지지 않게 된 것은 바로 이런 이유 때문——단지 민주주의적 가
치 면에서 약간이나마 일반적으로 진보했기 때문이 아니라——이다.
　미국 '건국의 아버지'들이 그들이 '민주주의'라고 생각하는 것에 대해 느
꼈던 공포와, 그들의 후손들이 바로 이 건국의 아버지들에 의해 만들어진
정치질서를 '민주주의'라고 주장하면서 보여주었던 자신만만한 자부심 사이
에 존재하는 차이를 생각해볼 필요가 있다. 그 차이는 단순히 민주주의적
문화가 진보한 덕택만은 아니다. 사실 어떤 의미에서는 그 반대다. 아니면
최소한 건국의 아버지들은 '민주주의'가 무엇을 초래할지에 대해 뒷세대들
보다 훨씬 더 확실하게 이해하고 있었던 것이다. 그들에게 그 말은 그리스
인들이 받아들였던 것과 똑같은 의미를 가지고 있었다. 즉 그것은 인민의
직접적인 지배, 민중(populus: 다수 시민이라는 의미에서의 인민—역자)이 아니
라 서민대중(pleb: 단순한 수적 다수가 아니라 빈자 내지 무산자라는 의미에서의 인
민—역자)으로서의 인민——무페와 라끌라우가 채택한 구분법을 사용하자
면——의 지배이거나, 폭도의 지배(mob rule)——소유계급의 이해라는
관점에서 본다면——였던 것이다. 이와같은 엄격한 기준에 의하면, 아메
리카공화국은——그들의 입장에서 본다면 다행스럽게도——민주주의가 아
니었다(그렇지 않다면 그것은 해밀튼 Alexander Hamilton의 주장처럼 '대의
제 민주주의'였는데, 이미 그것은 인민의 지배와는 명백히 구분되는 새로

---

34) Raymond Williams, *Keywords*, Glasgow 1976, 82~87면을 참고하라.

운 의미를 표현하고 있었다[35]). '민주주의 혁명'의 아이들인 뒷세대들의 좀
더 희석된 기준에 의하면 바로 그 공화국은 지구상에서 가장 민주적인 나
라이며 실제로 민주주의의 완벽한 이상형이었다. 그것은 비록 민주주의를
인민의 지배로 보는 옛날의 의미가 잔존해 있다 할지라도——특히 사회주
의적 담화에서——자유민주주의를 수립한 '민주주의적 혁명'이 그것에 새
로운 의미를 부여했기 때문이었으며, 그 의미란 인민의 권력이라는 내용과
는 무관한, 절차적 형태의 시민의 자유와 관련된 것이어야 했다. 실제로
새로운 기준에 의하면, 인민권력의 직접적 행사는 '반(反)민주주의적인' 것
으로 간주되어야 했다.

강조하지 않을 수 없는 것은, 민주주의는 원래의 의미에서는 항상 계급
적 함의——정확히 서민대중으로서의 인민의 지배를 가리키는——를 지
니고 있었다는 점이다. 아리스토텔레스는 당시 그리스에 존재하고 있던 주
요 정치체제의 형태들을 분류하면서 단지 숫자라는 기준에 의해서가 아니
라 계급적 기준에 의해 그것을 구분해야 한다고 주장했다. "'민주주의'라는
개념은 다수자인 동시에 자유민인 빈자가 정부를 통제하는 정치체제에 적
용되어야 올바르다. 마찬가지로 '과두제'라는 개념은 소수의 잘사는 상위계
층의 사람들이 정부를 통제하는 정치체제에 적용되어야 올바른 것이다."[36]
그의 후학인 플라톤은 좀더 직접적이다. 그는 아리스토텔레스와 마찬가지
로 자신에게도 시민간의 투쟁의 원천으로 보였던 부자와 빈자 간의 계급전
쟁을 묘사하면서, 민주주의의 원리를 다음과 같이 설명했다. "빈자가 승리
한다면 그 결과는 민주주의다."[37] 그리고 그에 이어지는 것은 무정부상태
로 끝맺게 되는 자유와 평등의 무지막지한 과포화 상태이다.

민주주의의 새로운 의미는 민주주의라는 개념으로부터 '빈자'의 지배라는
계급적 함의를 떼어냈다. 민주주의를 계급권력이라는 내용과 무관한 형식
적 개념으로 정의하게 되자마자 그것의 옛 의미가 강하게 드러내고 있던
억압 자체를 모호하게 하는 효과가 발생한 것이다. 그후 자유민주주의적
담화는 한번도 특정한 종속관계를 부당한 것으로 공격하는 데 사용되지 않

---

35) Williams, 84면을 참고하라.
36) Aristotle, *Politics*, 1290b. (Barker)
37) Plato, *Republic*, 557a. (Cornford)

았으며, 반대로 계급지배와 착취관계를 자유롭고 평등한 개인들간의 관계로 재규정함으로써 사실상 그것의 존재 자체를 부인하는 한편, 그것을 신비화하고 정당화하는 데 사용되었다.

이 모든 것의 결과는 다양한 민주주의의 개념화가 지니고 있는 의미의 차이가 단순히 차이일 뿐만 아니라 상당히 광범위한 적대감들의 정도를 나타내주게 되었다는 점이다. 혹은 좀더 정확히 말하자면, 자유민주주의 속에 일반적인 가치의 일부가 되는 측면이 있다 할지라도, 두 개의 '담화'는 그것이 두 적대적 계급들의 갈등하는 이해관계를 표현하게 되는 지점에서는 화해할 수 없는 상태로 분기될 수밖에 없다는 것이다. 자유민주주의적 담화——비록 어떤 측면에선 진보적일 수 있으며, 수많은 종속적 계급들이 그것을 향유할 수 있고, 심지어 자기자신의 투쟁이라는 수단에 의해 그것을 만들어내는 데 일조할 수 있다 할지라도——는 자본가들의 권력이 의거하고 있는 종속적 관계들을 부인함으로써, 그리고 인민의 권력이 작동할 영역을 제한함으로써 결국은 자본의 계급적 이해에 봉사한다. 민주주의의 또다른 의미는 그리스의 자산계급의 이익에 반대되는 인민의 이익을 반영하는 원래의 형태 속에, 그리고 인민의 권력이라는 의미를 되살려내고 그것을 사회적 생산의 무계급적 조직화로 확대시킴으로써 자본에 반대되는 노동자계급의 이익을 표현하는 현대의 사회주의적 형태 속에 존재한다.

그러나 이 모든 것들을, (사회적 실재로부터——역자) 분리된 개념들이 특수한 사회적 이해관계에 봉사하는 태도와 무관할 수 있는 것처럼 말하는 것만으로는 충분치 않다. 민주주의 개념 자체와 그것이 겪었던 의미변화는 그것의 존재 자체를 구체적인 사회적 관계의 수혜물이 되지 않을 수 없게 하며 그 사회관계 속에 굳게 뿌리박고 있다는 것 역시 말하지 않으면 안된다. 민주주의의 원래의 의미가 고대 그리스의 계급갈등으로부터 생겨났던 것처럼, 그 새로운 의미는 자본주의적 관계들에 근거를 두고 있으며, 그것 없이는 가능할 수 없었다. 순수히 형식적인 개념으로 민주주의를 정의하는 것, 즉 인민권력이라는 의미의 탈각——그것을 지배계급이 받아들일 수 있는 이상(理想)으로 만들었던——은 자본주의적 생산관계에 의해 결정된, 경제권력과 정치권력 간의 형식적 분리에 의해 가능해졌다. 자본의 전유권력이 직접적인 '경제외적인' 힘의 소유에 의거하지 않기 때문에, '인민의 지배'──혹은 차라리 선거에 의해 뽑힌 '대표자'들의 지배──가 자본과 노동 간의 착취관계에 직접적인 영향을 끼치지 않고도 존재할 수 있는, 구조적으로 분리된 정치적 영역이 존재한다. 그러나 노동자계급의 관점에서 본다면 똑같은 사실에 의해 자본주의는 민주주의의 옛 의미를 변형시켰다고 할 수 있다. 왜냐하면 인민권력이란 개념이 자유롭게 결합된 생산자들의 자치조직과 사회적 생산의 무계급적 관리를 포함하는 자치의 전망을 의미하도록 만든 것도 바로 자본주의가 창출한 조건들이기 때문이다.

이 모든 것은 사회주의적 요구를 단지 '민주주의 혁명의 한 내재적 계기'로 볼 수 없다는 말의 또다른 표현일 뿐이다. 왜냐하면 사회주의적 전망은 실질적으로는 계급적대와 관련을 갖고 있는 자유민주주의적 전망과는 거리가 먼 것일 뿐만 아니라, 두 개의 담화가 모두 과거의 사회적 적대에 뿌리를 두고 있기 때문이다. 바꿔 말하면, 자본주의의 계급투쟁은 라끌라우와 무페가 우리에게 믿게 하려는 것같이 자유민주주의적 담화와 억압적이고 부당한 계급관계에 대한 그것의 '담화적 구성'을 단순히 반영하는 것이 아니기 때문이다. 어느 편인가 하면, 민주주의적 담화는 자유민주주의적 변종이든, 사회주의적 변종이든 모두 계급갈등에 의해 구성되는 것이다.

라끌라우와 무페의 모호하고도 불확정적인 민주주의 개념 속에 내재해 있는 융합된 의미들은──그 속에서는 모든 '민주주의적 투쟁'과 모든 평등의 형태들이 다 똑같은 것으로 간주된다──혁명적 이행을 민주주의의 한 형태로부터 또다른 형태에 이르는 단절없는 연속의 과정으로 변형시킴으로써 자본주의와 사회주의 간의 모순을 개념적으로 제거해버리는 결과를 초래한다. 이것은 현대사회와 그것의 변혁조건에 대한 분석이 아니다. 그것은 말의 요술에 의한 속임수일 뿐이다.

5

이 주장의 또다른 차원이 아직도 남아 있다. 라끌라우와 무페는 사회주의가 민주주의 혁명의 한 내재적 계기라는 명제를, 사회주의의 해방의 추진력은 '생산관계의 수준에서 생겨나는 행위자'인 노동자계급의 이해관계로부터 생겨나지 않으며 그 충동은 다양한 종속적 관계를 억압적인 것으로

'구성해내는' 자유민주주의적 담화에 의해 창출된다는 주장을 강력하게 하기 위해 사용한다. 이는 무엇보다도 노동자계급은 자유민주주의적 담화에 의해 훈련되는 한에서만, 달리 표현하면, 부르조아 이데올로기에 의해 교화될 때만 해방투쟁을 만들어낼 수 있다는——그리고 실제로 자신의 종속상태를 억압적인 것으로 인식할 수 있다는——것을 의미한다. 이것은 자본주의적 생산양식에 대립하여 참된 투쟁을 시작했던 19세기 노동자들이 물질적 계급이익에 의해 행동하는 진정한 '프롤레타리아들'이 아니라, 새로운 생산양식에 의한 파괴에 대항하여 자신의 장인적 정체성을 방어했던, 그리고 외부로부터 얻은 민주주의적인 정치적 사고에 의해 동기를 부여받은 장인들(artisans)이었다는 사실에 의해 명백히 증명된다. 반대로 진짜 자본주의의 산물이었던 이후의 산업노동자들은, 이 견해에 따르면 자본주의적 생산관계——이는 당시에 이미 굳건히 뿌리내렸다[38]——에 도전하기를 그만두었으며 생산에서의 관계들(relations *in* production)에 대한 '개량주의적' 투쟁에 자신의 싸움을 한정해버렸다.

그래서 예컨대, 차티즘에 대한 라끌라우와 무페의 해석(스테드만 존스의 최근 연구에 기초를 둔)은 그것이 "근본적으로는 사회적 성격을 갖는 현상, 즉 새로운 산업노동자들의 계급의식의 표현"[39]이 아니라고 주장한다. 오히려 그것은 '프랑스혁명의 영향을 깊게 받은' 영국의 정치적 급진주의 사상에 의해 그 성격과 목표가 만들어진 자율적인 정치운동이었다(여기서 스테드만 존스에 의해 차티즘에 가장 중요한 영향을 끼친 것으로 인용되는 급진적 전통은, 프랑스혁명에 선행하는 것이었으며 17세기 영국혁명에 그 기원을 두고 있는 독특한 영국적 성격을 가지고 있다는 점을 지적할 필요가 있다. 라끌라우와 무페의 견해는 텍스트와 역사적 증거를 마음대로 갖다 붙이는 그들의 습성의 한 예, 그리고 또한 뚜렷한 프랑스적 편향의 한 예에 불과하다).

차후에 우리는 정치적 운동으로서의 차티즘을, 자본주의적 생산관계의 발전에 의해 결정된 노동자계급운동으로서 차티즘이 지니는 사회적 성격과 이렇게 분리하는 것이 정당한 근거를 가지고 있는가(심지어 스테드만 존스

---

38) HSS, 157면.
39) 같은 책, 156면.

가 제시하는 증거를 놓고 볼 때조차도)를 검토해볼 것이다. 우리는 이 정
치운동의 사회적 성격과 그것이 19세기 자본주의라는 새로운 현실에 근거
를 두고 있었다는 점을 부인하는 것은 정치적 '영역'과 경제적 '영역'을 가
장 인위적이고 선험적인 방법으로, 이론적으로 분리해낼 때만 가능하다고
주장할 것이다. 지금은, 라끌라우와 무페에 따른다면, 노동자들은 다른 누
군가의 정치적 교의로부터 끌어내야만 하는, 자기자신 속에는 체화되어 있
지 않은 민주주의적 정신과 약간은 불확실한 성격의 평등에 대한 추상적
열망에 의해 감화받지 않는다면, 자본주의적 생산관계에 반대하지 않으며
심지어 자신의 조건을 억압적인 것으로 느끼지조차 않을 것이라는 점만을
지적하는 것으로 충분하다. 따라서 19세기 노동자들은 '민주주의 혁명'의
자율적인 정치적 이데올로기의 영향을 받음으로써 비로소 자신의 물질적
조건을 억압적인 것으로 인식했다. 이 명제가 얼마나 공허한 것인지 알아
보기 위해서는 대격변과도 같은 프랑스혁명의 계몽효과가 있기 전의 장구
한 계급투쟁의 역사를 이런 견지에서 설명하려는 시도를 한번 해보기만 해
도 된다.

또한 라끌라우와 무페는 다양한 '민주주의적 투쟁'의 형태들 사이에 순탄
하고도 무모순적인 연속성이 존재하는 반면, 경제적 수준에서의 계급투쟁
과 정치적 영역에서의 투쟁들 간에는 확실한 경계가 존재한다고 생각하기
를 요구한다. 이것은 자유민주주의적 담화에 의해 동기를 부여받은 정치운
동은 자본의 이익에 직접적으로 적대적인, 물질적 이익에 의해 추동되는
계급투쟁보다 우리를 사회주의에 더 가까이 다가가게 할 수 있다는 것을
의미한다.

이 지점에서 우리는 라끌라우와 무페가 노동자계급은 사회주의를 위한
투쟁에서 아무런 특권적 지위를 가지고 있지 않다는 단순한 명제만으로는
만족치 못하는 것이 아닐까 의심하기 시작한다. 처음에 그들의 '경제주의'
와 '계급환원론'의 거부——정치의 자율성에 대한 주장——는 노동자계급
은 다른 사회세력보다 더 혁명적이지도 덜 혁명적이지 않다는 것, 그들은
반드시 혁명적이지도 않지만, 또한 반드시 반혁명적이거나 '개량주의적'이
지도 않다는 것, 어떤 사회집단도 사회주의적 변혁의 담지자로서 특권적
지위를 차지하지 않기는 마찬가지라는 것 등등을 의미하는 듯이 보였다.

즉 노동자계급은 사회주의에 특별한 이해관계를 갖지 않으며 다른 사회집단들도 그렇기는 마찬가지라는 것이었다. 그러나 이 주장이 드러내고 있는 명백한 계급적 중립성에도 불구하고, 거기에는 노동자계급은 원래 무능하여 사회주의적 정치의 담지자가 되는 데 다른 사회집단보다 더 부적합하다는 암시가 되풀이되고 있다. 결국, 라끌라우와 무페에 따르면, 자신들의 투쟁을 생산에서의 관계들(relations *in* production)에 한정하면서, 생산의 관계들(relations *of* production)은 받아들이는 것이 근대 산업프롤레타리아트——진정으로 자본주의의 산물인 계급——의 특징이다. 이는 자본주의적 관계의 '생산주의적' 가치들에 병합되어 자본주의에 근본적으로 도전할 수 없는 것이 근대 프롤레타리아트——그 자체가 자본의 산물인——의 내재적 본성이라고 명확히 주장하는 고르의 얘기와 아주 유사하게 들린다. 어쨌든 라끌라우와 무페는 사회주의적 정치를 고무하는 것과는 거리가 먼, 노동자계급의 조건들은 사실상 사회주의에 적대적일 수밖에 없다는 것을 승인하는 방향으로 뻗은 멀고먼 길을 걸어온 것이다.

좀더 근본적인 의미에서 그들의 정치적 프로젝트는 노동자계급의 무능성에 대한 반민주적 가정들에 기초를 두고 있다. 그들이 '계급환원주의의 최후의 보루'에 대한 공격으로부터 도출한 함의들은 참으로 지대한 영향을 끼치고 있다. 이와같은 '최후의 보루'의 '함락'은 명백히 노동자들로부터 그들의 모든 정치적 동기를 박탈하며, 다른 사람들, 특히 지식인들에 의해서는 만들어지지 않는 사회적 정체성을 박탈한다.[40] 그 결과, 노동자들이 지배적인 역할을 한 성공적 혁명들조차도——거꾸로 부당하게도——그들의 혁명적 무능성의 증거가 되어버린다. 정치조직으로부터 '외생적' 원조를 받지 않는 노동자들의 '무매개적인' 자발적 봉기는 모두 그 증거물로 받아들여진다.

이 점은 한 논문——그녀에 따르면, 라끌라우와 함께 쓴 후속저작을 위해 행한 연구로부터 '유래한'——속에서 무페가 한 주장을 살펴보면 쉽게 설명될 수 있다. 그녀는 노동자계급은 사회주의에 아무런 '근본적인 이해관계'도 가지고 있지 않다는 원칙에 대해 논의하면서 "사실 그것은 결정된

---

40) 예를 들면, 같은 책, 85면.

정치적 담지자, 즉 '사회계급들'이 할 일은 오로지 '계급투쟁'일 수밖에 없다는 믿음 위에 놓여 있는 언어의 환상일 뿐이라고 주장한다. 지금까지 일어난 사회주의 혁명의 역사는 충격적이게도 이를 증명해주는데, 그것은 이 혁명들 중 그 어느 것도 프롤레타리아트에 의해 지도된 적이 없기 때문이다"[41]라고 주장했다.

혁명의 본질적 성격이 지도력의 성격에 의해 결정된다는 견해가 갖는 함의를 살펴보자. 결국 그것은 혁명의 지도자들이, 혁명이 그들의 이름으로 이루어지는 바로 그 계급들에 속하지 않는다면, 그들이 지도하는 것이 누구인가 —— 혁명에 계기와 방향을 부여하는 사회세력들 —— 와 상관없이 '계급투쟁'은 비계급적 행위자에 의해 수행되는 것이라고 말하는 것과 진배없다. 혁명에 계급투쟁으로서의 성격을 부여하는 것이 혁명적 대중, 그들의 이해관계, 동기, 목표 그리고 그들의 힘이 아니라 지도부의 행동과 의도라면, 우리는 사회혁명에 대한 가장 보수적인 해석가들과 똑같은 태도로 이 사건들에서 '폭도'는 단지 선동가적인 —— 혹은 누군가의 견해를 빌리면 이상주의적이고 이타주의적인 —— 뛰어난 사람들에 의해 조종된 비합리적이고 무정부주의적인 세력, 즉 아무런 자기자신의 합리적 목표도 가지고 있지 않은 어중이떠중이에 불과하다는 결론을 내려야만 하는가? 아니면 반대로 혁명의 역사가 증명하고 있는 것이 있다면, 그것은 계급적 행위자가 없는 어떤 혁명도 존재할 수 없다는 것, 그리고 혁명의 지도자들이 강력한 사회세력으로 조직된 특정계급의 이익과 목표를 표현하고 또 그것을 실질적 힘으로 전화시켜내는 경우를 제외한다면 어떤 혁명도 지도자들의 행동과 의도에 의해서 결정된 적이 없다고 말해야 하는가?

예를 들어 러시아혁명의 경우, 우리는 계급투쟁을 행한 것이 볼셰비끼 지도자들이었다고 말해야 하는가, 아니면 혁명적 세력을 구성했던 노동자와 농민, 즉 그들의 이해관계와 사회적 힘과 집단행동의 역량이 혁명의 성격과 경로를 결정했던 세력이라고 말해야 하는가? 예컨대, 대중을 자신의 목적은 따로 가지고 있던 볼셰비끼에 조종된 무정부주의적 폭도로 폄하하는 샤피로(Leonard Schapiro) 같은 보수적인 역사가들이 내놓은 러시아혁

---

41) Chantal Mouffe, "Working Class Hegemony and the Struggle for Socialism," *Studies in Political Economy* 12, 1983년 가을호, 23면.

명에 대한 해석을 우리가 받아들여야만 하는가, 아니면 대신에 샤피로의 비판자들이 『선데이 타임즈』에서 제시했던 분석들을 받아들여야 하는가?

그것은 확실히 노동자들을 '… 파괴 외에는 아무런 생각도 가지고 있지 않은 무정부주의적 폭도'로 보는 신화, 병사들의 정치적 유치함이라는 신화, 농민들이 '어떤 일이 일어났으며 지금 타파되고 있는 것이 무엇인지를 전혀 이해하고 있지 못하다'는 신화이다.

미국, 프랑스 그리고 영국의 학자들은 … 이 대중──즉 노동자, 농민, 병사 및 수병들──의 열망과 행동을 분석하기 위해 '아래로부터의 혁명'을 조사하기 시작했다. 그럼으로써 그들은 대중의 목표가 분명하고 합리적이며 또한 바로 그들 자신의 것이었다는 것을 알게 됐다.

노동자들의 빵과 일자리에 대한 요구, 병사들의 평화에 대한 동경, 농민의 토지에 대한 열망을 마술로 불러일으키기 위해 볼셰비끼의 선전이 필요했던 것은 결코 아니었다. 대중이 자신의 목표를 달성하기 위해 취한 수단 중 맹목적이거나 야만적인 것은 아무것도 없었다. 신정부로 하여금 농민의 토지장악을 승인하고 경제적 붕괴를 저지하며 전쟁을 중단하도록 하기 위한 직접적인 행동과 점진적인 압력행사를 한 뒤에는 온건한 정치인들에 대한 호소가 행해졌다.

볼셰비끼가 권력을 장악할 수 있었던 것은 그들이 밑으로부터 분출되어 올라오는 요구들과 결합하는 데 성공했기 때문이다. [42]

『선데이 타임즈』가 맑스주의자들에게 계급투쟁과 혁명세력의 성격에 대해 한수 가르쳐야 한다면, 확실히 무언가 잘못된 것이다. 이와같은 러시아혁명에 대한 해석은 노동자계급이──혹은 다른 어떤 계급도──필연적으로 혁명적이라는 견해를 가질 것을 요구하지는 않는다. 그러나 어떻게 그것이, 러시아혁명은 계급투쟁이 "미리 결정된 정치적 행위자 즉 '사회계급들'의 임무일" 필요가 없음을 증명했다는 주장을 의미할 수 있는가? 이런 해석은 '폭도'는 자기자신의 (행동의──역자) 근거를 가지고 있지 않으며 어떤 건설적인 정치적 추진력의 원천도 될 수 없다는 고전적인 반동적 원칙에 위태롭게 다가서는 것이다.

---

42) Edward Acton, *Sunday Times*, 1984년 4월 8일자.

그러나 최종적으로 라끌라우와 무페가 정치세력으로서 무능하다고 간주하는 것이 반드시 노동자계급인 것만은 아니다. 그들은 노동자계급이 결코 특권적인 사회주의의 담지자가 아니라는 것뿐만 아니라, 사회주의의 발전을 이끌어낼 아무런 역사적 조건도, 아무런 사회적 이해관계도 존재하지 않는다고 주장하고 있다. 이것은 사회주의의 기본원료인 노동자계급의 집단적 정체성, 이해관계 및 역량을 대체할 다른 어떤 '사회적 행위자들'의 그것 역시도 존재하지 않는다는 것을 의미한다. 그것은 사실상 어떤 종류의 정치를 할 수 있는 사회적 기초도 존재하지 않는다는 말이다. 오직 담화가 전부다. 그리고 실제로 라끌라우와 무페는 지금 일어나고 있는 다양한 사회적 투쟁들이 민주주의적 담화만큼이나 반민주주의적 담화에도 쉽게 '접합'될 수 있다는 점을 강조한다. 결국, 모든 것은 지식인들이 일련의 복합적인 '담화적·헤게모니적 작업들'을 주도하는 데 성공하느냐의 여부에 달려 있다.[43] 이렇게 하여 우리는 다음과 같은 것을 가지게 되었다. 태초에 (그리고 세상의 끝에) 말이 있었다. 말은 신과 더불어 있었다. 말이 신이고, … 라끌라우와 무페 속에 체현되어 있는 궁극적인 주체(Subject)다?

---

43) HSS, 174~75면.

5
역사와 정치의 무작위화

1

라끌라우가 이데올로기와 정치의 자율성을 확립함으로써 맑스주의와의 최초의 결정적인 단절을 단행하고 나자, 다른 사람들은 NTS의 특징적인 주요논점들을 형성하는 데서 그보다 앞서 나갔다. 따라서 그와 무페는 자신의 후기저작 속에서는 그것들을 그냥 함께 엮어놓는 것만으로도 족했다. 그것들이란 계급으로부터 정치를 분리하는 것, 경제적인 것과 정치적인 것의 비조응성을 확증하는 것, 사회적인 것을 담화(discourse)로 해소하는 것, 노동자계급을 '담화적으로 구성된' 다원적 주체들로 대체하는 것, 사회주의적 투쟁을 '민주주의적' 투쟁의 다원성에 종속시키는 것 등이다. '민주주의적' 투쟁의 다원성에서 '민주주의'는 불확정적이고 추상적으로, 그리고 사회주의와 자본주의를 구분짓는 차별성과 적대성을 개념적으로 사상해버리도록 느슨하게 정의된다.

이 모든 논점들 밑에 깔려 있는 하나의 일반적 원칙은 역사와 정치의 무작위화(randomization)라고 할 수 있는 것이다. 우리는 이미 맑스주의와, 노동자계급을 혁명적 행위자로 보는 맑스주의적 개념화를 거부하는 것이 궁극적으로는 기괴한 비역사적인 세계관에서 비롯된다는 사실을 무페와 라끌라우에게서 감지한 바 있는데, 이에 따른다면 단순하고 기계적이며 조야한 결정론 대신에 절대적인 우연성만 남게 된다. 사실상, 이러한 이원론이 함의하는 것은 역사란 순수한 우연성이라는 것, 혹은 차라리 역사 그 자체가 존재하지 않는다는 것, 또는 어떤 결정적인 역사적 조건이나 관계나 과정도 존재하지 않는다는 것이다.

이러한 원칙은 『헤게모니와 사회주의 전략』 훨씬 이전에 이미 확고하게 형성되어 있었다. 사실 절대적 결정론과 절대적 우연성이라는 그릇된 이원론, 그리고 역사를 환원불가능한 우연적인 것으로 특징짓는 것은 알뛰쎄적 구조주의에 늘 함축되어 있었다고 할 수 있다. '알뛰쎄주의'에 대한 비판자들은 주체를 구조에 종속시키며 인간이라는 행위자를 역사에서 축출해버린다는 이유로 알뛰쎄주의를 공격했다. 그런 비난은 의심할 바 없이 충분히 근거를 가지고 있지만, 그럼에도 불구하고 '구조' 자체가 알뛰쎄주의적 역사관에서 의심스런 지위를 차지하고 있다는 사실을 모호하게 하는 경향이 있다. 어쨌든 구조가 경험적인 지위를 갖는 것인지, 아니면 역사적 실재를 구성하는 데 어떤 함의를 갖는 것인지가 전혀 명확치 않은 것이다. 이는 '포스트알뛰쎄주의'에서는 좀더 명확해진다. 구조의 세계, 확정되어 구조화된 관계들의 세계는 자율적인 이론의 영역에 속한다. 반면 역사적 지식의 대상인 경험적 세계는 우연성과 자의성의 세계다.

알뛰쎄주의에 의해 개념화된 '생산양식'과 '사회구성체'라는 이중적 규정이야말로 이 점을 잘 설명해준다. 결정된 관계의 구조인 '생산양식'은 경험적으로는 존재하지 않는다. 경험적으로 존재하는 '사회구성체'에서 구조적 관계들은 '중층결정된' 요소들의 자의적 배열인 '복합국면'과 병렬로 대체된다(중층결정이라는 지극히 유용한 개념은 점차 절대적인 우연성을 은폐하는 덮개가 되어버린다). 사회구성체라는 역사적 세계에는 기술되어야 할 병렬적 요소들만 존재할 뿐——기술(description)이 분류학적 범주들(taxonomic categories)을 끝도 없이 증식해내는 분류(classification)라는 수단에 의해 이론적 '엄밀성'과 결정성의 형태를 취할 수 있다 할지라도——설명되어야 할 관계들은 전혀 존재하지 않는다. 생산양식의 구조적 결정성은 실제로 존재하는 역사적·사회적 과정의 논리를 하나도 반영하지 않으므로 아무런 설명적인 지위도 지니지 못한다. 기껏해야 그들은 필요한 분류학적 범주들을 제공할 뿐이다. 따라서 구조주의의 역설은 역사로부터 주체를 추방해버리면서 구조마저도 제거해버리는 먼 길을 걸어갔다는 점이다.

　최후의 일보는 포스트구조주의자들에 의해 내디뎌졌으며, 이로써 페리 앤더슨이 '역사의 무작위화'라고 지칭한 것이 완성되었다. 언어가 모든 인간적 질서의 모델이자 원칙이 됨에 따라 "확증할 수 있는 원인이라는 것이 존재한다는 관념은 결정적으로 약화되기 시작한다."[1] 그 결과 절대적 결정론과 절대적 우연성의 역설적 종합이 이루어진다. 한편으로는, 사회적 세계 속으로 절대적으로 결정된 구조가 침투하는데, 그 구조는 모든 경험적 표현 속에서 자신을 재생산한다(어떤 의미에서는 모든 언술 speech 행위가 불변의 언어 language 구조를 재생산하고 또 그것에 의해 결정되는 것과 마찬가지로). 다른 한편으로, 그 구조는 완전히 우연적이고 설명할 수 없는, 환원불가능할 정도로 우연적이고 예측할 수 없으며 자의적인 무수한 방법으로 자신을 재생산한다(모든 언술행위가 언어가 가진 가능성의 독특하고도 예측할 수 없는 조합인 것과 마찬가지로). 구조는 그 자체가 사건들의 원인인 것처럼(언어가 모든 언술의 '원인'인 것과 마찬가지로) 취급되는데, 실제로 그것이 의미하는 바는 그 사건들은 어떤 특별한 인과성에도 결코 구속되지 않으며 역사는 '환원할 수 없는 우연성'의 영역 또는 '만들어진 우연한 사건'[2]의 영역이 된다는 것이다. 결국 언어가 모든 사회적 실체와 완전히 괴리될 때 구조주의의 궁극적인 역설은 완성된다. 주체에 이어 구조가 '절대적 우연성'을 뒤에 남기고 사라지면, 그 결과는 완전한 주관주의, 그러나 '주체 없는 주관주의'이다.[3]

　아마도 라끌라우와 무페가 구조주의에서 포스트구조주의에 이르는 전과정을 답습하지는 않은 것 같다. 그러나 그럼에도 불구하고 그들의 —— 아마도 NTS 일반의 —— 정치학의 기본전제는 분명히 포스트구조주의 정신이다. 거기서 사회적 실재는 오직 자율적인 담화에 의해서만 구성되며 모든 사회적 정체성은 담화적으로 절충할 수 있는 것이다. 언뜻 보기에, 주체와 구조를 모두 공동화(空同化)시키는 포스트구조주의는 정치적 프로그램을 수립하는 데 기반이 되지 못할 것 같다. 역사에 내재적인 어떤 주체, 어떤 인간의 의도나 행위자도 존재하지 않는다면, 그리고 어떤 내재적인

1) Perry Anderson, *In the Tracks of Historical Materialism*, London 1983, 48면.
2) 같은 책, 51면.
3) 같은 책, 54면.

질서나 방향, 과정의 논리, 사회적 정체성 또는 구조적 제약이 없다면 무
엇이 정치적 행위의 추진력, 목표 그리고 양식이 될 수 있는가? 페리 앤
더슨은 구조주의와 포스트구조주의 모두가 가지고 있는 '놀랄 만한 정치적
타율성'과 '불안정성', 즉 현재의 정치적 흐름에 대한 그들의 변화무쌍한
적응력을 지적한 바 있다. 그는 또한 사실상 지배적인 정치적 유행에 확실
히 영합하는 것 외에는 아무런 특정한 '정치적 함의'도 갖지 않는다는 것이
야말로 주체도 없고 구조화되지도 않은 세계 —— 조망점이 없는 세계, 그
리고 인간의 의지 또는 역사적 과정 및 사회적 관계의 논리에 의해 형성되
지 않은 세계 —— 의 논리적 귀결이라고 지적했다. 그러나 라끌라우와 무
페에게서 그리고 그들의 몇몇 NTS 동료들에게서 우리는 특정한 정치적
프로그램으로 전환되는 포스트구조주의적 주관주의와 가까운 그 무엇인가
를 발견한다.

알뛰쎄의 구조적 결정이 사회적 과정과 정치를 무작위적이고 우연적으로
보는 개념화에 쉽사리 자리를 내주었던 것은 그 어디서보다도 허스트와 힌
데스의 이론적 발전과정에서 생생하게 설명될 수 있다. 또한 이와같은 이
론적 궤적이 갖는 정치적 의미가 거기서처럼 대담하고 공개적으로 천명된
곳도 없다. 이 두 사람은 —— 함께 그리고 각자 —— 무엇보다도 자율적 이
론과, '역사주의'와 '경험주의'에 대한 비판이라는 알뛰쎄주의적 견해를 취
했던 어이없는 극단적 입장으로 유명한 사람들이었다. 현재 그들은 모든
인과관계와 결정성을 환원불가능한 특수성으로 해소시켜버리는 형이상학적
경험주의라 할 수 있는 것으로도 이에 못지않게 유명하다. 엄밀하게 결정
되는 생산양식에서 순수히 우연적인 사회구성체로, 구조에서 정세로.

비록 사회적 과정에 대한 그들의 최근의 개념화가 포스트구조주의 이론
의 순수한 무작위화와는 구별되고 그것이 모든 인과관계에 대한 총체적 거
부라기보다는 극단적인 인과적 다원주의(causal pluralism)에 속하는 것이
라 할지라도, 그들은 자신의 견해를 다원주의적인 것으로 이해하는 온갖
종류의 해석으로부터 자신을 분리시키려고 몹시 애써왔다.

우리가 관여하고 있는 고전적 맑스주의에 대한 비판의 지형이 일원론과 다
원론 간의 논쟁의 지형이 아니라는 것을 분명히해두자. 그런 논쟁은 서로 상

반되지만 결국 이론적으로는 등가의 입장에 있는, 즉 인과성에 대한 일반이론인 두 입장들간의 경쟁이다. 우리가 도전하고 있는 것은 맑스주의의 경제주의적이고 일원론적 인과성만이 아니라 이 모든 종류의 인과성의 범주들의 적합성 그 자체, 그리고 그것들이 다른 것들과는 달리 어떤 특정한 원인의 위계에 부여하는 특권들이다.[4]

이는 인과관계에 대한 원칙적인 거부인 것처럼 보인다. 그러나 이 모호한 거부자가 여전히 인과적 다원주의의 냄새를 풍기고 있다면, 핵심적인 것은 라끌라우, 무페와 마찬가지로 그들의 맑스주의에 대한 거부도 한편으로 단순하고 기계적이며 절대적인 결정론과, 다른 한편으로 절대적인 불확정성 중에 하나를 선택하기를 요구하는 조야한 이원론에 기반을 두고 있다는 것이다. 사실상 이로써 사회적 과정과 역사는 순수한 우연성과 무작위성의 영역 속에 머무르게 된다.

이것이 힌데스와 허스트가 초기의 독단적 구조주의로부터 뚜렷이 벗어났음을 보여주는 것이라면, 그들이 감행한 명백한 반전(U-turn)은 구조주의라는 동전을 던져 뒤집어놓은 것에 불과하다는 사실을 강조하지 않을 수 없다. 다시 한번, 그들의 경험주의는 그 자체가 전적으로 이론적인 것임을 알 수 있다. 역사와 사회적 과정들에 대한 그들의 개념 속에 존재하는 특수성에 대한 주장, 그리고 결정성은 지극히 취약한 것이거나 아예 존재하지 않는다는 주장은 경험적 조사나 역사적 연구에 의해 뒷받침되지 않고 있다. 그것들은 이론적으로 구성되어 있으며, 선험적이다. 사실상 NTS의 모든 장치들은 경험적 증거를 결여하고 있기로 유명하다(중요한 예외인 스테드만 존스의 경우, 그가 이론적으로 구성해낸 '비조응성'의 원리가——힌데스와 허스트, 라끌라우와 무페처럼——바로 자기가 내세우는 역사적 증거들과 모순된다는 것을 앞으로 보게 될 것이다).

힌데스와 허스트의 지루한 여정을 상세히 추적할 필요는 없다. 그 작업은 이미 엘리어트(Gregory Elliott)가 「폴 허스트의 여정」(The Odyssey of Paul Hirst)[5]에서 빼어난 솜씨로 행한 바 있다. 여기서는 1975년 공간된

---

4) Antony Cutler, Barry Hindess, Paul Hirst, and Athar Hussain, *Marx's Capital and Capitalism Today*(이하 MCCT로 표기), vol. 1, 128면. 강조는 원저자.

『전자본주의적 생산양식들』(Pre-Capitalist Modes of Production)의 추상적 이론주의——여기서 그들의 목표는 역사(적 사실들——역자)에 대한 고려에 의해 오염되지 않은 다양한 생산양식에 대한 이론적 개념들을 '엄밀하게' 구축하는 것이었다——로부터 겨우 두 해밖에 지나지 않아 출판된 다음 주요저작 『맑스의 자본론과 현대자본주의』(Marx's Capital and Capitalism Today, 커틀러Anthony Cutler 및 후쎄인Athar Hussain과 함께 쓴 책)의 추상적 경험주의——여기서는 자본주의적 생산양식이라는 개념 자체가 실질적으로 부정되며, 그것의 구조적 결정성은 '국민경제들'(national economies)과 특수한 '정세'라는 환원불가능한 특수성 및 우연성으로 대체된다——로의 이행이라는 클라이맥스를 기록해두는 것만으로 충분할 것이다.

사실, 이 명백한 두 극단간의 이론적 거리는 보기보다 그리 멀지 않다. 이 두 경우 모두, 역사적 세계는 사실상 우연성과 환원불가능한 특수성이라는 영역으로 추방되어버린다. 또한 두 경우 모두, 정치와 이데올로기는 생산양식에 의해서 결정되지 않는 것으로 간주된다. 『맑스의 자본론과 현대자본주의』에서 생산양식이 완전히 사라져버린다면, 『전자본주의적 생산양식들』에서는 어떤 생산양식의 이데올로기적·정치적 '존재조건'도 그 자체는 생산양식에 의해 결정되지 않는다는, 바꿔 말해 (상대적으로?) 자율적이라는 주장에 의해 이와 유사한 효과가 빚어졌다. 그러나 이렇게 동전을 던져 뒤집어놓는 것은 결코 무의미한 것이 아닌데, 왜냐하면 그것은 중요한 정치적 이동을 나타내주기 때문이다.

초기저작에서 이러한 이론적 원칙들은 역사의 일차적 결정요인으로서 계급투쟁이 지니는 중요성을 승인하는 것, 혹은 어쨌든 계급투쟁을 아주 특수한 방법으로나마 인식하는 것을 의미했다. 힌데스와 허스트는, 최소한 이런 측면에서는 허스트의 과거의 정치적 입장에 여전히 충실하면서, 아직도 명백히 마오주의적인 견지에서 자본주의로부터 사회주의로의 이행을 개념화하고 있었다. 이미 우리는 마오주의적 프로그램의 극단적인 주의주의, '경제주의'에 대한 거부, 물질적 조건으로부터 자율적인 정치적·이데올로기

---

5) Gregory Elliott, "The Odyssey of Paul Hirst," *New Left Review* 159, 1986년 9·10월호, 81~105면.

적 투쟁에 대한 강조 등을 지적한 바 있다. 그 원형의 경우, 이런 특징들은 '후진적인' 물질적 조건과 미발달된 노동자계급을 가지고 있었던 중국의 특수상황에 의해 만들어진 것이었다. 그러나 우리가 이미 보았듯이, 이 원칙들은 서구에 이식되었고 다양한 알뛰쎄주의적 편향 속에 반영되었다. 힌데스와 허스트에게서 그 편향들은 계급투쟁이야말로 하나의 생산양식에서 다른 생산양식으로 이행하는 데서 본질적으로 자율적인 힘이라는 주장의 형태를 띠고 나타났다. 계급투쟁은 변혁되어야 할 생산양식의 결과로 간주되는 것이 아니라 생산양식으로부터 떨어져 그 위에 존재하며 이데올로기적·정치적 투쟁을 통해 그 낡은 '존재조건'을 박탈함으로써 새로운 생산양식을 만들어내는 부동의 운동체(unmoved mover)로 인식되는 것이다. 그들은 '계급투쟁의 효과와 그것을 발생시키는 구체적 조건의 특수성들을 부정하지 않기'[6] 위해서는 역사를 생산양식의 구조적 결정성으로부터 떼어내야 한다고 주장했다.

후기저작의 목표는 그와 정반대다. 생산양식으로부터 역사적 우연성을 분리해내는 것이 생산양식 자체의——이와 더불어 인과성에 대한 모든 개념의——실질적 실종이라는 논리적 결론으로 귀결되어버린 후기저작의 경우, 이제 의도는 정확히 계급투쟁의 '효과'와 역사에서 그것이 차지하는 본질적 역할을 '부정'하는 것이다. 이 목표는 라끌라우와 무페의 그것과 아주 유사한 과정을 통해 성취된다. 여기서도 역시 논쟁은 통일된 노동자계급의 발전을 결정할 그 무엇도 자본주의의 논리 속에 존재하지 않는다는 명제의 진위여부에 달려 있다. 그리고 또한 자본주의의 구조와 그 속에서의 노동자계급의 상황은, 그것이 자동적으로 사회주의를 위한 통일된 정치세력을 만들어내지는 않을지언정 적어도 그런 세력을 가능하게 하는 조건들을 만들어낸다는 의미는 전혀 고려의 대상이 되지 않는다. 또다시, 이데올로기적 구성과 동떨어진, 혹은 그것에 선행하는 노동자계급의 이해관계 같은 것은 존재하지 않는다는 주장이 되풀이되는 것이다.

『맑스의 자본론과 현대자본주의』 속에서 공들여 만든 모든 이론적 장치들은 무엇보다도 허스트의 논문인 「경제적 계급들과 정치」(Economic

---

6) Barry Hindess and Paul Q. Hirst, *Pre-Capitalist Modes of Production*, London 1975, 279면.

Classes and Politics) 속에서 처음으로 윤곽이 잡힌 하나의 핵심적 원칙을 뒷받침하도록 고안된 것이었는데, 그것은 그 책의 앞부분에 짧게 드러나 있다.

상대적 자율성이란 개념은 유지될 수 없는 것이다. 일단 자율적──그 정도를 불문하고──행동이 경제적 행위자인 계급들로부터 그들을 대표(representation)하는 수단인 정치세력에 부여되어버리면, 그때부터는 정치적인 것(혹은 그것이 대표하는 것) 속에서 나타나는 세력들과 경제적 계급들 사이에 아무런 필연적인 조응성이 존재하지 않게 된다. 이것은 단순히 불일치의 문제(정치적 수단은 계급을 좀더 정확하게든 좀덜 정확하게든 '대표'한다는 사고를 전제로 할 때의)가 아니라, 필연적인 비조응성의 문제이다. 우리는 레닌과는 달리, 정치세력을 그들이 대표할 것으로 기대되는 것을 판단의 잣대로 해서 측량함으로써 '거꾸로 읽어낼'(read back) 수는 없다. 그것은 대표된 것을 대표수단에 외재적인 것, 대표수단에 대해 자율적으로 존재하는 척도로 간주하는 것이다. 계급들은 특정 정당, 이데올로기 등등으로부터 명백히 독립적인, 그리고 실제로 측정될 수 있는 그들의 당·이데올로기에 반하는, 미리 주어진 '이해관계'를 가지고 있지 않다. 대표수단이 '대표하는' 것은 대표과정의 외부에 존재하지 않는다. [7]

이와 똑같은 방법으로 라끌라우와 무페도 똑같은 원칙을 뒷받침하기 위해 사회적 세계의 불확정성을 구축할 유사한 장치들을 사용하여 정교한 이론적 근거들을 만들어냈는데, 그것은 몇해 동안 이루어진 그들의 저작의 품질보증서가 되었다. 그리하여 그것은, 예를 들면, 무페의 한 초기저작에는 다음과 같이 표현되고 있다.

어떻게 경제적 행위자가 정치적·이데올로기적 수준에서 **사후적으로** 표현되는, 경제적 수준에서 규정된 이해관계를 가지고 있다고 주장할 수 있는가? 사실상 이해관계가 규정되는 것은 이데올로기 속에서이고 정치를 통해서이기 때문에, 그렇게 말하는 것은 그것이 정식화되고 접합되는 담화에 앞서 존재한

---

7) Paul Hirst, "Economic Classes and Politics," in Alan Hunt (ed.), *Class and Class Structure*, London 1977, 130~31면.

다고 말하는 것과 진배없다. 이것은 모순적이다. … 일단 우리가 전형적인 이데올로기적・정치적 형태들이 생산관계 속의 위치로부터 생겨난다는 환원주의적 명제를 폐기한다면, 노동자계급의 이해관계는 필연적으로 사회주의적 성격을 갖는다고 주장할 근거, 그리고 노동자계급의 투쟁들이 취하게 될 선험적 형태를 미리 결정할 근거들은 더이상 존재하지 않게 된다. [8]

두 경우 모두 결론은 정치——그리고 특히 사회주의적 정치——는 어떠한 계급의 물질적 이해관계에 근거를 둘 수 없으며, '절충가능한' 사회적 정체성으로부터, 즉 노동자계급이 그들의 '경제적 행위자'로서의 정체성에 의해서는 아무런 특권적 지위도 차지할 수 없는 과정에서 생겨나는 자율적인 이데올로기적・정치적 수단들에 의해 담화적으로 구성되어야 한다는 것이다. 따라서 힌데스와 허스트는 다음과 같이 주장한다.

   자본주의적 사회관계들 속에는 이러한 범주의 [경제적] 행위자들을 정치적 수준에서의 동질화 혹은 통일화를 지향하는 경향에 복속시키는 어떤 필연적인 과정도 존재하지 않는다. 때문에 사회주의적 정치를 뒷받침할 기반들은 사회주의자 자신의 정치적 행동의 결과에 의해서 창출될 수밖에 없다. … 우리는 카우츠키와 레닌이 강조한 점, 즉 사회주의적 정치의 사회주의적 이데올로기와 조직에 대한 의존성을 강조한다. 그러나 우리가 이론적 맥락에서 강조하고자 하는 것은 카우츠키나 레닌의 작업이 이루어졌던 정통맑스주의에서 강조하는 바와는 근본적으로 다르다. 계급적인 이해관계와 경험에 의해 '사회주의적인' 것으로 지칭될 수 있는, 그 자체로 '사회주의적인' 이슈들과 투쟁영역이란 존재하지 않는다. 사회주의는 정치적 이데올로기다. 사회주의적 정치를 뒷받침할 기초는 그 기초를 만들어낼 수 있는 모든 이슈들과 투쟁들이다. 이 이슈들은 다종다양하며 항상 특정 민족국가의 경제적・정치적 조건에 따라 특수하다. … 맑스주의적 사회주의자들과 비맑스주의적 사회주의자들은 '노동자계급'이 자본주의 체제 자체의 효과로 인해 궁극적으로는 자본에 반대해 통일될 것이 틀림없다는 환상 속에서 살아왔다. [9]

---

8) Chantal Mouffe, "Working Class Hegemony and the Struggle for Socialism," *Studies in Political Economy* 12, 1983년 가을호, 21면.

9) MCCT, vol. 2, 258~59면. 강조는 원저자.

자본주의는 '경제적으로 결정된 계급양극화'[10]를 향해 나아가는 아무런 내재적 경향도 가지고 있지 않기 때문에 노동자계급의 이익을 지향하는 '혁명적인' 사회주의적 정치는 '유지될 수' 없다. 대신에 사회주의적 정치의 목표는 민중동맹을 건설하는 것이다.

따라서 사회주의적 정치, 특히 (영국―역자)노동당의 정치는 두 개의 근본적인 '방향 재정립'을 요구한다. "첫째는 상상 속의 정치적 주체인 노동자계급에 대해 호소를 해대기보다는 정치적 조직 안에서의 투쟁에 집중할 필요가 있다는 입장을 받아들이는 것이며… 둘째는 민주주의를 정치투쟁의 매개이자 형태라는 개념으로 받아들이는 것이다. 이것은 의회제적 형태가 계속 우위에 있음을 받아들인다는 좁은 의미에서뿐만 아니라, 사회주의를 위한 대중적인 기반과 투쟁수단을 창조하는 역할을 할 수 있는 민중민주주의적 형태들의 역할을 인정하는 좀더 넓은 의미에서도 역시 그렇다고 우리는 주장한다."[11]

이렇게 하여 마오주의로부터 우파 노동당주의(right-wing Labourism)로의 이동이 이루어진다.

노동당은 유능한 집권정당(party of government)이었다. 노동당은 1965년부터 1979년 참패에 이르는 기간에 현존 의회체계와 경제체계 내에서 효율적이며 안정적인 정책결정을 할 수 있었고, 그럼으로써 중앙공무원조직이나 지방정부의 지도적 부분들을 지휘할 수 있었으며, 거대한 공·사기업을 관리할 수 있었다.… 그것은 맥밀런 시대 이후의 토리당의 경험과는 명백히 대조적이다. 공무원들, 지방정부의 관료들 및 사업가들은 대개는 변덕스럽고 예측할 수 없는 토리당의 정책결정에 분개했고 비판적이었다. 체계를 '작동시키는' 능력은 선거에서의 승리를 보장하는 조건이며 동시에 의미있고 받아들일 수 있는 개량을 수행할 수 있는 조건이기도 하다.[12]

그렇다면 '현실주의'를 위하여, 좌파는 고위 공무원들과 기업체 이사들에게 호소하기 위해 '노동자주의'(workerism)를 명확히 폐기해야만 한다. 이

---

10) 같은 책, 240면.
11) 같은 책, 290~91면.
12) Paul Hirst, *Marxism and Historical Writing*, London 1985, 152면.

얼마나 오지랖 넓은 교회인가! 허스트가, 그런 사람들이 노동당을 '중립적인' 집권정당으로 선호한다는 어이없는 주장을 그토록 진지하게 받아들였다는 것은 믿기 어려울 정도다. 그러나 (그런 논리에 따른다면——역자) 아마도 약간의 담화적 구성만 이루어질 수 있다면 은행장들은 계급착취의 폐지를 그들 자신이 선호하는 목표로 채택하기까지 할 것이며 사회주의의 전위가 될 수도 있을 것이다.

여기서 우리는 또다시 NTS에서 인식되는 것과 똑같은 '민주주의'——그리고 계급착취의 종식을 제외한 그 모든 것을 의미할 수 있는 것으로 보이는 '사회주의'——의 불확정성(indeterminacy)이라는 특징을 볼 수 있다. 거기에는 자명하나 사실은 대수롭지 않은 명제에서 아주 중요한 명제로 슬그머니 넘어가버리는 그들 특유의 미끄럼타기 또한 존재한다. 다시 말해서, 그들은 '경제적 행위자들'로부터 효과적인 정치세력을 구성해내기 위해서는 이데올로기와 조직이 필요하다는 자명하고 사소한 명제에서, 자본주의의 논리나 노동자계급의 조건에는——그리고 실제로는 사회주의적 목표의 본질에는——노동자계급의 이익과 투쟁으로부터 그들을 사회주의 운동을 건설할 만한 원료를 만들어낼 수 있는 사회세력으로 설정할 수 있는 근거가 전혀 존재하지 않는다는 명제로 슬그머니 미끄러져 넘어간다. 늘 그렇듯이, 사회주의 세력의 형성이 자본주의적 발전의 단순한 반영이 아니고 정치조직이 필요하다면, 다른 것들보다 특별히 사회주의에 기여도가 더 큰 사회적 이해나 사회적 역량은 존재하지 않는다고 가정하는 것이다. 역사 일반과 마찬가지로 정치는 임의적이고 우연적이다. 어떤 절대적인 결정성도 없을 뿐 아니라 어떤 확정적인 **조건**도, 가능성도, 관계도, 한계도, 압력도 존재하지 않는다. 모든 것이 가능하며, 아무것도 가능하지 않다.

2

우리는 다음 장에서 정치를 계급으로부터 분리하고 사회주의적 정치를 노동자계급의 이해와 투쟁으로부터 분리하려는 이러한 시도들을 계속하는 데 필요한 다양한 개념상의 미끄러지기, 즉 개념의 엄청난 비약을 검토할 것이다. 그러나 여기서 역사와 정치의 무작위화의 이론적 기초에 대해 한

가지 더 논의해야 할 것이 있다. 그것은 때때로 NTS의 역사인식의 저변에 깔린 것처럼 보이는 관념론과 기술주의(technologism)의 기묘한 결합에 관한 것이다. 맑스주의의 '경제주의'와 '계급환원주의'에 대한 라끌라우와 무페의 '논박'은 이미 살펴본 것처럼 우선 사회적 관계가 배제된 '경제' 개념을 맑스의 것으로 전가하고 어떠한 추상적으로 '물질적인' 토대를 남겨두는 데서 시작되는데, 이에 따라 '경제'는 기술과, '경제적 법칙'은 생산력의 중립적이고 자연적인 발전과 사실상 동일시된다. 이처럼 속빈 기술결정론에 대한 그들의 답변은, 생산의 영역은 중립적인 기술적 충동에 의해 결정되는 것이 아니라 그 속으로 침투해 들어오는 지배와 저항의 사회적 관계에 영향을 받는다는 사실을, 마치 그것이 맑스에게 생경한 사실이기라도 한 것처럼, 증명하는 것이다.

맑스에 대한 완전히 잘못된 해석은 차치하고라도, 이 주장이 놀라운 것은 잘못 해석된 맑스의 기술결정론에 대한 논박 그 자체가 경제에 대한 기술주의적 정의에 기초를 두고 있다는 사실이다. 맑스주의의 '경제주의'에 대한 이러한 비판들은, 맑스가 그랬던 것처럼, 생산을 환원할 수 없을 정도로 사회적인 현상으로 정의함으로써 시작하는 것이 아니라 '경제적' 영역을 근본적으로 비사회적인 것으로 간주한다. 그들의 견해가 이렇다고 주장하는 것은 일견 이상해 보일 것이다. 왜냐하면 라끌라우와 무페가 그들의 목적이 "경제의 영역 그 자체가", 사회적 관계들로 장전됨으로써 "정치적 영역으로 구조화된다는 사실을 입증하는 데"[13] 있다고 주장하기 때문이다. 그러나 그들의 주장은 확실히 생산에서의 지배관계들을 '경제'를 구성하는 원리들로 간주하는 것이 아니라, 그것들을 (경제로부터—역자) 분리되고 자율적이며 상이한 영역에서 '경제'에 도입된 것으로 보는 데 의거하고 있다. 그들은 오직 이러한 방식으로만 생산관계의 사회적 성격을 맑스주의의 진정한 기초가 아니라 맑스주의가 간과하는 치명적인 결점이라고 말할 수 있다. '경제적인 것' 또는 '물질적인 것'과 사회적인 것을 인위적이고 선험적으로 분리하는 방법——이는 맑스 자신의 유물론 및 정치경제학에 대한 맑스의 비판과 정반대되는 명제다——을 통해서만 그들은 '본질주의의

---

13) Laclau and Mouffe, HSS, 76~77면.

최후의 보루'에 대한, 그리고 물질적 계급관계에 정치의 기초를 두는 맑스주의의 주장에 대한 그들의 논박을 유지할 수 있다. 나아가 이와같은 '경제적인 것' 또는 물질적인 것으로부터의 '사회적인 것'의 분리는 역사에서 '담화'의 우연적 논리 이외에는 어떤 특수한 결정요인도, 인과성도 완전히 뿌리뽑아버린다. 이렇게 하여 역설적 종합이 이루어지는 것이다.

따라서 특수한 형태의 전도된 기술주의는 이를 매개로 하지 않고는 이해할 수 없는 그들의 주장——우리가 『헤게모니와 사회주의 전략』에 대해 처음 논의를 시작할 때부터 염두에 두고 있었던——을 설명하는 데 도움이 된다. 라끌라우와 무페는 자본제적 생산에 내재한 지배와 저항의 관계로 인해 맑스주의의 혁명적 프롤레타리아트관 전체가 폐기된다고 주장했다. 이 또한 본말이 전도된 주장인 것처럼 보인다. 왜냐하면 맑스주의의 주장을 신빙성있게 만드는 것이야말로 자본주의적 생산이 바로 그러한 특징을 갖는다는 사실이기 때문이다. 그것은 아마 그들 자신이 경제에 대한 조야한 기술주의적 인식에서 출발했기 때문일 것이다. 그런데 (다른 구조주의자들 및 포스트구조주의자들과 함께) 그들은 오히려 그러한 인식을 맑스의 것이라고 전가했다. 그들에게 지배와 저항의 관계는 '경제적' 관계가 아닌 다른 어떤 것, 따라서 다른 '외적인' 영역부터 도입되어야 할 그 무엇처럼 보인다. 또다시 이데올로기와 정치는 완전히 자율적이게 되며 '경제'는 이런 의미에서는 정치투쟁의 기초일 수 없게 된다.

비슷한 기술주의의 경향은 힌데스와 허스트에게서도 나타난다. 그들 또한, 맑스주의가 역사를 생산력의 중립적이고 자율적인 발전으로 이해하며 이같은 생산력의 변화가 생산관계에서 그리고 이어 상부구조적 형태에서 연속적으로 일련의 필요한 조정을 유발하는 것으로 이해하고 있다고 생각한다.[14] 물질적 삶의 생산양식——여기에서 생산기술로 이해되는——은 "생산물이 소유되고 분배되는 형태, 즉 생산관계를 결정하며"[15] 이러한 생산관계들은 결국 이데올로기와 정치의 상부구조적 형태로 표현된다. 이러한 해석에서도 역시 맑스주의의 혁명적 프로젝트는 궁극적으로 초역사적인 기술적 강제에 의존하고 있고, 정치는 궁극적으로 생산기술의 발전에 의해

14) MCCT, vol. 1, 135면 이하.
15) 같은 책, 135면.

결정된다. 또다시 그들의 대답은 이러한 물질적 기초에 대한 비사회적·기술주의적 인식을, 생산을 본질적으로 사회적인 것으로 보는 견해로 대체하는 것이 아니라, 길고 순환적인 경로를 거쳐, 기술적 발전의 논리 속에는 어떤 특수한 정치적 결과를 만들어내는 그 무엇도 존재하지 않는다고 주장하는 것일 뿐이다. 이 명제는 그 자체로는 결코 비판받아야 할 성질의 것은 아니지만, 완전히 논점을 벗어난 것이다.

그렇다면, 역설적이게도 (혹은 그렇게 역설적이지만은 않게도) NTS가 자신의 독특한 추상적 관념론과 역사 및 정치의 무작위화를 뒷받침할 수 있는 조건은 조야한 기술주의적 견지에서 경제를 정의하는 것이다. 맑스에게 기술주의적 결정론을 전가함으로써, 따라서 '경제적' 영역에 대한 그러한 인식을 그들 자신의 것으로 취함으로써 아마 그들은 이데올로기와 정치를 자율화하고 또 역사를 물질적 결정요인들로부터 분리해낼 수 있었을 것이다.

이 과정은 우리가 앞에서 몇몇 후기 알뛰쎄주의자들에게서 감지했던, 생산양식과 계급으로부터의 착취라는 개념의 제거, 그리고 기술적 노동과정을 첫번째 결정요인으로 삼는 경향과 무관하지 않다. 경제적 영역으로부터 착취를 독특하게 배제해버리는 것 —— 예컨대, 자본주의를 특수한 착취의 형태가 아니라 특수한 기술적 노동과정의 형태로 정의하는 경향 —— 은 라끌라우와 무페가 자본주의라기보다는 '산업사회'를 강조하는 데서 확인되는데, 그것은 계급과 계급의 역사적 역할에 관한 그들의 전체적인 인식에 영향을 끼친다. 이러한 강조는 라끌라우의 사고에서 일어난 중요한 발전을 나타내주기도 한다. (라끌라우의 — 역자) 초기저작 —— 특히 앙드레 군더 프랑크에 대한 그의 논박 —— 에서 그가 생산양식의 본질은 '상품교환의 영역'이 아니라 '생산의 영역'에 있다고 주장했을 때, 그는 원칙적으로 잉여추출관계를 염두에 두었던 것처럼 보였다. 그후 '생산의 영역'은 노동과정의 기술과 점점 더 동일시되어갔다. 그 결과 중 하나는 '생산에서의 관계'(relations *in* production)에 대한 투쟁과 생산의 관계(relations *of* production)에 대한 투쟁 사이의 연관성과, 라끌라우와 무페가 노동자계급의 역사를 설명하면서 그토록 서로 구별하려고 애를 쓴 '낡은' 노동자와 '새로운' 노동자 등과 같은 서로 다른 종류의 노동자 사이의 연관성을 모두 모호하게 만드는 것이었다.

예를 들어, 톰슨(E. P. Thompson)에 대한 비판에서 그들은 "'낡은' 노동자와 '새로운' 노동자 사이의 이해와 동원형태의 엄청난 차이를 충분히 인정하지 않고… 이질적인 사회집단군"을 단일한 '노동자계급'으로 뭉뚱그리는 것은 부당하다고 주장했다.[16] 그러나 사실 톰슨의 노동자계급이 '자신을 형성해가고' 있던 바로 그 시기의 두드러진 특징은 분명히 다른 종류의 노동자들이 새로운 형태의 조직과 의식 속으로 함께 결합되어 들어간 정도다. 톰슨의 분석은 이처럼 분명히 이례적인 발전을 탁월하게 설명한 것으로 유명하다. 노동의 '전(前)산업적' 형태와 '산업적' 형태 사이의 뚜렷한 차이에도 불구하고 이처럼 서로 다른 종류의 노동자들이 모두 자본주의적 착취라는 동일한 논리에 종속되었으며, 또한 그 결과로 초래된, 그 시기를 특징지었던 착취의 강화에 종속되고 있었음을 —— 자본에 종속된 노동자들 사이에 공통된 계급적 이해와 공통된 경험을 만들어내면서 —— 그는 보여준다. 그는 일종의 부르조아적 기술주의가 아니라 생산과 착취 관계에 대해 맑스주의적으로 초점을 맞추는 데서 출발했기 때문에 이러한 공통의 계급적 이해와 목표를 설명할 수 있었다.[17]

계급의 구성원리인 착취관계를 배제한 채 노동의 기술적 과정에 주목하는 어떤 분석도 19세기초 노동자계급의 형성에 관한 역사적 기록을 설명할 수 없다. 사실 그것은 노동운동의 존재를 전혀 설명할 수 없다. 왜냐하면 생산과 착취 관계에 의해 마련되는 공통의 근거가 실질적으로 부정되기 때문이다. 이러한 입장에서는 서로 다른 노동자들의 공동의 투쟁을 설명할 수 없으며, 심지어 그들의 분산적 투쟁의 유사성조차도 설명할 방법이 없다. 그리고 노골적으로 말하자면, 힌데스와 허스트에게서와 마찬가지로 라끌라우와 무페에게도 그처럼 중요한 노동자들 사이의 분열이 과연 그들의 많은 공동의 투쟁보다 더 두드러진 것인가? 경제적 수준과 '정치적' 수준 사이의 이론적 단절을 결정하는 것 혹은 그것과 연관관계를 갖는 것은 아

---

16) HSS, 157면.

17) E. P. 톰슨에 대한 이와같은 주장은 졸고, "The Politics of Theory and the Concept of Class: E. P. Thompson and his Critics," *Studies in Political Economy* 9, 1982년 가을호, 특히 52~58면에 상당히 길게 자세히 논의되어 있다.

마도 맑스주의의 중심적 지위로부터 착취관계를 제거해버리는 '경제적' 영
역에 대한 이와같은 개념화일 것이다. 이러한 방식의 개념화는 노동자계급
투쟁과 그들의 정치적 공감대를 정당하게 평가하지 못하도록 가로막는다.
노동자계급의 조직방식과 그들의 조건의 뿌리에 대한 인식 그리고 그들의
목표라는 측면에서 초기의 급진적 투쟁이 때때로 후진적으로 보이는 반면,
현대 프롤레타리아트의 '개량주의적' 투쟁은 제한적이고 '순수하게' 경제적
인 목표를 가질 때조차 자본주의라는 목표물을 직접적인 공격대상으로 한
다는 사실에도 불구하고, —— 라끌라우와 무페는 '그럼에도 불구하고'가 아
니라 바로 이런 이유들 때문에 —— 초기의 급진적 투쟁에 비해 현대 프롤
레타리아트의 '개량주의적' 투쟁이 사회주의의 반자본주의적 목표와 거리가
더 먼 것처럼 보이는 것은 바로 이러한 관점 때문이다. 이러한 관점에서는
노동자계급의 물질적 이해가 어떻게 더 큰 사회주의 투쟁을 만들어낼 근거
가 되는가를 전혀 인식할 수 없다.

　이로써 라끌라우와 무페가, 또는 힌데스와 허스트가 어떻게 해서 경제투
쟁과 정치투쟁 사이에, 또는 '생산에서의 관계'와 생산의 관계 사이에 완고
한 불연속성을, 즉 노동자계급투쟁의 역사적 기록에 실재하는 것보다 훨씬
더 절대적인 불연속성을 설정하게 되는가가 분명해진다. 또한 그들이 피착
취계급으로서의 노동자계급의 물질적 이해와 사회주의라는 목표 및 계급의
폐지와 생산의 비계급적 관리체제의 구축 사이의 자명한 관계를 그토록 보
지 못하는 이유도 분명해진다. 그럼에도 불구하고 이와같은 정치적 '수준'
과 경제적 '수준' 사이의, 또는 노동자계급의 이해와 사회주의 정치 사이의
환원불가능한 분리가 역사 또는 현대자본주의의 실체와 아무런 관련이 없
다는 사실을 강조하지 않으면 안된다. 이 환원불가능한 분리는 단순히 선
험적인 이론적 구성물이다. 그러한 현상들은, 혹시 그것이 존재한다면, 오
직 정의상으로만 존재할 뿐이다.

6
정치와 계급

사회주의적 프로젝트가 설득력있게 재정의되려면, 그 목표, 추동하는 원칙 및 담지자 등과 관련된 몇가지 중요한 의문에 대해 답하지 않으면 안된다. 그 프로젝트를 노동자계급의 투쟁이라는 수단을 통해 수행되는 계급의 폐지와 노동자계급의 자기해방으로 인식하는 맑스주의는, 사회주의의 목표가 역사적 운동과 사회적 과정에 관한 하나의 이론에 근거를 둔 체계적이고 일관된 설명을 제공했다. 이 설명에는 역사과정과 정치적 목표의 유기적 통일성이 존재했다. 그것은 사회주의를 예견가능한 역사발전의 불가피한 목표로 보는 것이 아니라 사회주의의 목표를 현존하는 사회세력과 이해관계, 투쟁에서 자라나오는 현실적인 역사적 가능성으로 본다는 의미에서 그러했다. 사회적 생산관계와 계급투쟁이 현재까지의 역사운동의 기본원칙이라면, 이제 사회주의는 역사적 의사일정 속에 있는 것이며, 그것은 역사상 최초로 인간해방을 가능케 할 생산력뿐만 아니라 좀더 구체적으로 계급없는 사회를 만들어낼 현실적 가능성을 지니고 있는 하나의 계급이 존재하고 있기 때문이다. 이 계급은 보호해야 할 재산이나 착취를 위한 수단으로서의 권력을 가지고 있지 않으며 계급 자체를 폐지하지 않고는 자신의 계급적 이해를 완전히 실현할 수 없는 계급이다. 또한 자신의 특수한 이해관계로 말미암아 계급적 착취의 폐절을 요구하는 계급이며, 자신의 특수한 조건으로 인해 이 프로젝트를 실천할 수 있는 집단적 행동을 위한 힘과 능력을 가진 계급이다. 이처럼 특수한 계급적 이해와 특수한 역량의 매개를 통해 계급착취로부터 인간성을 보편적으로 해방시키는 것—— 다른 시간과 장소에서는 추상적인 유토피아적 몽상에 지나지 않을 목표—— 은 구체적이고 임박한 정치적 프로그램으로 전환될 수 있었다.

사회주의적 프로젝트에 대한 어떤 수정된 견해도 그것의 목표, 수단, 사회적 과정, 역사적 가능성에 대해 이 정도로 일관되며 유기적인 구상을 제시하지 못한다면, 이만한 힘을 가질 수 없다. 정치의 자율성에 기초를 둔 사회주의적 프로젝트는 그 대안이 아니다. 그것은 해답이 아니라 문제를 회피하는 것이다. 결국 그것은 단지 모든 것이 가능하다—— 혹은 좀더 정확히 말해 아무것도 가능하지 않다—— 는 것을 의미할 뿐이다.

질문을 이런 식으로 제기해볼 수도 있다. 계급의 폐지가 아니라면 어떤 다른 목표가 있는가? 계급적 이해관계가 아니면 어떤 다른 동력이 있는가? 계급적 정체성과 응집력이 아니라면 다른 집단적 정체성 혹은 단결의 원리가 있는가? 이러한 강령적 수준의 질문들 밑에 깔려 있는 것은 좀더 근본적이며 역사적인 것이다. 계급관계가 아니라면 어떤 지배구조가 사회적·정치적 권력의 심장부에 자리잡고 있는가? 좀더 기본적인 것이 또 있다. 생산 및 착취 관계가 아니라면 어떤 사회적 관계가 인간의 사회적 조직과 역사과정의 기초에 놓여 있는가? 존재 자체를 유지하기 위한 물질적 생산이 아니라면 도대체 무엇이 가장 '핵심'인가?

사회주의의 목표가 계급의 폐지라면, 자신의 생활조건 속에 근거를 두고 이것을 단지 추상적인 선(善)이 아니라 현실적인 목표로 삼을 사람은 과연 누구인가? 자본주의적 착취에 직접적으로 종속되어 있는 사람들이 아니라면 과연 누가 자본주의적 착취의 폐지에 '이해관계'를 가질 수 있는가? 자본주의적 생산과 착취의 심장부에 전략적으로 위치하고 있는 사람들이 아니라면 그것을 성취할 사회적 역량을 가지고 있는 사람은 과연 누구인가? 프랑시스 멀헌(Francis Mulhern)은 이 문제들을 설득력있게 갈파하고 있다.

노동자계급이 혁명적인 것은 역사적으로 자본주의적 생산양식 내에서 착취받는 집단적 생산자로서 형성된 그들의 본성 때문이라고 맑스주의자들은 주장해왔다. 피착취계급으로서 그들은 자본과 체제적 수준에서 대립관계에 있는데 자본은 일반적으로 영원히 그들의 요구를 만족시킬 수 없다. 주된 생산계급으로서 그들은 자신의 목표를 추구하기 위해 자본주의의 경제적 장치를 중단시킬 수 있는——그리고 제한적이지만 다른 방향으로 재편할 수 있는——힘을 가지고 있다. 또한 집단적 생산자로서 그들은 새로운 비착취적 생산양식을 만들어낼 객관적 능력을 지니고 있다. 이와같은 이해관계와 힘, 그리고 창조적 능력을 두루 갖추었다는 점이야말로 노동자계급을 자본주의 사회의 여타 사회세력이나 정치세력과 구분해주는 것이며, 또한 그들에게 사회주의의 필수불가결한 담지자의 자격을 갖게 하는 것이다. 이런 명제들을 다시 확인하는 것이 사회주의의 성공이 확실하다거나——그렇지 않다——혹은 노동운동만으로 그것을 달성할 수 있다고 주장하는 것은 아니다. 반드시 언급하지 않을 수 없는 것은 '우리의 가장 중요한 적극적인 자원'은 조직된 노동자계급 외에 다른 것일 수 없으며, 그들이 자신을 쇄신할 수 없다면 어떤 외부로부터의 개입도 그것을 해낼 수 없다는 사실이다. 어떤 불행한 우발적인 역사적 사건으로 인해 이 자원이 분산되거나 중립화되어버린다면, 그때 사회주의는 현실적으로 가장 고무적이고 전투적인 사회운동으로도 이룰 수 없는 분파주의적 유토피아로 전락해버릴 것이다.

…창조력은 잠재력이지 그 자체가 성취는 아니다. 정녕 옳은 말이다. 그러나 잠재력 자체는 노동운동의 도덕적·정치적 성쇠에 따라 결정되지 않는다. 그것은 자본주의의 일상적 모순에 의해 길러지며, 자본주의의 모순의 확대재생산과정은 구조적으로 집단적인 경제적·사회적 질서를 만들어내며 또한 좋든싫든 진정한 '일반이익'의 조건과 담지자를 만들어낸다. [1]

이런 근본문제들은 물질적 조건이 결코 정치적 충성심으로 직접적으로 혹은 필연적으로 전환되지 않는다는 자명한 명제에 의해서는 해결되지 않으며, 심지어는 제기되지조차 않는다. 더구나 어떤 물질적 이해도 이데올로기적·정치적 규정성 및 그것과의 접합을 떠나서, 혹은 그것에 우선하여 존재할 수 없다는 훨씬 덜 자명한 명제에 의해서는 더 더욱 그러하다. 그것은 선거경쟁에서의 정당의 운명이, '계급귀속성'과 '정치참여' 사이에 아무런 조응관계가 없다거나 심지어는 정치적 참여와 무관한 계급적 이해란

---

1) Francis Mulhern, "Towards 2000, or News From You-Know-Where," *New Left Review* 148, 1984년 11·12월호, 22~23면.

존재하지 않는다는 것을 증명한다는 가정에 의해서는 결코 해결되지 않는다. 그럼에도 불구하고 서로 융합되고 혼동되는 경향이 있는 이런 명제들이 사회주의적 프로젝트의 기초가 무엇이냐는 엄청난 질문에 대해 NTS가 내놓을 수 있는 해답의 전부다.

이 명제들을 좀더 면밀히 검토해보자. 우리는 이미 라끌라우와 무페, 그리고 힌데스와 허스트가 정식화한 것처럼, 계급적 이해가 정치적 표현이나 '담화적 구성'에 앞서 존재하지 않는다는 견해를 살펴본 바 있다. 스테드만 존스도 똑같은 원칙을 주장했는데, 그는 자신이 거부하는, 사회적 조건과 정치세력 간의 관계에 대한 맑스주의적 사고를 다음과 같이 요약했다. "암묵적인 가정은 시민사회를, 그들의 상반되는 이해관계가 정치적 영역에서 합리적으로 표현되는 갈등하는 사회집단들 혹은 계급들의 영역으로 보는 것이다. 이런 이해관계는, 표현되기 전에 미리 존재한다고 가정된다."[2] 그는 다음과 같이 응수한다. "이해관계를 최초로 인식하고 정의하는 것은 정치적 언어의 담화적 구조이기 때문에 우리는 정치적 언어들을 해독함으로써 (담화구조에 앞서 존재하는 — 역자) 원초적이고 물질적인 이해관계에 도달할 수는… 없다.[3]

이제 이 명제들이 무엇을 의미하는지 살펴보자. 논의를 위해, 재산이나 생산수단에 대한 소유권을 가지고 있지 않고 임금 등등을 위해 자신의 노동력을 팔아야만 하는 하나의 계급이 존재하며, 또한 이 계급의 잉여노동을 전유하는 또 하나의 계급이 존재한다——스테드만 존스도, 라끌라우와 무페도, 심지어 폴 허스트(?)까지도 이것을 부정할 만큼 멀리까지 나가지는 않았다——고 가정해보자. 우리는 또한 이 관계가 정도의 차이는 있지만 필연적으로 갈등관계라는 것, 혹은 최소한 이 관계의 핵심부에 해소될 수 없는 적대가 존재한다는 것을 인정할 수 있을 것이다. 타계급의 노동으로부터 자신이 뽑아내는 가치를 최대화하려는 한 계급의 노력이 임금, 작업조건, 노동의 안전성, 노동과정 및 기타 활동들에 대한 통제 그리고 자기만족의 가능성에 있어 여러가지 방법으로 다른 계급에 상대적 불이익을

---

2) Gareth Stedman Jones, *Languages of Class: Studies in Working Class History 1832~1982*, Cambridge 1983, 21면.

3) 같은 책, 22면.

주게 되는 한 그럴 수밖에 없다. 이런 갈등 및 착취 관계가 '경제적' 현상이라면, 그 정치적 함의에 대해 우리는 무슨 말을 할 수 있는가?

우선 이런 갈등이 경제적 수준에서 정당정치 수준으로 경험적으로 직접 치환된다고 주장할 수 없다는 것은 자명하다. 예를 들어, 보수당과 노동당의 갈등은 자본주의적 고용주와 그들의 임노동 피고용자 간의 갈등과 정확히 일치하지 않는다(두 계급에 속하는 사람들이 각당에 각자 소속감을 갖는다는 의미에서나, 각당의 정치적 프로그램이 두 계급 중 하나를 배제하거나 희생시키면서까지 '경제적으로' 갈등하고 있는 이 두 계급 중 하나의 요구와 목표에 전적으로 부합하거나 일치한다는 의미에서나). 이 명제는 굳이 언급할 필요가 없을 만큼 하찮은 것인지도 모른다. 그러나 NTS의 근본적인 이론적 신조가 궁극적으로는 이 이상의 무엇인지 아닌지가 전혀 명확치 않다.

그럼에도 불구하고 좀더 나가보자. 사람들이 '경제적' 영역의 행위자로서의 그들의 요구와 반드시 부합하지만은 않는 다양한 이유들을 근거로 하여 정당을 선택한다는 것, 오히려 자신의 목표 및 요구와 일치하는 명확한 정치적 선택을 하는 경우가 더 드물다는 것 역시 자명한 일이다. 사람들이 계급보다는 정당선택의 변수가 되는 다른 집단적 소속감——남성과 여성으로서, 혹은 인종이나 민족집단의 일원으로서, 지역사회의 주민으로서 등등——을 지니고 정치참여를 한다는 것 역시 사실이다. 마찬가지로 그들이 '경제적' 행위자로서의 목표와 요구를 직접적 준거로 하여 선택을 하려는 경우에도, 그런 선택이 어떤 결과를 가져올지, 가능한 선택 중 어느 것이 자신의 요구와 목표에 가장 잘 맞아떨어질지에 대해서는 여러가지 다른 생각을 할 수 있다는 것도 명백하다. 심지어 그들은 가능한 선택 중 어느 것이 자신의 요구와 목표에 가장 부합하는 것인지를 생각하는 데서도 오류를 범할 수 있다. 결국, 가능한 정치적 선택이란 필연적으로 역사적인 현상이 될 수밖에 없다. 그것은 현재의 사회적 조건에서 순수하고 충분히 성숙한 형태로 생겨나지 않으며, 역사적 유산 위에서 만들어지고 역사적 언어로 표현된다. 마찬가지로 정치적 선택을 하는 사람들은 백지나 빈 그릇이 아니라 역사적으로 결정된 언어와 기대를 가지고 있는 살아 있는 역사적 존재들이다. 따라서 정치적 선택들이 '경제적인' 목표와 갈등을 반영할 때조차도 '경제적' 영역의 구조를 통해 정치적 반응의 구체적 형태를 예측할 수 없다는 것 또한 자명한 진리다.

이 모든 것을 고려할 때, 정치와 경제의 비조응은 그리 논란거리가 되지 못한다. 그리고 이런 명제들은 그 자체로는 맑스주의의 사회주의 프로젝트 개념에 어떤 근본적 함의를 담고 있지 않다. 그러나 다른 몇몇 주요 명제들이 NTS가 상정하고 있는 것과 같은 그런 비조응의 원리에 의해 도출되는데, 그것은 방금 윤곽을 제시한 것들로부터 비롯되는 결론이 아니며, 결코 그것만큼 자명한 것도 아니다.

하나의 거대한 개념상의 도약이 새로운 사회주의 프로젝트의 본질을 이루는 것이다. 예를 들면, 스테드만 존스, 무페 및 허스트의 정식화에서 보았듯이, 비조응의 원리의 핵심은 어떤 계급적 이해도 이데올로기적 혹은 정치적 표현과 분리되어 또는 그것에 우선하여 존재할 수 없다는 것이다. 이것이 정확히 의미하는 바는 무엇인가? 아마도 그것은 단순히 물질적 이해관계는 특정한 이데올로기적·정치적 형태를 취하지 않고는 목표로 존재할 수 없다거나 물질적 이해는 정치적 세력이 될 수 있기 전까지는 어떤 특정한 방식으로 인식되거나 이해되어야만 한다는 의미일 것이다. 사실 NTS는 시종일관 정치적 **목표**와 **이해관계**를 혼동하고 있다. 그러나 그들은 명백히 그 이상의 것을 의도하고 있다. 그들은 물질적 이해가 독립적으로 존재할 수 없으며 정치와 이데올로기에 의해 구성된다고 말하는데, —— 그리고 아마도 그렇게 생각하는 것 같은데 —— 사실상 이는 물질적 이해란 그 자체로는 전혀 **존재하지 않는다**는 것을 의미하는 것이다. 사실상 계급과 계급투쟁은 이데올로기적·정치적이든 경제적이든 어떤 '수준'에서도 아무런 의미도 갖지 못하게 된다. 단순히 경제적 이해관계가 이데올로기적·정치적 세력과 목표로 쉽게 전환될 수 없다는 것이 아니라, 이데올로기적이며 정치적인 세력 및 목표로 전환된 것과 분리되어 있는 경제적 이해관계가 아예 존재하지 않는다는 의미라면, 그것은 이데올로기적·정치적 구성물 외에 계급과 같은 것은 전혀 존재하지 않는다는 말이다.

우리의 두 계급, 즉 자본주의적 전유자와 그들이 전유하는 잉여가치를 만들어내는 노동자들이라는 문제로 돌아가보자. 이 잉여가치를 전유하는 자본가들의 이해에 반하여, 잉여추출의 대상으로서 노동자계급이 지니는 이해에 명확히 접합되는, 어떤 정치적 프로그램이나 정치적 언어도, 어떤 이데올로기도, 심지어 어떤 개념적 범주도 존재하지 않는다고 가정해보자. 이것이 그 관계의 착취적 본질 혹은 근본적으로 적대적인 성격을 변화시킬 수 있겠는가? 그것이 전체적으로 볼 때, 착취당하는 것보다 착취당하지 않는 것이 낫다는 사실을 변화시킬 수 있겠는가? 그것이 양자의 관계에서 비롯되는 상대적 유리함과 불리함을 바꿔놓을 수 있겠는가? 그것이 한 부분이 다른 부분에 대해 행사하는 권력과 지배를 부정할 수 있겠는가? 그것이 사회적·정치적 권력의 전구조가 권력과 지배의 경제적 관계에 의존한다는 사실을 뒤바꿀 수 있겠는가? '이해관계'가 그 표현양식과 무관하게 존재할 수 없다는 명제가 이 질문들 중 어떤 것, 혹은 이 질문들 모두에 긍정적인 답을 주는 것이라면, 우리는 관념(Idea)말고는 아무것도 존재하지 않는다는 절대적인 관념론의 영역 속에 있는 것이다. 그러나 이것이 이 여러가지 것들 중 그 어느 것도 의미하지 않는다면, 물질적 이해관계는 "그것이 정식화되고 접합되는 담화에 우선하여" 존재하지 않는다는 말은 도대체 무엇을 의미할 수 있는가?

물질적 이해관계가 '존재한다'면, 어떻게 그것이 정치적 개념으로 전환될 수 있는가, 혹은 '어떻게'는 차치하고라도 과연 정치적 개념으로 전환되기는 하는가라는 문제가 여전히 남는다. 여기서 다음과 같은 몇가지 독특한 문제가 생겨난다. 물질적 이해관계는 정치적 세력을 창출하는 경향이 있는가? 그리고 역사적으로 그래왔는가? 그리고 그런 경향의 존재유무와 무관하게, 정치세력과 물질적 이해관계 사이에 '조응'이 존재해야만 하는 것인가? (이와같은 물질적 이해가 '적절한' 정치세력을 만들어내지 않고는 제대로 충족될 수 없다는 의미에서든, 반대로 사회주의의 건설 같은 특정한 정치적 목표는 특수한 계급적 이해에 '조응하는' 정치세력을 만들어내지 않고는 달성될 수 없다는 의미에서든.)

NTS는 물질적 조건과 정치세력 간에 역사적 연관관계가 존재하지 않아왔으며 존재했던 어떤 연관관계도 대부분 '정세적'이었음을 암시하는 것처럼 보인다. 그래서 예컨대, 스테드만 존스 같은 사람은 계급적 조건과 정치참여 간의 연관성에 대한 맑스주의의 가정 —— 나아가 역사유물론의 이론적 장치 전체와 맑스주의의 사회의 결정성 개념 —— 은 독특하고도 상대

적으로 생명력이 짧은 하나의 역사적 경험으로부터 도출된 온당치 못한 일
반화라고 주장한다. 오직 영국에서만, 그것도 일시적으로, 영국사에 전적
으로 고유한 이유로 말미암아 계급과 정치가 밀접하게 조응된 적이 있었
다. 완전히 오류인 맑스주의의 사회결정론은 이와같이 우연한 조응이라는
취약한 근거——혹은, 차라리 그 의미에 대한 잘못된 독해——에 기반을
두고 있다. [4]

나아가 새로운 '진정'사회주의는 물질적 조건과 정치세력 사이에 어떤 관
련도 존재할 필요가 없다는 것을 암시한다. 한편으로는, 물질적 이해관계가
독립적으로 존재하지 않기 때문에 적절한 정치세력의 창출을 요구하는 물
질적 이해——그것이 적절히 충족될 수만 있다면——의 문제도 명백하게
존재하지 않는다. 다른 한편으로는, 필요한 세력이 이데올로기적·정치적
수준에서 구성될 수 있기 때문에 계급에 기반을 둔 정치세력의 동원이 필
요한 어떤 정치적 목표도——사회주의 건설조차도——존재하지 않는다.

이러한 지극히 거대한 가정들 중 그 어느 것도, 어떤 물질적 이해관계도
정치적 개념으로 쉽게 기계적으로 전환되지 않으며 어떤 단순한 정치적 형
태도 각각 '경제적' 상황에 정확히 부합하지는 않는다는 논란의 여지가 없
는 단순한 명제로부터 도출되지 않는다는 것을 강조하지 않으면 안된다.
그러나 NTS가 사회주의 정치를 계급으로부터 분리시키는 데서 일반적으
로 사용하는 수단은 증거와 논증이라기보다는 작은 명제로부터 큰 명제로
개념적으로 슬그머니 미끄러져 내려가는 것이다. 예컨대, 허스트의 논리에
따른다면 우리는 "정치투쟁은 계급간의 직접적인 경쟁의 형태로는 발생하
지 않는다"[5]는 사실——예를 들어 노동당과 보수당 간의 경쟁이 생산관
계(그 속에서 문제는 사회주의 대 자본주의가 된다)를 기반으로 하는 노동
자와 자본가 간의 투쟁에 조응하지 않는다——과 노동자들이 때로는 토리
당에 투표를 한다는 사실로부터, 계급에 대한 정치의 절대적 자율성에 관
련된 대단히 많은 결론을 끌어낼 수 있어야만 한다. 즉 정치와 계급 사이
의 어떤 관련성도 대체로 우연적이며 '정세적'이라는 주장, 정치조직 및 정

---

4) 같은 책, 2~4면.
5) Paul Hirst, "Economic Classes and Politics," in Alan Hunt (ed.), *Class and Class
Structure*, London 1977, 126면.

치적 경쟁이 계급조직 및 계급투쟁과 정확히 조응하지 않는 그 어디에서도 물질적 조건과 계급관계가 명백히 중요한 결정인이 되지 않는다는 주장, 그리고 독립적으로 존재하는 계급적 이해라는 것이 없기 때문에 정치적 조직과 프로그램은 특정한 계급적 이해를 어떻게든 대표한다고 말할 수 없다는 주장이 이로부터 도출되어야 한다. 따라서 사람들은 각자 이 조직들과 프로그램의 효율성을 자신의 이데올로기적 확신과 관련해서만 판단할 수 있다.[6] 바꿔 말하면, "계급은 '이해관계'를 갖지 않으며, 정치적 행위자도 아니기 때문에"[7] 사회주의 전략은 계급적 이해 및 투쟁과 상관없이 수립될 수 있다. 참으로 이 주장이 불합리한 추론들(non sequiturs)로 구성된 일련의 개념적 미끄러지기라고 말할 가치조차 있는 것일까? '상대적 자율성'이 비조응의 필연적 귀결이라는 허스트의 논리만 생각해보기로 하자. 그에 따르면, 노동자들이 토리당에 자유롭게 투표할 수 있다면, 노동자계급의 이해 따위는 존재하지 않으며, 사회주의는 계급투쟁 없이도 건설될 수 있다.

계급갈등은 역사적으로 계급구성에 직접적으로 조응하는 정치조직을 반드시 창출하지 않고서도 정치세력을 조직해왔다. 노동자계급은 착취당하지 않는 것에 이해관계를 가지고 있으며, 이 이해관계는 그들을 착취하는 사람들의 그것과 갈등한다는 것, 그리고 많은 역사적 투쟁들이 이러한 이익갈등을 둘러싸고 벌어졌다는 것, 또한 이 투쟁들은 정치적 '영역'을 형성시켰다는 것은 말할 필요도 없는 사실이다. 명확한 계급적 '담화들'이 존재하지 않는다 해서 그것이 계급적 현실이 존재하지 않으며 그 '세력권'(field of force) 속에 들어오는 사람들의 생활조건과 의식을 형성하는 데서 그러한 현실이 아무런 영향도 끼치지 않는다는 것을 의미하는 것은 아니다.[8] 이런 계급적 상황과 적대들이 정치적 영역에 직접적으로 투영되지 않는다 해서, 사람들이 아무런 계급적 이해관계도 가지고 있지 않다거나, 심지어 그들이 이런 계급적 이해를 정치적으로 표현하지 않으려 한다고 결론지을

---

6) 같은 글, 131면.

7) 같은 글, 153면.

8) 이 문구는 E. P. Thompson, "Eighteenth-Century English Society: Class Struggle without Class?" (*Social History* 3, 1978년 5월호)에서 빌려왔다.

수는 없다. NTS가 그러듯이, 선거정당(electoral parties)이 형성되는 메커니즘이나 선거행태의 유형들을 근거로 하여 '경제'와 '정치' 간의 관계나 그 관계의 결여, 혹은 사회주의적 투쟁의 조건을 일반화하는 것은 특히 위험스럽다.

그러나 아마도 가장 중요한 것은, 명시적으로든 묵시적으로든, 정치적 관계들의 '자율성'(상대적이든 그렇지 않든)으로부터 다른 무엇보다도 다음의 사항들을 주장하는 것처럼 보이는 지극히 엉뚱한 결론으로 나가는 것이 어이없다는 점이다. 즉 그것은 자본과 노동 간의 관계 —— 설령 그것이 존재한다 할지라도 —— 는 더이상 자본주의의 구조가 기반으로 하고 있는 근본적 관계가 아니라는 것이며, 자본주의적 착취와 직접적인 관련을 맺고 있는 노동자계급은 다른 계급보다 착취의 폐지에 더 많은 이해관계를 가지고 있지 않다는 것, 혹은 그들이 가지고 있는 (순수히 '경제적인') 이런 이해관계들은 정치적 관계로 전환되지 않고도 적당히 충족될 수 있다는 것, 사람들은 계급적 소속감보다는 다른 집단적 소속감을 갖는 경향이 있기 때문에 계급적 조건은 그들의 생활조건을 결정하는 데서 다른 사회적 사실보다 더 중요하지는 않다는 것, 계급은 단결의 원리나 집단행동에 대한 동기부여요인으로 유용하지 않거나 최소한 다른 집단적 소속감도 그 정도의 역할을 할 수 있다는 것, 노동자계급은 다른 사회집단들과 마찬가지로 사회주의적 프로젝트를 자신의 것으로 채택하지는 않을 —— 실제로는 아마도 덜 채택할 —— 가능성이 크고 실제로 그렇다는 것, 사회주의를 위한 효율적 투쟁 —— 즉 계급의 폐지를 위한 투쟁 —— 은 계급적 이해관계가 아닌 다른 다양한 집단적 동기들에 호소하는 것에 의해, 어떤 계급세력에도 조응하지 않는 정치운동들을 동원함에 의해 준비될 수 있다는 것 등등. 간단히 말해, 특수한 계급적 이해에 '조응하는' 정치세력을 만들어내지 않고도, 그리고 자본과 노동이라는 두 계급간의 적대에 '조응하는' 정치세력들간의 대치 없이도 사회주의가 달성될 수 있음을 우리에게 납득시키려면 더 많은 역사적 증거와 훨씬 더 설득력있는 주장이 요구된다는 것이다.

'경제적' 혹은 '사회적' 조건들과 정치 사이에 단순하고도 필연적인 조응이 결코 존재하지 않는다는 명제는, 그것이 명백히 사실이라는 특수한 의미에서도, 사회주의로의 길은 계급투쟁이라는 수단에 의한 노동자계급의 자기해방이라는 원칙을 여전히 제대로 공격하지 못하고 있다. 이제 남아 있는 결정적인 문제는 누가 사회주의에 구체적 이해관계를 가지고 있는가 다. 아무도 특수한 이해관계를 가지고 있지 않다면, 모든 사람이 이해관계를 가지고 있지 못할 이유가 있는가? 모든 사람이 특수한 이해관계를 가지고 있다면, 자본가 역시 그렇지 못할 이유가 있는가? 어떠한 갈등이나 투쟁이 필요할 이유가 있겠는가? '이해관계'가 적절한 원칙이 아니라면 무엇이 원칙이어야 하는가? 이해관계는 그렇다치고, (사회주의를 달성할—역자) 역량의 문제는 과연 어떤가? 어떤 종류의 사람들이 사회주의를 위한 투쟁에서, 집단적 행위자로서 자신들을 구성하는 것을 가능하게 할 수 있는 그런 방식으로, 전략적으로 위치지어지고 정의되는가? 특별히 그럴 수 있는 사람이 아무도 없다면, 모든 사람이 다 그렇지 않을 이유도 없지 않은가? 그러나 다른 사람들은 그렇지 않고 어떤 특정한 사람들만이 그렇다면, 그것을 역사적으로 선별케 하는 원칙은 무엇인가? 역사를 계급투쟁으로 분석하는 것, 그리고 생산관계에 중심을 두는 기본적인 유물론적 원칙들이 오류라면, 혹은 그로 인해 우리가 계급투쟁을 사회주의에 이르는 가장 개연성 높은 길이라고 결론지을 수 없다면, 우리가 채택해야만 할 대안적인 역사해석의 원칙은 무엇인가? 혹은 우리는 해방의 프로젝트와 역사에 대한 우리의 이해 사이에서 다른 어떤 관련성을 끌어내야 하는가?

한 극단에서는 비조응의 원리가 단지 '경제적', 혹은 사회적 조건은 기계적으로 그에 조응하는 고유한 정치세력을 만들어내지 않는다는 좀 사소한 명제를 옹호할 뿐이다. 다른 쪽 극단에서는 바로 그 원리가 근본적인 사회변혁을 자신의 목표로 하는 정치운동은 결코 물질적 조건에 기초를 둘 필요가 없다는 것을 함의하게 된다. 지금까지 NTS가 언급한 것들은 사실상 모두 두번째의 극단을 향해 움직여왔다. 그러나 아직도 그들 모두가 얼마나 멀리까지 나아가길 원하는지가 완전히 명료한 것은 아니다. 그들이 NTS의 프로그램을 견지하기 위해서는 아래 명제 중 최소한 일부만이라도 받아들여야 한다는 것은 명확하지만, 그들 각자가 아래 명제 중 어느 것을 받아들이고 싶어하는지는 명확하지 않다.

1) 생산 및 착취 관계는 전체적인 사회적·정치적 지배구조와 아무런 본

질적 관련을 갖지 않는다는 의미에서, '경제적' 영역은 정치적 것과 아무런 본질적 관련을 갖지 않는다.

2) 이러한 지배구조의 해체는 인간해방의 본질적 조건이 아니다.

3) 자본주의적 사회질서가 의거하고 있는 특수한 관계는 자본과 노동 사이의 착취관계가 아니다(또는 아마도 그러한 착취관계는 존재하지 않을 것이다).

4) '경제적 영역'(특히 착취관계)은 다른 영역, 혹은 전체적인 지배구조와 아무런 본질적 관련을 가지고 있지 않기 때문에, 자본주의적 축적과 착취의 결과에 반대하는 경제적 영역에서의 노동자계급의 역사적 투쟁은 다른 영역에서 자본주의적 질서에 반대하는 투쟁들과 관련될 가능성이 전혀 없으며 그것과 완전히 분리되어 있다.

5) 사회주의는 계급착취의 폐절을 전혀 필요로 하지 않으며, 정치적 프로젝트로서의 사회주의는 자본과 노동 간의 '경제적 관계'의 폐지를 위한 투쟁을 필요로 하지 않는다(혹은 그 둘 중 하나는 필요로 하지 않는다).

6) 자본주의적 착취와 축적은 노동자계급에 아무런 현실적 효과를 끼치지 않거나 다른 사회집단들에 끼치는 것과 비슷한 정도의 효과만을 끼친다. 자본주의의 주기와 축적위기는 자신의 노동으로 자본주의적 축적을 지탱해주는 사람들의 노동과 생활조건에 아무런 중요한 결과도 가져오지 않는다.

7) 자본주의적 착취(이러한 착취가 존재한다고 가정하고)의 직접적 대상이 되는 사람들은 그 착취의 폐지에 아무런 근본적 이해관계도 가지고 있지 않다. 즉 그것의 폐지로부터 어떤 근본적 이익도 얻지 못한다.

8) 만일 '이해관계'라는 것이 존재한다면 모든 인류가 계급 및 착취의 폐지에 이해관계를 가지고 있으며, 그 이해관계는 현존하는 계급착취의 구조 속에서 그들이 차지하는 특수한 위치에 의해 매개되지 않는다. 사람들이 착취에 의해 고통받는가 그렇지 않은가, 그들이 자본주의적 축적과정에 의해 직접적인 영향을 받는가 그렇지 않은가, 혹은 심지어 그들 자신이 착취자인가 아닌가조차도, 실천적 목표에 있어 아무런 중요한 차이를 가져오지 않는다. 바꿔 말하면, 이러한 순수한 '경제적' 요인들은 자본주의에 반대하고 사회주의를 달성하기 위한 투쟁에 참여하는 기질이나 능력에 아무런 본

질적 영향을 끼치지 않으며, 그런 영향을 끼치리라 기대할 수도 없다.

혹은 선택사항으로

9) 더 많이 착취당할수록, 오히려 사람들은 착취에 반대하는 투쟁에 덜 참여하는 경향이 있다.

10) 어떤 사회집단도 자본주의적 축적구조 및 착취구조를 잠식하는 데서 다른 집단들보다 더 나은 위치에 놓여 있지 않다. 그리고 모든 사람들은 이 프로젝트 속에서 하나의 집단적 행위자를 만들어내는 데서 똑같은 능력을 가지고 있을 뿐이다(그렇지 않다면, 반복되는 말이지만, 노동자계급이 오히려 좀더 나쁜 위치에 있거나 더 무능하다).

비조응의 원리가 위의 사항들 모두 혹은 그중 일부를 의미한다면, 이 원리를 설득력있는 것으로 만들기 위해서는 자본주의의 본질에 대해 거의 전면적으로 재고해야 할 뿐만 아니라 역사를 완전히 새로 써야 할 것이다. 그러나 그것이 위의 사항 모두 혹은 그중 일부를 의미하지 않는다면, 도대체 그것이 어떤 의미를 갖는지, 혹은 그것이 어떻게 사회주의를 위한 투쟁에 대한 NTS의 전망을 뒷받침하는 데 이용될 수 있는지 정확히 알기 어렵다.

비조응의 원리가 어떤 진지한 의문을 제기한다면, 그 질문은 그것이 갖는 사소한 의미의 공허함과, 그것의 좀더 극단적 함의가 지니고 있는 유아론적(唯我論的) 관념론 사이의 어딘가에 놓이게 된다. 핵심적인 의문은 계급적 이해관계를 동원해내고 계급적 세력을 효과적인 정치운동으로 조직하는 데서의 난점과 그 형식과 관련된 것일 수밖에 없다. 그러나 그렇다면 그것은 항상 맑스주의에서도 문제시해왔던 것들이다. 맑스 자신을 비롯하여 어떤 진지한 맑스주의자가 노동자계급의 혁명적 잠재력을 현실로 바꾸는 데 정치적 조직화와 교육의 노력이 필요치 않다고 생각해본 적이 있는가? 노동자계급 내에 항상 분열이 존재해왔고, 자본주의의 발전은 새로운 분열들을 만들어왔으며, 이는 그것을 파악할 새로운 이론적 진보와 그것을 극복할 새로운 실천적 수단을 요구한다는 것을 누가 부정하겠는가? 또한 자본가계급은, 그 성공의 정도는 다르지만, 항상 이런 분열을 악화시키고 다른 부문들 가운데에서 조장하려 해왔다는 것, 자본주의의 물질적 성공,

그 구조의 변화 그리고 자본주의의 지지자들의 이데올로기적 노력들이 계급형성의 과정에 영향을 끼쳐왔다는 것, 사회주의 운동의 첫째 임무는 이런 분열과 장애의 극복이라는 것을 누가 부정하겠는가?

물론 노동자계급의 운동들과 여타 사회운동들 간의 관계에 관련된 중요한 질문들 역시 존재한다. 비록 이것이 새로운 '진정'사회주의가 선호하는 지형이라 할지라도, 비조응의 원리는 확실히 이 문제를 회피하고 그것을 문제가 되지 않는 것(non-problem)으로 만들어버리며 어려운 질문들을 개념적으로 회피해버리는 데에 이용되고 있다. 예컨대, 신사회운동의 고유한 목표와 사회주의의 목표 사이의 관계는 어떤 것이며, 실제로 이 운동들 자체의 다양한 목표간에는 어떤 관련이 존재하는가? 이 운동들은 과연 어떤 사회적 이해와 세력을 대변하는가? 그리고 이 이해관계들과 세력들은 사회주의를 위한 세력은 아니라 하더라도 일관되고도 안정적인 정치세력으로 조직될 수 있는 것인가? 만일 우리가 사회적 이해관계와 사회세력들이 이데올로기적·정치적 수준에서 자율적으로 만들어진다는 명제로부터 출발해 앞으로 나아간다면, 또 계급구성과 정치적 조직의 문제를 담화구성이라는 문제로 대체한다면, 이런 의문은 제기되지도 않을 것이다. 역설적이게도, 노동자계급을 혁명적 잠재력을 지닌 계급으로 보는 '본질주의적'·'경제주의적'·'계급환원론적'인 맑스주의자들의 견해를 유토피아적인 것으로 간주하여 (비조응의 원리를 근거로) 기각해버릴 필요가 있다고 생각하는 NTS '현실주의자'들은, '담화'라는 거미줄망에 의해서만 함께 묶여지고 사회주의라는 목표에 연결되는 무정형적인 '민중'에 의해 사회변혁이 수행될 수 있다는 믿음 속에 들어 있는, 명백히 몽상적이고 유토피아적인 요소들을 전혀 깨닫지 못하고 있는 것이다(똑같은 비조응의 원리를 근거로).

7

비조응의 원리 : 하나의 역사적 사례

NTS의 유명인사 중에서 유일하게 비조응의 원리를 역사적 연구의 시험대에 올린 바 있는 개러스 스테드만 존스는 NTS의 이론적·정치적 논리를 특히 분명히하는 본보기가 된다. 차티즘(Chartism)에 대한 그나름의 역사연구에서 출발하여 그는 사회적 조건과 정치세력 사이에 연관이 없다는 포괄적인 결론을 이끌어낸다. 그러고 나서 이러한 통찰을 노동당과, 최근 선거에서의 노동당의 악운이 어떻게 역전될 수 있는가를 분석하는 데 적용한다.

스테드만 존스가 지금까지 검토한 새로운 '진정'사회주의자와는 아주 다른 사례를 보여주고 있음을 강조하지 않으면 안된다. 다른 사람들과 달리, 라끌라우와 무페 혹은 힌데스와 허스트가 증거와 논법에 대해 보인 태도와는 완전히 다른 태도로 그는 중요한 역사적 연구를 실제로 수행했다. 그의 초기저작은 분명히 유물론적 역사편찬의 전통에 속하고, 그로 인해 그는 여타 사람들의 가장 '경험적인' 저작에서도 드러나는 추상적인 이론주의와 구별된다. 하지만 이러한 차이는 그의 초기저작과, 바로 앞장에서 인용한 그의 유물론 거부가 예증하는 가장 최근의 이론적·정치적 접근 및 사회적 실체(social reality)를 담화에 종속시키는 연구 간의 단절이 얼마나 큰 것인가를 강조해줄 따름이다. 그의 초기저작이 알뛰쎄주의에 대단히 경사되어 있었다는 점에서 우리는 그 이후의 전환을 예견할 수 있었지만, 그럼에도 불구하고 자신의 경력을 스스로 설명하면서 그가 기록하고 있는 것은 실로 주목할 만한 궤적이다.

그의 견해가 이런 중요한 변화를 겪은 몇해 동안 씌어진 논문의 모음집인 『계급의 언어: 영국 노동자계급의 역사연구 1832~1982』(*Languages of Class: Studies in English Working Class History 1832~1982*)의 서론에서, 스테드만 존스는 물질적 조건과 정치세력 간의 관계, 즉 '생산관계 안에서의 구조적 위치'로서의 계급과 '정치세력'으로서의 계급 간의 관계에 대한 전통적인 맑스주의적 개념화를 자신이 최종적으로 포기하게 된 것은 차티즘에 대한 연구 때문이었다고 말한다. 차티스트의 주장과 특정 사회집단의 특수한 조건 간의 조응이 이루어지고 있지 않다는 사실은 그로 하여금 먼저 정치적 이데올로기가 물질적 조건을 반영한다고 하는 '이데올로기적' 접근에 문제를 제기하지 않을 수 없게 했다. 그리고 마침내는 차티스트 정치의 자율성을 선언했다. 그에게 비조응의 원리를 뒷받침해주는 확실한 증거로 보인 것이 무엇인지를 이해하기 위해 그의 발견의 궤적을 따라가는 것은 가치있는 일이다.

스테드만 존스는, 맑스주의적인 계급 개념이 "사회적인 것을 정치적인 것으로 해석해내는 데 단순한 규칙"[1]이 존재한다는 믿음, 훨씬 더 구체적으로는 소속정당이나 지지정당을 계급위치를 보고 예견할 수 있다는 믿음, 혹은 역으로 정치 프로그램에서 물질적 조건을 '읽어낼' 수 있다는 믿음을 필요로 한다는 가정에서 출발하고 있는 것처럼 보인다. 그는 물려받은 정치적 언어가 의식을 형성하는 데 도움을 주기 때문에, 물질적 조건이 의식(혹은 이데올로기)과 정치를 생산한다는 단순하고 단선적인 정식은 존재하지 않는다는 합리적이고 자명한 명제를 가지고 이같은 (실존하지 않는—역자) 허수아비 맑스주의를 쉽게 폐기해버린다. 그리하여 그는 불행히도 사회적 조건과 정치 사이에는 아무런 단순한 조응도 존재하지 않는다는 제한된 명제에서 훨씬 더 포괄적인 비조응의 원리와 정치의 자율성을 인정하는 도약을 시작한다. 게다가 그는 이러한 도약을, 우리가 앞으로 살펴보겠지만, 그의 주장을 뒷받침하는 사례가 될지도 의심스러운 하나의 예를 일반화함으로써 감행한다.

---

1) Gareth Stedman Jones, *Languages of Class: Studies in Working Class History 1832~1982*, Cambridge 1983, 242면.

  스테드만 존스는 차티스트의 사상과 차티스트의 사회적 조건 사이에는
아무런 단순관계도 존재하지 않는다고 주장한다. 그들의 프로그램은 사회
적인 것이라기보다는 오히려 특이하게 정치적인 것이었고, 그래서 차티즘
은 장인계급의 특수한 이해와 경험에 뿌리박지 않은 혹은 그것에 부응하지
않는 과거의 급진적 전통을 끌어왔다. 그러므로 우리는 차티즘의 정치는
'자율적'이었다고 결론을 내리지 않을 수 없게 된다. 특히 그는 차티스트들
이 "재난과 불행을 정치적 원인 탓"[2]으로 돌리고 계급대립을 정치적 의미
로, 즉 고용자와 피고용자 사이의 대립이라기보다는 대의권을 가진 자
(represented)와 대의권을 갖지 못한 자(unrepresented) 사이의 대립으로 인
식——전통적인 급진주의에서 물려받은 인식——한 것을 중시한다.[3] 차
티즘의 정치언어가 그들 자신의 사회적 경험의 언어가 아니라 매우 상이한
사회적 뿌리를 갖는 과거 급진세력의 언어였다면, 그의 논거에 따라 차티
즘의 정치적 요구는 단지 그들의 사회적 불만의 상징이나 그로부터 파생된
것이 아니라 어떠한 특수한 물질적 혹은 사회적 결정요인과는 독립된 그
자체로 일차적인 요구였다는 결론이 나온다. 따라서 차티즘을 정치적 성격
이 옆길로 샌 사회운동으로 취급하거나 그 정치적 요구를 단지 사회적 원
인의 결과로 간주하거나 아니면 그것의 근본적인 사회적 성격과 정치적 표
현 사이의 모순을 발견하는, 차티즘에 대한 '사회적' 해석들은 잘못된 것이
다. 차티즘의 정치적 성격은 '(차티스트) 이야기의 중심'[4]이고 그것을 지
지하는 이들의 사회적 조건으로부터 자율적인 것이다.
  아래 논의는 스테드만 존스의 차티즘 설명을 공격하려는 것이 아니다.
사실 그가 갖고 있는 역사적 증거를 넘어서려는 시도는 거의 하지 않을 것
이다. 여기서 쟁점이 되는 것은, 그가 이러한 증거에서 이끌어낸 결론과 이
결론에 '비추어서' 제안한 정치 프로그램이다. 무엇보다도 그가 왜 자신의
설명이 정치와 계급, 의식과 사회적 존재의 관계에 대한 전통적인 맑스주
의적 개념화에 도전하는 것으로 믿고 있는지가 전혀 분명하지 않다. 그는
우리에게 언어 "그 자체가 사회적 존재의 일부임"[5]을 인정할 것을 요구한

---

2) 같은 책, 105면.
3) 같은 책, 106면.
4) 같은 책, 105면.

다. 그리고 마치 정치언어가 단순히 사회적 실체의 '덧없는'(evanescent)
반영인 것처럼, 우리가 정치적 언어를 '통해' 독립적으로 존재하는 사회적
실체까지를 '똑바로 꿰뚫어 볼 수 없음'을 인정할 것을 요구한다. 왜냐하면
우리에게는 그 실체 자체가 우리의 언어를 통해 구성되기 때문이다. 우리
가 단순히 정치언어를 '통해 똑바로 꿰뚫어 볼' 수 없음은 사실일 수도 있
다. 하지만 이것이 정확히 무엇을 의미하는가? 우리는 어느 정도까지 그
것을 받아들여야 하는가? 그리고 그가 현실을 언어로 분해하고 언어를 언
어 그 자체의 외부에 있는 모든 언어의 지시대상과 분리하기를 전적으로
원하지 않는다면(예를 들어, 프랑스 후기구조주의자들이 실제로 했던 것처
럼), 그것이 어떻게 해서 역사유물론에 대한 근본적인 도전을 나타내는 것
인가?

   스테드만 존스의 논의가 함축하고 있는 다음과 같은 몇가지 논점은 어느
정도 논쟁의 여지가 없는 것으로 받아들일 수 있다. 정치 이데올로기는 역
사적 진공상태에서 창조되지 않는다. 살아 있는 인간의 의식은 역사적 유
산에 의해 형성된다. 사람들은 그들이 접근할 수 있는 언어적 개념도구를
가지고 그들 자신이 살면서 겪은 경험에 대한 이데올로기적 대응을 만들어
낸다. 그리고 그들은 한 가지 이상으로 대응할 수도 있다. 그가 이 이상
얼마나 많은 것을 주장하기를 원하는가, 그리고 그가 좋아하는 역사적 사
례(차티즘―역자)의 설득력을 고려할 때 그가 얼마나 많은 것을 더 주장
할 권리를 갖고 있는가?

   설사 차티즘의 인식과 프로그램의 정치적 성격이 주목할 만하고, 이러한
프로그램과 차티즘으로 대표되는 집단의 사회적 조건 사이에 불일치가 존
재하며, 차티즘과 전산업적인(pre-industrial) 급진주의 사이에 상당한 친
화성이 있다 해도, 우리가 무슨 결론을 내릴 수 있는가? 이러한 정치적 인
식과 요구가 '자율적'이었다는 결론이 나오는가? 그들은 그 기원과 성격에
있어 근본적으로 사회적인 불만을 표출하지 않았고 그러려고 하지도 않았
다는 결론이 나오는가? 정치세력으로서 차티즘은 '생산관계 내에서의 구
조적 지위'에 기인하지 않았으며 그것에 의해 조건지어지지 않았다는 결론

---

5) 같은 책, 21~22면.

이 나오는가? 그리고 우리는 이 정치운동의 성공 혹은 실패가 그것이 계급의 사회적 현실에 부응하는 정도에 달려 있지 않았다고 결론을 내릴 수 있는가?

당장 하나의 사실을 주목해야 한다. 스테드만 존스는 차티즘이 공통된 계급적 정체성을 가진 사람들로 이루어진 운동이었다는 것, 혹은 심지어 이러한 사회적 정체성이 차티스트의 정치 프로그램에서 끌어낸 이데올로기적 통일성에 선행했다는 것을 부정하지 않는다.[6] 달리 말하면, 차티즘으로 대표되는 사람들의 사회적 정체성은 차티즘의 언어나 정치에 의거하지 않았다. 반대로 차티스트 정치의 존재는 특수한 사회계급이 먼저 존재했다는 점에 근거를 둔 것이었다. 사실 스테드만 존스는 차티즘의 정치언어가 특수한 사회집단, 그것도 생산관계에 의해 구성된 계급의 열망을 표현했다는 것을 부정하지 않는다. 그것은 분명히 계급운동이었고 사회계급의 정치적 표현이었다. 차티즘의 정치가 기계적으로 지지자들의 사회적 조건을 반영(반영이라는 말이 무엇을 의미하든)하지 않았을지라도, 그것은 집단적 정체성이 사회적 조건에 의해 구성되는 사회적 집단의 정치언어였다. 스테드만 존스는 사회적 조건은 "특수한 형태의 정치적 담화와 실천을 거쳐 효과적으로 표현되는 한에서 특수한 정치적 의미를 부여받을 뿐"[7]이라고 주장하지만(이는 아마도 그가 생각한 것처럼 그리 논쟁적인 주장은 아니다), 그는 적어도 정치언어가 성공적으로 각인되려면 그것과 그것이 겨냥하는 사람 사이에 일정한 친화성이 존재해야 한다는 것 그리고 그러한 언어가 상황변화로 '부적절한' 것이 될 수도 있다는 것을 마지못해 인정한다.[8]

사실 차티즘에 관한 그의 분석 전체가 "언어는 비대상적(non-referential) 개념"[9]이라는 그의 주장과 모순된다. 왜냐하면 그의 설명의 요지는 정확히, 차티즘의 언어가 일정한 실제 조건을 지칭하고 ── 사실상 이를 반영하고 ── 있었다는 바로 그 이유 때문에 광범위하게 유포되었고 그러한 조건이 변했을 때에는 그 언어가 더이상 '적절한 것'이 못 되었다는

6) 예를 들면, 같은 책, 95면 참조.
7) 같은 책, 242면.
8) 같은 책, 22면.
9) 같은 책, 21면.

사실에 의존하고 있기 때문이다. 그의 진술은 차티즘의 수사가 특정한 역사적 환경에 얼마나 '이상적으로 적합한 것이었는지' 그리고 다른 환경들을 다루는 데는 얼마나 '부적절했는지'를 지적하는 데 집중된다.[10] 그는 국가와 노동자계급 사이의 관계가 변하여 차티즘의 가정들에서 타당성을 앗아감에 따라 차티즘의 언어가 '진부함과 시대착오적인 취향'을 지니게 되었다고 이야기한다. 게다가 차티즘의 수사가 지칭한 상황은 정확히 '계급억압'의 정치적 표현이었다.[11] 그리고 차티즘의 정치적 급진주의는 역사적 조건이 사람들로 하여금 경제적 억압을 정치적으로 결정된 것처럼 그럴 듯하게 인식하도록 했던 한에서만 성공적인 이데올로기로 남을 수 있었다.

> …대중운동의 이데올로기로서 급진주의의 성공은 국가와 소유자계급의 정치적·법적 능력이 모든 억압의 원천으로 인식될 수 있었던 특이한 조건에 달려 있다. 차티즘의 프로그램은 실업, 저임금, 경제적 불안과 여타의 물질적 고통이 확실하게 정치적 문제라고 사람들을 설득할 수 있었을 때만 신뢰할 만한 것으로 남아 있을 수 있었다.[12]

혹자는 합리적인 역사유물론자가 요구할 수 있는 정도만큼은 스테드만 존스가 양보한 것이 아니냐고 주장할 수도 있다. 그는 생산관계에 의해 구성된 사회계급에 귀속되는 사람들이 사회계급으로서의 그들의 열망을 표현하는 이데올로기를 생산하는 사례를 우리에게 보여준다. 그들의 정치언어와 이 언어가 표현하는 욕구는 사회계급으로서의 그들의 존재를 전제로 한다. 그리고 설사 그 정치언어가 그들의 계급으로서의 조건에 상응하지 않고 그들의 정치적 해결책이 그들의 사회적 요구에 적절하게 부합하지 않을지라도, 이러한 언어와 해결책이 사회적 불만을 표출하는 것이 아니며 사회문제를 해결하려는 의도에서 나온 것이 아니라는 결론을 내릴 수는 분명히 없다. 예를 들어, 차티스트들은 그들의 사회적 욕구를 충족시키기 위해서는 무엇이 필요한가를 인식하는 데서 오류를 범했다고도 할 수 있다. 그

---

10) 예를 들면, 같은 책, 175면과 177면 참조.
11) 예를 들면, 같은 책, 177면 참조.
12) 같은 책, 106면.

리고 그들이 (이에 대한 올바른 인식을 바탕으로—역자) 사회적 조건에
더욱 적합한 정치적 담화와 실천을 채택했을 수도 있다. 아니면, 사회적
조건이 바로 적절한 대응을 할 수 있는 가능성을 제한했을 수도 있다. 그
리고 차티즘의 프로그램은 그 지지자들의 이익에 부합하지는 않았지만, 그
럼에도 불구하고 당시의 역사적 한계 내에서 당시의 조건에 부응하는 이성
적인 대응이었을 수도 있다. 어떤 경우에든 우리는 맑스 자신의 정통 유물
론에서 그리 많이 벗어나지 않는다.

스테드만 존스가 가장 중요하게 여긴 차티즘의 특성, 즉 차티스트 프로
그램의 **정치적** 성격, 사회적 불행을 정치적 원인으로 돌리는 것 그리고 계
급대립을 정치적 차원——고용자 대 피고용자로서가 아니라 대의권을 가
진 자 대 대의권을 갖지 못한 자——으로 인식하는 것 등을 좀더 자세히
살펴보자. 문제는 이러한 특성이 사회적 실체와 정치형태 사이의 확연한
분리를 나타내는지 여부이다.

첫째로, 사회적 실체를 살펴보자. 차티즘은 (스테드만 존스 자신이 초기
저작에서 적용한 맑스주의적 언어를 사용하면[13]) 자본에 대한 노동의 형식
적 포섭이 이미 잘 이루어졌지만——즉 생산관계가 실제로 자본에 의해
고용된 임금노동의 형태를 떠었을 때——실질적 포섭, 즉 노동과정의 변
형과 그것에 대한 자본의 직접적 통제가 아직은 진전중이고 완전히 이루어
지지 않은 무렵의 영국 자본주의의 발전시기와 일치한다. 스테드만 존스가
증명한 것처럼, 차티즘의 퇴조는 '산업화' 과정이 직접생산자의 희생을 대
가로 하여 자본가에게 유리한 방식으로 노동과정에 대한 통제의 문제를 효
과적으로 해결함으로써 '실질적 포섭'이 달성된 시기와 어느정도 일치한다.
수없이 토론되었던 노동자계급의 투쟁의 변형이 일어났던 것은 바로 이 지
점에서이며, 이 전환은 때로는 노동자계급의 전투성의 퇴조로 혹은, 덜 경
멸적으로, 정치지형에서 경제지형으로의 전환으로 묘사되었다. 사실 차티
즘은 주로 정치적 견지에서 노동자계급의 이익을 인식하고 그들의 불만을
표현했던 영국 최후의 핵심적인 노동자계급운동이었다.

따라서 노동자계급 투쟁의 변형, 즉 차티즘의 정치적 강조가 이후 노동

---

13) 같은 책, 45~47면.

자계급운동의 직접적인 '경제적' 관심으로 전환된 것은 사회적 조건의 중요
한 변화에 조응하는 것으로 보인다. 이러한 사회적·정치적 변화 사이에
직접적인 인과관계를 가정하는 것은 정당하지 않겠지만, 차티즘의 정치적
인식이 일정한 사회적 조건에 의해 고무되었거나 아니면 적어도 가능하게
되었다고 가정하는 것은 합리적이라고 생각한다. 즉 차티스트들이 정치적
견지에서 그들의 이익을 인식할 수 있도록 해주었거나 고무했던 것이 무엇
이었든간에, 그러한 조건은 그 이후에는 더이상 나타나지 않았고, 그 변화
는 '실질적 포섭'이 최종적으로 확립된 것과 관계가 있다고 가정하는 것은
합리적이다. 그렇다면 우리는 차티스트들이 처한 사회적 상황에서 무엇이
그들의 '자율적인' 정치적 대응을 조건지었는지 아니면 무엇이 그들에게 사
회적 문제를 마치 순수하게 정치적인 것처럼 다루게 했는지를 물을 수 있
을 것이다.

하지만 문제를 바라보는 데 더 뛰어나고 역사적이라고 생각되는 방법이
존재한다. 우선 전자본주의 사회에서의 계급착취의 조건은 계급착취 관계
에서 발생하는 사회적 불만이 불가피하게 법적·정치적 영역을 침해하게
하는 그런 것이었다는 점을 주목해야 한다. 지배계급의 착취권력이 법적
지위와 억압적인 정치력과 군사력의 직접적 점유에 의거하는 한——즉 경
제권력과 정치권력이 완전히 결합되어 있는 한——'경제적인' 것과 '정치
적인' 것 역시 피착취계급의 투쟁에서 분리할 수 없는 것이 되어버리는 경
향이 있었다. 예를 들어, 영주의 전유권에 대한 공격은 당연히 영주의 법
적이고 정치적인 특권에 대한 도전이었다. 종종 지적되듯이, 사실 경제영
역과 정치영역의 명확한 분리는 자본주의의 특수한 잉여추출 양식에 의해
결정된 자본주의의 독특한 속성이다. 같은 징표로 '경제'투쟁이 정치영역에
서 분리되어 독특하게 분화된 것은 잉여추출, 즉 자본가가 법적으로 자유
롭고 생산수단을 소유하지 않는 임금노동자로부터 잉여가치를 전유하는 것
이 순수하게 '경제적인' 수단에 의해 수행되는 조건에서만 가능한, 자본주
의의 고유한 특징이다. 따라서 전자본주의적 항의와 저항운동의 경우, 우
리는 정치적 초점이 아무리 명백히 '자율적'일지라도 계급착취의 물질적인
조건으로부터의 분리를 나타내는 것이라고 가정할 필요는 없다.

하지만 차티즘은 이미 자본에 종속된 계급의 운동이었기 때문에, 분명히

이것을 넘어서는 문제가 존재한다. 만약 '불행을 정치적 원천 탓으로 돌리는 것'이 '경제적인' 것과 '정치적인' 것의 통일이 특징인 사회적 실체에 근거를 두었다면, 그러한 통일이 더이상 일반적이지 않게 된 시대에 계속해서 정치영역에서 경제적 불만을 표현하고 계급관계를 인식했다는 점에서 분명 차티즘은 시대착오적이었다. 그러나 이것이, 차티스트의 불만이 성격이나 기원 면에서 '경제적이지' 않았거나 혹은 차티스트의 정치적 관심이 사회적 조건에 굳게 뿌리를 내리고 있지 않았음을 의미하는 것은 결코 아니다. 그것이 의미하는 바는, 모든 인간처럼 차티스트는 역사적 피조물이고 역사가 깨끗한 단절이나 불연속적인 조각으로 진행되는 것이 아니라 전해 내려온 현실의 변형 즉 연속성 안에서의 변화에 의해 진행된다는 것이다. 이데올로기적 변화가 사회변화의 모든 단계와 어울리는, 역사적 선례가 전무한 새로운 이데올로기의 소박한 창조에 의해서가 아니라 오히려 새로운 사회적 조건에 적합하도록 가용한 전통을 변형시킴으로써 이루어진다고 해도 우리는 놀랄 필요가 없다. 우리가 역사를 일련의 불연속적인 '구조'가 아니라 연속적인 과정으로 다룬다면, 차티즘과 과거의 급진적인 전통의 연속성보다는 차티스트가 대면했던 사회적 현실에 의해 단절 없는 전통이 변화한 방식이 더 중요해진다.

사실 차티스트가 구래의 급진주의가 지닌 정치의 강조를 폐기하는 데 이르지는 않았지만 그들의 계급적 조건이 그처럼 정치를 강조하는 데 나름의 특수한 계급경험에 뿌리박은 독특한 성격을 부여했다는 증거를 우리는 스테드만 존스 자신의 연구를 통해서도 제시할 수 있다.

그러므로 급진주의의 차티즘적 단계에 독특한 것은 결코 광범위한 민중동맹을 건설하려는 급진주의로부터 전수받은 야망의 폐기나 혹은 후대의 역사가들이 산업화로 묘사한 방식으로 최근의 역사를 바라보는 새롭고 계급특수적인 역사인식법이 아니다. 이 두 가지 영역에서 차티즘과 선행했던 급진주의의 견해 사이에는 강력한 연속성이 존재했다. 차티즘에 특수한 것은 첫째, 1832년의 결과로 민중과 노동자계급을 동일시하는 것이었다. 둘째, 이에 상응해 국가와 노동자계급 사이의 관계를 강조하게 된 것인데, 이는 1832년 이후 휘그당의 법안에 극적으로 표현되었다. 이러한 전환의 결과로 자기이익과 부패

―― 코베트(Cobbett)의 용어로는 '오랜 부패' ―― 의 소굴로서 국가를 주목하
는 것이 줄어들었다. 오히려 점차 그것은 생산자에 대한 전제적인 독재의 전
조로 여겨지게 되었다. 1830년대가 지나가면서, 지배적인 이미지는 더이상 단
지 불로소득의 안락함을 안전하게 보장하는 소비세 수입에서 대부분의 이익을
얻는 관리, 성직자, 그리고 공채투자가가 아니었다. 그것은 한층 사악하고 동
적인 것 ―― 조합, 법적 구제, 빈민구제, 아니면 지방정부에서 근로계급들의
이익을 대변하는 잔존물이든, 그들이 마음대로 할 수 있던 남은 보호조치를
제거함으로써 근로계급들의 임금을 낮추는 데 본질적으로 그리고 적극적으로
헌신하는 자본가와 공장주를 위한 강력하고 악의적인 억압장치 ―― 이었다.
국면적 현상으로서 차티즘은 국가에 대한 이와같이 특이한 시각의 급속한 고
조와 점진적 퇴조를 표상했다.[14]

확실히, 급진적 전통을 이처럼 시대에 맞게 바꾸고 수정한 것은 적어도
연속성에 비견할 정도로 중요한 것이다. 그리고 확실히 그것은 우리에게
정치세력의 사회적 결정요인에 대해서도 최소한 이에 상응하는 정도로 많
은 것을 이야기해준다. 스테드만 존스처럼 '급진주의의 차티스트적인 단계'
에 대해 말하는 것 ―― 마치 추상적인 관념의 역사(History of Ideas)의 또
다른 단계인 것처럼 ―― 은 차티즘이 급진주의의 퇴영적인 시각을 차용하
고 있음에도 불구하고 성장하는 산업자본주의의 현실에 따른 전통적인 급
진사상의 변형을 대변한다는 사실을 은폐한다. 자본주의의 사회적 조건이
아직은 낡은 이데올로기의 분명한 폐기를 요구하지 않고 낡은 이데올로기
적 전통 내에서의 변화를 필요로 하던 시기는 매우 짧았다.
　자본주의적 노동자계급의 조건에 적합하게 급진사상을 수정할 수밖에 없
게 했던 사회적 변화로 인해 정치적 급진주의 전통은 곧 근대적인 노동자
계급의 '경제'투쟁 속에 완전히 잠기게 되었다. 자본과 임노동의 관계는 처
음부터 착취계급과 피착취계급 간의 오랜 정치관계가 더이상 적용될 수 없
음을 의미했지만, 전통적인 정치방식으로 그러한 관계를 인식하는 것은 자
본의 지배가 완전히 그리고 돌이킬 수 없을 정도로 노동과정 그 자체로까
지 확대되지 않는 한 계속 그럴 듯한 것처럼 보였을 것이다.

---

14) 같은 책, 173~74면.

전유행위, 잉여추출행위는 여전히 어느 정도는 전자본주의적 착취형태에서 처럼 명백히 생산과정과 분리되어 있었다. 바꿔 말하면, 착취는 여전히 가시적인 억압행위로서 생산과정과 분리될 수 있고 그에 내재적이지 않았다. 그리고 전유자와 생산자의 착취관계가 '경제외적인' 것으로 간주되는 것이 합리적이었다.

하지만 자본에 의한 노동의 포섭이 완료되자마자, 노동과정의 통제를 둘러싼 투쟁이 최종적으로 자본에 유리하게 해결되자마자——또다른 시각에서 본다면 전유행위가 생산과정과 완전히 분리될 수 없게 되자마자——착취자와 피착취자의 관계는 순수하게 '경제적인' 것처럼 보이기 시작했다. 이러한 인식은 자본주의 착취의 진정한 본성을 반영하는 것인 동시에 모호하게 하는 것이었다. 한편으로, 그것은 자본주의 특유의 경제적인 것과 정치적인 것의 분리를 반영하는 것이었다. 다른 한편으로, 그것은 자본주의적 전유의 착취적 성격을 모호하게, 즉 착취를 생산과정 그 자체에 내재적인 것으로서 그것을 보이지 않게 하는 경향이 있었다. 그리하여, 예를 들면, 과거의 생산자들이 자신들의 정당한 몫을 지키기 위해 투쟁하는 것으로 인식했던 지점에서, 자본주의 구조로 말미암아 노동자들은 노동을 제공한 대신에 자본에 귀속되는 몫 중 일부 지분, 즉 '공정한 임금'을 획득하기 위해 자신들이 투쟁하는 것으로 인식하게 되었다.

또한 경제적인 것과 정치적인 것의 형식적인 분리는, 정치권력과 전유권 사이에 더이상 아무런 분명한 통일도 존재하지 않기 때문에, 당연히 자본주의적 전유가 국가에 의해 유지되는 방식을 모호하게 하는 경향이 있다. 이것은 특히 자본주의가 형식적인 법적 평등과 정치적 권리 그리고 심지어는 보통선거권까지도 자본가의 전유와 착취적인 힘에 대한 직접적인 도전을 초래하지 않으면서 생산계급으로 확대되게 할 수 있기 때문에 가능하다. 또한 '개혁되지 않은 체제(unreformed system) 안에서' 개혁을 가능하게 했던 것은 바로 자본주의의 이러한 구조적 특징이다. 스테드만 존스는 이 체제를 국가의 행위가 '급진주의가 그려낸 국가의 모습에 더이상 완전히 부합하는' 것처럼 보이지 않게 되면서 차티즘이 '대중적 추종자들의 대다수를 확보할 수 있는 힘'을 잃게 만든 체제라고 믿고 있다.[15]

15) 같은 책, 106면.

따라서 '생산의 장으로' 투쟁이 집중된 것은 정확히 차티즘의 정치투쟁이 수행하지 못했던 방식으로 자본주의의 현실을 반영했다. 그러나 그것은 단지 부분적으로만 그러한 현실을 반영했다. 어떤 의미에서는 시대착오적으로 정치를 강조하는 데서 보이는 차티즘의 취약성이 또한 차티즘의 강점이었다. 그리고 자본주의의 현실이 '경제적 수준에서의' 투쟁을 요구했던 것은 확실히 사실이지만, 노동운동이 투쟁의 초점을 '경제'영역으로 옮겼을 때 많은 것을 상실한 점 또한 사실이다. 그럼에도 불구하고 그러한 전환은 논쟁의 여지 없이 자본주의의 물질적 조건에 의해 결정된 것이었다. 차티스트들의 정치적 인식은 완전히 유지될 수 없게 되었다. 사회적 조건과 정치세력 사이의 관련이라는 시각에서 중요한 것은 차티스트가 정치영역에서 경제적 현실을 표현했다는 점이 아니라 그들이 그렇게 한 최후의 노동자계급운동이었다는 점이다. 왜냐하면 그 이후에 사회적 현실은 경제적인 것과 정치적인 것의 전자본주의적인 통일에 근거를 둔 인식과 너무도 뚜렷이 부합하지 않기 때문이다. 만약 노동자계급의 투쟁이 다시금 정치적 힘을 획득할 수 있다면, 그것은 매우 상이한 모습일 수밖에 없을 것이다.

어쨌든 이러한 예를 일반화할 수 있다면, 우리는 차티스트 사례에서 사회적 조건과 정치세력의 관계에 대해 무엇을 배울 수 있는가? 첫째, 당연히 그것은 이데올로기와 정치의 역사성을 입증한다. 어떤 이데올로기도 역사의 진공상태에서 완전히 새로 구성되지 않는다. 일반적으로 역사발전은 연속성 안에서의 변화, 즉 명확한 단절이 아니라 물려받은 현실의 변형을 통해 일어난다. 둘째, 차티즘은 살아 있는 의식적인 인간에 의해 정치와 이데올로기가 구성된다는 것과 인간의 대응이 창조적 유연성을 가지고 있음을(오류를 범할 가능성 또한 수반하는) 입증한다. 이런 방식으로 차티즘은 당연히 '상부구조'에 '토대'가 아주 단순하고 기계적으로 반영된다는 것이 거짓임을 입증한다. 생산관계의 모든 집합에 어울리는 하나의 정치적·이데올로기적 형태 따위는 없다.

동시에 차티즘은 또한 정치 프로그램에서 구체화된 이익과 불만이 어떻게 생산관계와 계급에 의해 구성되는지, 역사적 유산과 전통이 계급관계가 변함으로써 어떻게 형성되고 변형되는지, 그리고 정치언어의 수용이 현존 사회조건을 이해하고 현존 사회불만을 구체화하는 수단으로서 그것이 갖는 타당성에 어떻게 의존하는지에 대한 주목할 만한 사례다. 결국 차티즘은, 정치전략이 지배적인 사회현실에 상응하지 않는 한 그에 비례하여 그 자신의 목표를 완수하는 데 부적절하고 단명할 수밖에 없음을 입증해줄 극적인 실례이기도 하다. 따라서 이러한 역사적 사례(차티즘 — 역자)는 이론적 가르침으로나 혹은 정치전략으로서나 비조응의 원리에 신뢰감을 거의 부여해주지 못한다.

여기에서 우리는 결정적인 사실에 이르게 된다. 개러스 스테드만 존스는 노동자계급투쟁, 특히 차티즘에 대한 그의 연구에서 이끌어낸 통찰력을 노동당, 노동당의 역사, 그리고 노동당이 선거에서 승리하기 위한 조건에 대한 새로운 해석에 적용한다. 주된 목표는, 스테드만 존스가 "계급적 귀속 (ascription)과 정치적 참여(engagement) 사이의 점증하는 불일치"[16]로서 인식한 것을 기초로 하여 건설하고 발전시키는 사회적 동맹, 즉 계급의 물질적 이익을 초월하고 "모든 잠재적인 지지자가 관심을 갖는 비물질적 재화(지식, 민주적 통제, 환경, 삶의 질)의 분배"[17]와 관련하여 잠재적인 공동의 이익에 기초를 둔 새로운 동맹을 구축하는 것이다. 새로운 사회주의 정치는 공동의 사회적 조건이나 계급적 상황이 아니라 이러한 '비물질적'이고 보편적인 목적을 표현하고 있는 정치언어에 의해 구성되고 결합되는 새로운 사회적 집합체를 창출하는 것과 관련된다. 따라서 이러한 정치전략의 징표——그리고 특히 그것을 전통적인 사회주의적 전망과 구별하는 것 ——는 '계급적 귀속과 정치적 참여의 불일치', 즉 정치세력과 사회적 조건의 비조응이 문제가 아닌 해결로, 즉 극복되어야 할 장벽이 아니라 배양되어야 할 환경으로 취급된다는 점이다.

이 모든 논의는 하나의 결론을 이끌어낸다. 즉 '노동자계급과 전문가계급의 동맹', 즉 과거 노동당의 성공 기반이었던 동맹의 재건이 이루어져야 한다는 것이다.[18] 사실 사회주의의 희망은 언제나 노동자계급보다는 전문가계급 속에 살아 있어야만 했을지도 모른다. 왜냐하면 적어도 노동자계급의 1/3은 변함없는 토리당원으로서, 명백히 없는 것으로 간주될 수 있기 때

---

16) 같은 책, 252면.

17) 같은 책, 256면.

18) 같은 책, 254면.

문이다.[19] 그리고 더욱 근본적으로는 20세기 영국 노동자계급의 계급의식
은 본질적으로 보수적이어온 반면에 '전문가계급'은 "봉사의 윤리, 인도주
의적인 목적을 추구하는 지혜와 전문기술의 윤리, 가정과 그 밖에서의 시민
적인 임무의 윤리"[20]로 특징지어지는 전통을 갖고 있기 때문이다. 구래의
전문윤리가 사멸하고 과거 30년 동안 '전문가계급'에서 거대한 변화가 있었
고 그것은 노동자계급의 변화만큼 노동당의 운명에 '똑같은 중요성'을 갖지
만,[21] 새로운 견지에서 구래의 동맹을 재구성할 수 있는 희망이 있다. 그
희망은 특정한 '비물질적인 재화'에 대해 함께 지니는 지향──지적이고
합리적인 전문가계급은 본성상 명백히 경도되어 있고, 노동자계급은 구래
의 배타적인 계급의식 혹은 신분의식이 약해지고 "그 자신의 정치적·문화
적 유산의 외부에 있는 실천과 사상에 훨씬 더 침투를 받게 됨"[22]에 따라
점점 더 받아들이기 쉬워지는 이들 재화들에 대한 지향──에서 발견된
다. 이것은 진정으로 낡은 뉴스라고 할 수 있다. 즉, 사회주의 정치는 바
른 생각을 가진 사람들과, 분열주의적 계급의식을 버리고 자기들보다 훌륭
한 사람들로부터 배우는 노동자계급 간의 동맹으로 건설되어야 한다는 것
이다.

'계급적 귀속과 정치적 참여 사이의 불일치'에서 사회주의 정치를 위한
최고의 희망을 발견하려는 주장이야말로 그 무엇보다도 새로운 '진정'사회
주의가 사회를 변혁하기 위한 전략이 아니라 의회에서 다수를 획득하기 위
한 프로그램으로서 의도되었음을 폭로하는 것이리라. NTS의 전체적인 이
론적 장치는 그것을 선거원리의 이론화로 인식하면 의미를 갖기 시작한다.
예를 들어, 민주주의, 삶의 질 따위의 매우 광범위하게 정의된 특정 목표
(광범위하게 정의되면 될수록 그만큼 이익의 다양성을 수용하고 이들간의
양립불가능성을 모호하게 하는 데 적합해진다)의 한계 안에서, 정당은 어
떻게 모든 사람에게 모든 것은 아니지만 가능한 많은 사람에게 가능한 많
은 것이 될 수 있을까? 좀더 구체적으로는, 적어도 4년이나 5년마다 한 번

---

19) 같은 책, 243면.
20) 같은 책, 247면.
21) 같은 곳.
22) 같은 책, 252면.

씩은 본질적으로 다른 사람들을 끌어 묶어 하나의 집합체를 만들어내는 정치적 수사를 어떻게 고안해낼 것인가?

비조응의 원리는 우리에게 역사과정이나 사회를 변혁하는 효과적인 전략에 대해서는 거의 아무것도 말해주지 않지만, 그것은 선거적인 정체성을 창출하기 위한 선거정당의 형성, 선거 지지기반의 구성, 계급간 동맹의 건설, 그리고 정치적 인식을 물질적 조건과 적대로부터 분리하는 언어와 수사의 기능에 대한 훨씬 제한된 진술로서는 설명력을 가질 수 있다. 이러한 정체성이 어떻게 사회주의 투쟁에 이용될 수 있는지는 완전히 해결되지 않은 문제로 남아 있다. 스테드만 존스의 사례에서처럼 역사적 분석이 이론적 결론이나 적어도 사회주의 전략으로서 제안된 정치전략을 정당화할 수 없는 것이기 때문에, 아마도 우리는 정치전략으로부터 이론적 결론으로 거꾸로 읽어나가야 할 것이며 그 이론적 장치 가운데 얼마나 많은 부분이 역사적 연구나 사회적 분석에 의해서가 아니라 선거정치의 논리에 의해 결정되고 있는가를 생각해보아야 할 것이다.

8

형이상학적 맑스주의

1

새로운 '진정'사회주의는 우리에게 사회주의로의 이행을 추동할 사회세력
에 대해 아무런 설명도 남겨주지 않고 있다(혹은 기껏해야 지극히 부적절
한 설명만을 남겨줄 뿐이다). 우리가 행동하는 데 필요한 추진력과 역량을
만들어내기 위해 더이상 계급적 이해, 계급적 요구 및 계급적인 힘에 의지
할 수 없다면, 어떤 사회적 동기와 사회세력이 사회주의적 프로젝트를 추
동할 것인가? 사회주의는 특정 사회집단의 고유하고도 직접적인 이해관계
속에 존재하는가, 아니면 모든 사람이 똑같이 그런 이해관계를 가지고 있
는가? 또한 몇몇 NTS가 주장하듯 계급적 '이해관계'라는 개념을 완전히
버려야 한다면, 우리는 그 자리를 무엇으로 채워야 하는가? 아직까지 우
리는 '바른 생각을 가진' 사람들의 애매모호한 자비심이라는 추동력, 좀더
구체적으로는 자애롭고 사려깊은 중간계급들의 이성적이고 인류애적인 관
심 이외에는 달리 어떻게 잘해볼 만한 그 무엇을 가지고 있지 않다.

아마도 내가 '형이상학적 맑스주의'(Platonic Marxism: 우드는 플라톤 사상이
가지고 있는 관념적·형이상학적 요소 이외에 그 반동적인 측면까지 고려하여, 그리고
이런 측면에서 플라톤 사상과 포스트맑스주의가 지니고 있는 유사성을 염두에 두고 이
용어를 채택하고 있는 듯하다—역자)라고 칭했던 것이야말로 이제 구원의 손
길을 뻗쳐 NTS전략의 공백을 메워줄 수 있는 것이리라. 비록 몇몇 NTS
는 가빈 키칭(Gavin Kitching)이 이 교의의 원칙들이라고 얘기했던 대담하

고도 비타협적인 언어들 앞에서 뒤로 빠지려 하겠지만, 라끌라우와 무페, 힌데스와 허스트는 기꺼이 이를 포용하려 할 것이다. 비록 키칭이 자신의 이론을 형성해온 과정은 그 뿌리가 알뛰쎄주의에 있지 않다는 점에서 나머지 이론가들과 다르지만, 그의 가정들은 놀라우리만큼 그들의 것과 유사하다. 여기서도 사회주의적인 정치는 물질적인 이해에 근거를 두는 것이 아니라 설득에 의해, 즉 사회주의가 제공할 좀더 고상하고 이성적인 삶의 이상에 개방적인 바른 생각을 가진 사람들을 겨냥하는, 자율적인 가치와 이념이라는 수단에 의해 건설되어야 한다. 어쨌든 우리가 NTS의 프로그램에 의해 제기된 많은 질문들에 대해 대안이 될 만한 다른 대답을 듣게 되기 전까지는, 키칭의 진술은 이 질문과 씨름해, 이 '상대적으로 자율적인' 사회주의를 실제로 존재하게 만들 세력들과 동기들을 확인시켜줌으로써 그것에 근거를 부여하려는 가장 체계적이고 완벽한 이론적 시도로 남아 있을 것이다.

키칭은 감탄할 만큼 솔직하게 '핵심테제'를 말하고 있다. 즉 "사회주의적 사회들 및 사회주의적 세계의 건설은 매우 장구한 시간(아마도 수세기)이 걸리며, 그런 세계가 실제로 존재하기 위한 핵심적인 전제조건은 고도의 물질적 번영이 이루어져야 한다는 것과, 상당한 기술과 지식 및 지적 교양을 지닌 시민들이 존재해야 한다"[1]는 것이다. 나아가 그는 자본주의 그 자체는──그리고 오직 자본주의만이──"장기적으로 사회주의의 건설을 유도할 수 있는" 일반적인 풍요의 조건을 제공할 수 있다고 주장한다. 따라서 사회주의자들은 모든 사람들이 일반적인 '교양'을 갖춘 행복한 그날이 도래할 때까지는, 자본주의적 번영을 유지하고 자본주의적 발전을 촉진하는 데 진정한 이해관계를 갖는다. 진실로 "현상황에서 좌파의 핵심적 임무는 가능한 한 빨리 경기호전의 조건을 회복시키는 데 도움을 주는 것이다."[2] 일반적으로 좌파는 시대착오적이고 비대중적인 가치와 이념에 집착하여 시간을 낭비하고 자신을 주류정치의 흐름으로부터 고립시켜왔다. 무엇보다도 그들은 엉뚱한 지지기반을 개발해왔다. 키칭은 사회주의의 진정한 지지층, 사회주의 운동이 육성하고 호소해야 할 특수한 자질들, 그리

---

1) Gavin Kitching, *Rethinking Socialism*, London 1983, 1면.

2) 같은 책, 29면.

고 해당 청중을 동원해낼 수 있는 목표들을 정확히 인식할 것을 제안하고
있다.

키칭은 노동자계급이 사회변혁의 일차적 담지자가 될 것이라는 견해를
(적어도 언뜻 보기에는) 폐기하지 않는다. 많은 맑스주의자들은 그의 노동
자계급에 대한 정의가 "임금이나 봉급을 위해 자신의 '노동력'(즉 육체적·
정신적 능력)을 판매함으로써 먹고 사는 사람들"[3] 모두를 의미할 만큼 지
나치게 포괄적이고 광범위하다고 생각할 것이다. 그러나 단지 이러한 정의
의 광의성(廣義性)만이, 그의 노동자계급 개념과 사회주의를 건설하는 데
서의 그들의 역할에 지극히 특수한 정치적 의미를 부여하는 것은 아니다.
사실상, 그의 결론과는 완전히 다른 정치적 결론이 노동자계급에 대한 광
범위하고 포괄적인 정의로부터 도출될 수도 있다.[4] 키칭의 노동자계급 개
념이 독특한 것은, 단순히 그가 노동자계급을 '전통적인' 노동자계급이나
육체노동을 하는 산업노동자들로 한정하여 정의할 경우에는 노동자계급에
서 제외되거나 계급'동맹자'로서 이차적인 부분으로 간주되는 사람들——
예컨대, '화이트 칼라' 노동자들—— 을 사회주의적 프로젝트에 포함시키기
위해 이렇게 넓은 정의를 사용하는 것이 아니라는 점에 있다. 오히려 그는
'정신'노동자들로 초점을 옮김으로써 '전통적인' 노동자계급을 모든 핵심적
역할로부터 실질적으로 배제하기 위해(그 이유는 그들이 '정치적으로 퇴행
적이기' 때문이다[5]) 이런 정의를 채택하는데, 그 근거는 '지적 교양'의 수
준이 높으면 높을수록 사회주의적 이상을 더 잘 받아들인다는 것이다. 바
꿔 말하면, 여기서 노동자계급을 넓게 정의하는 것은 노동자계급의 중심성
을 폐기하는 것을 드러내지 않으면서 사회주의적 프로젝트의 초점을 완전
히 옮겨버리기 위한 개념적 은폐물로 주로 이용되고 있는 것이다. 키칭이
희망을 걸고 있는 집단이, 스테드만 존스가 그토록 전략적 중요성을 부여
했던 '전문가계급'(professional classes)과 매우 유사해 보인다는 것—— 비록

---

3) 같은 책, 13면.

4) 예컨대, Peter Meiksins, "The Boundary Question and Beyond: A Critique of
   Recent Debates on the 'New Middle Class'," *New Left Review* 157, 1986년 5·6
   월호, 101~20면을 보라.

5) Kitching, 19면.

여기서는 그들이 단순히 노동자계급에 흡수되어 있지만——또한 지적해둘 만하다.

그의 주장은 이런 식으로 전개된다. 노동자계급의 물질적 이해관계를 사회주의적 투쟁의 동력으로 보는 것은 오류다. 사실상, 사람들은 물질적 이해에 얽매일수록, 사회주의적 메시지를 받아들이기 어려워진다. 급진적 입장을 취하는 데는 상상력과 자신감이 필요한데, 그것은 사람들이 경험하는 억압의 정도에 반비례한다.[6] 그리고 "가장 상상력을 제한하고 자신감을 고갈시키는 억압의 형태는 대개는 조야한 물질적 결핍과 밀접하게 관련된(반드시 그것으로 환원되지는 않지만) 것들이다. 이러한 결핍은 단순한 육체적 생존의 문제를 우선시하게 하고, 자기자신이나 사회에 대해서 좀더 폭넓은 성찰을 할 수 있는 시간도 여력도 거의 허용하지 않기 때문이다."[7] 영국 '노동자계급'(키칭이 사용한 따옴표는 보통의 경우와는 달리 '전통적인' 노동자계급을 가리킴을 나타낸다)이 경험한 착취는, 이제 더이상 '조야한 물질적 결핍'과 반드시 연관되지는 않음에도 불구하고, 순수하게 '방어적이며' '경세주의적이고' 반혁명적인 의식을 만들어내는 경향을 띠어왔다. 반대로, "가장 상상력이 풍부하고 자신감있는 집단들이나 개인들, 따라서 급진적 입장을 채택하는 경향이 있는 사람들은 가장 덜 억압받는 사람들이었다. 억압에 대한 의식과 억압을 제거하기 위해 세계를 변혁시키고자 하는 욕망은 사람들이 경험하는 억압의 '객관적' 정도에 반비례한다는 결론을 일반화하는 것은 과히 위험스런 일이 아니다."[8]

따라서 사회주의의 진정한 지지기반은 어느 정도의 지적·정신적 자유, 상상력, 자신감, 사회주의의 이성적이고 인간주의적인 이상을 받아들일 만한 자기수양, 그리고 조야한 물질적 관심으로부터 해방될 때만 가질 수 있는 자질을 갖춘 사람들로 이루어진다. 이는 노동자계급 내에서는 '정신노동자'를 의미한다——비록 키칭은 왜 노동자계급의 특정 부분만이 이러한 자질들을 가질 수 있는 다른 사회집단들에 우선하여 사회주의의 주된 지지기반으로서 특권화되어야 하는지를 명확히 밝히지는 못했지만. 사회주의자

---

6) 같은 책, 24~25면.

7) 같은 책, 25면.

8) 같은 곳.

들이 자본주의 발전을 고무해야만 한다고 하는 것 역시, 자본주의가 발전
하면 '정치적으로 퇴행적인' 부분들의 몰락이 촉진되는 반면, 노동자계급의
새로운 요소, 즉 고도로 숙련되고 '지적으로 교양을 갖춘' 지식노동자들은
늘어날 것이라고 보았기 때문이다. 더구나 이 진보의 잠재력을 가진 분자
들은 그런 조야한 관심사들에 초연하기 때문에, 그들의 물질적인 계급적
이익에 호소하는 것은 소용없는 일이다. 즉, 그들이 피착취계급에 속한다
는 것을 근거로 그들에게 호소해서는 안된다. 키칭은, "만일 좌파가 (사회
주의적 프로젝트를 ― 역자) 진정한 지지기반을 바탕으로 하여 건설하고자
한다면", "좌파는 이 사람들에게 가장 큰 호소력을 발휘할 수 있는 특징
들, 즉 분석과 일관된 주장을 할 수 있는 능력을 이용해야만 한다. 왜냐하
면 좌파의 진정한(환상적인 것이 아니라) 기반으로 확인되는 노동자계급의
모든 분파들이 공통적인 하나의 특징을 갖는다면, 그것은 말할 것도 없이
그들이 다양한 종류의 '정신노동'과 연관된다는 것"이며 그리고 이것들이야
말로 "좌파가 최선을 다할 때 제공할 수 있는 합리주의적이고 인간주의적
종류의 정치로 이런 노동자들을 경도되게 하는"특징들이기 때문이다.[9]

  덧붙이자면, 이와 비슷한 원칙은 민주주의적 사회주의가 부유한 서구 자
본주의국들과는 구분되는 빈곤한, 혹은 저개발된 나라들에도 수립될 수 있
을 것인가라는 문제에도 적용된다. 물론 경제적 발전과 본원적 축적이 아
직 이루어지지 않은 상태에서는 민주주의적 사회주의가 뿌리내리기 어렵다
―― 불가능하지는 않아도 ―― 는 것이 일반적인 주장이다. 국가의 후견하
에서 거의 불가피하게 생산하는 계급들의 희생을 대가로 급속한 발전이 일
어나는 조건에서는 국가와 민중 특히 노동자계급 간의 관계는 문제가 되지
않을 수 없다. 그러나 키칭의 주장은 이것과는 궤를 달리하는 것이다. 또
다시, 그는 문제가 빈곤한 사람들과 노동자계급 자신의 지적·도덕적 결함
과, 물질적 번영만이 생겨나게 할 수 있는 '의식적이고' '지식수준이 높은'
정치활동의 결여라고 지적한다.[10] 현대의 혁명들이 황폐해진 것은 그 혁명
들의 대중적 기반이 가지고 있었던 물질적 동기들, 극도의 물질적 결핍에

---

9) 같은 책, 21면.
10) 같은 책, 54~55면.

대한 그들의 관심 바로 그것 때문이었다. "곤궁한 사람들의 대중운동은 종
종 사회주의자와 혁명가들에 의해 혁명으로 이끌어졌지만, 이 지점에서 나
는 바로 그 대중적 기반이 가지고 있던 동기들이야말로 그 운동을 사회주
의 운동으로서는 치명적인 결함을 갖게 하는 것이라고 주장하지 않을 수
없다."[11] 곤궁에 빠진 사람들, '절망' 때문에 혁명을 지지하는 대중들은 너
무 쉽게 '매수된다'. 혁명은 일차적으로 물질적 생활을 향상시키기 위해 운
동에 참가하는 사람들이 아닌, 좀더 부유한 사람들의 손에 의해 이루어질
때 좀더 안전하다.[12]

키칭은 다음과 같이 결론짓는다. "사회주의자가 된다는 것은 자본가계급
의 경제적 이익에 반대하여 노동자계급의 그것을 옹호하는 것이 아니다.
그것은 일반이익이라는 특수한 개념, 계급 자체의 폐지를 통해 계급의 자
기이익을 초월하는 것을 포함하는 어떤 개념을 신뢰하는 것이다. 따라서
노동자계급에게 순전히 경제적인 생존의 문제와 소비를 증대시키는 문제가
덜 긴급할수록, 그 계급은 '진정한' 일반이익에 관한 논쟁에 더 많이 개입
하는 경향 —— 경제적 이기주의 때문이 아니라 정치적이고 윤리적인 이유
에서 —— 이 있다."[13]

계급이익이라는 협애한 추진력을 '진정한' 일반이익에 대한 관심으로 대
체하면서, 키칭은 '공화주의적 덕목'(republican virtue)과 '시민적 이상'
(civic ideal)이라는 전통을 부활시켜야 한다고 제안한다. 그는 다음과 같이
쓰고 있다. "나는 사회주의적 이념을 시민성(civitas) 혹은 공화주의적 '덕
목'이라는, 그리고 시민의 수동적 '권리'뿐만이 아니라 그들의 의무와 권
력이라는 훨씬 오래된 개념들과 재결합시키기를 소망해왔으며"[14] 또한 그
것을 "사인(私人)으로서의 삶일 뿐만 아니라 공민(公民)으로서의 삶이기도
한 인간의 참된 삶이라는 개념 —— 이 개념 속에서 시민들은 권리뿐만 아
니라 의무를 지니며 시민적 의무의 수행은 자유의 가장 중요한 안전판이
된다 —— 과 재결합시키기를 희망해왔다. 페리클레스 시대의 아테네에서

---

11) 같은 책, 36면.
12) 같은 책, 37면.
13) 같은 책, 62~63면.
14) 같은 책, 131면.

탄생한 이와같은 시민적 이상은 마끼아벨리(Machiavelli)의 『논고』(*The Discourses*: 『티투스 리비우스의 초기저작 10권에 관한 논고』의 줄임말—역자)에서 칭송되었고, 루쏘(J. J. Rousseau)에 의해 다시 주장되었다. 또한 그것은 맑스(어쨌거나 고전적인 학자로서 인생을 시작했던)에 깊은 영향을 끼쳤으며, 내가 생각하기에는, 공산주의 사회에 대한 그의 단편적 전망의 핵심부에 놓여 있다.”[15] 따라서 사회주의가 호소해야만 하는 것은 무엇보다도 사회주의의 지지기반이 갖는 계급의 구성원으로서의 정체성이 아니라 시민으로서의 정체성이다.

　이 모든 것들을 꼼꼼히 살펴보기 전에 키칭의 주장 중 마지막으로 한가지를 더 언급해둘 필요가 있는데, 이는 그것이 NTS와 관련된 더 폭넓은 이론적 문제들과, 경제 및 계급으로부터의 정치의 자율성에 대한 NTS의 주장에 대해 갖는 함의 때문이다. 키칭은 이 원칙을 무조건 승인하지는 않는다. 아니 차라리, 그는 그것을 좀더 정확히 정식화하려 한다. 확실히 그는 비조응의 원리를 받아들인다. 그러나 그는 맑스주의의 ‘경제주의’와 ‘환원주의’를 거부하는 일에 지나치게 마음을 쏟아왔던 사람들에 맞서 맑스의 정치경제학을 방어하고자 한다. 그는 맑스의 정치경제학을 구출하는 데 성공한다. 그러나 그것은 맑스주의 정치경제학이 좁은 범위 내에서만 설명적 가치를 갖는다고 주장함에 의해서다. “나는 맑스의 정치경제학이 심지어 현대자본주의에 대해서까지도 소수의 중요한, 그러나 아주 협소한 명제들을 만들어낼 능력을 가지고 있다는 것을 보여주려 해왔다. 하지만 이 명제들은 어떤 필연적인 (즉 논리적으로 필연적인) 정치적 결과, 혹은 의식적 결과를 수반하지는 않는다.”[16] 요컨대, 키칭이 행하고 있는 것은 ‘경제적’ 현상을 그 자신의 고유한 영역으로 국지화하고 그 속에 가두어버리며 그것으로부터 정치세력들과 갈등들을 격리시키는 것이다. 그리하여 키칭은 갖가지로 맑스를 ‘방어’함에도 불구하고 우리를 비조응의 원리로 명확히 후퇴하게 만든다.

　동시에 키칭이 혁명의 담지자로서 전통적인 노동자계급의 역할을 기각하는 것은 물질적 조건이 의식에 가하는 압력에 대한 지극히 결정론적이라

---

15) 같은 책, 33면.
16) 같은 책, 164면.

할 수 있는 견해에 근거를 두고 있다. 사람들은 '억압당할수록' 시민적 덕
성과 사회주의에 대해 자유롭게 사고하기가 더 어렵게 된다. 그러나 또다
시 여기서 핵심적인 것은, 이렇게 극도로 경제적인 결정론, 즉 경제적 세
력과 정치적 세력 간의 엄격한 조응이 보편적인 것이 아니라 특수한 물질
적 조건에 고유한 것이라는 점이다. 이데올로기와 정치가 물질적인 계급적
관심에 의해 결정되는 정도는 물질적 조건 그 자체에 따라 달라진다. 바꿔
말하면, '토대'가 '상부구조'를 결정하는 정도는 다양하며, 따라서, 예컨대
"빈곤한 자본주의 사회나 사회주의 사회에서는 물질적 '토대'가 상대적으로
조야한 방법으로 정치라는 '상부구조'를 결정한다."[17] 반대로 부유한 나라
에서는 정치가 훨씬 큰 자율성 —— (이 나라들에 존재하는— 역자) 조야한
물질적 관심으로부터 자신의 사고를 해방시킬 수 있는 더 많은 사람들의
숫자에 정확히 비례하는 —— 을 지닐 수 있다. 이와 유사하게 전통적인 노
동자계급은 상대적으로 사회주의와 잘 맞지 않는다. 왜냐하면 정신노동자
들은 좀더 자유로이 합리적이고 인간주의적인 목표 즉 공화주의적이며 시
민적인 덕성을 추구하는 반면, 전통적인 노동자들의 의식은 유물론적으로
결정되기 때문이다.

환언하면, 정치와 이데올로기의 자율성이 의미하는 것은 또다시 모든
것이 가능하다 —— '전통적인' 노동자계급이 사회변혁의 담지자로 행동할
가능성이 있다는 것만을 제외하면 —— 는 것인 듯하다. 오직 '억압받는' 계
급들의 물질적 조건만이 특수한 이데올로기와 정치 —— 반사회주의적인 이
데올로기와 정치 —— 를 얽어매며 규정한다. 다른 사람들은 이성적 담화,
윤리적 논쟁, 그리고 일반이익에 대한 관심에 의해 자유롭게 설득될 수 있
다.

'시민적' 혹은 '공화주의적' 덕성에 대한 개념화, 그리고 이같은 덕성이
가져다주는 합리성과 일반이익을 위한 자제와 그것에 대한 관심을 내세워,
마침내 키칭은 사회주의를 위한 투쟁에서 계급적 이해관계를 대체할 집단
적 동기를 제공했다. 사실상 이것이야말로 NTS와 양립할 수 있는, 즉 그
들의 계급으로부터의 이탈, 무정형적인 지지기반, 그리고 보편적 목표에 대

---

17) 같은 책, 55면.

한 추상화와 양립할 수 있는, 사회적 동기에 대한 유일하게 일관된 설명이라고 할 수 있다. 그리고 시민권(citizenship)이야말로 물질적 조건이나 계급에 의해 함께 묶여지거나 그것에 의해 동기지어지지 않는 어떤 지지기반의 집단적 정체성을 묘사하는 데 가장 적합한 사회적 범주일 것이다. 그들의 정체성, 목표, 그리고 집단적 행동성향은 '이데올로기적이고 정치적인 수준에서' 구성된다. 이들은 '민주주의'를 위한 추상적 충동에 따라 움직이며, 사회주의적 목표에 대한 그들의 이해관계는 시민적 덕성, 자기억제, 자기수양 및 '일반이익'에 대한 이성적 지지에 의존한다. 만일 키칭의 '시민적 이상'이 NTS 정통의 옹호자들이 이해하고 있는 것과 같은 사회주의의 정수를 정확히 대변하는 것이 아니라면, 그들은 아직도 우리에게 더 나은 설명을 제시해야만 할 의무가 있다.

2

키칭의 주장 가운데 무엇보다 놀라운 것은 그것이 좀더 오래된 비사회주의적 정치사상의 전통들과 흡사하다는 것이다. 물론, 그의 견해는 밀의 자유주의와도 중요한 유사성을 가지고 있다. 밀은 노동자계급에 대한 장기적 교육과 그들의 도덕적 기준 및 지적 교양수준의 함양에 의존하는 사회주의의 일종을 유회삼아 생각했었다. 한편 그는 "좀더 훌륭한 정신을 가진 사람들이 다른 사람들을 교육하는 일에 성공할 때까지는" 자본주의가 지배력을 갖도록 허용해야 한다고 주장했다. "… 그들은 마음이 비천한 동안에는 비천한 자극을 원하며 그 자극에 자신을 맡긴다."[18]

그러나 키칭의 주장과 (그리고 그 문제에 관한 한 밀의 주장도) 극히 보수주의적이고 반민주주의적인 사상의 오랜 전통 간에는 좀더 현저한 유사성이 있다. 플라톤이 맨 처음으로 아테네 민주주의를 신랄히 공격하기 시작한 이래, 보수주의적 정치철학의 주된 신조 중의 하나는 진정한 시민정신을 지닌 삶이란 물질적 욕구로부터 자유로울 수 있는 삶의 조건을 가진 사람들에게나 가능하다는 것이었다. 사실상, 플라톤의 소위 철학적 관념론

---

18) John Stuart Mill, *Principles of Political Economy*, Harmondsworth 1970, 114 면.

은, 특정한 사회적 조건이 물질적 세계, 욕구와 현상(appearances)의 세계
의 속박으로부터 사람들의 영혼을 해방시키고 좀더 고상한 것들에 대해 숙
고할 수 있는 능력을 결정한다고 주장한 점에서는 지극히 유물론적이었다.
혹은 다른 방식으로 표현한다면, 그것은 부자에게는 관념론이었고 빈자에
게는 유물론이었다. 덕(德)은 곧 지식이며, 이 두 가지는 모두 물질적 자
유를 전제로 한다. 선한 삶, 도덕적이며 이성적인 삶――따라서 철학적인
삶이며 동시에 시민정신에 충만한 삶――은 이런 자유를 지녔는가의 여부
에 달려 있으며, 그것은 오직 (생존에―역자) 필요한 노동과 일상적인 조
야한 물질적 관심으로부터 자유로운 조건 속에서만 이루어질 수 있다. 플
라톤은 민주주의가 '실리에 밝은' 계급, 즉 미천한 기술자나 상인, 농민과
장인 등――아테네 시민체(citizen body)에서 다수를 이루고 있었으나, 고
역스런 그들의 생활이 영혼을 '비뚤어지게 하고 불구로 만들었으며' 그들로
하여금 도덕적이고 정치적인 판단을 하지 못하게 만든――에게 정치적 권
리를 부여한다는 이유로 그것을 공격했다. 정의로운 폴리스(polis)란 천박
한 욕구에 따라 움직이는 하층계급들이, 이성의 지배를 받는 영혼과 욕구
를 지닌 사람들의 통치에 복종하는 것이다.

후세 사가들은, 아테네의 '몰락'이 천박한 물질주의(materialism) 때문이
었다고 비난하면서 종종 이런 플라톤의 감정에 공명하곤 했다. 그들에 따
르면, 천박한 물질주의는 실리적인 대중이 그들보다 자연적으로 우수했던
사람들에 대한 지배권을 갖게 됨에 따라 시민적 덕성을 희생시키면서 아테
네 사회에 밀어닥쳤다. 이런 역사적 문헌에서 가장 눈에 띄는 특수한 주제
는 '정치적' 인간과 '경제적' 인간의 구분인데, 전자는 시민적인 명예와 영
광에 의해 움직이는 사람이고 후자는 조야한 물질적 관심에 의해 움직이는
사람이다. 전형적으로, '정치적' 인간의 지배는 아테네의 사회와 문화가 전
통적인 귀족들에 의해 지배되고 인민(demos)이 그들에게 복종했던 시기와
일치한다(여기서 지적하지 않을 수 없는 것은, 물질적 관심으로부터 자유
로운 비노동계급들이 아무런 조야한 물질적 이해관계 혹은 계급적 이해관
계도 가지고 있지 않은 것은 그들이 타인의 노동에 의해 살아간다는 바로
그 이유 때문이라는 사실이다). 페리클레스가 죽고 급진적인 민주주의가
도래하자 '경제적 인간'의 승리가 이루어졌다. 그것은 노동과 상업이라는

생활로 인해 협소하고 이기적이며 물질적인 관점을 갖게 되는 하층민들을
전면에 등장시켰으며, '자기자신들과 같은 종류의 사람들'인 '선동가적' 지
도자들을 고무하였다. [19]

이와 비슷한 주제들은 서구 정치사상의 전역사를 관류해왔다. 그 속에서
대부분의 '고전'들은 가난한 자들 및 근로계급들, '군중'(multitude), 그중에
서도 특히 '숨쉬는 것 이외에는 아무 것에도 이해관계를 가지고 있지 않은'
(퍼트니 논쟁*에서 크롬웰이 한 말을 인용하자면) 무산자들은 너무나 비합
리적이고 무책임하거나, 혹은 지나친 노예근성을 가지고 있고 쉽게 매수되
기 때문에(혹은 이 두 가지 특징을 모두 다 가지고 있기 때문에) 정치적
권리를 부여할 수 없다는 것을 당연시해왔다. 반면, 유산계급들(최소한 연
수입 40실링 이상의 자유부동산 소유자 forty-shilling freeholders)은 공동체
에 '고정적인' 혹은 '영구적인 이해관계'를 가지고 있으며, 따라서 진지하게
자신의 책임을 다하리라 기대할 수 있었다.

말할 필요도 없이, 이와 똑같은 추론이 근대의 혁명들을 해석하는 데도
영향을 끼쳐왔다. 물질적인 박탈, 빈곤, 굶주림 및 착취라는 조야한 충동
에 의해 추동되며 아무런 스스로의 건설적·합리적인 목표도 가지고 있지
않은 대중들은 권력에 굶주린 무도한 선동가들이나, 물질적 이익이라는 감
언이설에 쉽게 속아 희생양이 된다. 키칭과 놀라우리만큼 유사하게 혁명을
해석하고 있는 것은 한나 아렌트(Hannah Arendt)의 해석이다. 그녀에게는
미국혁명만이 유일하게 참된 혁명이었다. 그것은 새롭게 시작하려는, 새로
운 정치적 질서 즉 자유의 질서를 건설하려는 순수하게 '정치적인' 충동에
의해 추동되었다. 프랑스혁명은 그것을 계승한 혁명들과 마찬가지로 '사회
적 문제'를 정치라는 자율적인 영역으로 밀어넣었다는 사실, 조야한 물질
적 욕구에 따라 움직이며 자유에 대한 순수한 열망이라는 동기에 의해서는
결코 움직일 수 없는 굶주린 폭도들이 공적 영역, 즉 '정치의 공간'을 침범

---

19) Victor Ehrenberg 같은 널리 존경받으며 대체로 분별이 있는 역사가조차도 이
    런 유의 말을 사용한다. 예컨대, *The People of Aristophanes: A Sociology of Old
    Attic Comedy*, New York 1962, 360~73면을 보라.

* 1647년 10월~11월에, 크롬웰 군대의 사령부가 있던 퍼트니에서 장군과 하급장
  교·사병대표 간에 민주적인 헌법의 제정과 시행을 둘러싸고 벌어진 논쟁 ─ 역자.

했다는 사실로 인해 치명적인 결함을 지니고 있었다. 결국에는 미국혁명조 차도 "유럽으로부터의 지속적인 대량이민이라는 충격파 속에서" 사회가 "점점 더 가난한 자들 자신의 지배에 휘둘리게 됨에 따라, 그리고 그 결과 사회가 자유의 기반에 영감을 부여했던 원칙들과는 구분되는, 빈곤으로부 터 배태된 이상들의 지도 아래 놓이게 됨에 따라 타락하고 말았다."[20] 사 실상, 타락은 처음부터 존재했는데, 그것은 이 나라가 항상 자유와 시민적 덕성의 땅이었을 뿐만 아니라 '또한' (아렌트의 말을 빌리면)

그들이 처한 조건상 자유나 덕성을 이해할 만한 소양을 거의 갖추지 못한 사람들의 약속의 땅이기도 했기 때문이다. (신대륙으로 옮겨온—역자) 유럽의 빈곤은 파괴의 맹위를 떨치면서 황무지 속에서 여전히 자신의 원한을 풀고 있 었으며, 그로 인해 미국의 번영과 미국의 대중사회는 점점 더 정치의 전영역 을 위협하게 되었다. 가난한 사람들의 은밀한 소망은 '필요에 따라 각자에게' 가 아니라 '욕망에 따라 각자에게'다. 또한 비록 자유는 욕구를 충족시킨 사람 들에게만 찾아올 수 있다는 것이 진리라 할지라도, 그것은 또한 자신의 욕망 을 위한 삶에 마음을 쏟는 사람들과는 거리가 먼 것이라는 것 역시 그에 못지 않은 진리다.

억압과 착취가 해방을 위한 투쟁들의 가장 확실한 원천이라는 맑스주의의 원칙과 이보다 더 거리가 먼 것은 없다.

가빈 키칭은 이런 보수적인 사상가들의 오랜 전통과는 달리, 언뜻 보기 에, 노동자계급——혹은 최소한 그 일부——을 사회변혁의 담지자로 취 급하고 있는 것 같은 게 사실이다. 또한 그는 어느 정도의 억압과 착취 ——좀더 완화된 종류의 것이기는 하지만——는 사회주의의 '진정한' 지 지기반에 속하기 위한 조건이라고 생각하는 듯하다. 그럼에도 불구하고 그 의 명료한 기준에 따르면 정치적 능력——인간주의적 목표, 윤리적 관심 및 합리적 원칙을 동기로 하여 움직일 수 있는 능력——은 억압으로부터 의 자유, 물질적 궁핍으로부터의 자유 그리고 고된 육체노동을 하는 생활 로부터의 자유에 정비례한다. 따라서 플라톤과 마찬가지로 (그에게도—역

---

20) Hannah Arendt, *On Revolution*, New York 1965, 136면.

자) 덕이 되는 지식은 물질적 궁핍으로부터의 자유인 것으로 (혹은 최소한 그것을 전제조건으로 하는 것처럼) 보인다. 노동자계급에 한정해보자면, 이 말은 '정신노동자들'이 육체노동자들보다 혹은 나아가 가난한 자들보다 좀더 정치에 적합하다는 것이다. 그러나 그렇다면 자본가들 자신, 그리고 그중에서도 특히 교육을 잘 받은 사람들이 임금을 받는 사무직 노동자들, 혹은 심지어 봉급을 받는 대학교수들보다 더 자연스런 사회주의의 지지기반이 되지 못할 이유가 어디 있겠는가? 또 무역과 상업조차도 천하고 고역스런 일로 만들어버리는, 정말로 귀족주의적인 원칙을 채택하지 못할 까닭이 있는가? 그럴 경우 여유있는 금리생활자의 삶을 영유하는 옥스포드나 캠브리지 출신의 지주신사들이야말로 가장 확실한 좌파의 충원자가 되지 않겠는가? 밀과 마찬가지로 키칭이 대중들도 먼 미래의 어느 때엔가는 덕이 되는 지식을 열망할 수 있으리라고 믿었다는 —— 혹은 그러기를 바랐다는 —— 사실은 알게 된다 해도 좀더 전통적인 성향의 사회주의자들에게는 그리 위안이 되지 못한다.

이와같은 보수주의적이고 반민주주의적인 전통이라는 역사적 배경 속에 놓고 볼 때, 키칭의 주장의 오류 —— 그 정치적 함의는 말할 것도 없고 —— 는 지극히 명백해진다. 대중운동, 혁명 및 '폭도'들의 도덕적·정치적 능력에 대한 이런 반동적 판단을 뒷받침하려면 역사적 사실에 대한 엄청난 왜곡이 필요하다. 혹자는, 어떻든 '집단행동'에 대한 이런 분석양식은 조지 루데(George Rudé)나 에드워드 톰슨(Edward Thompson) 같은 역사가들의 저작에 의해 단칼에, 그리고 영원히 해결되어버렸다고 생각해왔을 것이다. 이미 우리는, 예컨대 러시아혁명에 대한 이런 해석들 —— 혁명적 대중들 속에서, 부정적인 충동에 의해서만 움직이며 모든 합리적이고 적극적인 변혁의 목표는 탈계급적인 자신의 지도자들에게 의존해야 하는 맹목적 폭도밖에는 보지 못하는 —— 이 얼마나 황당한 것인가를 지적한 바 있다(키칭은 확실하게 이런 해석을 받아들인다). 혁명이 민주주의적 사회주의를 만들어내지 못했다는 것은 분명한 사실이지만, 이 실패를 대중들이 진정한 혁명적 이상 대신 자기자신의 물질적 이익에만 몰두했기 때문이라고 비난하는 것은 지극히 그릇되고 어리석은 짓이다.

키칭이 그토록 중요하게 여기는 시민적 이상은 그의 가정과는 완전히 반대되는 다음과 같은 조건들 속에서──그가 옳게 얘기했듯, 아테네에서──탄생했다. 첫째, 시민적 이상 그 자체는 '순수한 것'으로서 생겨나지 않았으며, '조야한' 물질적 이해와는 무관한 윤리적 원칙 속에 체현된 것도 아니었다. 그것은 초기 아티카(Attica)의 계급관계들로부터 탄생한 것이었다. 둘째, 아테네 시민들 중에서 시민적 이상을 그들의 목표로 가장 직접적으로 표현했던 사람들은 키칭이나 플라톤의 몽상 속에 나오는 이해관계에 초연한 지식인이나 철인왕이 아니었으며, 시간과 여가와 물질로부터의 자유를 가지고 '자기자신과 사회에 대해' 성찰하는 데 신경을 쓸 수 있었던 유산계급들도 아니었다. 오히려 그들은 대부분 시민권을 평준화하고 귀족의 재산과 권력을 시민공동체 사법권 속으로 병합하며 공유지에서의 귀족적 특권을 희석하는 데서 이익을 얻었던 평범한 농민들과 상인들이었다. 시민적 원칙에 자신의 물질적 이익이 가장 직접적으로 반영되어 있던 것은 바로 이 계급들이었는데, 이 원칙은 혈족관계·파벌·친목단체──귀족적 소유와 권력의 기반들──따위의 특수주의에 반대되는 시민공동체 즉 폴리스의 전구성원을 대상으로 하는 것이었으며, 시민권자의 자격을 혈통 및 가계에 의한 구별과는 배치되게 설정하고 있었다. 시민적 이상의 도덕적 가치가 그것의 '낮고' '천한' 출신성분 때문에 혹은 물질적 이익에 그 기원을 두고 있기 때문에 평가절하되어야 한다고 이야기하는 사람은 누구인가? 그것에 생명을 불어넣은 이 '저속한' 열망이 윤리적 이상을 만들어내기에는 전혀 적합치 않다고 말하는 사람은 누구인가?

이는 특별히 언급할 만한 가치가 있는데, 그것은 그렇게도 많은 '진정'사회주의자들이 '계급환원주의'나 '경제주의'에 대해 공격하면서 긍정적인 정치적 동력의 원천이 될 수 있는 '조야한' 물질적 이해관계를 평가절하하는 태도를 취하는 경향을 보이기 때문이다. 이는 '이해관계'와 도덕성을 정반대되는 것으로 취급하는 철학적 전통의 정신 속에서 이루어지고 있는 듯하다. 의심할 여지 없이 여기에는 검토되어야 할 수많은 철학적 문제들이 존재한다. 그러나 우리의 목적에 비추어 볼 때 염두에 두어야 할 중요한 것은 이 철학적 대당(對當)이 종종 다음과 같은 견해와 결합되어왔다는 것이다. 즉 '이해관계'(일반적으로는 물질적 이해관계)에 의해 움직이는 사람들은 정의상 도덕적으로 파산한 사람들이며, 물질적 관심사에 의해 가장 열

심히 움직이는 '하층민들', 가난한 자들 및 근로계급들은 세상에서 가장 도
덕적으로 파산한 사람들이라는 것이다.

키칭의 분석이 제시하는 식으로, 물질적 이해관계로부터 분리된 '공화주
의적' 덕성과 시민적 이상의 유의미한 표상 따위는 결코 존재해본 일이 없
다. 계급중립적인 시민적 휴머니즘은 결코 존재해본 적이 없다. 공화주의
적인 동기들은 항상 구체적인 사회집단의 현실적인 물질적 조건과, 다른
사람들의 이익과 상반되는 그들의 이익에 견고한 뿌리를 두고 있었다. 예
컨대, 키칭이 동의하면서 인용하는 마끼아벨리의 공화주의는, 마끼아벨리
가 공화국의 황금기라고 여겼던 시기 동안 그 골간을 이루었으나 실제로는
내내 공민권을 가지고 있지 못했던 중간층 상인과 장인의 입장에 서서 플
로렌스의 귀족계급을 열렬히 공격한 것을 표현해주는 것이었다. 키칭이 권
위를 빌리고 있는 또다른 이론가인 루쏘는 아마도 특권계급과 절대국가의
억압에 대항하여 소생산자를 대변한, 맑스 이전의 정치사상가 중 가장 민
주적인 이론가였을 것이다.

내친 김에, 사회적 조건들과 시민적 덕성의 관계에 대한 루쏘의 신념을
키칭의 그것과 비교해보는 것도 재미있을 것이다. 어떤 사람들은, 루쏘가
모종의 추상적 '일반의지'에 특수한 이해관계를 복종시킬 것을 열렬히 요구
했으며 이 일반의지는 가혹한 자기부정적 덕성을 부과할 것을 요구하기 때
문에, 그의 사상에 '전체주의적' 함의를 가지고 있다는 혐의를 둘 수 있다
고 주장한다. 그러나 루쏘는 진정한 이익의 공동체가 없는 곳에서는 '일반
의지'도 '공동선'도 결코 존재할 수 없다는 것, 어떤 사람이 타인에 의해
착취받는 곳에서는 그런 이익의 공동체가 결코 존재할 수 없으며, 따라서
그들의 이해관계는 불가피하게 적대적일 수밖에 없다는 것을, 맑스 이전의
주요 사상가들 중 그 누구보다도 잘 인식하고 있었다. 바꿔 말하면, 그의
주장이 갖는 함의는 물질적 삶이라는 현실에 기초를 두지 않는 시민적 덕
성이란 존재할 수 없으며, 시민적 이상을 위해 분투한다는 것은 일차적으
로는 누군가의 손해가 다른 누군가의 이익이 되고 그래서 그들을 불가피하
게 서로 적이 되게 만드는 사회적 불평등을 폐지하기 위해 싸우는 것일 수
밖에 없다는 것이었다. 그렇다면 키칭과는 정반대로 루쏘에게 시민적 덕성
이란 선한 사회의 전제조건이 아니었다고 볼 수 있다. 오히려 선한 사회만

이 참된 시민적 덕성을 가능케 할 수 있다는 것이다. 또한 맑스와 마찬가지로──그리고 다시 한번 키칭과는 정반대로──루쏘에게는 공동선을 위한 가장 신뢰할 만한 충동은 어떤 숭고한, 그러나 뿌리 없는 도덕적 의식이 아니라, 착취와 억압으로부터 벗어나고자 하는 피착취자와 피억압자의 열망이라고 할 수 있다.

키칭의 결론에는 너무도 기가 막힌 아이러니가 존재한다. 『사회주의를 다시 생각한다』(*Rethinking Socialism*)의 부록에서 그는 엘리뜨주의적 경향에서 좌파를 구출해야 한다고 주장했다. 그의 주장에 따르면, 이 엘리뜨주의는 사회주의적 지식인의 고립, "좌파 지식인이 점점 더 모든 효과적인 정치활동으로부터 분리되는 것"[21]에 그 뿌리를 두고 있다. 계속해서 그는 해결책은 "이론적 비판이 아니라 좀더 생명력 있고 대중적인 좌파정치를 찾아내는 것이며" 그것은 좌파 지식인들로 하여금 다시 대중과 접촉할 수 있게 해줄 것이라고 주장한다. 많은 좌파 지식인들의 '엘리뜨주의적' 경향 및 인민대중의 운동으로부터의 고립에 대한 키칭의 비난은 어느 정도는 정당한 것이다. 그러나 사회주의의 '진정한' 지지기반, '피억압자들'의 지적·도덕적 무능력, 그리고 사회주의 운동이 호소해야만 할 특수한 자질들에 대한 그의 주장이 지닌 논리로 볼 때, 비엘리뜨주의적 정치에 대한 그의 호소가 갖는 아이러니는 참으로 절묘한 것이 된다. 사회주의자들은 평범한 대중들과 접촉하지 못하고 있다는 이유로 단죄되며, 다음과 같은 선고를 들어야 한다. 평범한 대중과 접촉하고 있다는 것은 그들이 지적으로나 도덕적으로나 사회주의적 메시지를 받아들이기에 부적합하다는 것을 깨닫는 것이며, 그들은 장구한 자본주의의 번영의 시대가 '지적 교양'의 일반적 수준을, 오늘날에는 오직 소수만이 성취하고 있는 그 수준으로까지 끌어올려 놓을 때까지는 계속해서 그럴 것이라는 것을 깨닫는 것이다. 이 얼마나 값진 민주주의인가?

분명히 NTS 모두가 이처럼 철두철미한 키칭의 견해에 동의하려 하진 않을 것이다. 그러나 모든 NTS 프로젝트의 핵심부에는 이와 유사한 모순이 놓여 있다고 할 수 있다. 사회주의가 물질적 조건에 전혀 뿌리를 두지

---

21) Kitching, 177면.

않으며 본질적으로 이데올로기적이고 정치적인 구성물이라면, 바로 그 중차대한 임무는 자율적인 이데올로기와 정치의 전문가들에게로 떨어진다. 그것은 이제, 물질적 조건의 발전과 생산관계는 혁명적 운동을 발생시키기에 충분치 못하며 사회주의의 건설은 현존하는 사회세력들과 이해관계들을 조직하는 엄청난 노력을 필요로 한다는 것을 인정하고 말고 하는 그런 단순한 문제(누가 그것을 부정하겠는가?)가 아니다. 결과적으로 그들은 지금 사회적 이해관계나 사회세력 따위는 결코 **존재하지 않는다**는 얘기를 하고 있는 것이다. 그것들은 이데올로기와 정치에 의해 **창출되어야만** 한다. 따라서 이제는 '전위주의'(vanguardism) 따위는 문제조차 되지 않는다. 지도자들이 자신이 지도해야 한다고 주장할 수 있는, 혹은 자신은 그 사람들의 이익을 위해 행동한다고 주장할 수 있는 독립적으로 실재하는 사회적 세력 자체가 존재하지 않기 때문이다. 사회주의를 위한 투쟁 속에서 이용되고 지도되어야 할 사회적 세력들은 그들의 이데올로기적 지도자들이 그들에게 부여한 그 무엇을 떠나서는 아무런 정체성도 가질 수 없으며 존재할 수조차 없다. '대체주의'(subsitutionism: 노동자계급이 미성숙한 경우 노동자계급의 전위당이 그들을 대신하는 것을 의미 — 역자)에 대해 말하는 것조차 가능하지 않다. 존재하지 않는 것이 대체되거나 대표될 수는 없는 일이니까. 단지 그것은 창조되고 발명되고 고안되어야 할 뿐이다. 이것이야말로 우리의 새로운 이데올로기적·정치적 지도자들이 스스로 떠맡은 경외스런 임무다. 의심할 여지 없이 우리는 사회주의적 엘리뜨주의의 결론에 도달한 것이다.

9
사회주의와 민주주의

우리는 NTS 프로그램의 본질적인 구성요소가 사회주의적 목표와 계급들의 물질적 목적을 분리하고, '비물질적이고' 보편주의적이며 인간주의적인 목적——민주적 통제, 평화, 쾌적한 환경 그리고 삶의 질 혹은 '기본적인 인간욕구'의 충족 등등——을 새로이 강조하는 것임을 살펴보았다. 이러한 목표 중에서 가장 일반적이고 가장 체계적으로 이론화된 것에 속하는 것이 민주주의다. NTS의 정치 프로그램은, 사실 유로코뮤니스트 이론가들이 유일하게는 아니나 가장 완벽하게 발전시킨 '민주화' 전략과 어느정도 일치한다. 민주화 프로그램의 뿌리와 기본가정을 추적해보면, 우리는 NTS의 프로젝트 전반에 대해 많은 것을 알 수 있다. 매우 엄밀하게 조사해본다면, 우리는 확실히 그 프로젝트가 반민주주의적이고 엘리뜨주의적인 함의를 담고 있다는 혐의를 잡아낼 수 있을 것이다.

원래 '영국공산당 사회학 그룹'이 조직한, 1978년 12월의 한 협의회에 제출된 『맑스주의와 민주주의』(*Marxism and Democracy*)라는 제목의 논문 모음집에서 편집자인 앨런 헌트(Alan Hunt)는 민주주의 실천의 '상대적 자율성'이나 '불확정성'을 강조하고 비조응의 원리에 호소하면서, 새로운 '진정' 사회주의자 모두가 받아들일 수 있는 민주주의 구상의 개요를 다음과 같이 정리하고 있다.

민주적 행위와 조직의 형태는 자동적으로 계급 딱지를 달지 않는다. 의회선

거에 '부르조아' 특유의 것은 아무 것도 존재하지 않는다. 의회선거는 대표의
소환을 그 본질로 하는 프롤레타리아 민주주의 체계와 결코 대립되지 않는다.
특수한 형태의 민주주의적 실천의 계급적 결과는 단지 특정 시기에 나타나는
세력균형의 결과일 뿐이다. 따라서 의회민주주의는, 그것이 역사적으로 부르
조아지가 헤게모니 계급이라는 조건하에서 존재해왔다는 의미에서만 부르조아
적일 뿐이다. …

　사회주의 혁명이라는 프로젝트는 자본주의의 출현으로 개시된 역사적 단계
의 파괴가 아닌 완성으로 간주되어야만 한다. 그러므로 이러한 진보의 본질적
조건은 경제적·사회적 생활의 특수한 자본주의적 조직화가 부과한 방해물을
제거하는 것이다. … 따라서 민주주의의 실현은 부르조아 민주주의의 파괴가
아니라 부르조아 민주주의의 완성, 즉 자본주의적 관계의 비민주적 구조에서
해방됨을 의미한다. 정치적 경쟁, 대의제 정부, 정치적 권리 등은 비역사적인
자본주의적 본질을 갖고 있는 것이 아니라 그것의 변형을 통해 사회주의 프로
젝트를 성취할 수 있게 하는 기초를 제공한다. …

　민주주의 확대의 필연성과 가능성을 사회주의적 진보의 전제조건으로 강조
하는 정치적 전망은 사회주의 전략에 대한 근본적으로 상이한 관점을 요구한
다. 우선 그것은 여타의 계급, 예를 들어 쁘띠부르조아지 혹은 농민이 노동자
계급에 종속적인 파트너로 어떻게 제한되어야 하는가가 더이상 문제가 되지
않는 변화된 동맹전략을 필요로 한다. 계급들이 동질적인 실체로 파악되지 않
는다면, 당연히 정치세력은 계급과 직접적이거나 필연적인 관계를 지니지 못
한다. …

　자본주의 사회에서 민주주의가 한계를 지니는 것은 기본적으로 그 형식적
특질에서 유래한다. 이 책에서 제시하는 논의의 핵심은 이것이 절대적 장애물
이 아니라는 점이다.[1]

　사회주의가 민주적 통제를 사회조직의 기초 그 자체로까지 확장하는 것
과 동일시되는 것에는 이론의 여지가 없다. 하지만 이 원리 자체가 NTS
와 여타의 사회주의 구상을 준별하는 것은 아니다. NTS의 독특한 특징은
민주주의를 추상화하고 자율화하는 것, 부르조아 민주주의의 '불확정성'과
민주주의에 아무런 특수한 계급적 특징이 존재하지 않는다는 것을 일관되

---

1) Alan Hunt (ed.), *Marxism and Democracy*, London 1980, 16~18면.

게 주장하는 데 있다. 그리고 무엇보다도 부르조아 민주주의가 그 (상대적?) 자율성 때문에 원칙적으로 사회주의적 민주주의로 확장될 수 있다는 확신에 있다. 따라서 사회주의는 단지 자본주의의 완성일 뿐이고, 자본주의에서 사회주의로의 진보는 단절없는 연속으로 인식될 수 있다.

이 모든 주장은 비록 자본과 노동 사이의 계급대립이 '경제'영역에서 결정적인 것으로 남아 있다 할지라도 이같은 대립이 정치수준에도 반드시 해당되는 적대는 아니라는 점을 강하게 함축하고 있다. 실제로 그렇다면 우리는 더이상 자본주의에서 사회주의로의 이행을 연속적인 과정으로 이해할 수 없다. 왜냐하면 그 과정은 적대적인 계급이해가 개입하는 지점에서 차단될 것이기 때문이다. 정치적 수준에서의 중심범주는 계급이 아니라 보통 '파워블록'(power bloc)이라 불리는 것, 혹은 심지어 '관료계'를 한편으로 그리고 '민중'(people)을 다른 한편으로 하여 정치적으로 구성된 실체다. 이러한 두 범주——그러나 특히 후자——는 원칙적으로 이데올로기적이고 정치적인 수단에 의해 무한히 확장될 수 있다. 사회주의 전략의 과제는 지배적인 환경과 현존 사회집단의 민주적 담화에 대한 다양한 감응도를 기초로 하여 어느정도 계급과는 무관한 가용세력으로부터 '민중'을 구성한 다음, 부르조아 민주주의의 형식적·정치적 한계를 넘어 민주주의를 확대하기 위해 '민중'을 파워블록이나 '관료계'에 대항하도록 이끄는 것이다.

몇몇 정식화에서는, '민중'을 계급과 별개의 것이고 그 자체가 계급에 의해 결정되지 않는 것으로 이해하면서도 여전히 민중을 반파워블록적인 정서를 가장 잘 받아들일 수 있는 계급들의 동맹이라고 이야기한다. 다른 정식화에서는, 계급으로부터의 이탈이 더욱 완벽하게 드러난다. 그런 예를 대표하는 사람 중의 하나인 배리 힌데스는 다음과 같이 주장한다. "문제는 민주주의의 계급적 성격을 구축하는 것, 정치세력의 계급적 성격을 규정하는 것, 계급들과 다른 이익집단 사이에 동맹을 건설하는 것 등등이 아니다. 특정한 사회에서 작동하고 있는 세력, 투쟁, 이데올로기 들로부터 효과적인 지지를 이끌어내 사회주의 목표 주위로 동원하는 것이다."[2] 이 말이 분명히 함축하고 있는 것은 적실한 세력이 직접적으로든 간접적으로든

---

2) Barry Hindess, "Marxism and Parliamentary Democracy," in Hunt, 42면.

계급관계에 의해 구성되어야 할 필연성은 존재하지 않는다는 것이다. 정치적으로 적실한 세력——'민중'과 같은——과 계급세력 사이의 모든 관계는, 그것이 표현된다면, 순수히 우연적이거나 '정세적'일 것이다.

이처럼 정치투쟁을 다양한 수준에서 계급갈등과 분리함으로써 계급투쟁이 자본주의에서 사회주의로 이행하는 데 추동력이 될 것이라는 맑스주의적 교리에 대한 어떠한 향수어린 고수도 '계급투쟁'은 계급적 담지자를 필요로 하지 않는다는 원리(우리가 살펴보았듯이 샹탈 무페가 구체화한 원리)에 의거하고 있는 것처럼 보인다. 어쨌든, 여기서는 이행을 자극하는 동력이 계급이익으로부터 분리되고, '정세적으로는' 일정한 계급이익과 우연히 일치할 수도 있지만 그것으로부터 자율성을 획득한 실체없는 (disembodied) 민주주의적 추진력으로 재규정된다.

이러한 접근에 대해 우리는 기껏해야 해결로 제시된 것이 문제의 재진술에 불과하다고 말할 수 있다. 의심할 여지 없이 민주주의가 사회주의의 본질에 귀속되는 것이라고 주장하는 것은 중요하다. 그리고 사회주의 운동의 주요임무가 너무도 자주 '자유주의적' 혹은 '부르조아적' 정치에 양도되었던 민주주의 투쟁의 지형을 되찾는 것임을 주장하는 것도 중요하다. 하지만 민주주의를 추상화하고 자율화하는 NTS는 그 문제를 거의 발전시킬 수 없다. 여기서 사회주의를 건설하기 위한 수단 즉 전략으로 취급되는 민주주의의 확장은 결코 수단이나 전략이 아니라 오히려 달성해야 하는 목적 바로 그 자체다. 만약 민주주의 투쟁이 부르조아 민주주의의 정치적 형태를 잘 응용하는 문제만이 아니라 밥 제솝(Bob Jessop)이 지적하는 것처럼 그 저변에 놓여 있는 "근본적인 사회관계"를 포괄하고자 하는 것이라면, 특히 "민주주의의 실현이 정치적 자유란 면에서 계급에 기반을 둔 불평등을 제거하기 위해 생산관계를 재조직할 필요가 있다"면,[3] 그렇다면 우리는 정말로 우리가 시작했던 출발점으로 되돌아온 셈이다.

헌트, 힌데스, 제솝 등등이 제안하는 사회주의 프로젝트의 재정식화는 해결되어야 할 바로 그 문제들을 존재하지 않는 것으로 단순히 개념화한다. 부르조아 민주주의의 확장 전략을 사회주의로의 이행을 이루어내는 방

---

3) Bob Jessop, "The Political Indeterminacy of Democracy," in Hunt, 63면.

법과 동일한 것으로 만들고 '민중민주적'(popular democratic) 운동의 사회
주의 운동으로의 변형을 상대적으로 문제가 되지 않는 것으로 만드는 것은
단지 이론의 마술 같은 기만, 즉 말장난이다. 그것은 일차적으로 '민주주
의'의 다양한 의미와 측면을 합성하는 것에 바탕을 두고 있다. 그리하여
사회주의적 민주주의의 문제는 단지 양적인 것, 즉 확대, 확장의 문제가
되어버린다. 우리는 자본주의에 부합하는 민주주의 형태와 그에 대한 근본
적인 도전을 나타내는 민주주의 형태 사이의 간극을 보지 못하게 된다. 우
리는 더이상 '민주화'의 연속선상에서 간격, 즉 정확히 계급이해의 대립에
조응하는 간격을 보지 못한다. 달리 말하면, 우리는 자본주의와 사회주의
의 투쟁이 정확히 상이한 형태의 민주주의를 둘러싼 투쟁으로 이해될 수
있다는 것과 두 형태를 가르는 선이 근본적인 계급이해가 분기하는 바로
그 지점일 수 있다는 사실을 망각하도록 유도된다.

같은 논문 모음집에서 콜린 머서(Colin Mercer)는 맑스주의자가 "민주주
의를 필연적인 계급적 소유물로 생각하는" 오류를 범했다는 것을 증명하기
위해 민주주의에 대한 "다양한 정의"를 목록화하여 제시한다. 그는 이 오
류가 "자유주의 국가 스스로의 민주주의에 대한 개념화", 즉 자본주의가
민주주의의 유일한 소유자가 된다는 주장과 연루되어 있다고 주장한다.[4]
머서는 '민주주의'의 다양한 함의, 즉 자본주의와 아무런 관련이 없고 부르
조아 민주주의와 정말로 구별되는 다수의 함의를 개괄하는 것으로 이러한
주장에 맞서려고 한다. 그는 민주주의의 개념은 "민주주의라는 단어와 실
체를 그것의 가능한 의미들—— 그것의 대의적 형태, 대중적 형태 혹은 계
급적 형태—— 중의 어떤 하나로 떨어뜨릴 가능성을 부정하는 하나의 복합
체를 의미한다고 결론을 내린다. 민주주의는 사실 이 모두를 포괄해야 한
다. 단순히 '프롤레타리아' 민주주의에 대립적인 것으로 제기될 수 있거나
혹은 혁명적 법령에 의해 프롤레타리아 민주주의로 대체될 수 있는 순수한
'부르조아' 민주주의란 존재하지 않는다. 이러한 민주주의의 의미의 접합
(articulation)은 '형식적' 민주주의와 '직접' 민주주의의 단순한 이분법과 그
것과 연관된 전략적 모델을 거부하는 맑스주의의 이론과 실천에서 이행개

---

4) Colin Mercer, "Revolutions, Reforms or Reformulations? Marxist Discourse
   on Democracy," in Hunt, 109면.

념의 발전에 중심적인 것이다. "[5]

이러한 주장의 약점은 명확하다. 민주주의 개념에서 의미의 다양성은 바로 부르조아 민주주의와 다른 형태의 차이를 두드러지게 한다. 그리고 우리에게 민주주의를 부르조아 의회제 형태 같은 것과 동일시하도록 고무하면서 자신이 민주주의를 배타적으로 소유하고 있다는 자본주의의 주장을 뒷받침했던 것도 바로 이러한 의미들의 합성이다. 당연히 민주주의의 다양성 속에서 민주주의를 획득하는 것 —— 단순히 자본주의적 지배를 위한 덮개가 아니라 임의의 권력에 대항하는 보호물 구실을 하는 그러한 부르조아 민주주의 형태의 확장을 포함하여 —— 이 사회주의의 목표여야 한다. 그러나 어떤 의미에서는 사회주의를 자본주의와 근본적인 갈등에 빠뜨리는 것이 바로 이러한 목표다. 자본주의에서 사회주의로의 이행을 자본주의에서 성숙된 민주주의적 형태의 확장과 완성에 불과한 것으로 이해할 수 없게 하는 것은 바로 민주주의의 사회주의적 의미에 포함되어 있는 다양한 측면이다. 부르조아 민주주의의 확장은 그 자체로 중요할 수도 있다. 하지만 형식적·법적인 용어로 이해된 민주주의와 예를 들어 자유로운 생산자연합의 자기조직을 낳는 것으로 이해되는 민주주의 사이에는 질적인 차이가 존재한다. 전자의 일정한 제도가 원리적으로 후자에 적대적이지 않을 수 있다는 사실이 전자의 이익과 양립할 수 있는 모든 사회적 이익이 또한 후자와 양립할 수 있음을 의미하는 것은 아니다. 부르조아 민주주의 형태와 양립가능하고, 나아가 그것에 의해 충족되는 일정한 계급이해는 돌이킬 수 없을 정도로 생산관계 영역에서의 민주주의와 적대적이다. 정치와 '경제'의 비조응의 원리와 민주주의의 '불확정성'에 대한 섣부른 주장은, 자유민주주의는 그것이 생산관계는 건드리지 않는다는 바로 그 이유 때문에 자본주의와 양립가능한 반면 사회주의적 민주주의는 정의상 생산관계의 변혁을 초래한다는 사실을 모호하게 한다.

사실 어떤 의미에서는 비조응의 원리는 자본주의 정치이데올로기의 기본적인 전제, 즉 정치영역과 경제영역 혹은 사회영역의 뚜렷한 분리, 자본주의 생산관계는 건드리지 않으면서 자유민주주의적 형태들의 발전을 가능

---

5) 같은 글, 110면.

하게 하는 바로 그 분리를 반영한다. '민주주의'를 형식적인 정치적·법적 영역으로 제한하고 확실히 그것을 사회관계의 실질적 내용으로부터 배제하는 것은 바로 이 분할이다. 자본주의 이데올로기의 헤게모니는 시민권의 원리와 비정치적 영역에 적용되는 규칙 사이의 구분을 유지하는 데 달려 있다.

　물론 자본주의 헤게모니에 대한 공격은 이러한 이데올로기적 분업에 도전하고 민주주의의 의미를 확장하는 형태를 띠어야만 한다. 하지만 문제가 단지 언어적인 것은 아니다. 자본주의가 민주주의의 작동을 허용할 수 있는 영역(그리고 여기서조차 단지 일정 지점까지만 그렇게 할 수 있다)과 그렇게 할 수 없는 영역 사이의 경계선은 적대적인 계급이해간의 넘을 수 없는 경계선과 일치한다. 여기서 만약 전과 같지 않으려면, 한 형태의 민주주의에서 다른 형태의 민주주의로의 연속선상에서 하나의 단절이 존재해야 한다. 바꿔 말해, 여기서 전과 같지 않으려면, 계급적 결정요인이 결정적이 될 것이다. 그리고 아무리 많은 요설을 늘어놓는다 할지라도 그것이 문제를 없애지는 못할 것이다.

　부르조아 민주주의가 '불확정적'이고 원리적으로 무계급적이라는 사실은 NTS의 전제인 것과 마찬가지로 사회민주주의 프로그램의 기본전제였다. 우리가 이러한 공리의 부적절한 면을 살펴보기 전에, 그 중요성이 매우 과장되어왔다는 점을 강조해야 한다. 설사 우리가 자유민주주의의 정치적·법적 형태가 계급특수적이 아니라는 것과 자본의 이익에 봉사하는 것만은 아니라는 점을 받아들인다 해도, 그것이 실제로 우리에게 자본주의에서 사회주의로의 이행에 대해 무엇을 말해주는가? 이행의 성격은 부르조아 민주주의의 계급연합보다 사회주의의 계급적 특수성에 더 의존하지 않는가? NTS는 사실상, 자유민주주의가 '불확정적'이라는 것뿐만 아니라 사회주의적 민주주의도 그것이 어떠한 계급적 이익에 대한 근본적인 도전을 의미하지 않고 모든 계급이 그것을 성취하는 데 똑같은 이해관계를 갖는다는 점에서 마찬가지로 불확정적이라는 것을 받아들이도록 우리에게 요구하고 있는 것이 아닌가? 물론 사회주의의 동력이 '불확정성' 혹은 더욱 정확하게는 보편성——특수한 계급들의 이익에 대항하여 전인류의 이익을 대변하는 것으로서의——에 대한 유일하게 정당한 주장에 있는 것은 사실이다.

그러나 그러한 주장의 실행이 모든 계급의 폐지와 계급착취의 폐지를 전제로 하기 때문에 사회주의 프로젝트는 일차적으로는 특정한 계급이익을 대변해야 하고 다른 계급의 이익에 반대해야 한다. 그래서 더 전통적인 사회민주주의적인 프로그램처럼 NTS의 전체 프로젝트는 부르조아 민주주의의 '불확정성'으로부터 사회주의를 단지 부르조아 민주주의적 형태들의 확장으로 보는 견해로 나아갈 정도로 논리적 오류를 범하고 있다. 이러한 형태의 무계급성이나 혹은 자유민주주의적 제도와 사회주의의 형식적 양립가능성은 결코 우리에게 사회주의를 위한 투쟁의 조건이나 혹은 그것을 가로막고 있는 장벽에 대해 충분히 말해주지 못한다.

　NTS 프로젝트의 핵심부에 놓여 있는 제반 문제들에 대한 혼동은 아래와 같은 전형적인 견해에 의해 설명된다. "… '부르조아' 민주주의와 '프롤레타리아' 민주주의 사이에 만리장성이 놓여 있는 것은 아니라는 것을 일단 받아들이기만 한다면, '부르조아 국가를 분쇄한다'는 레닌주의적 사고는 수용할 수 없는 것이 된다. 서로 다른 유형의 제도 사이에는 갈등이 반드시 존재한다. 그러나 그것은 필연적으로 화해할 수 없는 모순은 아니다."[6] 그렇다면 '만리장성'은 전혀 존재하지 않는다고 말하는 것은 무엇을 의미하는가? 기껏해야 그것은 의회민주주의의 제도적 형태가 그 자체로는 사회주의에 대립적이지(antithetical) 않고, 그것이 사회주의의 전제조건이기 때문에 파괴될 필요가 없으며, 그 자체로는 사회를 변혁하는 투쟁에서 사회주의자에게 무용하지 않고, 그것이 자본주의가 파괴된 후에도 나름의 유용성을 가질 수도 있음을 의미한다. 특정한 제한조건을 단다면, 이러한 것들은 비합리적인 명제가 아니다. 적어도 그것은 마치 자유민주주의 형태를 자본주의에 완벽하고도 절대적으로 '조응하는' 것처럼 파악함으로써 이것들은 사회주의의 적이기 때문에 폐기되어야 할 것 —— 심지어 반드시 파괴되어야 하는 것 —— 으로 취급하는 레닌주의의 원리의 무비판적인 적용을 유용하게 교정할 수 있는 측면이 있다. 우리가 돌아가야 할 곳은 바로 이 지점이다. 하지만 '불확정성'의 논의에는 이 이상의 것이 담겨 있다. 서로 다른 형태의 민주주의 사이에 만리장성이 없다는 것은 '민주주의가 우선 자

---

6) Geoff Hodgson, *The Democratic Economy: A New Look at Planning, Markets and Power*, Harmondsworth 1984, 55면.

본주의 안에서 성장할 수 있고 그러고 나서야 그것을 넘어설 수 있음'을
의미한다. 그리고 또한 분명하게 사회변혁을 위한 투쟁에서 민주주의에 맞
추어지는 초점이 사회주의와 비사회주의 사이의 구분을 초월할 수 있음을
의미하는 것이다. 즉 자유민주주의에서 사회주의적 민주주의로의 이행은,
하나의 민주적 제도의 집합이 확대되는 것에 의해 부적절한 것을 보충하고
간격을 메움으로써 또다른 것으로 차츰 변혁되듯이, 어느정도 비적대적인
요소의 점진적 증가(increment)라는 수단을 통해 일어날 수 있다는 것이
다.

　이 모든 것이 의미하는 바는 일종의 세련된 개념적 마술을 통해 자본주
의에서 사회주의로의 이행이 상대적으로 비적대적인 제도개혁과정으로 변
형된다는 것이다. 그러나 사회변혁과 생산관계의 변혁이 단순히 우리가 그
것을 자본주의에서 사회주의로의 이행이라고 부르지 않고 민주주의의 확대
라고 부른다고 해서 덜 문제가 되고 덜 적대적이게 되는가? 예를 들어,
호지슨(Hodgson)이 "미래의 발전과정에서 자본주의 안에 살아 남아 있는
제한된 민주주의는 잠식되거나 끝장나게 될 것"이지만 자본주의와 민주주
의의 양립불가능성이 "사전에 결정되거나 불가피한 것은 아니다"라고 주장
할 때,[7] 그는 얼마나 더 나아가기를 원하는가? 어느 만큼의 민주주의가
자본주의와 양립가능한가? 그렇지 않다면, 그리고 민주주의가 자본주의적
지배와 착취의 종언을 의미하기 때문에 정의상 민주주의의 확장이 자본주
의의 종언을 의미하는 일정 지점이 존재한다면, 그 지점은 단순히 우리가
그것을 생산관계의 혁명적 변화라고 부르는 대신에 민주주의의 확대과정에
서의 또다른 점진적인 변화라고 부른다고 해서 무시하고 지나갈 수 있는
가?

　결국 문제가 되는 것은 의회민주주의의 제도적 형태가 아니다. 우리가
다음 장에서 살펴볼 것처럼, 최소한 이러한 형태 가운데 일부는 사회주의
하에서조차 유용한 목적에 봉사할 수도 있다고 옹호할 수 있다. 하지만 핵
심은 자유민주주의가 정치적 민주주의 그 자체의 제한되고 형식주의적인
개념화뿐만 아니라 정치적 권리 및 권력의 경제적·사회적 권리 및 권력으
로부터의 분리를 수반한다는 점이다. 이러한 분리는 자유민주주의의 본질

---

7) 같은 책, 123면.

에 속하는 것이다. 그것은 단지 체계 속에 존재하는 하나의 약점이 아니다. 의회민주주의가 단순한 대의의 형태만은 아니다. 그것은 권력영역의 특정한 획정, 즉 민주적 원리가 지배적인 것으로 허용되는 영역에 대한 특수한 정의이며 고립화이다. 그것은 사실 우리가 살펴본 것처럼, 인민권력이라는 의미로서의 민주주의에 대한 **부정**이다. 그리고 이처럼 경계짓는 것은 바로 자본주의 사회에서의 사적 소유와 그것에 의거하는 사적인 권력의 기초다. 다른 형태의 소유와 착취에서는 소유의 착취적 강제가 정치권력과 경제권력의 통일에 의거한다. 그리하여 정치적 권리는 (지배계급에) 배타적인 것으로 남아 있어야 한다. 착취적 강제가 정치적 강제의 배타적 소유에 직접적으로 의거하지 않고 절대적 소유권과 그것으로부터 생산자를 배제하는 데 기초를 두고 있는 자본주의에서, 정치적 권리를 어느정도 보편적으로 확대하는 것—— 그러나 그때 소유의 권력은 정치영역과 경제영역의 엄격한 분리에 의거한다—— 은 (필연적이지는 않지만) 어느 정도는 가능하다. 이것이 자본주의의 구조적 특성이다. 그리고 자본주의 권력과 소유에 도전하는 지점에서 이러한 분리된 영역을 재통일하려는 모든 노력은 착취계급과 피착취계급 사이의 결정적인 전투를 수반하는 적대와 투쟁을 초래할 것임을 의미한다. 민주주의의 확대가 자본주의에 대한 도전이 되기 위해서 넘어야 하는 계급장벽을 무시하거나 모호하게 하는 모든 사회주의 전략을 진지하게 받아들일 수는 없다.

또한 우리가 라끌라우와 무페의 '민주주의 혁명'의 개념화에서 살펴보았던 것처럼, 민주주의의 '불확정성'에 관한 이러한 주장은 또다른 위험을 안고 있다. 당연한 것이기는 하지만, 적어도 헌트 책의 집필자 중 일부는 그들 자신을 라끌라우와 무페의 극단적인 정식화와 단호히 분리한다. 그러나 민주주의를 사회적 결정들로부터 분리하는 것에는 라끌라우와 무페와 같은 극단적 정식화로 우리를 몰아붙이는 일정한 논리가 존재한다. 특수한 사회 이익과 결합하지 못하는 NTS의 '민주주의'는 추상적 이상이 된다. 만일 정치적 목표로서의 민주주의가 실제로 현존하는 모든 사회적 존재들의 동기를 반영한 것이고 단순히 집단적인 사회행위를 유지할 수 있는 아무런 힘도 갖지 않은 추상적 선이 아니라면, 우리는 인간본성의 심연에 '민주화'를 위한 일종의 자율적인 추동력이 자리잡고 있다고 가정해야만 할지도 모

른다. 우리는 민주주의를 원하거나 요구하는 이들이 누구인지, 어떤 종류
의 사람들이 다른 사람들보다 민주주의를 더 많이 —— 혹는 다른 측면에서
—— 원하거나 혹은 요구하는지, 그것을 가져올 수 있는 사회세력이 어떻
게 등장할 수 있는지 —— 혹은 정말로 그것을 둘러싸고 도대체 왜 어떠한
어려움이나 갈등이 존재해야 하는지 —— 에 대해 거의 아무런 지침도 받지
못했다. 다른 한편으로 만일 민주적 추동력이 보편적이지 않거나 혹은 즉
각적으로 그렇게 되는 것이 아니라면, 하지만 여전히 마찬가지로 물질적
조건과 계급관계에 의해 구성되는 것이 아니라 다소간 '자율적으로' 이데올
로기와 정치에 의해 건설되는 것이라면, 그때 우리는 맑스 자신이 비난했
던 구래의 공상적인 엘리뜨주의로 다시 돌아가게 되는 것이 아닌가? 우리
는 집단적 정체성을 이들(담화의 생산자—역자)이 아니었다면 무정형의
대중으로 남아 있을 사람들에게 부여하여 '민중'을 창조하고, 그러고 나서
그들에게 그들 자신들의 자원으로부터는 생겨날 리 없는 사회주의적 혹은
민주주의적 정신을 고취함으로써 외부로부터 민주적 추진력을 불어넣고자
하는 몇몇 특권적인 '담화'의 생산자들을 기다리고 있어야만 하지 않겠는
가?

10
자본주의, 자유주의, 사회주의

1

　NTS의 프로젝트는 사실상 자본주의에서 사회주의로의 이행을 자유민주주의에서 사회주의로의 이행으로 대체하고, 하나에서 다른 하나로의 근본적으로 비모순적인 연속이 존재한다고 가정하면서 사회주의적 투쟁의 문제를 개념적으로 사상해버린다. 자본주의의 구조와 자본주의 계급체계는 대부분 이행의 문제와 관련이 없게 되고, 자유민주주의와 자본주의의 관계는 순수히 우연적이거나 '정세적인' 것으로 다루어진다. 자유민주주의는 '불확정적'이고 계급중립적인 것이다. 그리하여 NTS는 자본주의 헤게모니를 유지하는 이데올로기적인 힘을 자유민주주의에 부여하는 바로 그 신비화에 의거한다. 그 때문에 자본주의 이데올로기의 헤게모니에 대항하는 사회주의 사상의 힘은 사실상 무력해진다.

　자유민주주의와 자본주의의 관계가 순수히 '정세적'이라거나 자유민주주의에서 '민주주의'는 '불확정적'이라는 것을 주장함과 더불어 자유민주주의와 자본주의 사이에는 근본적인 모순이 존재하고 양자의 정세적 관련은 자유민주주의 국가를 사회주의로의 이행을 성취하기 위한 도구로 변형할 수 있는 '모순적 총체'를 낳는다고 주장하는 이러한 NTS 논의에 기반을 둔 또 하나의 설명(또다시 전통적인 사회민주주의의 상투적인 이야기를 되풀이하는)이 존재한다. 사실 잘 생각해보면, 자유민주주의의 확장을 통해 사회주의를 달성하고자 하는 NTS의 프로젝트는 십중팔구 정확히 이러한 내용을 함축하고 있을 것이다. 어쨌든 그것은 라끌라우와 무폐가 내놓은, '민주주의 혁명'에 대한 분석의 저변에 깔려 있는 가정임에 틀림없다.

두 명의 미국인이 그러한 입장을 명백히 표명하였다. 이는 미국에서 '민주주의'의 신화가 수행하고 있는 엄청나게 중요한 이데올로기적 역할을 고려하면 그리 놀랍지 않다. (다른 어떤 나라에서 **민주주의**, 진정코 궁극적 민주주의라는 국민적인 자아상이 정말로 그렇게 헌신적으로 배양되고 지배 이데올로기의 중심에 놓여 있는가?) 사무엘 보울스와 허버트 진티스는 다음과 같이 주장함으로써 자유민주주의와 자본주의 사이의 '모순'에 구체적인 형태를 부여했다.

자유민주주의와 자본주의 그 자체를 병치시킬 경우, 이들 각각이 지지하는 정치참여의 형태가 일치하지 않기 때문에, 생산의 사회적 관계를 재생산하는 데 모순적 요소가 생기게 된다. 자본주의 구조는 소유자 혹은 그의 대변자가 행사하는 **소유권**을 통해 일상적으로 실행되는 데 반해, 자유민주주의는 형식적으로는 소유와 별개로 **사람들**(persons)에게 권리를 부여한다. 따라서 자유민주주의적 자본주의 사회에서 대중투쟁은 전형적으로, 사람의 권리에 기초를 둔 게임의 규칙을 자본주의 생산영역 안에서의 경쟁에 적용하려 하고 이러한 게임규칙의 적용은 직접적으로 자본의 힘과 대적하고 경쟁하게 된다. 반대로 자본은 역사적으로 소유권에 기초를 둔 게임의 규칙을 국가의 정치와 구조에 적용하려고 해왔다. [1]

그들은 각주에서 "우리는 일반화된 시민적 자유와 성인의 보통참정권, 사회적 노동의 배분과 잉여노동시간의 처분을 둘러싼 통제로부터의 실질적인 분리 그리고 사람들에게 동등하게 주어진 권리에 기반을 둔 참여의 형식적인 규칙이 특징인 국가로 자유민주주의를 이해하고자 한다"고 설명한다. 이 정의 —— 매우 합리적인 —— 는 처음부터 적어도 암묵적으로는 보울스와 진티스가 자유민주주의에서 '민주주의'의 고유한 영역(형식적인 법적 · 정치적 영역)을 민주주의의 공식문서가 먹혀 들어가지 않는 영역(생산

---

1) Samuel Bowles and Herbert Gintis, "The Crisis of Liberal Democratic Capitalism: The Case of the United States," *Politics and Society* 11, no. 1, 1982, 52면.

관계의 영역)과 분리해주는 장벽을 인정하고 있음을 암시한다. 그리고 그
들은 그러한 정의를 통해 이 장벽이 자유민주주의와 자본주의의 '정세적'
결합의 우연적인 부산물이 아니라 자유민주주의 그 자체의 의미에 본질적
인 것임을 인정한다. 이것은 자본주의와 자유민주주의 사이에 아무런 근본
적인 모순이 없음을 의미하는 것처럼 보이지만, 오히려 반대로 자본주의와
자유민주주의는, '정치적인 것'과 '경제적인 것'의 형식적 분리 그리고 형식
적인 절차와 법적인 원리로 구성되는 추상적으로 구별되는 정치적 영역으
로의 '민주주의'의 제한이라는, 자본주의적 헤게모니가 의거하고 있는 것과
본질적으로 동일한 전제를 공유하고 있음을 의미하는 듯이 보인다. 그렇지
만 보울스와 진티스는, 이와 달리 자유민주주의가 '인간들의 권리'가 지배
적인 한 영역에서 '소유권'에 기초를 둔 다른 영역으로 담화와 실천이 '이
동'(transportation)할 수 있게 하기 때문에 자본주의에 원칙적으로 해로운
것이라고 주장함으로써 자본주의와 자유민주주의 간의 구조적 양립가능성
을 수용하지 않는다.

  자유민주주의가 이해하는 '인간들의 권리'가 '소유권'과 어느 정도의 대립
을 초래하는지에 관한 철학적 논쟁(이같은 논의가 요구하는)에 끼여들지는
않으면서, 우리는 그 '모순'이 실천적으로 의미하는 바를 검토하고자 한다.
보울스와 진티스는, 자유민주주의 국가가 노동자계급과 여타 대중에 부여
하는 힘이 자본에 불리하게 분배를 변화시키고 또한 동시에 노동규율을 강
화하는 실업의 힘, 즉 '산업예비군'을 약화시킴으로써 축적과정을 방해했던
방식에 그들의 논의가 의존하게 될 것임을 시사하면서 시작한다. 그러므로
이 단계에서 그 논의는 노동자가 조직권과 투표권을 지니게 될 때 대체로
자본가의 삶은 더욱 어려워지는 경향이 있다고 말하는 것에 지나지 않는
다. 이러한 논의는 놀랍거나 아니면 반대할 수 있는 명제가 아니다. 하지
만 그들의 논의는 그 지나치게 과장된 힘을 상당부분, 자유민주주의 국가
의 두드러진 다른 측면, 즉 감당할 수 없는 '사람들'을 억압하기 위한 강압
적인 도구로 자유민주주의 국가가 완벽하게 효과적으로 이용되는 점을 적
잖이 일관되게 무시하는 ―― 마치 이러한 강압적 성격이 자유민주주의 국
가의 본질적 성격에 우연적이거나 모순되기조차 하는 것처럼 ―― 데서 끌
어내고 있다.

　어쨌든 자유민주주의 국가가 축적과정에 미치는 효과에 관한 이들의 주장이 그리 적절하지 못함이 입증되고 있다. 그들의 정교한 통계에도 불구하고 보울스와 진티스는 다음과 같이 다소 어설픈 결론을 이끌어낸다. 대중의 다양한 정치적 성과가 "자본에게는 부담이 되어온 듯하기는" 하나, "전체적으로 축적과정에 〔분배의〕 변화가 끼친 영향이 충분히 탐색되지 못했고 우리는 여기서 정말로 믿을 만한 분석을 제공할 수 없다."[2] 곧 이어 우리는 마치 저자들이 자유민주주의에 대한 자신들의 낙관적인 평가에 자신감을 상실한 것처럼 논의의 근거가 바뀐 것을 발견한다. 자본주의를 변혁하거나 혹은 억제하는 자유민주주의적 제도와 실천의 능력은 이제 더이상 강조될 수 없다. 하지만 자본주의 체제의 해악을 드러내주는 자유민주주의 이데올로기의 능력은 높이 평가할 수 있다. 자유민주주의는 자본이 '대중'이 획득한 성과를 환수하거나 현존 국가장치를 이용하여 현재의 위기에 대응하지 못하도록 할 만큼 자본과 노동의 힘의 균형을 결정적으로 바꿔놓지는 못한 것처럼 보인다. 보울스와 진티스는, 다시금 마치 국가의 억압기관이 어쨌든 국가의 본성과 목적에 우연적인 것처럼, 영국과 미국의 '신우익'이 현존 국가제도를 명백히 이 두 저자가 자유민주주의의 본질로 간주하는 사회복지의 구조를 공격하는 데 상대적으로 쉽게 이용해왔다는 점에 대해서는 놀랍게도 거의 언급하지 않는다. 명백히 자유민주주의는 투쟁의 지형을 우리가 유리하지 않다고 생각했던 경제적 지형——자본의 본거지——으로부터 이른바 더 유리하다고 하는 국가의 지형으로 바꾸어놓는 데조차 성공하지 못했다. 또한 자유민주주의는 자본과 노동의 본질적인 적대를 제거하지도 못했다. 그것은 미국에서 조직된 노동이 "전후 급속한 발전의 거의 전기간에 걸쳐, 발전한 것이 아니라 사멸"[3]해왔다는 데서도 입증된다. 사실 우리는 지금 처음부터 "노동자계급이 상대적으로 높은 고용수준과 안전하게 분배적 성과물을 확보하는 것을 대가로 생산, 투자, 그리고 국제적인 경제정책에 대한 모든 통제요구를 철회했다"[4]고 들었음을 상기한다. 달리 말하면, 문제가 진정으로 심각할 때, 위기에 처한 자본이

---

　2) 같은 글, 75~77면.
　3) 같은 글, 82면.
　4) 같은 글, 52~53면.

더이상 '대중'에게 양보를 할 수 없을 때, 강력한 조직이나 그 자신의 정치
적 대표를 갖지 못한다면, 미국 노동자계급은 자유민주주의 국가의 도움을
바탕으로 자본이 개시한 '확고한' 성과물에 대한 공격에 직면하여 자신들이
무장해제되어 있다는 사실을 발견하리라는 것을 우리는 지금 깨닫는다.
    그렇다면 자본주의에 대한 투쟁을 수행하는 데서 자유민주주의의 기능은
무엇인가? 갑자기 우리는 익숙한 영역으로 들어가게 된다.

    보편적 권리로 제기되는 요구와 자유민주주의의 보편적 담화에 의해 구성되
는 운동은 계급적 요구와 계급운동이 되기 십상이다. …
    따라서 자본의 위기는 보편적 권리——정치적 결정에 참여할 권리, 자유언
론의 권리——를 둘러싼 투쟁이 계급투쟁으로 실현되는 것을 촉진할 수도 있
다. 우리의 이러한 추측이 정확하다면, 축적과정의 재구성을 둘러싼 계속되는
갈등은 체제로서의 자본주의가 갖고 있는 반민주적인 강제력을 완전히 폭로할
수도 있다. 그리하여 사회주의자들에게 오늘날 미국에서 가장 강력한 잠재적
대중이슈인 두 개의 문제, 즉 민주주의의 수호와 확대 그리고 생활수준의 수
호를 통일시켜줄 수도 있다.
    자본주의는 그러한 충돌에도 불구하고 살아 남을 수 있다. 그러나 자유민주
주의는 근본적으로——자본의 생존조건으로서 조합적 권위주의의 방향으로
나아가거나 아니면 불완전하기는 하지만 인민권력의 수단이 되는 방향으로
——변형된다. 5)

    자유민주주의와 자본주의 사이의 '모순'에 큰 기대를 걸도록 권고를 받음
에도 불구하고 우리는 상당히 취약한 결론을 생각할 수밖에 없을 것이다.
방금 지적한 대로 자유민주주의는 무엇에 … 의존하느냐에 따라 어느 쪽으
로나 나아갈 수 있다. 그것이 계급 역관계의 균형일까? 그리고 만약 그렇
다면 우리는 출발했던 지점에 다시 있는 것이 아닌가?
    결국 논의는 다시금 자유민주주의적 담화의 변혁적 효과로 귀결된다. 재
차 우리는 '자본주의의 반민주적 강제를 확실하게 폭로하는' '보편적' 요구
의 힘에 의존할 것을 요청받는다. 그리고 다시 우리는 라끌라우와 무페,

_____
5) 같은 글, 92~93면.

헌트(Hunt) 그리고 그러한 부류가 있던 지점으로 돌아왔다. 더이상은 사회복지 제도를 완전히 해체하는 것이 쉽지 않을 정도로 복지국가의 가치가 자본주의 문화에 충분히 각인되었다는 훨씬 더 제한된 주장을 하는 게 정당할는지도 모른다. 그러나 이러한 주장은 자유민주주의 담화를 사회주의를 향한 주요 동력으로 취급하는 것과는 아주 다른 것이다. 만약 무엇보다도 중요한 것이 자유민주주의의 이데올로기적 효과라면, 그때 자본주의의 '반민주적 강제'를 은폐하는 수많은 방법은 어찌 되는가? 자유민주주의의 신비화가 계급적 요구의 발전을 방해한 정도는 어떠한가, 그리고 자유민주주의의 이데올로기 장치가 정확히 이러한 목적을 위해 자본의 대의체로서 역할을 수행했던 양식들은 어떻게 되는가? 생산관계의 '수준'에서 그리고 매일의 계급투쟁을 통해 노동자계급이 획득하는 집단적 정체성과 조직에 대항하여 노동자계급을 고립된 개인으로 구성함으로써 계급으로서의 노동자계급을 해체하는 자유민주주의적 제도와 실천의 효과는 어떠한가? 그리고 사회주의를 향한 전투를 '민주주의적' 투쟁으로 바꿔 불러야 한다면, 그런 명칭의 변화가 계급이익에 수반하는 모든 대립과 그것이 극복해야 하는 모든 장벽과 더불어 계급투쟁의 실체를 바꾸어놓을 것인가 혹은 그 성질과 조건을 변형시킬 것인가?

2

자본주의 헤게모니를 유지하는 데서 자유민주주의가 수행하는 역할에 대해 조금 더 얘기해보자. 문제가 쉽지는 않다. 그리고 헤게모니를 유지하는 바로 그 신비화에 빠지지 않는 것이 중요하다면, 자유민주주의를 단지 신비화에 불과한 것으로 제쳐버리지 않는 것 또한 그에 못지않게 중요하다. 따라서 아래서는 부르조아 민주주의와 자본주의적 민주주의라는 용어가 어느정도 논쟁점을 예단하게 한다는 이유만으로도, '자유민주주의'라는 용어를 소위 '부르조아적' 혹은 '자본주의적 민주주의' 대신에 계속해서 사용하겠다. 우리는 '자유주의'를 자본주의와 완전히 합성할 준비가 충분히 되어 있지 않다.

제기됨직한 첫번째 질문은 자본주의적 생산관계의 특성과 자본주의적 생

산관계가 자유민주주의 원리의 핵심을 형성하는 의미와 관련된 것이다. 이
질문은 전략적으로 중요한 함의를 갖고 있다. 우리가 살펴본 것처럼, 사람
들은 자유민주주의와 자본주의는 거의 관계가 없거나 그 관계가 우연적일
뿐만 아니라 심지어는 자유민주주의적 '자유'와 '평등'이 어쨌든 자본주의적
지배와 불평등에 대립적(antithetical)이라고 가정하면서 출발할 수도 있다.
사회민주주의적 수정주의는 '하나씩 이어붙이기식의 개혁'(patchwork
reform)이라는 전략과, 결국에는 다소간 자동적으로 자본주의를 사회주의
로 변혁하는 일종의 '평화로운 해체의 과정'[6]에 대한 소극적인 믿음으로
이루어진 가정에 기초를 두고 있는 것처럼 보인다. 이 전략은, 부르조아
민주주의의 자유와 평등은 자본주의에 매우 대립적이어서 개혁으로 부르조
아적인 법적·정치적 제도를 단순히 유지되도록 하는 것만으로도 이 수준
에서의 자유 및 평등과 다른 수준에서의 부자유와 불평등 사이의 긴장을
낳는다는 전제에 기반을 두고 있는 것 같다.[7] 이 긴장이 어떤 의미에서는
계급투쟁을 대신하여 사회변혁의 동력이 된다. 다른 극단적인 경우에는 자
유민주주의를 아주 완벽하게 단순한 기만, 즉 신비화로 간주해서 자본주의
의 단순한 반영으로 생각하는 입장이 존재한다. 이것은 대충 다양한 극좌
집단의 입장이다. 이 관점에 따르면, 자유민주주의적 자본주의 국가는 권
위주의적 혹은 심지어는 파시스트적 형태의 자본주의와 실제로 다를 바가
없다. 이 정도로 근본적으로 다른 프로그램이 자유민주주의 및 그것과 자
본주의의 관계에 대한 서로 다른 평가와 결합되어 있다면, 자본주의 생산
양식 안에서 자유민주주의의 위치를 정하려는 시도가 사회주의 정치이론에
서 무의미한 과제일 수는 없다.

　자유주의와 자본주의의 관계를 결정하기 위해서는 맑스 자신이 법적인
평등과 자유를 자본주의 생산관계의 필수적인(integral) 부분으로서 설명한
것에서 출발할 수도 있다. 평등과 자유 ── 특수한 종류의 ── 는, 맑스가

---

6) 이것이 맑스가 1879년 9월 17일에서 18일 사이에 베벨(Bebel), 브라케
　(Bracke), 리프크네히트(Liebknecht) 등등과의 회람 편지에서 독일 사회민주당
　의 원칙을 묘사한 방식이다.

7) Lucio Colletti, "Bernstein and the Marxism of the Second International,"
　From Rousseau to Lenin, London 1972, 92~97면 참조.

주장하듯이, 교환가치에 기초를 둔 교환에 본질적인 것이다. 교환주체 사이의 관계는 형식적인 평등의 관계다. 게다가 그것은 그 관계 속의 당사자들이 자유로우며, 서로를 소유자로서, 즉 '자신들의 의지가 자신의 상품에 관철되는 사람들'[8]이자 강제적으로 서로의 소유물을 전유하지 않는 '사람들'로 인정하는 그런 관계다. 따라서 상품교환의 일반화된 체제로서 자본주의는 이러한 형태의 법적인 평등과 자유의 완성이다. 그러나 여기서 물론 자유와 평등은, 자본주의의 본질을 구성하는 특수한 교환이 한 집단(법적으로 자유롭고 노동수단으로부터 '자유로운')은 팔아야 할 그/그녀의 노동력만을 갖고 있는, 자본과 노동 사이의 교환이기 때문에 상당히 특별한 의미를 갖게 된다. 이것은 '동등한 사람들' 사이의 '자유로운' 교환의 목표 바로 그것이 정확히 특수한 사회관계, 즉 그럼에도 불구하고 교환관계의 형식적이고 법적인 자유와 평등을 유지하고 사실상 그것에 기초를 두고 있는 부자유와 지배를 수립하는 것임을 의미한다. 그리하여 노동력의 상품화에 기초를 둔 임금노예제도는 이러한 형태의 착취와 잉여추출이 더욱 직접적으로 법적 혹은 정치적 지배와 종속관계에 의거하는 착취자와 피착취자 —— 주인과 노예, 영주와 농노 —— 사이의 다른 모든 관계와 구분되는 특정한 '자유'와 '평등'으로 특징지어진다.

맑스는 계속해서 "…사회주의를 부르조아 사회의 이상의 실현으로 묘사하기를 바라고"[9] 그러한 사회의 특징인 자유와 평등이 돈과 자본 등등에 의해 완전히 왜곡되었다고 주장하는 그러한 사회주의자들(그의 비판은 대부분의 현대 사회민주주의자와 NTS에게도 해당될 수 있지만, 구체적으로는 프랑스 사회주의자들과 특히 프루동이다)의 '어리석음'을 비판한다. 그리고 맑스는 자본주의 관계의 부자유와 불평등이 당연히 왜곡이 아니라 상품교환의 아주 단순한 형태에 함축된 자유와 평등 형태의 실현으로 생각한다. 그러므로 부르조아적 자유와 평등이 그 이전의 형태에 비해서는 진보를 의미하기는 하지만, 그것을 자본주의적 불평등과 지배에 대립적인 것으로 간주하는 것은 잘못이다.

따라서 자본주의 생산관계의 평등과 자유는, 자유민주주의가 단지 법

---

8) Karl Marx, *Grundrisse*, Harmondsworth 1972, 243면.

9) 같은 책, 248면.

적·정치적 평등과 자유의 가장 완벽한 형태인 한, 그 핵심으로 간주될 수 있다. 맑스가 주장하는 것처럼, 야만적인 강제가 다른 착취양식의 법적인 원리인 것처럼, '입헌공화국'은 자본주의적 착취의 법적인 원리다. 그리고 두 경우 모두 강한 자의 권리를 표현하는 것이다.

모든 부르조아 경제학자는 예를 들어 힘의 원리가 정의인 사회에서보다 현대의 경찰제도하에서 생산이 더 잘 수행될 수 있다는 점을 알고 있다. 그들은 이 원리 역시 하나의 법적인 관계이며, 더 강한 자의 권리가 다만 또다른 형태로 그들의 '입헌공화국'에서도 지배적이 된다는 것을 망각하고 있을 뿐이다.[10]

그리하여 자유민주주의에 대한 적절한 평가는 자본주의 국가가 계급투쟁에서 능동적인 행위자가 되는 방식, 정치권력이 지배계급의 이익에 따라 배치되는 방식, 국가가 직접적으로 생산관계에 들어가는 방식——더 높은 수준의 계급투쟁뿐만 아니라 바로 작업장에서 벌어지는 자본과 노동의 대결에서도——에 대한 평가를 의미한다. 즉 그 방식이란 예를 들어 법적인 장치와 경찰기구가 자본가에 의한 노동자계급의 지배를 만들어내는 '동등한 사람들' 사이에서의 계약적 관계의 필수적인 기초가 되는 방식이다. 자유주의와 자본주의의 관계를 분석함으로써 우리는 자본주의 국가의 '자율성'과 '보편성'이 정확히 계급국가로서 그 본질을 완성하는 것임을 인식해야 한다. 즉 자본주의 국가의 독특한 특징인 계급중립성의 외관인 이러한 '자율성'과 '보편성'(단지 겉치레가 아니라 상당정도는 현실적인)은 자본주의를 계급착취의 효과적인 형태로 만드는 바로 그 조건에 의해 완전히 가능하고 필수적이게 된다. 이리하여 생산자와 생산수단이 완전히 분리되고 직접적인 잉여추출의 능력이 사적인 개인의 손에 집중된다. 자본주의에서 계급과 국가의 분명한 분리——예를 들어 지배계급 자체의 구성원에 대해서도 가해질 수 있는 강제의 국가독점으로 표현되는——는 단순한 분리를 넘어 더욱 완벽한 공생, 즉 사실상 착취하는 계급의 본질적 기능인 잉여추출과 그것을 유지하는 강제력을 따로 따로 그것들에 배치하는 계급과 국가

10) 같은 책, 88면.

사이의 노동의 협업적 분업이라는 점을 인정해야 한다.

　동시에 자유민주주의는 자본주의 생산관계의 법적인 원리에 기반을 두고 있지만 그것으로 환원될 수는 없다. 자본주의에 본질적인 최소한의 형태의 자유와 평등이 반드시 가장 발전된 형태로 성장하지는 않는다. 매우 제한되고 모호한 이름뿐인 평등과 자유가 모든 자본주의 사회구성에 본질적이고 일반적이지만, 자유민주주의적 정치제도는 그것이 일정한 역사적 조건에서 자본주의 발전에 매우 공헌했다 할지라도 자본주의와 동일하게 일반적이지는 않았고 확실히 자본주의에 본질적이지도 않다. 따라서 자본주의와 자유민주주의의 관계의 본성은 일반적인 구조적 연계뿐만 아니라 특수한 역사적 실체를 고려하여 더욱 자세히 고찰되어야 한다. (이 문제를 분석하기 위해서 — 역자) 우리는 자본주의 생산관계와 지배계급의 지위를 유지시키는 법적·정치적 자유와 평등의 기능이라는 문제의식을 넘어서서 자유민주주의적 정치형태가 피지배계급에게 갖는 가치, 즉 이러한 정치적·법적 형태가 얼마나 종속계급의 역사적 투쟁의 유산에 기인하고 있는가를 설명해야 한다. 또한 자유민주주의가 자본주의 착취를 문명화하는 역할을 수행했다는 점을 인정해야 한다. 그리고 이를 인정한다면 자본주의 국가형태들 사이의 결정적인 차이 또한 인정해야 한다. 자유의 얼굴을 한 자본주의와 파시스트적인 모습을 한 자본주의 사이에는 엄청난 차이가 존재한다. 적잖은 차이가 종속계급의 지위, 즉 조직하고 저항할 수 있는 자유와 관련이 있다. 자유민주주의 정치형태가 노동자계급운동을 미혹하는 것을 계급의식의 부족이나 혁명에 대한 배반으로 가볍게 넘겨버릴 수 없다. 이러한 제도의 매혹은 그 전통이 아주 강력한 나라들에서 매우 실제적이었다. 전통이 약한 나라들에서 최근의 역사는 자유민주주의적인 정치형태의 부재가 심각한 결과를 빚고 있고 이러한 정치형태를 획득하고 유지하는 것이 노동자계급운동에 가치있는 목적이 될 수도 있음을 가장 극적으로 입증해주었다. 이러한 원리와 제도에 의해 행사되는 위력을 무시하거나 그러한 주장을 과소평가하는 어떠한 사회주의 전략도 위험에 처하게 된다.

　요약하면, 자유민주주의는 자본주의 착취 원리로부터 완전히 분리된 것일 수도 없고 그것으로 환원될 수도 없다. 모든 합리적 분석을 위해서는 자본주의 생산관계 속에 있는 자유민주주의의 기초와 자본주의의 월권을 막는 데 자유민주주의가 하는 역사적 역할 모두를 고려해야 한다. 동시에 자유민주주의 제도의 특수한 효과적 능력이 강제적 도구로서의 그 수행능력 —— 다른 형태의 국가권력과 마찬가지로 —— 뿐만 아니라 그 독특하게 강력한 헤게모니적 기능에 달려 있음을 인정해야 한다.

자유민주주의의 법적·정치적 제도는 자본가계급에게 유용한 가장 강력한 이데올로기적 힘 —— 어떤 측면에서는 자본주의의 후원으로 획득한 물질적 진보보다 훨씬 더 강력한 —— 일 수도 있다. 국가를 유지하는 이데올로기적 혹은 문화적 장치가 아니라 바로 국가형태 그 자체가 설득력이 있다. 이러한 정치형태에 특별한 헤게모니적 힘을 부여하는 것은, 페리 앤더슨이 주장하는 것처럼, 피지배계급에서 나오는 동의가 단순히 이미 인정된 지배계급에 굴복하거나 그들이 지배할 권리를 피지배계급이 수용하는 데 달려 있는 것은 아니다. 의회민주주의 국가는 그것이 지배계급의 존재 바로 그것에 의문을 제기하기 때문에 독특한 계급지배의 형태이다. [11] 하지만 순수한 신비화를 통해 이러한 효과를 얻지는 못한다. 항상 헤게모니는 두 가지 측면을 갖고 있다. 이는, 그것이 그럴 듯해 보이지 않는다면, 가능하지 않다. [12] 자유민주주의는 장기간의 고통스러운 투쟁의 산물이다. 그것은 종속계급에 진정한 이익을 제공했다. 그리고 그들에게 실제적인 힘을, 즉 단지 속임수로 적에게 넘겨줄 수는 없는, 조직화와 저항의 가능성을 부여했다. 자유민주주의가 '헤게모니적'이라고 말하는 것은 그것이 자본가계급의 특수이익에 봉사한다는 것과 자유민주주의가 보편성을 갖는다는 자본가계급의 주장이 진리의 요소를 갖고 있다는 것 모두를 의미하는 것이다.

중요한 점은, 사람들이 주권자가 아닐 때도 진정으로 주권을 갖고 있다고 믿을 정도로 반드시 속고 있다는 것이 아니다. 오히려 논점은 대의제도의 승리, 궁극적으로는 보통선거권의 획득과 더불어 순수하게 **정치적인 수준**에서의 인민주권은 실제로 외연적 한계에 봉착했다는 점이다. 그리하여 계

---

11) Perry Anderson, "The Antinomies of Antonio Gramsci," *New Left Review* 100, 1976년 11월·1977년 1월호, 30면.

12) 헤게모니의 이러한 측면에 대한 매우 뛰어난 논의로서는 18세기 영국의 지배계급 헤게모니의 표현으로서의 법의 지배에 관한 톰슨(E. P. Thompson)의 *Whigs and Hunters*(London 1975)의 특히 262~63면을 볼 것.

급국가로서 의회민주주의의 성격이 인민주권에 부과한 극심한 제약은 민주주의 그 자체를 제한하는 것으로 나타날 수도 있다.[13] 적어도 자유민주주의의 완전한 발전은, 인민주권을 한층 더 확대하는 것이 현존 정치제도를 완성할 뿐만 아니라 아직까지 알려지지 않은 방식으로 일반적인 사회질서를 근본적으로 변혁하는 것임을 의미한다. 이것은 또한 불확실한 이익을 위해 어렵게 얻어낸 성과물을 위험한 상태에 빠뜨리는 것을 의미한다. 사회주의 프로젝트의 주요한 장벽은 그것이 단지 양적인 변화, 즉 참정권을 달리 확장하거나 대의제도가 행정권에 한층 더 개입하는 것뿐만 아니라 성공적인 역사적 선례가 없는 새로운 형태의 민주주의로의 질적인 도약을 필요로 한다는 점이다.

그러므로 자본주의 헤게모니는 상당정도 근본적으로 경제적 착취에 위험을 야기하지 않고 순수하게 법적이고 정치적인 자유와 평등이 최대한도로 발전하게 하는 '정치'영역과 '경제'영역의 형식적 분리에 의존한다.[14] 자유민주주의의 법적·정치적 형태는 자본주의 생산관계와 부합하고 실제로 그것에 근거를 두고 있다. 왜냐하면 생산자와 생산수단의 완전한 분리와 더불어 잉여추출은 더이상 직접적인 '경제외적' 강제 혹은 생산자의 법적인 종속을 필요로 하지 않기 때문이다. 따라서 자본주의적 소유가 궁극적으로 의존하는 강제력은 '중립적'이고 '자율적인' 국가의 형태로 나타난다. 따라서 실천적으로 자유주의 국가를 특징짓는 정치영역과 경제영역의 분리가, 특히 자유주의적 전통이 특별히 강했던 영어 사용권에서 이론적으로도 소중히 간직되어왔다는 것이 놀라운 일이 아니다. 그 결과 '정치'를 그 사회적 기초와 분리하는 다양한 양식의 정치분석이 생겨났다. 예를 들어, 정치철학에서는 '자유' '평등'과 '정의'와 같은 개념은 고의로 사회적 함의와 분리되어 본질적으로 형식주의적인 분석이 이루어졌다. 혹은 정치'행태'나 정치'체제'를 연구하는 '정치과학'에서는 마치 그러한 것들이 사회적 내용이 전혀 없는 것처럼 취급되었다. 이러한 진행과정은 자유민주주의 국가에서 '정치'의 분리와 그것의 헤게모니가 의지하는 '보편성' 혹은 '중립성'의 외관

---

13) Anderson, 30면과 주 53.

14) 이 점은 졸고, "The Separation of the 'Economic' and the 'Political' in Capitalism"(*New Left Review* 127, 1981년 5·6월호)에서 아주 자세하게 논의되었다.

에 이론적 표현을 제공한다. 그리고 그러한 것들은 우리에게 그 형태 속에 봉인되어 있는 실체를 너무 면밀하게 살피지 말고 형식적 평등과 자유를 받아들이도록 강제한다. NTS는 자신들의 계급중립적이고 '불확정적인' 민주주의를 통해 이러한 이데올로기적 전통에 공헌하고 있는 최근래의 이론이다.

자유민주주의가 자본주의 계급헤게모니의 중심에 위치한다면, 아마 자유민주주의 이론에 '대항헤게모니적으로'(counter-hegemonically) 접근하는 것이 사회주의 정치이론의 과제일 것이다. 하지만 대항헤게모니적 프로젝트가 이해되는 방식은 상당정도는 '헤게모니'를 통해 무엇을 의도하는지에 달려 있다. 혁명적 변화의 주요한 행위자로 계급투쟁과 그 주역인 노동자계급을 지식인과 그들의 '자율적인' 활동으로 대체하려는 의도를 지닌 사유방식이 있다. 이러한 발상의 본질적 전제 중의 하나는 (예를 들어, 그람시의 헤게모니 개념을 조작해 알뛰쎄의 이데올로기 이론에 접목시킨 최근의 헤게모니 해석에서 드러나는 것처럼) 종속계급에 대한 지배계급의 헤게모니가 일방적이고 **완벽**하다는 것이다. [15] 그러한 정식들은 **계급투쟁**을 헤게모니 개념에서 추방하는 경향이 있다. 여기에는 아무런 투쟁도 존재하지 않는다. 단지 일방적인 지배와 다른 한편에 대한 복종만이 존재한다. 그리하여 헤게모니는 필연적으로 종속계급, 그들의 의식, 가치 그리고 투쟁의 징표를 담지하고 있는 계급갈등의 정수를 대변하기를 중단한다. [16]

이러한 언술에서 '노동자계급의 헤게모니'를 수립하는 것에 대해 말하는 것은 이상하게도 노동자계급의 자기해방을 묘사하는 방식이 아니라 정확히 정반대가 된다. 그것은 노동자계급의 '헤게모니'가 '자율적인' 이론적·이데올로기적 실천——노동자계급에 의해서가 아닌 노동자계급을 위하여——

---

15) 그러한 헤게모니 관점을 주장하는 그람시 해석에 대한 논의로는, *London Review of Books*(1980년 7월 17일~8월 6일자), 12~14면에 있는 톰 나이른(Tom Nairn)의 논평을 볼 것. 또한 E. P. Thompson, "Eighteenth Century English Society: Class Struggle Without Class?," *Social History*, vol. 3, no. 2, 1978년 5월호, 162~64면과 주 60을 볼 것.

16) 이것은 틀림없이 사회구조의 재생산을 보증하는 '이데올로기 국가장치'에 특히 구체화되어 있는 일종의 체제유지 장치로서 알뛰쎄의 이데올로기 개념의 효과다.

을 통해 창출된다는 것을 암시한다. 그리고 지식인의 활동이 대항헤게모니적 '문화', 즉 자본가의 헤게모니에 흡수되어 실제의식이 '허위의식'이 되어버린 노동자계급을 위해 이상적인 의식을 생산할 수 있다고 주장한다. 다시금 우리는 "대중들로 하여금 사물의 이치를 깨닫게 하고 … 적(군)으로부터 문화를 탈취하여 … 그리고 그것을 적당하게 변형하여 노동자계급에게 주입"[17]하려는—— 아마 대중적 '담화'의 '탈구'(disarticulation)와 재건설을 통해—— 개명된 소수의 환상을 보게 된다.

내가 사회주의를 위해 민주적 가치를 요구할 필요가 있다는 데 충심으로 동의하고 있음을 확실히 강조할 필요가 있다(그 필요는 이론적으로보다는 실천적으로 더 크지만). 하지만 지배계급의 이데올로기적 헤게모니에 도전하는 데 있어 이론적 활동의 중요성을 부여하는 데조차도 '탈구'의 전략은 불확실한 이론적 기반에 근거를 두고 있다. 물론 모든 사회적 갈등이 계급투쟁은 아니고 정치투쟁—— 심지어 계급투쟁—— 과 관련을 맺는 모든 이데올로기가 구체적인 계급이데올로기는 아니다. 또한 자유민주주의의 '민주적' 기초가 일정한 역사적 조건에서 다양한 계급에 의해 장악되어온 것도 사실이다. 그럼에도 불구하고 한 계급 이상의 계급에 충성을 요구할 수 있는 이데올로기, 확실하게 **보편성**을 갖는 이데올로기는 그것 때문에 필연적으로 계급이데올로기—— 즉 단순히 계급이데올로기와 **접합**되는 중립적 요소로서가 아니라 그 자체가 기원과 의미에서 계급 결정적인 이데올로기—— 이기를 그치지는 않는다. 이데올로기는 한 계급의 특수이익에 일반성의 외관을 제공함으로써 계급헤게모니에 공헌할 수도 있다. 그리고 라클라우가 주장하는 것처럼, 부르조아지의 이데올로기적 헤게모니는 '민주적·대중적 문화의 많은 구성요소가 … 돌이킬 수 없을 정도로 부르조아 계급이데올로기와 연결되어 있는' '동의'에 의거하고 있다는 것도 사실일 수 있다.[18] 하지만 이러한 것들이 단지 '정확한 계급적 함의를 갖고 있지 않는' 민중민주적 이데올로기를 채택함으로써, 그리고 그러한 이데올로기를 부르조아 계급의 이데올로기의 배타적 소유물인 것처럼 보이게 만듦으로써 성

---

17) Nairn, 12~13면.
18) Ernesto Laclau, *Politics and Ideology in Marxist Theory*, London 1979, 110면.

취된 것은 아니다. 어느 편인가 하면 오히려 그 역이 진실이다. 부르조아
지의 이데올로기적 헤게모니는 마치 거기에 '아무런 명확한 계급적 함의도
없는 듯이' 자신들의 계급적 특수이익을 (그럴 듯하게 그리고 역사적 진리
의 요소를 담아) 제시할 수 있는 부르조아지의 능력에 달려 있다. 지배계
급의 이데올로기는 당연히 그들의 지배에 대항하는 대중투쟁의 요소를 포
함한다. 그리고 이런 의미에서 어느정도 대중투쟁의 요소를 '무력하게 한
다'. 그러나 이렇게 말하는 것은 계급이데올로기가 결코 일방적이지 않은
계급투쟁의 산물이라는 것만을 이야기하는 것이다.

따라서 자본가계급의 이데올로기적 헤게모니에 대항하기 위한 이론가의
임무는 부르조아 이데올로기에 '아무런 명확한 계급적 함의도 없으므로' 부
르조아 이데올로기에서 보편적으로 보이는 것이 진정으로 보편적임을 증명
하는 것 —— 이는 사실상, 정확히 지배계급의 헤게모니적 주장을 수용하는
것이다 —— 이 아니라 오히려 보편적으로 보이는 것이 사실상 특수한 것이
라는 점을 설명하는 것이다. 즉 단순히 자유민주주의적 형태에서 그것이
자본가계급의 이익을 표현하지 않는다는 어떤 의미를 추출하는 것뿐만 아
니라 그것이 표현하고 있는 의미를 분명히 이해하는 것이다. 이데올로기적
공식으로부터 그 특수한 사회적 내용을 제거하는 것이 아니라 그것에 내재
한 의미의 특수성과 특이성을 분명히하는 것이다. 특수이익을 '재접합'이
가능한 보편적 원리로 전화시키기 위해 이데올로기를 그 역사적 조건과 분
리하는 것이 아니라 특수이익의 일반화를 가능하게 했고 자본가계급에 '보
편성'을 제공했던 역사적 조건을 탐색하는 것이다.

다시금 이러한 주장이 사회주의 정치이론은 자유민주주의를 계급이데올
로기로 환원함으로써 그것을 순수한 신비화나 속임수로 취급해야 한다고
말하는 것은 아니다. 중요한 점은 단순하게 자유민주주의의 한계뿐만 아니
라 자유주의와 사회주의 사이의 불연속, 즉 근본적인 단절을 분명히 가시
화할 수 있도록 설명해내는 것이다. 만약 자본주의 헤게모니를 패배시키는
것이 사회주의로 민주주의를 교정하는 데 달려 있다면(그리고 교정이 이론
적 수단에 의해 도움을 받을 수 있는 한), 단순히 민주주의를 부르조아 계
급이데올로기로부터 '탈구시킴'으로써 획득될 수 없다. 새로운 사회주의적
민주주의의 형태는 자신의 특수성이 무엇인지를 명백히 정의해야 하며,

'인민주권'의 부르조아 민주주의적인 특수한 형태가 보편적이고 최종적이라는 부르조아 민주주의의 주장에 대해 오류없는 도전을 나타내도록 정의되어야 한다.

3

자유민주주의와 자본주의 관계의 또다른 측면이 존재한다. 만약 자유민주주의가 자본주의적 생산관계에서 태어났다면, 그것 또한 자본주의와 함께 사멸해야 하는가? 자유민주주의 제도가 자본주의를 뒷받침할 뿐만 아니라 문명화하는 기능을 수행했다면, 그러한 제도에 대한 요구는 자본주의적 생산관계의 지속에 의존하는가, 아니면 사회주의 사회는 유사한 해결이 필요한 문제와 직면하게 될 것인가? 즉 자유주의는 사회주의가 채택할 수 있고 받아들여야 하는 유산을 낳았는가? 여기서 다시 NTS는 자유민주주의와 사회주의의 단절없는 연속성에 대한 주장으로 논점을 흐린다. 사회주의가 자유주의 없이 존재할 수 없다고 말하는 것이 진실이라고 할지라도, 하나를 단지 다른 것의 확장으로 간주하고 자유민주주의와 사회주의가 완전히 대립된다는 근본적인 관점을 무시하고는 이들 양자에 대한 이해가 더 깊어질 수 없다. 자유주의와 사회주의는 이런 점에서 단지 그 사회적 내용을 제거하는 공허한 형식주의를 통해서만 합성될 수 있을 뿐이다.

자유주의적 원리와 제도가 어떤 사회적 욕구를 충족시켜주고 있는지 그리고 유사한 사회적 욕구가 사회주의 사회에서 지속될 것인지에 대해 생각해보자. 이런 관점에서 자유주의가 유지될 만한 가치가 있다면 그것은 정치적 권위를 다루는 특정한 방식, 즉 법의 지배, 시민적 자유, 자의적인 권력에 대한 견제 등에 관한 것이라고 주장할 수 있다. 자유주의의 이러한 기능은, 비록 계급으로 분할된 사회에서는 '부르조아적 자유들'의 위상이 거짓 평등을 통해 계급대립을 모호하게 하고 적극적으로 계급권력과 헤게모니의 도구로 봉사한다는 점에서 기껏해야 모호한 것이라 할지라도 일단은 인정해야 한다. 여기서 문제는 '부르조아 민주주의'가 얼마나 **민주적**인지 아닌지의 문제가 아니다. 사실 사람들은 아마 다시 '자유주의적'인 것과 '민주주의적'인 것을 분리하면서 시작해야 할 것이다. 이러한 자유주의와

민주주의의 결합은 인민권력으로서 '민주주의'와 형식적이고 절차적인 원리
로서 '민주주의' 사이의 차이를 모호하게 하는 경향이 있다. 자유주의의 가
장 중요한 교훈은 민주주의와는 거의 관련이 없고 다만 국가권력을 통제하
는 것과 관련되어 있다는 점 ── 그리고 이 경우만큼은 초기의 반민주적인
형태의 자유주의도 자유민주주의만큼이나 이 문제(국가의 통제 ── 역자)에
대해 할 말이 많을 것이다 ── 일 것이다.

 이런 점에서 사회주의가 자유주의에서 배울 점이 있다고 말하는 것은 물
론 극히 논쟁적인 가정, 즉 국가가 계급 없는 사회에서도 계속 문제가 될
것이고 가장 민주적인 사회도 계속해서 비민주적인 사회와 유사한 정치적
문제에 직면하게 될 것이라는 가정을 하는 것이다. 대다수 사회주의 이론
은 국가가 계급 없는 사회에서 실제로 사멸하지는 않을지라도 적어도 국가
권력이 더이상 문제가 되지는 않을 것이라는 가정에 기초를 두고 있다. 부
르조아 민주주의적 형태의 효능에 무한한 믿음을 갖고 있는 사회민주주의
자와 NTS는 자본주의 사회에서조차 국가가 문제가 되지 않는다고 생각하
는 듯이 보인다. 정말로 그들은 국가를 구원의 도구로 취급한다. 더욱 재
미있는 문제는, 부르조아 민주주의의 국가장치가 '분쇄되어야' 하고 근본적
으로 다른 무언가로 대체되어야 한다고 확신하는 사회주의자에 의해 제기
된다. 랄프 밀리반드가 주장하는 것처럼, 부르조아 국가를 '분쇄하는 것'에
대해 말하는 사람들은 분쇄된 국가가 아마도 일시적으로 강화되기까지 하
는 또다른 국가로 대체될 ── 사실 대체되어야만 하는 ── 것이라는 사실
을 직시하지 않아왔다. 또 이들은 프롤레타리아 독재 개념이 아직도 본래
의 민주주의적인 함의를 갖고 있다면, 부르조아 국가를 분쇄하고 그것을
혁명적 국가로 대체하는 것이 그 자체로는 '프롤레타리아 독재'를 의미하는
것이 아니라는 사실, 국가권력이 '방향'(direction)을 가져야 할 필요성과
민주주의 사이에, 즉 국가권력과 인민권력 사이에는 지속적으로 회피되어
온 긴장이 존재한다는 사실 역시 직시하지 않아왔다.[19] 밀리반드에 따르
면, 이같은 문제는 하도 심각해서 민주주의는 오직 국가권력이 시민사회
내의 다양한 종류의 광범위한 민주적 조직에 의해 보완되는 '이중권력' 체

---

19) Ralph Miliband, *Marxism and Politics*, Oxford 1977, 180~90면.

제에 의해서만 유지될 수 있다고 주장한다.

하지만 문제가, 사회를 변혁함으로써 강한 국가가 혁명의 약속을 완수할 상당히 불안정한 '이행' 국면에 국한되지 않을 것이라는 점도 고려해야 한다. 예를 들어 맑스가 주장한 것처럼 모든 사회가 직면하는 중심적인 조직의 문제가 사회적 노동의 배분이라면, 자본주의가 완전히 전복된 이후에도 정치적인 문제가 매우 중요할 것이라는 주장에는 일리가 있다. 결국 자본주의는 중심적인 사회문제가 '정치적으로' 다루어지지 않는 체제, 즉 사회적 노동의 '권위적 배분'의 부재가 그 독특한 특징인 체제다. 자본주의는 정치적 권위, 전통 혹은 공동체적인 토의가 아니라 상품교환의 기제의 의해 지배되는, 맑스가 '무정부적인' 사회적 노동분업이라 불렀던 체제다. 우리는 이렇게 매우 특수한 의미에서 '사람의 관리가 아니라 사물의 관리' —— 또는 아마도 사물에 의한 사람의 관리 —— 를 의미하는 것이 바로 자본주의라고 말할 수도 있다. 반면에 새로운 사회는 사람의 관리와 매우 깊이 관련된 새롭고 실제적인 조직적 문제에 직면하게 될 것이다.

맑스주의 이론은 사회주의하에서의 국가의 문제를 해결하는 것은 말할 것도 없고 문제가 되는 쟁점도 충분히 명확히하지 못해왔다. 맑스와 엥겔스는 미래사회의 국가라는 주제에 관해서는 거의 아무 것도 말하지 않았다. 그리고 그들이 말했던 것은 통상 모호하다. 특히 논쟁은 '국가'라는 용어를 사용하는 데서의 모호함과 비일관성으로 말미암아 상당한 어려움을 겪어왔다. 우리는 국가가 계급 없는 사회에서 '사멸할' 것이라는 말을 듣는다. 국가가 계급지배의 체제로 정의된다면(통상적이기는 하지만 항상 그런 것은 아닌), 국가가 계급이 폐지되기만 한다면 '사멸할' 것이라고 말하는 것은 단순한 동어반복이다. 계급지배와 동의어로 국가를 정의하는 것은 아무것도 해결하지 못한다. 그것은 단지 논점을 회피하는 것이다. 다른 한편으로 만약 어떠한 형태의 공적 권력도 '국가'로 지칭된다면, 국가가 과연 계급과 함께 사멸할 것 —— 맑스나 엥겔스가 그것이 사멸하리라고 생각했는지도 분명하지 않다 —— 인가는 결코 분명하지 않다.

맑스와 엥겔스가 국가의 미래에 관해 어떻게 생각했든, 진정한 문제는 공적인 권력이 계급 없는 사회에서 필요한가의 여부가 아니라 공적인 권력이 (사회적으로—역자) 문제가 될 것인가의 여부이다. 바꿔 말하면, 공적인 권력이 계급권력이든 아니든 그 자체에 고유한 어떤 문제들이 있는가? 나는 단순한 형태의 직접적이고 자발적인 민주주의에 의해 완벽하게 관리되는 선진사회주의 사회가 존재한다고 믿는 것은 당연히 절망적일 정도로 순진한 사고라고 생각한다. 계급 없는 사회에서조차 일정한 형태의 대의제가 필요할 것이며 따라서 권위와 어떤 사람들의 다른 사람들에 대한 종속조차도 필요할 것이라는 확신을 피하기는 어렵다. 그러한 전제를 인정한다면, 사람들이 '국가'라는 용어를 계급 없는 사회에서 정치적·행정적 권력을 묘사하는 것으로 사용하든 그렇지 않든, 다른 사람을 위해 몇몇 사람이 행사하는 권력이 문제가 되지 않을 수도 있다는 믿음은 지나친 낙관주의라는 사실이 덧붙여져야 한다. 그러므로 사회주의 정치이론은 대의, 권위 그리고 종속이 제기하는 위험과 바로 그러한 것들이 존재함으로써 권력의 남용이 이루어질 수 있다는 사실에 대처해야 한다.

이러한 문제들은 대의, 권위, 그리고 종속이 계급이 존재하지 않는 상황에서는 아무런 위험도 야기하지 않을 것이라는 단순한 주장으로 기각될 수는 없다. 무엇보다도 공적인 권력 그 자체가 전유자와 직접생산자의 분화의 원천일 수도 있고 역사적으로 종종 그러했다는 가능성(예를 들어, 맑스자신이 아시아적 생산양식과 다른 전자본주의적 구성에 관한 언급에서 암시했던)을 고려할 필요가 있다. 공적인 권력이 사회적 필수기능——전쟁, 분배, 공동체적 노동의 지도, 필수불가결한 공공건물의 건설——을 하기 위해 제도화되었기 때문에 일반적으로 잉여전유에 대한 권리와 잉여전유 능력의 본래적인 기초였다고 믿을 만한 충분한 이유가 있다. 즉 국가——넓은 의미에서의——는 계급분업에서 출현한 것이 아니라 반대로 계급분할을 가져왔다. 그리하여 또한 협의의 국가를 낳았다. 미래에는 '정치적' 권위의 '경제적' 권력으로의 유사한 변성(transmutation), 즉 공적인 권력이 계급지배와 같은 것으로 변성되는 것을 막는 데 항상적이고 제도화된 방어가 필요하지 않으리라고 가정하는 것은 현명한 것 같지 않다.

맑스나 엥겔스가 상당정도 정치적 공상주의로 나아가는 경향이 있을지라도, 계급 없는 사회에서 공적인 권력이 여전히 의식적이고 제도화된 통제를 필요로 하는 문제일 것이라는 견해는 세계와 사회주의 혁명의 의미에 대한 맑스주의의 기본 관점과 전적으로 일치한다. 사회의 완전한 변혁에 대한 맑스의 믿음은 일단 계급지배가 사라지기만 한다면 그와 관련된 모든 문제가 영원히 저절로 해결될 것이라는 의미를 담고 있는 것은 아니다. 반대로 변혁 그 자체의 본질은 사회역사적 힘이 우연에 맡겨지는 것이 아니라 최초로 의식적으로 통제되고 지도될 것이라는 점이다. 이것이 맑스가 혁명 전의 인간의 역사를 '전사(前史)'로 그후의 역사를 '인간의 역사'라고 할 때 말하고자 하는 바다. 사회적 힘에 대한 계획적 지도는 단순히 좁은 의미에서 '경제'계획 —— 생산량의 할당 계획 등등 —— 을 뜻하는 것은 결코 아니다. '경제적인 것' 그 자체는 사회관계이다. 그렇다면 생산의 사회적 관계 그 자체가 '계획'되어야 한다. 더 나아가 '경제'권력, 즉 잉여노동을 추출하는 힘이 지배와 강제로 이루어진다면, 그것은 또한 정치권력이다. 그리고 생산의 사회적 관계에 대한 계획은 사회의 모든 수준에서의 '정치적' 계획, 즉 지배와 착취 관계의 재등장을 막을 수 있는 제도적 조치를 포함해야 한다.

　계급 없는 사회에서조차 단순히 권력을 보완하는 것이 아니라 권력을 견제하고 그 남용을 막는 것을 의식적이고 명백한 목표로 삼는 조직이 존재해야만 할 것이다. 소환권 같은 긴급조치만이 아니라, 이 특수한 목적을 위해 행동하고, 그에 못지않게 이같은 위험에 대한 의식을 유지할 수 있는 항상적인 제도가 존재해야만 한다. 사회주의 정치형태가 일종의 행정장치를 갖는 대의체제가 될 것이라고 가정한다면, 국가권력과 인민권력 사이에는 여전히 긴장이 존재할 것이다. 대의 그 자체가 문제가 된다. 그리고 정치적 문제가 대의제를 직접민주주의로 대체하고 정치조직을 더욱 민주화함으로써 실천적으로 해결될 수 없는 한에서는 그만큼의 문제는 여전히 다른 차원에서 해결되어야 할 과제로 남겨질 것이다. 바꿔 말하면, 국가의 존재 그 자체 —— 민주적으로 대의가 이루어지더라도 —— 는 필연적으로 특정한 과제, 즉 단순히 시민사회를 통한 민주적 조직화가 아니라 사회에 대한 국가의 종속이라 맑스가 불렀던 것 —— 이것이 동일한 것은 아니라 하더라도 —— 을 과제로 제기하게 될 것이다.[20]

　국가의 미래에 관한 논쟁이 원전의 해석문제로 환원되어서는 안된다. 그

---

20) Karl Marx, "Critique of the Gotha Programme," *The First International and After*, Harmondsworth 1974, 354면.

러나 그 문제에 대한 토론은 그 주제에 관한 맑스와 엥겔스의 개략적인 논
평으로 돌아갈 수밖에 없다. 그들이 정치의 소멸에 관해 낙관적이었음을
입증하는 것이 그들이 국가를 계속되는 문제로 파악했다는 것을 증명하는
것보다 아마 더 쉬운 일일 것이기 때문에 후자의 해석을 지지하는 약간의
언급이 여기에 덧붙여져야 한다. 특히 재미있는 것은 그들이 부르조아 자
유주의의 유산과 그것을 혁명 이후 사회에 적용할 수 있는 가능성에 대해
이야기해야만 했던——혹은 적어도 암시했던——것들이다.

우선 맑스와 엥겔스가 계급 없는 사회에서 국가가 소멸할 것이고 "공적
인 권력은 자신의 정치적 성격을 상실할 것"[21]이라고 주장함으로써 쟁점을
흐리게 했다는 점을 지적해야 한다. 이것은 (무계급사회에서—역자) 아무
런 공적인 권력도 존재하지 않을 것이라거나 심지어는 공적인 권력이 문제
가 되지 않는다고 말하는 것과는 다르다. '원래 의미의'(in the proper sense
of the word) 국가는 소멸하게 될 것이라고 가장 분명하고도 빈번히 주장
했던 엥겔스는 또한 무정부주의자들을 공격하면서 권위와 종속이 계속 필
요함을 강조했던 사람이다. 그리고 무정부주의자들을 공적인 권위의 이름
을 바꿈으로써 물(공적 권위—역자) 자체를 바꾸었다고 믿는 사람들이라
고 비웃었다. 엥겔스가 쓴 것처럼, "공적인 기능이 정치적 성격을 상실하
고 진정한 사회이익을 감시하는 단순한 관리기능으로 바뀐다고 할지라
도,"[22] 문제가 자명하게 해결되지는 않는다. 다른 사람에 대한 권위와 다
른 사람을 거기에 종속시키는 권위를 부여받은 공적인 권력이 순수히 '관
리적인' 성격을 유지하고 계속해서 진정한 사회이익을 위해 행동하는 것을
보장하기 위해서는 바로 제도화된 조치가——엥겔스 자신의 견해에서조차
——필요할 수밖에 없지 않은가? 계급사회에서는 그렇게 인간적이고 '비
정치적인' 공적 권력은 불가능할 것이다. 하지만 그것이 계급 없는 사회에
서만 가능하게 된다 할지라도 필연적인 것이 되는 것은 아니다.

게다가 맑스가 또한 국가가 계속 문제가 될 것이라고 인식했다는 것은

---

21) Karl Marx and Friedrich Engels, "The Manifesto of the Communist
Party," *The Revolutions of 1848*, Harmondsworth 1973, 87면.
22) Friedrich Engels, "On Authority," *Marx-Engels Selected Works*, vol. 1,
Moscow 1962, 639면.

바로 그 정식, 즉 '사회에 대한 국가의 종속'에서 암시된다. 우선 그가 여기서는 초기저작[23]에서처럼, 사회에 의한 국가의 **흡수**에 대해 말하지 않는다는 점 혹은 국가의 해체에 대해 언급하지 않는다는 점에 주목하라. 그렇다면 사회에 대한 국가의 종속은 무엇을 의미하는가? 다른 저작 —— 예를 들어 맑스가 빠리꼬뮌에 대해 언급한 『프랑스 내전』(*The Civil War in France*) —— 에서 맑스는 공적 권력이 '사회 위에 서지' 않는 '사회에 대해 책임을 지는 대리인들'인 공직자들로 구성될 것이라고 주장한다. 하지만 문제는 바로 여기서 시작된다. 공직자들이 '책임을 지면서도' 사회 '위에 서지' 않는다는 것을 사회가 어떻게 보증할 것인가? 맑스는 이 문제를 너무나 가볍게 그리고 낙관적으로 처리하는 듯이 보인다. 왜냐하면 그는 공직자가 즉각적으로 소환될 수 있다고 언급하는 것 이외에는 그것에 관해 거의 아무 것도 말하고 있지 않기 때문이다. 하지만 따라서 당연히 그는 문제를 파악하지 못했다거나 아니면 그 중요성을 인식하지 못한 것이라고 생각할 수는 없다.

'국가의 종속'이 나타나는 『고타강령 비판』(*Critique of the Gotha Programme*)에서 맑스는 국가의 문제가 공산주의 사회에서도 지속될 것이고 더구나 부르조아 사회의 가장 '자유주의적인 것'에 의해 제도화된 국가 권력에 대한 제한이 그 문제를 다루는 데 가르침을 줄 것이라고 암시한다.

> 자유는 국가를 사회 위에 군림하는 기관에서 사회에 완전히 종속되는 기관으로 바꿔놓는 데 있다. 그리고 오늘날에도 국가형태가 더 자유로운가 덜 자유로운가는 그것이 '국가의 자유'를 제한하는 정도에 달려 있다.[24]

물론 부르조아 사회에서 '자유'는 계급지배가 없는 곳에서만 일어날 수 있는 '사회에 대한 국가의 완전한 종속'과는 아주 다른 것이다. 다른 한편으로, 맑스는 부르조아 국가에서의 자유와 공산주의 국가의 사회에 대한 종속 사이의 일종의 연관, 즉 '국가의 자유'에 대한 제한을 제도화하는 국

---

23) 예를 들어 "On the Jewish Question" 또는 *The Economic and Philosophic Manuscripts*에서.

24) "Critique of the Gotha Programme," 354면.

가권력의 견제기구를 수립하는 것과 관련된 연관을 파악하고 있다고 생각된다. 그는 계속해서 문제를 제기한다. "공산주의 사회에서는 국가가 어떻게 변형될 것인가? 달리 말하면, 현재의 국가기능과 유사한 어떤 사회적 기능이 남아 있을 것인가?" 맑스가 결국에는 국가가 사멸할 것이라는 낙관주의적 관념에 기여했다는 것에는 의심의 여지가 없다. 하지만 그는 여기서 명백히 국가가 지속될 것이고 아마 현재의 국가기능과 유사한 일정 기능을 가질 것이며 심지어는 유사한 문제를 일으키기도 할 것이라고 주장하고 있다. 더구나 이러한 유비(analogy)의 정확한 성격은 '과학적으로'만 결정될 수 있다. 그리고 "수천번 민중이라는 단어와 국가라는 단어를 결합한다 할지라도 문제에 한 발짝도 더 다가갈 수 없다." 이것은 민주적 국가도 여전히 국가라는 것, 그리고 국가가 사회에 종속된다고 할지라도 국가의 '자유'를 제한하려는──무엇보다도 관료화를 제한하고자 하는── 의식적이고 제도적인 노력이 필요할 것임을 의미하기도 한다. 가장 '자유주의적인' 형태의 자본주의 국가가 지금까지 국가의 자유를 제한하는 가장 선진적인 양식을 대표하는 한, 이런 점에서 사회주의자는 '자유주의'로부터 배워야 한다.

맑스가 염두에 두었던 국가의 '자유'에 관한 특수한 종류의 제한이 무엇인지는 아마 고타강령에 대한 엥겔스의 논평에서 찾아볼 수 있을 것이다. 그리고 그의 논평은 다소 놀라운 것이다.

　… 강령에서 무언가 약간 혼동하고 있는 순수하게 민주적인 요구들(형태) 중의 몇몇, 예를 들어 스위스에 존재하는 '인민에 의한 입법'과 같은 것은 단지 형식적인 문제다. 그리고 만약 그것이 조금이나마 무언가 할 수 있다면 그 결과는 이롭기보다는 차라리 해로운 것이다. 인민에 의한 관리(administration)라면 문제는 완전히 다른 이야기이다. 마찬가지로 (이 강령이 ― 역자) 결여하고 있는 것은 모든 자유의 첫번째 조건이다. 즉 모든 공직자는 보통법정 앞에서 그리고 관습법에 따라 그들의 모든 공적 행동에 대해 모든 시민에게 책임을 져야 한다는 것이다. [25]

---

25) Letter to August Bebel, 18~28 March 1875, *Marx-Engels Selected Correspondence*, Moscow 1965, 293면.

다시금 여기서의 함의는 자유는 국가의 자유를 제한하는 데 있다는 것이다. 그리고 이것이 단순히 더욱 민주적인 입법제도나 대의제도를 수립하는 문제만이 아니라 무엇보다도 행정장치에 관한 문제임이 분명하다. 특히 놀라운 것은, 엥겔스가 국가의 자유를 제한하는 데서 법과 법정체제를 중요하게 생각한다는 점이다. 어떤 법체제도 단순한 국가의 도구라기보다는 국가에 대한—— 아마 심지어는 '사회 안의' 조직에 대해서조차도—— 일종의 대립이라는 주장이 존재한다. 관습법 체제, '독립적인' 사법조직, 행정기구의 일부가 아닌 재판관, 시민이 국가관료가 아닌 '보통법정'에 의뢰할 수 있게 하는 배심원 체제—— 영국의 법적 전통과 그것에서 유래하는 법체제에 더욱 전형적인 특징—— 등은 암묵적으로 대륙적 전통, 특히 대륙의 행정법 체제에 반대하는 것이다. 간단히 말해, 엥겔스는 특히 영국적인 의미에서의 '법의 지배'가, 국가의 자유를 제한하는 데 핵심적인 역할을 수행할 수 있다고 주장하는 것처럼—— 이는 영국 부르조아 이데올로기(영국에서 최근에 일어난 사건, 특히 탄광노동자의 파업 동안의 사건들에 비추어 볼 때 특히 공허하게 들리는)의 지나치게 낙관적인 반향인 것처럼 보인다—— 보이는 것 같다. 그리고 부르조아 국가에 대한 진정한 견제물로서 이런 형태의 '자유주의'의 효능이 확실히 문제가 되어야 한다면, 그러한 견해는 단순히 폐기될 수 없다. 엥겔스가 사회주의의 출현이 '원래 의미의' 국가의 해체를 의미할 것이라는 낙관주의적 확신을 계속 반복하지만, 그에게 있어—— 혹은 맑스에게 있어서도—— 이것이 위험한 대상으로서의 공권력의 소멸을 의미하는지는 전혀 분명하지 않다. 그렇다면 부르조아적 법치주의와 국가에 관한 여타 '자유주의적' 제한조치, 그리고 이러한 제도가 공산주의하에서조차 국가를 사회에 종속시키는 양식에 대해 가르쳐주는 것을 고려해보는 것은 유용할 것이다.

4

어쨌든 사회주의가 자유주의로부터 혁명 이후의 국가에 관해 배울 수 있든 없든 자유주의는 적어도 더 직접적인 전략적 함의를 지닌 특수한 정치적 전통의 매력에 대해 무언가를 보여줄 수 있다. 자유주의적 전통이 가장 강한 나라들—— 반드시 민주적이지는 않은—— 에서 노동자계급운동은 가장 혁명적이지 않았고 가장 일관되게 부르조아 민주주의 정치제도를 신뢰해왔다는 것이 중요하다. 다른 나라들에서는 사회주의 운동이 그러한 신뢰를 획득했다. 하지만 예를 들어 영국에서는 노동운동의 주류가 이러한 (부르조아 민주주의—역자) 제도에 대해 끊이지 않는 충성심을 보여온 전통을 갖고 있다. 또한 사회주의 이론은 자유주의가 가장 강한 나라들에서 가장 맑스주의적이지 않은 것도 사실이다. 맑스 자신조차도 이러한 정치적 전통에 영향을 받았다. 결국 그는 1872년에 영국과 미국은 평화적인 수단으로 가장 손쉽게 사회주의로 이행할 것이라고 주장했다. 암스테르담 대회 연설에서 그는 다음과 같이 말했다.

여러분들은 여러 나라의 제도, 사회적 관습 그리고 전통이 고려되어야 함을 알고 있다. 그리고 우리는 노동자들이 그들의 목적을 평화적인 수단으로 달성할 수 있는 나라들—— 미국이나 영국, 그리고 내가 여러분의 제도에 좀더 익숙했더라면, 나는 아마 또한 네덜란드도 이에 추가했을 것이다—— 이 있음을 부정하지 않는다. 이것이 사실이라면, 우리는 또한 대륙의 대부분의 나라에서는 우리의 혁명수단이 강제력(force)일 수밖에 없다는 사실 또한 인정해야 한다. …[26]

이러한 판단의 정확성을 깊이 생각하지 않더라도 왜 맑스가 그런 말을 했는지, 그리고 그가 사회변혁을 위해 폭력혁명이 더욱 필요할 것 같은 다른 나라들과, 영국과 미국을 구분지어주는 어떤 요인이 이들 나라에서 작동하고 있다고 보았는지를 생각해보는 것은 우리에게 교훈을 준다. 당연히 영국은 세계에서 가장 프롤레타리아적인 국가였다. 그리고 맑스는, 후에 암스테르담 연설에서 주장했듯이, 미국이 '가장 뛰어난 노동자의 대륙'이 되리라고 기대했다고 생각된다. 하지만 맑스는 문제의 위의 구절에서는 상이한 나라의 계급배치에 대해서는 언급하지 않고 그들의 '제도, 사회적 관습 그리고 전통'을 언급한다. 그가 특히 염두에 두었던 제도와 전통에서 맑스가 결정적인 요인이라고 생각했던 것은 민주주의의 정도만은 아니었

---

26) Karl Marx, "Amsterdam Speech," 1872년 9월 8일.

던 것 같다. 1872년 영국은 아직도 성년남성의 보통선거권과는 매우 거리가 멀었다. 그리고 심지어는 1인1표나 성인의 보통참정권 체제도 아니었다. 그리고 결코 민주주의적 정치전통도 없었다. 반면에 프랑스는 이미 오래 전에 성인남성의 보통참정권과 다른 종류의 민주적인 정치제도를 실험하여 부르조아 민주공화국을 수립하기 직전에 있었고, 세계 각국에 가장 영향력있는 민주적 전통을 전파했다. 맑스의 다른 언명——예를 들어 『고타강령 비판』, 『브뤼메르 18일』, 1872년 4월 12일 『쿠겔만에게 보내는 편지』——들 속에서 생각해보면 암스테르담 연설에서의 판단은 영국과 미국의 정치제도의 민주적 요소보다는 그들의 '자유주의', 그중에서도 특히, 아주 강력한 관료기구와 경찰기구를 보유하고 있기 때문에 그들의 경직된 국가장치를 '분쇄하기' 위해서는 폭력혁명이 거의 확실하게 필요했던 대륙의 대부분의 자본주의 국가와는 대조적으로 영국과 미국이 '국가의 자유'를 제한하고 있는 정도를 지적하고 있는 것처럼 보인다.[27] 바꿔 말하면, 명백히 덜 경직된 영국과 미국의 자본주의 국가형태는 적어도 국가가 그 정상에 자리잡고 있는 지배의 구조가 더 쉽게 평화적인 의회수단을 통해 전환될 수 있을 것이라는 인상을 주었다.

맑스조차도 자유주의 정치형태와 전통에 대해 일정한 낙관론을 갖고 있었다면, 그것을 직접적으로 경험한 노동자계급의 대다수가 명백히 민주적이지 않은 정치전통에 그렇게 끈질기게 충실할 수 있었다는 것은 놀라운 일이 아니다. 국가 그 자체의 '자유'에 대한 제한 그리고 지배계급과의 관계에서 종속계급이 법적·정치적 제도에 의지해왔다는 사실은 법적·정치적 형태의 효능에 대한 신뢰——거의 무제한적인 것은 아니었지만——를 낳았다. 그렇다면 사회주의 이론은 이렇게 끈질긴 이데올로기를 어떻게 다루어야 하는가?

비자유주의적인 체제, 특히 파시스트적이거나 아니면 다른 형태의 독재

27) 이후 엥겔스는 미국 국가의 유연성에 대해 전만큼 확신을 보이지 않았다. 맑스의 『프랑스 내전』(*The Civil War in France*)의 서문에서 그는 국가권력——상비군과 엄격한 관료제의 부재에도 불구하고——을 소유하고 이용하는 정치가에 비해 국민을 무력하게 만들고 있는 미국을 국가권력이 그 자체로 가장 성공적으로 '사회와의 관계에서 독립한' 나라로 인용한다.

에 맞서는 데서 인민전선의 원리와, (자유주의와 사회주의 간의) 불연속성
에 우선하는 자유주의와 사회주의 사이의 연속성에 조응하는 이데올로기
전략은 유용한 사례가 될 수 있다. 그렇지만 여기서도 계급투쟁을 억압하
고, 노동자계급의 이익과 독립적인 행위를 종속시키며, 사회주의를 위한
투쟁을 지연할 듯이 보이는 전략이 초래할 수도 있는 위험에 대한 의문이
제기될 수밖에 없다. 하지만 우리가 그러한 경우 (인민전선 원리를 채택함
으로써 ― 역자) 이러한 위험을 감수할 수밖에 없는 필요성을 받아들인다
할지라도 자유민주주의라는 환경에서는 그같은 주장이 결코 성립할 수 없
다. 계급사회와 부합하는 인민권력이 본질적인 한계에까지 도달한 자유민
주주의 국가에서는 사회주의를 위한 투쟁은 의제의 최우선 순위에서 밀려
나 있다. 정말로 이론의 인민전선(theoretical Popular Front)에서 자유주의
와 사회주의의 연합을 넘어서는 지혜로운 전략이 필요하다. 물론 모든 자
유민주주의 국가에서도 즉각적으로 투쟁에 임해야 하는 절박한 전투――
예를 들어 핵 참화에 반대하거나 혹은 그 문제에 있어 자유민주주의 그 자
체의 성과를 보호하기 위해 ―― 가 존재한다. 그리고 이것은 광범위한 동
맹을 요구한다. 그러나 모든 전투와 동맹에서 사회주의적 전투의 특수성은
언제나 분명한 것으로 남아 있어야 한다.[28] 따라서 자유주의적 제도의 가
치를 인정하면서 그러한 특수성을 보존하고 자유주의와 사회주의 사이의
단절, 즉 '불의 강'을 분명히 정의할 수 있는 지혜로운 전략이 발견되어야
한다.

이것은 거대한 문제다. 그러나 간단히 한두 개의 제안을 할 수 있다. 우
리는 우선 '자유민주주의'의 정식에 너무 빠져들지 말아야 한다. 그럴 때만
이 우리는 마치 핵심적인 쟁점이 민주주의의 두 측면 사이의 차이인 것처
럼 '자유민주주의' 대 '사회주의적 민주주의'의 대립구도에 관심의 초점을
집중할 수 있게 된다. 민주주의를 자유주의와 **구별되는 것**―― 대립하는
것은 아니지만 ―― 으로 정의하면서 자유주의('민주주의적' 혹은 '전(前)민
주주의적')를 민주주의에 **대비시켜** 토론의 위상을 다시 잡는 것도 유용할

---

28) 예를 들어 그것이 평화운동과 관계된 것으로서 이 논점에 관한 논의로는
Raymond Williams, "The Politics of Nuclear Disarmament"(*New Left Review*
124, 1980년 11・12월호)를 볼 것.

것이다. 만약 우리가 '자유주의'와 '민주주의'가 제각기 제기하는 문제간의
차이에 관심을 집중한다면, 우리는 자유주의가 우리의 민주주의 정의를 제
한하지 않게 하면서 자유주의의 가치와 그것이 사회주의에 주는 교훈을 인
정할 수 있다.

자유주의는 본질적으로 '국가의 자유'를 제한하는 것 —— 법의 지배, 시
민적 자유 등등을 통해 —— 과 관련된다. 자유주의는 정치권력의 범위와
임의성을 제한하는 데 관심을 둔다. 하지만 그것은 권력의 **탈소외**
(disalienation)에 관해서는 아무런 관심도 없다. 정말로 단순히 필요악으로
서의 권력뿐만 아니라 적극적인 선으로서의 권력도 소외시켜야만 하는 것
—— 예를 들어 근본적으로 개인주의적 인간이 사적인 관심사를 채우는 것
을 허용하기 위해 —— 이 가장 '민주적인' 형태에서조차 근본적인 자유주의
적 이상이다. 이것이 자유주의에 있어 대의제가 문제가 아닌 해결인 이유
이다.

자유주의와 대조적으로 **민주주의**는 정확히 권력의 탈소외와 관련된다.
일정한 형태의 소외된 권력이나 대의제가 계속해서 필수적인 방편이 되는
만큼 —— 모든 복잡한 사회에서 당연히 그래야 하는 —— 이에 비례하여 민
주적 가치의 관점에서 그러한 대의제도는 단지 해결만이 아니라 문제로 간
주되어야 한다. 사회주의가 자유주의에서 무언가 배울 것이 있다면, 바로
이러한 문제 —— 권력의 탈소외에 관해서가 아니라 소외된 권력에 대한 통
제에 관해서 —— 에 대적할 때다.

민주적인 권력조차도 당연히 자유주의 —— 시민적 자유, 법의 지배 그리
고 사적 영역의 보호라는 원리를 지닌 —— 가 아직도 가르쳐줄 것이 있는
위험들을 드러낼 것이다. 하지만 권력에 대한 제한은 탈소외와 같은 것이
아니다. 뿐만 아니라 민주주의는 '경제적인 것'과 '정치적인 것'의 대립을
극복하고 '시민사회' 위에 '국가'가 군림하는 것을 제거함(자유민주주의는
가장 이상적인 형태에 있는 경우에도 그럴 수 없다)을 의미한다. 그러므로
'인민주권'은 추상적인 정치'영역'으로 국한되지 않고 오히려 모든 수준의
인간활동에서 권력의 탈소외, 즉 생산의 영역에서 시작하여 국가에까지 이
어지는 전체적인 지배구조에 대한 공격을 초래할 것이다. 이러한 관점에서
볼 때, '자유주의적'(liberal)과 '민주주의'의 결합이 사람들을 호도하는 것

이라면 '사회주의적'과 '민주주의'의 결합은 (사회주의 자체가 민주주의적이 므로——역자) 불필요한 언어의 중복이다.

이것은 또한 자유민주주의의 사회주의적 민주주의로의 단순하고 비적대 적인 확대는 결코 있을 수 없음을 의미한다. '민주주의'라는 용어가 이러한 두 경우 모두를 상징한다 할지라도 적어도 역사에서 민주주의의 근본적으 로 서로 다른 형태가 존재했음을 인정해야 한다. 그리고 소위 아테네적 형 태와 현대 미국과 영국의 형태를 구분하는 제도적 차이가 그들의 아주 상 이한 사회적 토대를 반영하는 것임을 인정해야 한다. 이러한 다양한 민주 주의 국가의 제도적 형태와 그들이 의거하고 있는 가지각색의 사회적 기초 사이에 어떠한 조응도 존재하지 않는다고 주장하는 것은 역사적으로 볼 때 말도 되지 않는다. 사회주의를 자본주의와 구별하는 사회적 관계와 권력의 배열은 필연적으로 서로 상이한 제도적 형태에 반영될 것이다. 사회주의의 바로 그 핵심은 결코 전에는 존재하지 않았던 민주적 조직양식——공동으 로 소유된 작업장에서 물질적 생활수단을 생산하는 데서 자유로이 연합한 생산자에 의한 직접적인 자치(self-government)——이 될 것이다. 정의상 그러한 민주제도의 존재 자체는 자본주의적 관계와 그것과 부합하는 형태 의 민주주의의 종언을 의미한다.

결코 단순히 '경제적' 민주주의를 이미 존재하는 '정치적' 민주주의에 부 가하는 문제가 아니다. 생산수준에서의 민주주의는 다른 '수준들'에서 이를 뒷받침할 새로운 형태의 제도들을 필요로 하는 것만도 아니다. 더욱 직접 적인 중요성을 갖는 것은 가장 '자유민주주의적인' 자본주의 사회에서조차 정치영역은 그 자체가 관료적으로, 그리고 필요할 때는 언제나 강제적으로 생산관계 '수준'에서의 민주주의에 장벽을 유지하도록 건설되어 있다는 사 실이다. 마치 필요한 모든 것이 민주적 원리를 정치에서 경제로 '운반하는' 것인 듯이, 단지 자유민주주의의 점진적인 향상으로 사회주의로의 이행을 취급하는 것은, 사회적으로 불확정적인 민주적 원리와 같은 것은 존재하지 않을 뿐만 아니라 자유민주주의 국가의 본질적인 기능 중의 하나가 빈틈없 이 치안을 유지하고 강제적으로 '민주주의'를 제한된 영역으로 국한하는 것 임을 망각하는 것이다.

11
사회주의와 '보편적인 인간선'

1

새로운 '진정'사회주의와는 완전히 다르게 사회주의와 '보편적인 인간선'
을 연결하는 방법이 있다. 지금까지 언급한 모든 사람과는 또다른 범주의
문필가인 레이먼드 윌리엄즈(Raymond Williams)는 그 좋은 예다. 그의 연
구는, 노동자계급의 특수이익이 인류의 일반이익과 일치하고 노동자계급의
자기해방이 전반적으로 인간을 계급착취에서 해방시키며, 노동자계급은 사
회주의에 근본적인 계급이익을 가질 뿐만 아니라 그것을 이루어낼 수 있는
특수한 집단적 능력을 갖고 있다는 맑스주의의 전제를 부정하지 않고도 다
수의 NTS의 실제 관심사에 부응한다. 그의 저서인 『2000년을 향하여』
(*Towards 2000*)가 특히 중요한 것은, 그가 '신사회운동'이 제기한 문제
──평화, 환경, 성, 문화적 빈곤의 문제 등등──에 대해 언급하고 이
러한 관심사가 좌익의 계급조직에서 너무나 자주 소홀히 다루어졌음을 인
정하면서도 동시에 그 책의 전체적인 요점은 노동자계급을 경시하는 것에
대적하고 계급정치의 중요성을 다시금 확인하고 있기 때문이다. 그 연구는
부르조아 민주주의의 존재양식과 특수성을 확고하게 주장하고 그것을 특수
하게 사회주의적인 민주주의 형태와 대조함으로써 민주주의의 '불확정성'을
분명히 부정하는, 의회적 대의제의 신비화에 대한 직접적인 공격을 담고
있다. [1] 무엇보다도 그 책은 논의의 결정적인 시점에서 말 자체를 회피함으
로써 쟁점을 피해버리는 경향이 있는 주도적인 NTS 주창자들에게는 현저

히 결여되어 있는 강한 반자본주의적 열정으로 충만해 있다. 우리는 라끌
라우와 무페의 '산업사회', 혹은 스테드만 존스의 '혼합경제', '복지국가',
'영국의 경제적 곤궁' 그리고 '국가적 쇠퇴'(눈에 띄는 것은, 스테드만 존스
가 노동당에 대한 자신의 생각을 기술한 부분에서 '자본주의'를 단 한번밖
에 언급하지 않으며 그것도 그저 크로스랜드(Crosland)의 견해를 설명하면
서일 뿐이라는 점이다) 등을 그 예로 들 수 있다. 윌리엄즈는 '상부구조'
또는 문화적 과정에 대한 연구에 영어권의 당대 맑스주의자 중 어느 누구
보다도 많은 공헌을 했으며 언어와 이데올로기 그리고 담화에 대해서도 열
정적인 어떤 NTS 논자들보다 확실히 더 많은 기여를 했지만, 사회적 재
생산 혹은 정치투쟁에서 그러한 것들의 역할을 과장하거나 본질로 간주하
려 하지 않고 있음을 주목할 필요가 있다.

우선 윌리엄즈는 "노동운동이 어떤 특수이익의 덩어리 이상의 것"[2]이라
는 전통적인 주장에서 두 가지 입장을 구분해낸다. 첫번째 주장은 노동운
동이 태어난 '빈곤의 문화'에서 그 힘을 끌어내면서, 산업자본주의가 초래
했다고 할 수 있는 참으로 광범위한 빈곤에 근거를 두었다. 이 견해에 따
르면, "수많은 인간들이 그렇게 살아야 한다는 것은 올바르지 않다." 선진
자본주의 국가에서 절대적 빈곤이 감소하고 전통적인 노동자계급의 조건을
향상시키는 데서 조직된 노동자가 승리하고 노동운동 내부에 새로이 상대
적으로 부유한 특권적인 부문이 생겨남에 따라, "(노동운동이) 절대적인
인간욕구 속에 존재하는 일반이익을 주장할 수 있는 확실한 토대는 더이상
존재하지 않게 되었다".

하지만 두번째 주장은 상이한 것이었다. "공동의 생산수단을 수탈하고
노동의 잉여가치를 사적으로 전유함으로써 성립한 자본주의 체제는 본질적
으로 일반이익에 적대적이다. 따라서 일반이익과 양립할 수 없다."[3] 윌리
엄즈의 설명에서 이 일반이익을 노동자계급의 특수이익과 결합시켰던 것은
자본주의를 파괴할 수 있는 노동자계급의 특수한 능력이었다. 그는 계속하
여, "이 논의의 잘 알려진 다음 단계는 조직된 노동운동이 자본주의를 끝

---

1) Raymond Williams, *Towards 2000*, London 1983, 102~27면.

2) 같은 책, 162면.

3) 같은 책, 162~63면.

장낼 수 있는 유일한 힘이라는 점이다"라고 말한다. 윌리엄즈가 보기에는, 자본주의가 일반이익에 반한다는 주장이 갖는 위력은 체제의 발전에도 불구하고 변하지 않았다. 하지만 자본주의에 반대하는 노동운동의 행위는 설사 그 목표가 특수하고 영역이 제한적일지라도 자동적으로 일반이익과 연결된다는 가정은 점차 설득력을 잃어왔다. 사람들은 노동자계급의 특수이익을 증진하기 위한 투쟁이 필연적으로 반자본주의적이라는 것을 믿지 않기 시작했을 뿐만 아니라──이는 어느 정도는 정당한 것이었다── 자본주의는 일반이익에 반한다는 최초의 전제를 망각하고, "쟁의행위와 정치행위를 통해 자본주의를 끝장낼 수 있으며, 그것을 그 안에 일반이익이 존재하는 체제 즉 사회주의로 교체할 수 있다는 것"4)을 잊어버리기조차 했다. 윌리엄즈는 사회주의 운동의 당면과제는 그럴 듯하고 접근가능한 일반이익의 개념을 만들어내고 노동운동과 그것을 다시 연결할 수 있는 방법을 발견하는 것이라고 주장한다.

윌리엄즈가 많은 '특수주의적' 노동자계급투쟁이 진정으로 반자본주의적인지 아닌지 그리고 일반이익에 공헌하는지의 여부를 문제시할 자세를 갖추고 있음에도 불구하고 동시에 노동자계급의 근본적인 계급이익이 본질적으로 반자본주의적이라는 것은 의심할 여지가 없는 것으로 보고 있으며, 또한 바로 이런 특징이야말로 노동운동과 일반이익을 '다시 연결하는' 것으로 사회주의 프로젝트를 생각할 수 있고 생각하게끔 하는 것이라고 보고 있는 점──사회주의자가 생각하는 일반이익이 단순히 '모든 합리적인 특수이익'을 포함해야 한다는 의미에서뿐만 아니라 명백히 노동자계급은 다른 사회집단보다 일반이익, 따라서 사회주의와 '연결될' 수 있는 더 많은 직접적이고 특수한 능력을 갖고 있다는 의미에서──에 주목할 필요가 있다. 바꿔 말하면, 그는 여전히 노동자계급이 계급투쟁이라는 매개를 통해 사회주의를 위한 투쟁을 전개할 중요한 존재라는 사실을 받아들이고 있는 것처럼 보인다.

동시에 윌리엄즈는, 계급조직이 일반이익과 인간해방의 프로젝트에 본질적인 것으로 간주되어야 하는 엄청나게 많은 사회적 목표를 무시하고 계급

---

4) 같은 책, 163면.

이익의 표출로 보지 않았다는 사실 때문에 노동자계급의 특수이익과 일반
이익이 연결될 수 있는 가능성이 줄어들어왔음을 지적한다.

　지난 30년간의 모든 주요한 사회운동은 조직된 계급이익과 제도의 외부에서
시작되었다. 평화운동, 생태계운동, 여성운동, 인권기구, 빈곤과 무주택의 해
결을 위한 운동, 문화적 빈곤과 왜곡에 대항하는 운동 등등이 바로 그것이다.
이들 운동은 모두 다음과 같은 특성, 즉 이익에 기반을 둔 조직들이 수용할
힘과 시간을 갖고 있지 못하거나 그 조직들이 단순히 알아차리지 못한 욕구와
인식으로부터 분출되어 나왔다는 특성을 지니고 있다.[5]

　하지만 윌리엄즈의 분석은, 많은 노동자계급투쟁의 특수성, 사람들이 갖
는 사회적 정체성의 복잡성과 다중성, 그리고 계급투쟁 기관에 의한 주요
한 사회적 문제의 경시를, 사회주의 프로젝트를 노동자계급의 특수이익,
투쟁 그리고 사실상 계급투쟁 일반과 분리하는 허가장으로 취급하는 사람
들의 분석과는 결정적인 차이가 있다. 이러한 사회운동과 계급이익의 도구
간의 분리를 "'계급정치를 넘어서고 있는 것'으로" 해석하는 것은 오류라고
윌리엄즈는 주장하고 있다. 주요한 이익집단들의 협애성에 관해 편협하다
고 판단하는 것은 정당하다. 그러나 논의를 따라가보면, 우리가 산업자본
주의적 생산양식의 중심체제 그리고 그중에서도 그 계급체제로 이끌리지
못하는 것은 이러한 쟁점 가운데 하나 때문은 아니라는 것이다.[6]

　그러나 여전히 여기에도 모호함이 존재한다. 윌리엄즈가 사회주의를 위
한 투쟁에서 노동자계급이 중심이 되며 사회주의적 질서로 자본주의 체제
를 대체하는 것이 노동자계급의 근본적인 이익이라는 점을 당연한 것으로
생각한다고 하더라도, 이 근본적인 이익이 단순히 인간이라는 점에서 '일
반이익'을 갖게 되는 모든 인간의 이익과 어떻게 구별되는지 혹은 구별되
는지 안되는지조차도 전혀 분명하지 않다. 물론 자본주의 계급체제가 불가
피하게 모든 사회적 주요문제의 중심에 놓여 있으며, 평화, 안전, 신중한
경제운용 그리고 사회보장 등등의 인간적 목적을 획득하려는 모든 노력을

---

5) 같은 책, 172면.
6) 같은 책, 172~73면.

가로막는 핵심 장벽이라는 명제는, 자본주의 체제를 구성하는 주요계급들 사이의 계급투쟁이 이러한 목적을 이루려는 투쟁에서 결정적인 전투라는 것을 주장하는 듯이 보이기는 한다. 그럼에도 불구하고 윌리엄즈는 계급투쟁의 어휘들을 전반적으로 회피하며 우리에게 사회주의 운동을 "일반이익에 대한 새로운 정의 속에 광범위한 욕구와 이익을 결합시켜 … 근본적인 인간의 욕구에서 시작하는 운동"[7]으로 재구성하고 그럼으로써 사회주의의 지지기반에 대한 우리의 개념 또한 수정하고 폭을 넓히도록 한다.

하지만 여기서조차도 윌리엄즈의 접근과 NTS의 접근 간에는 결정적인 차이가 있다. 그가 '새로운 운동 및 캠페인의 지도부와 구성원에서 중간계급이 우세하다는 것'과 노동자계급 중 많은 이들로 하여금 현존 질서에 저항하지 못하게 하는 압력에 대해 언급하는 것은 사실이다. "자본주의적 사회질서의 모든 결정적 압력은 매우 근거리에서 그리고 매우 짧은 기간에 행사된다. 일자리에서 떨려나지 말아야 한다든가, 빚을 갚아야 한다든가, 가족을 부양해야 한다든가 하는 압력들이 존재한다."[8] 심지어 그런 질서의 결과로, 피고용자——어떤 방식으로 정의해도 노동자계급보다 훨씬 더 범위가 넓은 집단——의 대다수가 '상대적인 사회적 거리와 신분이동이라든가 혹은 장기간 교육을 스스로 (종종 공적으로 재원조달을 받으면서) 받을 수 있다든가 등속의 특권을 결여하고 있음으로 인해 아직도 기본적으로 근거리와 단기적 안목의 해결책에 의존하고 있는' 반면에, 한층 특권적인 계급들은 신사회운동이 표현하는 보편적인 '인간욕구'를 더 잘 수용할 수도 있게 하는 '사회적인 거리, 즉 반대를 할 여유를 부여해주는 공간(영역)'이 주어진다는 점도 인정한다. 하지만 비록 이러한 관찰이 라클라우와 무페 혹은 가빈 키칭 같은 이들에게 위안을 준다 할지라도, 그의 논점의 핵심은 우리를 정치적인 방향에서 NTS에 정반대되는 쪽으로 이끌고 있다는 점을 강조해야 한다. 윌리엄즈가 주장하는 것처럼, 신사회운동이 견고한 사회적 핵심인 노동자계급을 끌어들일 수 없는 한, 이러한 운동은 주변적일 뿐만 아니라 더 나아가 효과적이지도 못할 것이다. 왜냐하면 노동자계급은 사회질서의 중심에 위치하고 있으며, 즉 "지배적인 제도와 그 하수인뿐만 아니

---

7) 같은 책, 173~74면.
8) 같은 책, 254면.

라 … 대부분의 시간 동안 국민의 대부분을 장악하고 있는", "사회질서의 결정관계", 바로 '경제질서 그 자체의 본거지'에 자리잡고 있기 때문이다. [9] 그는, '신사회운동이 이 영역', 즉 경제를 '제외한 거의 모든 삶의 영역에서 능동적이고 실제적이라는 점이 중요하다'고 지적한다. [10] 그러나 모든 사회문제는 결국 이 중심지점으로 회귀하게 된다.

따라서 이러한 운동들을 '중간계급적 문제'로 간단히 처리하거나 혹은 소극적으로 다루는 것은 매우 불합리한 것이다. 이러한 문제들이 이러한 식으로 규정되고 굴절되는 것은 바로 사회질서 그 자체의 결과다. 그러한 문제들을 노동자계급의 주된 이익과 관련이 없는 것으로 제쳐버리는 것도 마찬가지로 불합리하다. 진정한 의미에서 그 문제들은 이러한 주된 이익에 속하는 것이다. 위험한 제조과정과 환경적 피해에 가장 많이 노출되는 사람은 노동자들이다. 새로운 여성의 권리가 가장 필요한 사람은 노동자계급 여성들이다. … 어떤 운동이 이러한 국부적이고 결정적인 관계와 어느정도 거리가 있는 문제를 제기한다 할지라도, 중심적인 의식이 발생하는 이러한 일상의 지점에서 진지하고 세밀한 대안이 존재하게 되기 전까지는 그 운동은 충분히 효과를 발휘할 수 없을 것이다. [11]

그리고 만약 "역사적으로 이해할 수 있는 이유 때문에 모든 대안적인 정책이 가장 취약한 곳이 바로 이 지점이라고 해도", 이것이 투쟁의 중심을 "국부적인" 노동자계급의 관심영역에서 벗어난 다른 곳에 두어야 함을 의미하지는 않는다. 왜냐하면 "사회질서의 미래를 결정하는 것은 바로 이 중심적인 경제영역에서 발생하기" 때문이다. [12]

윌리엄즈는 사회주의 정치를 일반적이고 계급중립적인 '근본적인 인간욕구'와 결합하는 데서 모호함을 남기고 있긴 하나, NTS의 프로젝트와 상치되는 무언가를 우리에게 말해주는 것 같다. 노동자계급의 주의를 끄는 '국부적인', '일상적인' 관심사는 사회질서의 핵심에 더욱 근접해 있다. 그리

---

9) 같은 곳.
10) 같은 책, 253면.
11) 같은 책, 255면.
12) 같은 책, 260면.

고 노동자계급은 '근본적인 인간욕구'와 보편적인 선을 즉각적인 목표로 설정하는 신사회운동보다도 이러한 욕구와 선의 앞으로의 운명을 결정하는 그러한 조건의 원천에 더욱 근접해 있다. 아마 우리는 또한 윌리엄즈의 논의에서 한층 특권적인 계급들에 유용한 '사회적 거리', 즉 '반대할 여유를 부여해주는 공간(영역)'이 신사회운동에 유용할 수도 있다는 인식을 읽을 수 있다. 그러나 그것은 신사회운동이 경제적인 것의 중핵, 즉 '결정적인 관계'로부터 거리를 유지하는 한에서만, 이러한 사회적 쟁점이 근본적으로 자본주의 질서의 중심에 도전하지 않고 그것으로부터 충분한 거리를 유지하고 있는 것처럼 나타나게 되는 경우에 한에서만이다. 경제를 '제외한 거의 모든 삶의 영역'에서 새로운 운동의 '능동적이고 실제적인' 출현을 설명할 수도 있는 간단히 말해 자본주의 질서에 도전하지 못하는 한에서만 반대를 '할 수 있는' 사람들이 존재하는 것이다. 그리고 단기간으로는 더 저항할 여유가 없을지라도 그들의 더욱 '국부적'이고 특수한 투쟁조차도 보편적 인간선의 운명이 결정되는 지배적인 질서의 '중심체제'에 직접적으로 영향을 끼칠 수 있는 그런 상황에 놓여 있는 사람들도 있다.

2

사회주의 프로젝트에서 '근본적인 인간적 욕구' 혹은 '보편적인 인간선'이 어디에 위치하느냐는 문제는 결정적이고 고통스러울 정도로 어려운 질문이다. 사회주의 운동이 하나의 해방의 프로젝트로서 신뢰를 얻으려면, 인간해방과 삶의 질에 대한 구상의 폭을 넓혀야 한다. 그러나 진정으로 해방적인 전망의 일부가 되어야 하는 모든 인간적 목표들을 포함하도록 사회주의적 목표를 분명하고 단호하게 확장할지라도 이것이 그 자체로 사회주의의 지지자 문제, 혹은 사회주의적 투쟁의 성격, 그 조직형태와 특수한 목표를 저절로 해결하지는 못할 것이다. 특히 이것이, 우리가 계급폐지가 목표인 계급투쟁으로서의 사회주의 프로젝트의 구상을 포기할 수 있음을 의미하지는 않는다. 우리가 평화, 안전, 민주주의, 사회보장, 그리고 신중한 경제운용과 같은 '인간적인' 목적을 포괄하는 사회주의의 전망을 수용하고 동시에 자본주의 계급체제와 축적을 향한 자본주의 추진력이 지금 이러한 목표

의 성취를 막는 주된 장벽임을 또한 인정한다면, 그때 우리는 그것을 이뤄
나갈 성싶은 투쟁의 특수성과 사회세력에 대해 어떠한 결론을 끌어낼 수
있는가 ?

두 개의 아주 다른 결론을 내릴 수 있다. 일단 사람들이 그들의 비물질
적인 인간적 목적을 향해 전진하는 데 놓여 있는 방해물이 바로 자본주의
와 계급체제라는 점을 인식할 수 있게 된다면, 계급의 폐지는 노동자계급
의 특수한 목표인 것과 마찬가지로 모든 사람의 프로젝트가 될 수 있다고
할 수 있다. 바꿔 말하면, 계급의 폐지가 노동자계급의 '물질적' 혹은 '경
제적' 이익의 직접적이고 특수한 목표라 할지라도, 동시에 다른 측면에서
는 다른 사회집단의 이익이기도 하며, 노동자계급은 그들의 물질적 이익의
특수성으로 인해 계급착취를 폐지하려는 투쟁에서 특권적인 역할을 지니는
것은 아니라고 결론을 내릴 수도 있다. 대안으로, 계급의 폐지가 사회주의
프로젝트의 핵심이라면, 그 궁극적인 목표가 더 큰 인간적 목표를 성취하
는 것이라 할지라도, 계급착취의 직접적 대상이며 그들의 집단적 정체성이
직접적으로 계급체제에 기인하고, 그들의 조직과 전략적 위치가 계급체제
에 의해 규정되며 그리고 그들이 특수주의적이고 시야가 제한되어 있을지
라도 그들의 집단적 행위는 필연적으로 적실한 목표를 지향하는 사람들인
노동자계급에게 그럴 수 있는 것과 동일한 방식으로 사회주의가 다른 사회
집단의 집단적 프로젝트가 될 수는 없을 것이라고 말할 수도 있다. 후자가
더욱 그럴 듯하다면, 사회주의 운동이 아직도 다른 지지자들을 끌어들일
수 있고 여전히 다른 사회운동과 결합할 수 있다 하더라도, 사회주의 운동
은 아직도 일차적인 전략적 관심을 계급이익에 봉사하는 것과 노동자계급
의 계급적 단결을 이루어내는 데 두는 계급투쟁의 도구로 이해되고 조직되
어야 한다.

여기서 우리는 계급과 결합된 물질적 이익에서 보편적인 '인간적' 목적으
로 초점을 옮겨놓는 경향을 지닌 NTS 프로젝트를 괴롭히는 어려움에 직
면한다. 물론 이러한 '인간적인' 목적은 해방투쟁의 궁극적인 목표가 되어
야 한다. 그리고 또한 당연히 계급의 폐지 —— 노동자계급의 이익을 충족
시키는 것은 차치하고 —— 조차도 잠정적인 목표, 즉 목적이라기보다는 차
라리 하나의 수단으로 간주되어야 한다는 것도 중요한 의미를 갖는다. 하

지만 실제로 NTS가 제안하는 바는 이러한 궁극적인 '인간적' 목적이 당장 정치운동의 즉각적인 목표(그러한 것들을 이루어내는 데 상당한 시간이 걸리겠지만)가 될 수 있다는 것이다. 이는 이러한 관심이 그것을 둘러싸고 효과적인 집단적 행위자가 조직될 수 있는 공동이익을 구성할 뿐만 아니라 이 집단적 행위자가 자본주의 체제의 바로 그 기초에 대항하는 방향으로 나아갈 수 있음을 의미한다. 이렇게 주장하는 것은 다음 둘 중의 하나를 말하는 것이다. (1) 계급의 존재가 결코 장애물일 수 없다는 의미 —— 생산관계와 착취관계가 역사과정을 결정하는 데 결정적이지 않았다거나 않았으리라는 의미 내지는 이러한 장애물이 이미 제거되었다는 의미 —— 에서 이러한 목표를 달성하기 위한 물질적·사회적 조건이 이제는 존재한다(과거에는 결코 진실이 될 수 없었던 그런 방식으로)는 것이다. 이런 경우에는 '인간적인' 목표를 달성하는 데 필요한 수단들을 설정하는 문제만 남게 된다. 그것이 아니라면, (2) 이러한 인간적 이익 —— 평화, 안전, 환경, 삶의 질 —— 에 대한 위협이 예전보다 훨씬 심각하기 때문에 그들을 보호하는 것이 지니는 이익이 모든 다른 사회적 이익과 모든 다른 역사적 결정요인을 유례가 없을 정도로 압도하고 지배적인 질서의 사회적·물질적 조건을 변형시킬 수 있는 하나의 세력을 만들어낼 정도로 충분하다는 것이다.

'자율적인' 사회주의 정치에 대한 가장 열정적인 주창자들은 이러한 두 가지 명제 중에서 첫번째 것을 믿고 있음에 틀림없다고 생각하게 된다. 왜냐하면 그들은 단지 '담화'만이 소망스러운 목표를 달성하는 데 필요하다고 확신하는 듯이 보이기 때문이다. 하지만 이것이 반드시 진지하게 다루어질 필요가 있는 입장은 아니다. 왜냐하면 역사과정을 결정하는 데 생산관계와 계급이 한계를 갖고 있음을 실제로 증명하려면, 역사를 상당정도 다시 써야 하기 때문이다. 아니면, 적어도 역사적 생산양식 중에서 자본주의 생산양식만이 유일하게 생산관계와 계급을 다른 역사적 결정요인에 종속시키는 것이라는 점을 증명하기 위해 자본주의를 철저히 재분석할 필요가 있기 때문이다(아니면, 아마도 계급이 선진자본주의 국가에서 더이상 중요한 의미로 존재하지 않는다는 것을 보여주어야 한다고나 할까?).

이같은 주장의 다소 약한 형태가 있는데 이는 상당한 성가를 떨치고 있다. 그것은 바로 '복지국가 자본주의'가 자본주의 체제의 본질을 완전히 변화시켜서 계급정치의 실체를 구성하는 낡은 문제들이 이제는 해결되었다고 주장하는 것이다. 즉 몇몇 선진자본주의 국가에서 현재 진행되고 있는 복지국가의 해체는 말할 것도 없고 '복지국가' 그 자체에 의해 창출된 수많은 새로운 계급적 이슈들, 노동자계급에게 부과된 여러가지의 새로운 부담, 그리고 계급적 세력의 성질과 계급정치의 '매개변수'가 복지자본주의에 의해 상당히 변하기는 했지만 선진자본주의 국가 정치에서의 계급적 문제의 지속적인 —— 그리고 사실상 점증하는 —— 중요성을 놓고 볼 때, 이러한 주장은 강한 형태의 (NTS의 — 역자) 주장만큼이나 진지하게 받아들이기가 어렵다. 요란 테르비욘(Göran Therborn)이 최근 우리에게 상기시켜주었듯이, "무엇보다도 복지국가의 자본주의가 여전히 자본주의라는 점을 결코 잊어서는 안된다. 자본주의 정치의 고전적인 문제가 여전히 남아 있을 뿐만 아니라 현재의 경제위기로 인해 복지국가가 달성한 성과 —— 완전고용, 사회보장, 한층 진보적인 남녀간의 평등 —— 가 위협을 받고 있고 따라서 그러한 문제들이 중심적인 정치적 문제가 되고 있다. 충분히 발전한 복지국가가 외관상으로나마 임금, 노동조건, 고용 그리고 사회보장 등과 같은 노동자계급의 근본적인 전투대상을 제거했다고 주장하는 것은 근본적인 오류일 것이다."[13] 이러한 문제들의 (일시적?) 해결이 좌익의 정치지형을 명백히 잠식하고 좌익의 전통적인 지지자를 장악해온 만큼이나 새로운 계급적 쟁점은 새로운 —— 그리고 새롭게 전투적인 —— 계급세력과 함께 등장했다. 따라서 현대자본주의의 조건이 계급정치의 근거를 선취하거나 혹은 계급을 정치세력으로 불필요하거나 이용할 수 없는 것으로 만든다고 주장할 만한 확실한 증거는 아무것도 없다.

두번째 주장 —— 기본적인 인간적 이익에 대한 위협이 지금 여타의 사회적 결정요인을 무시해도 좋을 정도로 크다는 —— 은, 핵 파괴와 생태적 재앙의 위험이 인도주의적 목적의 완수뿐만 아니라 인간의 존재 그 자체를 위협하고 이러한 위협이 다른 사람에 의해 동원되는 데 저항감을 가지고 있고 계시록적인 관심을 덜 갖고 있는 사람들 사이에서조차 상당한 규모의

---

13) Göran Therborn, "The Prospects of Labour and the Transformation of Advanced Capitalism," *New Left Review* 145, 1984년 5·6월호, 29~30면.

대중운동을 불러일으킬 때 일시에 꽤 힘을 갖는다. 이러한 운동의 도덕적
효력은 의문의 여지가 없다. 하지만 어떤 의미에서는 그러한 운동에 특수
한 힘을 부여하는 바로 그 특성으로 인해 그들은 자본주의에서 사회주의로
의 이행이라는 근본적인 사회변화의 담지자가 되기를 거부한다. 이러한 운
동은 새로운 집단적 정체성과 새로운 사회적 행위를 반영하지 않고 이를
창조하려고도 하지 않으며 계급적 이익의 차이를 해소하는 새로운 반자본
주의적인 이익에 의해 동기지어진다. 그 운동들은 자본주의적 질서와 평
화·생존에 대한 위협 간에 존재하는 연관을 토대로 구성되지 않는다. 반
대로 그들의 통일성과 대중적 호소력은 평화 혹은 생태적인 문제를 지배적
인 사회질서와 그것을 구성하는 사회적 이익의 갈등으로부터 분리하는 데
의거하고 있다. 인간이 단순히 인간이기 때문에 공유하는 일반이익은, 현
존 사회질서와 계급관계의 변혁을 요구하는 것이 아니라 오히려 인간이 그
러한 사회질서와 계급체제에 귀속됨으로써 지니는 다양한 특수이익과 분리
된 무언가로 파악되어야 한다. 바꿔 말하면, 그러한 운동은 자본주의적 질
서와 그 계급체제에 구체적으로 연루되는 것을 피할 수 있는 정도에 의거
하는 경향이 있다.

　이것이 사회적 조건과 물질적 이해관계로부터 다소간 '자율적인' 것으로
고안된 정치 프로그램이 존재하는 바로 그 지점이다. 하지만 그것들을 사
회주의적 변화를 위한 프로그램으로 발전하지 못하도록 하는 것은 바로 이
자율성이다. 사실 NTS 정식의 부적절함이 아마 여기서만큼 생생하게 드
러나는 곳은 아무데도 없을 것이다. 여러분은 그러한 '대중'운동이 사회주
의적인 힘으로 변형될 수도 있는 현실적 양식들을 상상해보려고만 하면 된
다. 현존하는 계급적 조건과 계급적 이해관계로부터 자신을 제거하고 현존
하는 사회관계와 지배의 구조에 대한 근본적인 도전으로부터 자신을 고의
적으로 분리하는 것을 기초로 하여 동원된 운동이 그러한 계급적 조건과
지배의 구조에 대항하는 안정된 집단적 세력으로 변형되는 과정을 우리는
얼마나 정확히 그려낼 수 있을까? 운동 그 자체가 계급투쟁의 지형을 형
성하지 않는 한 당연히 이를 그려낼 수 없다. 실로 그러한 운동이 자신의
목표를 물질적 이해관계와 계급갈등으로부터 분리시키는 것에 상당히 의존
해야 한다는 바로 그 사실이 우리에게 정치세력을 형성하는 데서 물질적

이해관계와 계급갈등의 중요성에 관해 엄청나게 많은 것을 말해준다. 이러한 문제가 표면에 떠오르는 순간에 이러한 대중운동의 정체성과 통일성 바로 그것이 분쇄된다. 즉 이러한 운동은 다음과 같은 두 가지 양식 중의 하나로 나아갈 수 있다. 그들은 강력한 반대세력으로 행동할 수 있는 능력을 포기함으로써 자신들의 '대중적' 정체성과 통일성을 유지할 수 있다. 아니면, 그들은 자신들의 대중적 힘을 계급정치에 접목시킴으로써 자신들의 특수한 목표를 이루는 데서조차 더욱 실제적인 효과를 얻을 수 있다.

이러한 비판은 '근본적인 인간욕구', 즉 물질적 이해관계와 계급을 초월하여 보편적인 인도주의적 목적에서 '시작하는' 사회주의 운동——만약 그것이 계급투쟁과 계급의 폐지를 매개로 하여 인간해방과 보편적인 인도주의적 목적을 달성하기 위한 운동이 아니라 '자율적인' 보편주의적 '담화'를 통해 단순히 변혁적인 집단적 행위자를 만든다는 희망에서 계급이익과 계급투쟁을 우회하려는 운동을 의미한다면——의 모든 관념들에 적용된다. 결국 이런 의미로 '근본적인 인간욕구'를 둘러싼 정치운동을 조직한다는 것은 무엇을 의미하는가?

다시금 문제는 그렇게 이해된 사회주의 운동에서 왜 자본가 자신이 다른 사람들만큼 집단적인 혁명적 행위자의 일부가 되지 못하는가를 자문해봄으로써 설명될 수 있다. 그들이 다른 모든 사람들과 마찬가지로 인간적인 이익을 갖고 있는 '사람'이라면, 무엇으로 인해 사회주의적 담화에 그들이 포함되지 못하는가? 하지만 우리가 자본주의가 인간적 이익에 반하는 것임을 그리하여 자본가는 사회주의의 당연한 지지기반이 될 수 없다는 것을 인정한다면, 우리는 자본주의적 생산관계가 사회주의 투쟁의 적실한 표적, 즉 인간적인 목적을 이루기 위해 공격해야만 하는 권력구조라는 사실을 또한 시인하고 있는 것이다. 그리고 우리는 또 사람들이——혹은 적어도 일부 사람들이(즉 자본가만은 그리고 어쩌면 '전통적인' 노동자계급은?)——자신들의 계급이익을 '인간적' 이익보다 앞세운다는 것을 인정하고 있는 것이다. 그리고 그러하다면 어떤 특이한 환경하에서 우리는 '근본적인 인간욕구'에 헌신할 수 있는 정치운동을 조직할 수 있을까? 예를 들어, 우리는 진정으로 어떤 사람들——실로 모든 계급들 그리고 특히 자본주의의 주요 적대계급들——은 인간적 욕구보다 계급이익을 우선에 두는 물질적 조건에 의해 묶여 있는 반면 이런 식으로 묶이지 않는 사회집단의 광범위한 중간층도 존재하며 사회주의를 위한 투쟁을 수행할 이들은 바로 그들이라고 말하고자 하는가? 그렇다면── 무엇보다도── 어떻게인가? 어떠한 전략적 조망하에 그리고 어떠한 집단적 힘을 가지고 이 '자율적인' 대중이 자본주의적 권력이 집중되어 있는 지점에 공격을 가할 수 있을 것인가? 게다가 어떤 수단으로 자신의 정체성과 통일성을 유지할 것인가?

이들 중 어떤 것도, 사람들이 애타주의, 연민 혹은 이기심 없는 '일반이익'에 대한 관심에 의해 동기를 부여받을 수 없다거나 이러한 동기가 사회주의 프로젝트에서 아무런 역할도 하지 못한다고 말하는 것은 아니다. 하지만 최소한 돌이킬 수 없는 이익간의 적대와 이것이 초래한 권력의 집합으로 이루어진, 계급으로 구조화된 사회에서는 변혁적 투쟁은 이러한 원리로 조직될 수 없다.

우리는 또한 이성을 가진 피조물이 필요한 수준의 '지적인 교양'에 이르기만 하면 누구나 채택할 단순히 '이성적인' 목표로 사회주의를 이해할 수도 없다. 물론 일부 사회주의적 경향의 반지성주의는 어리석고 위험한 것이다. 그리고 물론 효과적인 사회주의 운동에는 교육이 필요하다. 하지만 교육과 '합리성' 그 자체 속에는 사회주의나 민주주의에 이르게 하는 그 어떠한 것도 존재하지 않는다. 역사는 '지적인 교양'과 착취적이고 억압적인 사회관계에 대한 지지가 양립불가능하지 않다는 충분한 증거를 제공해주고 있다. 근본적으로 그리고 돌이킬 수 없을 정도로 그러한 사회관계와 양립불가능한 것은 피착취계급의 이익이다. 그리고 만약 '이성'이 사회주의를 위한 힘이 될 수 있다면 '지적 교양'이 접목되어야 할 곳은 바로 이같은 사회적 원리이다.

그럼에도 불구하고 노동자계급의 이익추구가 아직도 사회주의의 필수불가결한 매개물이고 여전히 '보편적인 인간선'이 실천적인 정치 프로그램을 구성할 수 있게 하는 유일한 형태라면, 그들의 이익을 분명히 그들의 보편적인 목표와 연결할 필요가 있다. 계급투쟁이 사회주의를 위한 투쟁으로 살아 남으려 한다면, 사회주의의 민주적 추진력, 인간해방과 삶의 질에 대한 사회주의의 개입은 언제나 명확히 눈에 보이는 것으로 남아 있어야 한다. 이럴 때만이 '보편적 인간선'의 언어가 노동자계급의 의식을 사회주의적 의식으로 바꾸는 언어라는 것이 중요한 의미를 갖게 되는 것이다. 그리고 또한 (이럴 때만이 — 역자) 그것은 자본에 의해 착취당하는 것과 자본에 봉사함으로써 이익을 얻는다는 사실 사이에 균열이 존재하는 소위 '중간집단'에게 사회주의가 제공하는 더 나은 삶의 질을 가장 효과적으로 상세히 설명하는 호소력 있는 언어가 될 수 있다. 새로운 '진정'사회주의의 오류는 노동자계급의 물질적 이해와 궁극적인 사회주의 목표 간에 이데올로기적 매개가 존재해야 한다는 믿음에 있는 것이 아니라 오히려 그러한 매개에 대한 요구는 곧 노동자계급의 이해와 사회적 목표 사이에 아무런 유기적 혹은 '특권적인' 연관이 없다는 것을 의미한다고 확신하는 데 있다.

한편으로 모든 인간이 인간으로서 사회주의 —— 아니면 착취로부터의 자유, 민주적 통제, 평화, 안전 그리고 고상한 삶의 질 —— 에서 이익을 갖기 때문에 인간은 설득을 통해 모두가 사회주의에 헌신할 수 있는 동등한 후보자가 될 수 있다고 주장하거나, 아니면 그와 다르게 우리는 근본적으로 그리고 궁극적으로는 모든 인간이 그러한 이익을 가질지라도 그것의 실현을 완강히 가로막고 있는 더욱 직접적인 이해와 권력의 구조가 존재한다는 점을 인정해야 하는 것 중 하나를 선택해야 한다. 후자가 그럴 듯하다면, 따라서 사회주의는 무엇보다도 단순히 추상적인 도덕적 선만이 아니라 사회세력들을 자본주의의 이익과 권력의 구조에 대항하여 가장 직접적으로 방향지을 수 있는 구체적인 정치적 목표로 이해되어야 한다. 사회주의는 노동자계급의 이해와 투쟁 속에서 구체화되는 한에서만 정체성을 획득할 수 있는 목표와 행위자들을 가진 그런 구체적인 프로젝트 —— 동시에 여전히 '일반이익'과 '연결될' 수 있는 프로젝트 —— 의 형태를 취한다.

12
결 론

1

내가 이 책을 쓰고 있던 시기는 1984~85년 사이에 영국에서 광산노동자 파업이 계속된 기간과 거의 정확히 일치했다. 그리고 이 결론은 노동자들이 아무런 합의에도 도달하지 못하고 다시 갱내로 복귀한 직후 완성되었다. 이 책이 출간될 쯤에는 그 파업은 역사——진정으로 역사가 되어 있을 것이다. 왜냐하면 그 파업은 20세기 영국 노동운동의 기록에서 가장 중요한 사건이라고 할 수 있기 때문이다. 이 역사적 사건은 새로운 '진정'사회주의에 대한 중대한 시험, 즉 이같은 노동운동을 이해할 수 있도록 NTS의 전체적인 이론적 장치가 이미 마련되고 준비된 상태에서 발생한 노동자계급의 최초의 주요한 행위였다. 당시 계급정치의 문제가 그 어느 때보다도 더욱 강력하게 제기되었음은 두말할 필요가 없다. 결론을 쓰고 있는 현시점에서 이번 파업이 계급과 계급의 정치적 반향에 대한 NTS의 인식 혹은 노동자계급과 사회주의 정치의 관계에 대한 그들의 관점에 어떠한 지속적인 효과를 끼칠지를 판단하는 것은 너무 이른 감이 있다. 하지만 한두 가지 모습은 이미 드러나고 있다. 당연히 이 사건으로 정치와 계급의 비조응 원리에 대한 사람들의 믿음이 심각하게 흔들리게 될 것이고, 그들은 다시 한번 자신의 생각을 검토할 수밖에 없을 것이다. 그러나 지금까지 나타난 가장 두드러진 결과는 그 파업을 계급정치의 조종을 울리는 사건으로 생각하는 일부 NTS 진영의 의견들뿐이다. 이러한 조사(弔辭)만큼

NTS 논리가 잘못되었음을 생생하게 증명하는 것은 아무데도 없다.

그중에서도 이런 종류의 의미심장한 예를 마이클 이그나티에프(Michael Ignatieff)의 「타인과 동지」(Strangers and Comrades)에서도 볼 수 있다. 이 논문은 담화의 정치학의 최종결론과도 같은 것이다. 나름대로 그 논문은 일찍이 이그나티에프의 '역사연구회'(History Workshop)의 동료인 개러스 스테드만 존스가 개괄한 언어사회주의(linguistic socialism)를 탁월하게 표현하고 있다. 이그나티에프는 지고의 지혜와 세련된 감각으로 노동운동을 슬픔에 잠긴 눈으로 바라보면서, 그를 영국 문단에서 인기를 누리는 회개하는 사회주의자이면서 자국 내 진보주의자의 총아로 만든, 거만하기는 하지만 아직은 영혼이 담긴 목소리로 다음과 같이 쓰고 있다.

> 좌익운동의 의제(agenda)가 여성해방운동이나 CND(Campaign for Nuclear Disarmament: 핵무장 해제를 위한 캠페인) 등의 초계급적인(cross-class) 운동으로 정의된 지 수십 년이 지난 지금에도 광산노동자의 파업이 계급에 기반을 둔 정치를 증명하는 것이라고 주장하는 일부 좌익이 존재한다. 하지만 파업은 정반대의 사실을 실제로 보여주고 있다. 계급적인 요구를 국민적인(national) 요구로 만들 수 없으며, 완전한 승리라는 말 속에서만 자신들의 요구를 제기할 수 있고, 국가를 상대로 하여 결국에는 국법을 넘어서게 되는 노동운동은 노동자계급 대중 사이에서 지지와 정당성을 유지할 수 없다. 광산노동자 파업은 계급정치를 입증하는 것이 아니라 계급정치의 죽음 직전의 고통을 보여주는 것이다.
>
> …아서 스카질(Arthur Scargill)의 정치학의 난점은 그것이 다소간 정의를 결여하고 있다는 점이 아니라 경쟁하는 계급, 지역, 인종, 종교가 국민공동체 안에서 서로 화해할 수 있는 방식에 대한 구상을 완전히 결여한 데 있다.
>
> 좌익에게 필요한 것은 타인과 진정한 친구가 될 수 있음을 표현하는 국민통합의 언어다. 우리는 사회적 동지애의 실천을 바탕으로 한 신뢰의 언어가 필요하다. [1]

그렇다면 계급정치는 어떤 점에서 종말을 고했는가? 이그나티에프의 기

---

1) Michael Ignatieff, "Strangers and Comrades," *New Statesman*, 1984년 12월 4일자.

준에 따르면, 계급정치의 성공 척도는 계급이 자신을 '국민공동체' 안에 흡수시킬 수 있고, 동료애를 가지고 적대계급과 결합할 수 있는 정도다. 설령 이런 관념이 무언가 다른 내용을 담고 있을지라도, 그것은 아마 사회주의 투쟁——사회주의가 계급의 폐지로 이해된다면, 혹은 우리가 착취자와 피착취자가 동지적인 애정으로 손잡게 되는 상호협정과 전체적인 화해를 통해 계급의 최종적인 해체가 이루어진다고 생각하도록 요구받지 않는다면——의 해결책이 될 수 없을 것이다. 만약 이그나티에프가 주장하듯이 '좌익에게 필요한 것이 국민통합의 언어'라면, 그것은 목적이 어쨌든——사회주의적 주장은 생략한 채로 무적의 의회정당을 건설한다거나 아니면 그밖의 다른 무엇일지라도('국민공동체'라는 말 속에 담겨 있는 더욱 사악한 반향은 제쳐두고서도, 국민적 우애의 언어에 대한 이러한 얼빠진 호소에 기초해서는 선거에서 성공하는 것조차도 어렵지만)——사회주의의 대의를 전진시키기 위한 것은 확실히 아니다. 사실 이그나티에프의 기준에 의하면 계급정치의 종언은, 진정으로 통일된 전투적 계급운동 즉 공개적이고도 효과적으로 자본의 이익과 힘에 대항하면서 사회주의를 위한 투쟁에서 성공할 수 있는 충분한 기회를 지닌 운동의 등장을 신호로 해서 이루어질 것이다.

이그나티에프와 같은 논의에서 사람들에게 떠오르는 최초의 인상은 그것이 우파의 수사, 즉 법과 질서에 대한 호소 그리고 '스카질주의'(Scargillism: 스카질은 1984년 광산노동조합의 파업을 주도한 전국 광산노조위원장으로, 여기서 스카질주의는 이같은 전투적 노동조합주의를 지칭하는 것이다——역자)를 국민적 선을 이기적인 부문이익에 맹목적으로 종속시키는 것으로 특징짓는 행위와 얼마나 메아리처럼 닮았는가 하는 점이다. 하지만 면밀히 고찰해보면 더 더욱 인상적인 것은 이 주장——그리고 실제로 NTS 교리 전체——이 새처주의의 '국민적인 민중적 담화'에 사로잡혀서, 새처주의적 세계관에서 출발하고 있다는 점이다.

최고의 아이러니는 좌익진영의 다수가 계급정치의 죽음을 선포하고 사회주의를 위한 투쟁에서 노동자계급의 '특권적' 지위를 부정하느라 바쁜 데 반해, 보수당 정부는 조직된 노동자계급이 자본주의의 최대 위협이라는 첫째이자 마지막인 전제를 기초로 정책을 시행해오고 있다는 점이다. 영국

'신우익'의 한가지 두드러진 특징을 든다면, 자본과 노동의 계급적대로 세계를 인식하고 거칠 것 없이 기꺼이 계급전쟁을 수행하려는 의지를 갖고 있다는 점이다. 이렇게 새로운 전투적 계급의식과 결의를 낳게 된 결정적인 계기는 1972년과 1974년의 광산노동자의 파업이었다. 가장 대중적인 우익 언론의 대변자의 말을 들어보자. "구식의 토리당원들은 어떠한 계급전쟁도 일어나지 않고 있다고 말한다. 새로운 토리당원들은 계급전쟁에 구애받지 않는다. 우리는 계급전사들이다. 그리고 우리는 승리를 원한다."[2]

그리하여 하나의 프로젝트가 강박적일 정도로 새처의 프로그램을 지배했다. 그것은 바로 조직된 노동자의 힘을 파괴하기 위해 국가를 활용하는 것이다. 이를 위해 법과 경찰에서부터 경제정책, 복지와 사회보장 체제에 이르는 국가의 모든 무기가 작전에 투입되었다.[3] 1984~85년의 광산노동자 파업은 이러한 강박관념의 결실이며 현재까지의 가장 주목할 만한 산물이다.

또 하나의 아이러니는 NTS가 그들의 자신있는 싸움터인 이데올로기와 담화의 장에서조차 승부 가리기를 포기했다는 점이다. 우선적으로 전투, 즉 '새로운 토리당원'이 촉발한 현실적인 정치적 계급투쟁의 전선을 무시하는 ── 실제로는 사실상 부정 ── 방향을 선택했기 때문에, 그들은 순수히 수사의 지형에서 새처주의와 대적해야 했다. 하지만 이미 사실상 계급전쟁의 존재를 부정하고 대립을 이데올로기적 주변부에 제한함으로써 관건이 되는 정치적 전투를 양보했기 때문에, 그들은 수사적인 경기장까지도 양보하는 방향으로 나아갔다. '신우익'은 평소와 달리 공개적으로 계급전쟁을 선포해왔지만, 계급 적대자들 사이에서 계급의식을 약화시키기 위한 바로 그 목적을 위해 계급의 언어를 국가안보, 명예, 영광, 공동체 등의 이데올로기적인 포장으로 위장하여 '민중'에 호소하는 무계급적(classless) 수사를 사용했다. NTS 이데올로기적인 계급투쟁의 장에 참가하기보다는 오히려 그나름의 갖가지 의도와 목적에도 불구하고 담화를 신비화하는 함정에 빠지게 되었다. 그들은 사실상 사회주의 투쟁을 좌익과 우익의 '담화'를 둘러

2) Peregrine Worsthorne, quoted in Huw Beynon (ed.), *Digging Deeper: Issues in the Miners' Strike*, London 1985, 88면.

3) Chris Jones and Tony Novak, "Welfare against the Workers: Benefits as a Political Weapon," *Digging Deeper*, 87~100면을 볼 것.

싼 이데올로기 전투로 환원했다. 이 전투에서 주요한 적은 '새처주의'라고 하는 이데올로기적인 도깨비다. 이 귀신—— 영국의 NTS에게 완전한 최면술을 걸었던—— 은 명백히 아무런 물질적 토대도 갖고 있지 않으며, '민중'에게 새처주의의 마술에서 벗어나 황홀감을 맛보게 하려면 '민중주의 담화', 즉 통상 애국주의와 강경외교정책이라는 거대한 약덩어리로 장식된 '민주주의적' 담화가 갖는 주술로 이 귀신을 쫓아내야 한다.

새로운 토리당원들은, 비록 그들이 노동자들의 끈질긴 힘과 단결력을 잘못 판단하고 싸움을 야기함으로써 초래되는 엄청난 비용을 과소평가했다 할지라도, 광산노동자의 파업과 전에 일어났던 사건의 중요성을 이해하는 데서 NTS에 비해 많은 어려움을 겪지 않았다. 적어도 그들은 노동자계급의 조직이 갖는 전략적 중요성을 이해했고, 정치적 투쟁의 주요한 전장이 자본과 노동의 이익이 갈등하는 곳이라는 점을 인식했다. 파업의 다른 측면과 그것이 우리에게 계급과 정치의 관련에 대해 말해주는 것은, 사람들이 이것들에 비해 NTS가 더 잘 받아들여지기를 기대했을지 모르지만, 당연히 새처주의의 분석범위를 넘어서는 것이다. 파업은, '단순히 경제적인' 계급투쟁이 그 목표가 제한적일 때조차도 정치지형을 변화시키고 자본주의 권력, 국가, 법, 경찰의 구조의 가면을 벗기고, 구조에 맞서는 독특한 능력을 갖고 있음을 실제로 증명—— 노동운동이 아주 자주 과거에 입증한 것처럼—— 했다. 이는 다른 어떤 사회세력도 할 수 없는 것이다. 그리고 여전히 '경제'투쟁의 경험이 어떻게 의식을 강화하는가(이를 가까이서 지켜본 관찰자라면 광산노동자와 그 가족들이 파업 전과 마찬가지로 세상을 바라볼 것이라고 기대할 사람은 거의 없을 것이다), 어떻게 그것은 새로운 기술을 가르치는가, 그리고 감추어진 능력을 드러나게 하는가, 그것은 어떻게 새로운 태도, 관계, 연대 그리고 조직양식을 조장하는가[4] 그리고 어떻게 '경제'영역과 정치영역 사이의 장벽을 되풀이해서 돌파하면서 투쟁의 지평을 확대하는가를 다시금 입증했다.

NTS의 인식과 양측의 참여자로 구성되는 실제의 계급갈등 사이의 불일치가 흥미롭다. 투쟁의 경험이 그나름의 한계를 드러내고 전진하는 데 놓

---

4) 예를 들어 *Digging Deeper*, Part two, "Digging in for Coal: the Miners and their Supporters"를 볼 것.

여 있는 장애물을 폭로할 때, 노동자계급의 이해가 존재함을 부정하고 이
러한 이해가 반복해서 정치적으로 표현되어온 것을 부정하는 것은 노동자
계급의 지난하고 고통에 찬 투쟁의 역사를 부정하는 것이다. 바로 이러한
과정에서 획득된 노동운동의 수많은 중요한 진보적 성과를 무시할 수 있는
가? '경제'투쟁이 한계에 봉착할 때, 전투는 정치적인 장으로 옮아갔고 노
동자계급의 이익추구는 '경제적' 경계를 넘어 종종 분명하게 사회주의적인
목적을 지닌 정치운동이 되었다. 우리는 아주 뛰어난 본보기로 당연히 바
로 노동당의 건설을 들 수 있다.

몇몇 나라에서 여러 시대에 걸쳐 노동운동이 침묵을 지킨 적이 있다 할
지라도, 조직된 노동운동이 하나의 형태 혹은 또다른 형태로 자본에 도전
하지 않은 적은 없다. 종종 노동운동은 노동자의 이해에 유리하고 자본축
적의 강제에 불리한 작업기간과 작업조건을 위해 제한된 형태로 압력을 행
사해왔다. 하지만 전투는 반복해서 더 넓은 정치전선으로 이동했다. 노동
자계급의 투쟁의 역사에서 특히 두드러진 것은 노동자계급이 '협소한' 물질
적 이익을 추구하는 데 몰두하여 사회주의적인 추진력을 가진 정치세력을
형성하는 경우가 얼마나 드물었는가가 아니라 반대로 되풀이되는 배신
—— 블룸(Blum)에서 미떼랑(Mitterrand)까지, 애틀리(Attlee)에서 윌슨
(Wilson)을 거쳐 캘러헌(Callaghan)까지 —— 에도 불구하고 노동자들이 얼
마나 자주 공공연하게 사회주의적인 운동으로 복귀했는가 하는 점이다. 그
리고 우리는 비록 그 도전이 결국에는 실패 —— 일차대전 이후 이딸리아와
독일에서처럼 —— 했을지라도 노동운동이 자본주의 질서 전체에 강력하게
도전한 사례의 숫자를 과소평가해서는 안된다.

우리는 자본주의에 대한 유일하게 결정적인 도전이 최후의 성공적인 도
전일 것이라는 관점을 바탕에 깔고 노동운동의 저항의 추진력과 사회주의
적 잠재력을 판단할 수는 없다. 최종적인 공격을 결여하고 있는 모습을 마
치 자본주의를 수용하고 사회주의를 거부함을 나타내는 듯이 여기는 것은
불합리하다. 노동과 자본 사이의 대립의 깊이는 결코 폭동의 폭력 정도로
측정될 수 없다. NTS의 지지자들이 혁명적 폭력을 선진자본주의적 민주
주의 국가에서 선택할 수 있는 것으로 보지 않으면서도 적어도 암묵적으로
는 노동자가 이러한 형태를 취할 때만이 자본주의에 진정으로 도전하는 것

이라고 인식하는 경향은 NTS 입장의 많은 패러독스 중의 하나다. 마찬가지로 역설적인 것은 즉각적으로 사회주의를 요구하는 것을 비난하고 가장 점진주의적 관점으로 이행을 구상하는 바로 그 사람들이 동시에 사회주의의 즉각적인 수립을 가져오지 않는 노동자계급의 자본주의에 대한 어떠한 도전도 대수롭지 않는 것으로 기각해버리는 것 같다는 점이다. 동시에 목표나 결과 면에서 자본주의의 기초를 공격하는 것과는 거리가 먼 사회운동을 사회주의를 건설할 밑천이라고 줄기차게 치켜 올린다. 그리고 대규모의 투쟁이 언제나 소규모의 저항으로부터 유기적으로 성장한다는 이유만이 아니라 더욱 근본적으로는 이들 양자가 본질적으로 자본과 노동의 이익을 둘러싼 본질적 적대에 뿌리박고 있기 때문에, '더 작은' 형태의 '단순한' 경제투쟁과 자본주의 질서에 대한 좀더 직접적인 정치적 공격 사이에 엄격한 불연속을 설정하는 것은 결국 심대한 오류를 범하는 것이다. 바꿔 말하면, 이러한 대립의 형태들 사이에는 역사적으로나 구조적으로나 분명한 단절이란 존재하지 않는다.

노동자계급이 종종 매우 제한된 목표와 애처롭게도 부적절한 조직형태를 갖고 있다 할지라도, 노동자계급만큼 다른 사회운동이 자본의 권력에 도전해왔다고 아무도 진지하게 주장할 수 없다. 하지만 노동운동의 한계와 제도적 보수주의에도 불구하고, 노동운동은 어떠한 다른 사회적 집단운동보다도 일관되게 좌익진영이 가치있고 진보적이라고 생각하는 다양한 대의명분──직접적으로 노동의 물질적 계급이해와 관련된 그러한 대의뿐만 아니라 '보편적인 인간선', 평화, 민주주의 그리고 '사회보호' 등등에 속하는 대의──의 편에 서왔다는 점을 덧붙여야 한다. 대체로 이것은 미국과 같은 '최악의 경우'에조차도 진실이다. 비록 노동자계급운동이 모든 차원에서 인간해방을 이루는 데 관해서는 아직도 배울 것이 많고 그들이 아직도 자신들의 과제에 적절한 조직형태를 창출하지 못했다 할지라도, 시야의 폭에서나 그들이 추구하는 해방의 포괄성에서나 아니면 성공의 정도에서나 노동자계급운동의 해방투쟁 기록에 근접하기만이라도 해왔다고 역사적으로 확인된 사회세력은 없다.

2

자본과 노동 사이의 역사적 기록과 구조적 적대감 모두가 NTS가 주장하는 것과 다른 이야기를 해주고 있다. 그렇다면 NTS가 노동자계급과 사회주의 사이의 혹은 경제적 조건과 정치세력 일반 사이의 관련성을 부정함으로써 무엇을 말하고 있는가에 대해서 우리는 혼란스러울 수밖에 없다. 노동과 자본의 대립이 뒷전으로 밀리는 시기가 아니라 오히려 계급 적대감이 특히 긴박하고 가시화되고 있을 때 NTS가 성행하고 있다는 사실을 우리는 다시금 상기하게 된다. 이처럼 현실과 이상한 괴리현상이 발생하는 역사적·사회학적 이유에 관해서——예를 들어 그 자체로 특수한 사회적 이해의 이데올로기적 대변인지 아닌지에 관해서——생각해보는 것은 흥미롭다. 어쨌든 우리는 적어도 NTS의 그릇된 이론적 토대를 밝힐 수 있다.

NTS는, 자본주의가 사회주의의 기초를 닦고 노동자계급이 혁명적 계급이라고 말하고자 하는 맑스주의의 전통적인 명제의 의미를 심히 오해한 데 기초를 두고 있다. NTS가 멋대로 만들어놓고 부숴버린 허수아비 맑스주의에 따르면, 자본주의로부터 사회주의로의 자동적이고 기계적이며 비모순적인 이행이 있게 된다. 좀더 구체적으로, 이 맑스주의는 생산력——자연적·중립적 과정으로 인식되는——의 발전이 필연적이고도 기계적으로 통일된 혁명적 노동자계급을 만들어낼 것이라는 조악한 기술결정론이다. 다시 말해서, 맑스주의는 즉각적으로 사회주의에 헌신적인 통일된 노동자계급이 자본주의 생산관계와 생산력의 발전으로부터 직접적으로 주어지느냐 여부에 따라 성패가 결정된다. 역사는 분명히 그러한 어떤 기계적 결정론을 부정하기 때문에 맑스주의의 전체 프로젝트는 붕괴된다고 NTS는 말한다. 자본주의가 사회주의의 기계적 필연성이 아니라 전에는 결코 존재하지 않았던 사회주의를 역사적 의제(agenda)로 제기하는 가능성과 모순을 만들어내는 방식에 관한 맑스 자신의 복잡하고 미묘한 이해는 여기서 전혀 고려되지 않는다. 또 하나 간과되는 것은 노동자계급에 대한 맑스의 개념화다. 맑스에 따르면, 노동자계급의 '역사적 임무'는 단지 자본주의에 의해 창출된 생산력을 집단적으로 (자동적으로) 전유하는 데 그치는 기술적 발전의 기계적 반영이 아니며, 계급의 폐지 없이는 그 자신의 이해가 완전히 관철될 수 없고 자본의 생산에서 차지하는 그 자신의 전략적 위치로 인해 자본주의를 파괴할 독특한 힘을 지님으로써 무계급사회의 가능성을 담지하고 있는 있는 계급이 노동자계급이라고 한다.

하지만 문제는 단순히 맑스를 잘못 해석한 데만 있는 것이 아니다. 좀더 근본적으로 문제는, (맑스가—역자) 역사를 확정적인(determinate) 과정 ——기껏해야 담화의 논리에 의해 한데 묶이는 일련의 자의적인 우연적 연쇄와 구별되는 하나의 과정——으로 보았다는 아주 부당하고 사실상 존재하지 않는 허구적 개념화이다. 왜냐하면 맑스주의에 대한 이러한 해석 밑에 깔려 있는 것은 우리가 이미 NTS의 특징으로(그리고 구조주의의 유제의 일부라고) 언급했던 조야한 이원론적 관점이기 때문이다. 그 관점이란 곧 절대적 결정이 존재하지 않는다면 절대적 우연성만 존재한다는 것이다. 거기에는 역사적 관계, 조건 혹은 가능성 등의 여지는 없으며 오직 우연한 병렬 또는 '정세'만이 존재한다.

NTS가 혁명의 수행자로서 노동자계급을 부정하는 데는 또다른 요소가 있다. 어쨌든 집단적인 역사적 행위자라는 관념 그 자체가 형이상학적 추상이자, 맑스주의에 여전히 남아 있는 아주 치명적인 헤겔주의적 유제, 즉 독재와 억압의 위험으로 가득 차 있는 유제 중의 하나라는 바로 그러한 사고가 심지어 좌파에게도 설득력을 얻고 있다. 이 견해에 따르면, '보편적 계급', 신비한 집단적 행위자, 혁명적 프롤레타리아트'의 이름으로' 행동한다고 주장하는 사람들에 의해 정당화될 수 없을 정도로 나쁜 죄악은 없다.

그러나 그것은 왜 그런가? 그 대안들을 고려해보자. 집단적 행위자가 아니라면 역사는 독자적으로 행동하는 개인들에 의해서, 아니면 위대한 남자들/또는 위대한 여자들에 의해서 만들어진다. 그것도 아니면, 역사에는 결코 인간행위란 존재하지 않는다. 따라서 어떠한 정치운동도 분명히 환상이자 시간낭비일 뿐이다. 아무리 제한된 정치적 개입이라 할지라도, 사람들이 심사숙고해서 사회질서의 형성에 개입할 수 있음을 전제로 하는 가장 '온건한' 정치 프로그램조차도, 집단적 행위자(비록 그것이 하나의 정당일 뿐일지라도)라는 가능성을 신중하긴 하지만 불가피하게 가정하게 된다. 이 가정에 형이상학적인 것은 아무 것도 없다. 더욱이 특정한 공동의 목표

를 추구하기 위해서 일정한 통일의 원칙, 일정한 공동의 목적과 노력에 의
해서 사람들이 결합될 수 있다고 가정하는 것은 전혀 공상적이지 않다.

그러한 공동의 목적과 노력이 특정한 사회적 환경과 경험을 근거로 한다
고 가정하는 것조차 결코 불합리하거나 형이상학적이지 않다. 사실 정치운
동이 현존하는 사회적 정체성과 이익에 근거를 둘 필요가 없다는 가정은
좋게 말해서 대단히 공상적이고 나쁘게 말해서 상당히 위험하다. 직접적인
사회적 조건과 모든 살아 있는 인간의 이익으로부터 완전히 분리되어, 그
주위로 집결하려는 사람들의 유형에 관한 아무런 전제도 없이 정치 프로그
램이 고안될 수 있음을 상상할 수 있는가? 그리고 단순히 강령을 선포하
고 그것이 끌어들이는 힘만 믿고 앉아 기다림으로써 건설되는 정치운동을
상상할 수 있는가? 정치운동은 일반적으로 현존하는 집단적 정체성을 끌
어들이고 현존하는 집단적 이익 —— 즉 동일시할 수 있는 집단에 소속되어
있다는 이유로 사람들이 공유하는 이익 —— 에 호소한다고 말하는 것이 어
쩌면 더 안전할지도 모른다. 현존하는 사회적 집단성에 확실히 기초를 두
지도 않고 현존하는 사회적 이익에 의해 굳건히 지도되지 않는 정치운동이
나아가게 될 두 개의 길 가운데 하나는 기껏해야 사회적 뿌리가 없는 까닭
에 지배적 이익의 도구 —— 노동자계급의 기초를 스스로 부정했을 때, 의
도적이었든 아니었든 사회민주주의가 여러번에 걸쳐 자본의 대리인이 되었
듯이 —— 가 되는 것이다. 최악의 경우, 확고한 사회적 뿌리가 없는 정치
운동은 비평가들이 그릇되게 맑스주의적인 혁명적 프롤레타리아의 개념화
탓으로 돌린 바로 그 전제적 전횡으로 전락했다. 사실 역사적 행위자에 관
한 가장 형이상학적인 —— 그리고 잠재적으로 위험한 —— 관점은 역사의
행위자가 오로지 담화(Discourse) 또는 관념(Idea)으로 구성되는 것이라고
주장하는 것이다. 어느 곳엔가 전제의 위협이 존재한다면, 그것은 바로 여
기 즉 담화의 담지자 속에 구체화된 관념에서인데, 그들은 그나름의 사회
적 정체성을 지니고 있지 않은 무정형의 대중으로부터 전에는 결코 존재하
지 않았던 사회적 정체성 —— '민중'과 같은 —— 을 창조해내려 한다.

그렇다면 집단적 행위자, 즉 혁명적 노동자계급에 관한 맑스주의의 개념
에 특수한 것은 무엇인가? 첫번째 전제는, 물론 생산이 인간의 존재와 사
회생활의 조직에서 본질적인 것이라는 점이다. (맑스주의에 대한 NTS의

거부가 바로 여기서, 이 기본적인 사실과 이로부터 도출되는 모든 것을 실질적으로 부정함으로써 시작한다는 사실은 아무리 강조해도 지나치지 않다.) 정치운동이 사회적 관계와 이해관계에 근거를 두어야 한다는 맑스주의의 가정에 대해 비판적으로 제기되는 질문은 어떤 사회적 관계와 이해관계가 생산관계의 이행과 계급의 폐지를 목표로 하는 정치 프로젝트에 상응하며 또 그러한 정치 프로젝트를 위한 가장 확실한 근거를 제공하는가라는 것이다. 맑스주의의 대답은 생산과 착취 관계에서의 그들의 위치에 의해 특정한 근본적 이해를 공유하는 노동자계급과 같은 사람들이 있다는 것, 그리고 이러한 계급적 이해가 계급의 폐지 그리고 더 구체적으로는 직접적인 생산자들 자신에 의한 생산의 무계급적 관리라는 사회주의의 본질적인 목표들과 일치한다는 것이다.

그렇다고 해서 노동자계급의 조건으로 인해 직접적으로 그 구성원들이 사회주의를 그들의 당면 목표로 삼게 된다고 말하는 것은 아니다. 하지만 그것은 그들만이 사회주의를 자신의 계급적 목표로 인식하지 않고서도 물질적인 계급적 이익을 추구함으로써 독특하게 사회주의의 대의를 진척시킬 수 있음(완전히 성취하지는 못한다 하더라도)을 의미한다. 왜냐하면 원래 그들의 이익은 성격상 본질적으로 자본주의적 계급착취와 생산에서의 계급지배적 조직에 대립되기 때문이다. 노동자계급의 물질적 이해가 충족될 수 없는 기존의 사회관계의 틀 안에서의 그들의 이익추구는 불가피하게 대립하는 자본의 이해와 맞닥뜨리기 때문에 투쟁의 과정은 경제적 영역에서의 한계를 드러내 정치적 전장으로 넘어가고 자본주의적 권력중심의 더 가까이에서 전투를 수행하게 된다. 나아가서 노동자계급 그 자체가 자본을 창출하기 때문에, 그리고 생산과 전유의 조직이 집단적 노동자를 자본주의 구조의 심장부에 위치시키기 때문에 노동자계급은 자본을 파괴할 수 있는 독특한 능력을 가진다. 생산의 조건과 노동자계급의 투쟁조건 또한 노동자 조직을 이 프로젝트를 수행하는 데 잠재적으로 적합한 집단적 세력으로 발전시킨다. 이것이 노동자계급이 사회주의 투쟁을 수행하도록 이미 만들어진 정치조직으로 곧바로 이용할 수 있음을 의미하지는 않는다. 단지 그것은 사회주의자의 조직적·정치적 노력이 계급투쟁의 경계를 확장시키는 한편 노동자계급을 통일시키고 그 이익에 봉사하는 데 가장 효과적으로 기여함을 의미한다. 따라서 계급들이 결코 정치적 행위자는 아니라고 말하는 것 —— NTS가 되풀이하듯이 —— 은, 제한적인 의미에서는 의심할 여지없이 사실이지만, 완전히 요점을 비껴간 것이다.

혁명은 노동자계급의 자기해방에 의해 이루어져야 한다는 맑스주의의 논의에 설득력을 더해주는 사회주의의 독특한 특징이 또 하나 있다. 착취계급과 피착취계급 사이의 투쟁이 생산관계의 모든 이행에서 주요한 힘임에도 불구하고 다른 어떤 사회혁명도 구사회질서의 피착취계급을 새로운 질서의 명령자의 위치에 놓은 적이 없었다. 그 이익이 아무리 혁명을 추동했다 할지라도, 생산관계의 변혁에서 피착취계급의 이익이 주요한 목표이었던 적은 없었다. 좀더 구체적으로, 사회주의만이 구질서의 직접생산자와 신질서의 직접생산자 사이의 연속성과 그들 직접생산자들이 관리하는 사회조직 모두를 전제로 한다. 맑스주의 프로젝트는, 선진 산업자본주의의 집단적 노동자가 사회주의 질서의 직접적인 생산자가 될 것이며 사회주의적 민주주의는 자유롭게 연합한 생산자들의 자기 조직으로 구성될 것이라는 전제에 기초를 두고 있다. 이 때문에 다른 어떤 사회혁명에서도 피착취계급이 결코 그랬던 적이 없지만, 자본주의의 집단적 노동자는 사회주의 프로젝트의 중심에 위치한다. 그래서 노동자계급의 계급적 이익 그 자체가 그들을 정치투쟁으로, 그리고 생산양식의 이행으로 이끌지 않는다면 사회주의 프로젝트는 공허하고 공상적인 열정으로 남아 있을 수밖에 없다. 이는 사회주의가 필연적임을 의미하는 것이 아니라 사회주의는 그러한 방식으로 나타나거나 그렇지 않으면 결코 나타나지 않을 것임을 의미한다.

3

따라서 노동자계급이 사회주의 프로젝트와 유기적으로 연결될 수 있음을 역사적이고 구조적인 양측면에서 근거지을 수 있는 설득력 있는 논거가 존재한다. 그리고 새로운 '진정'사회주의자는 아직 이 논거에 대답하지 않고 있다. 그렇지만 아마 우리는 동문서답(debate at cross purposes)을 하고 있는지도 모른다. 왜냐하면 결국 NTS의 이론적·정치적 시금석은 결코 사회주의가 아니라 단순히 선거에서 승리하는 것이기 때문이다. 일단 우리가 그들 주장의 논리가 선거주의자의 논리라고 이해하는 한, 우리가 그들의 성공과 실패의 기준이 사회주의 수립을 위한 조건과 아무런 관련이 없고 모든 것이 선거승리를 위한 동맹의 건설과 관련되어 있다는 점을 받아들이는 한, 우리는 역사이론으로서의 비조응의 원리에 더이상 만족할 수 없다. 하지만 적어도 그것은 일정한 (선거전략으로서의 —역자) 정치적 의미를 지닐 것이다.

그럼에도 불구하고 만약 우리가 단순히 선거통계로서가 아니라 사회주의적 목표라는 기준을 가지고 정치의 생생한 징후를 계속해서 평가한다면, 우리는 노동자계급의 투쟁경험으로부터 아주 상이한 결론을 끌어낼 수 있을 것이다. 여기서의 핵심은 선거정치가 사회주의 변혁에 본질적으로 해롭다거나 혹은 적어도 불필요하다는 것이 아니라, 오히려 선거에서의 승리 혹은 다른 수단을 통한 권력장악조차도 그 자체로 사회주의 투쟁의 목적이 아니고 따라서 우리가 노동자계급 정치의 성공을 판단하는 기준이 될 수 없다는 점이다. 여기에 바로 NTS 프로그램의 핵심에 놓여 있는 논리의 실패가 있다. 즉 NTS 프로그램은 판단의 기준이 사회주의가 아니라 선거에서의 승리인 정치를 채택함으로써 사회주의 운동을 전진시켜나갈 것을 주장한다.

두 개의 매우 상이한 정치논리가 이 다른 판단기준들에서 생겨난다. 그리고 이 기준들은 의회주의적 개량주의와 혁명적 봉기주의의 대립과는 아무런 관련이 없다. NTS의 논리는 우리가 사회주의에서 멀리 벗어날수록 사회주의에 더 근접할 것이라는 점을 암시한다. 사람들이 사회주의를 위한 준비가 되어 있지 않을 때 '즉각적인 사회주의'를 요구하는 좌익을 NTS는 혹평한다. 그리고 영국 노동당의 (소위) 실패는 구태의연한 노동자계급의 이익정치를 고수하는 데 기인하는 것이라고 주장한다. 더불어 그들은 노동자계급 정치가 사회주의 목표에 해롭기 때문에 폐기해야 하고 이러한 목표는 사회주의에 적합하지 않은 정치이익에 호소함으로써 어떻게든 진전될 것이라고 주장하려고 한다.

다른 하나의 논리는, 사람들이 사회주의를 위한 '준비'가 되어 있지 않다면(그들이 얼마나 자주 진정으로 그런 선택의 기회를 가졌던가 하는 의문이 들기는 하지만) 사회주의를 지향하기보다는 차라리 사회주의로부터 벗어나는 방향의 입장을 채택하는 것이 그릇된 것임을 함축하고 있다. 따라서 다음과 같은 문제가 제기된다. 사회주의 운동이 투쟁의 지평을 넓히고 사회주의를 달성할 수 있는 통일되고 효과적인 정치세력을 건설하면서, 사회주의로의 길에서 돌이킬 수 없을 정도로 벗어나지 않고서도 어떻게 더 즉각적이고 '비혁명적'인 목적을 추구할 수 있는가? 달리 말하면, 문제는 단순히 가장 빠르고 가장 쉬운 경로로 의회에서 다수──설사 권력장악이라 할지라도──를 얼마나 잘 만들어내느냐가 아니라 오히려 당면 조건에서 어떠한 단기적인 정치적 목표가 사회주의의 전망에 소망스럽고 또한 사회주의를 위한 투쟁의 진보에 도움이 되면서도 동시에 현실성이 있느냐 하는 것이다. 가장 분명한 대답은, 노동자계급의 이해가 본질적으로 자본의 이해에 반하고 또한 이러한 대립은 다른 어떤 사회세력에서도 똑같이 즉각적인 양식으로 나타나지 않기 때문에, 자본주의와 사회주의 양자의 구조는 동일한 노동자계급에 의거하고 있기 때문에, 그리고 정치세력들과 노동자계급의 이해의 접합으로부터 등장하지 않은 어떤 사회주의 운동도 여지껏 존재하지 않았기 때문에, 신뢰의 기초를 마련하는 그러한 이해를 일관되게 추구하는 것은 사회주의를 위한 투쟁의 과정에서 우리가 가장 지킬 만한 당면 정치 프로그램이다.

이런 점에서 사회민주주의, 개량주의 그리고 '노동조합의식'에 대한 극좌의 비판은 거의 NTS의 맑스주의 비판처럼 잘못된 방향으로 나아가는 경향이 있고 이는 역설적으로 유사한 이유 때문에 그러하다. 사회민주주의는 노동자계급의 협소한 '경제주의적' 관심──사회민주주의 정부들이 노동자계급의 이익을 배반하는 편에 서려는 경향이 있다는 사실은 일단 염두에 두지 말자──에 너무 경직되게 매달린다는 점에서 좌익으로부터 종종 공격을 받는다. 그 가정은 '경제주의적' 관심이 불완전하거나 부적절할 뿐만 아니라 실제로 사회주의 투쟁에 적대적이라는 가정인 것처럼 보인다. 또한 그러한 가정은 노동조합주의를 혁명을 추진할 수 있는 기초인 바로 그 사회세력과 이익을 대변하는 제한된 형태의 계급의식으로 보기보다는 혁명의 장애물로 특징짓는 것을 저변에 깔고 있는 듯이 보인다. 이러한 가정으로부터, 적절한 정치가 노동자의 경제투쟁에서 성장하는 것이 아니라 외부에서 그들에게 주어져야 한다는 그럴 듯한 결과가 도출된다.

영국 노동당처럼 역사적으로 노동자계급에 근거를 둔 정당이 그 지지자의 충성심을 잃게 되었을 때, 그 이유는 그들이 지지자의 지배적인 의견에 대항하여 사회주의적 목표를 맹목적으로 추구하거나——그럼에도 현실인즉, 토리당은 노동당이 결코 그렇게 하지 못하도록 짓눌러왔고, 결코 노동당도 그러하지 않았다——NTS가 우리가 믿도록 강제하는 것처럼, 그들이 얼마간의 국민적 공공선이나 혹은 국가이익을 희생시키고 노동자계급의 이익에 봉사했기 때문은 아니었다. 반대로 가장 극적인 선거에서의 참패는 정확히 그러한 정당들이 너무나 일관되게 그들의 본래(natural) 지지자의 계급이해로부터 떠나고 심지어는 배반하는 경우에 일어났다. 그들이 본래의 지지자를 버리고 '선거의 기반을 넓히려는' 시도는 항상 이런 종류의 정당에게는 의심스러운 전략이었다.

이 점에서 문제가 되는 것은 노동당이 너무 '급진적'이거나 아니면 충분히 급진적이지 않거나 했기 때문에 패배했는가의 여부나 혹은 심지어 너무 많이 아니면 너무 적게 낡은 사회주의 프로그램에 헌신했는가의 여부가 아니라 집권정당으로서 노동당이 충분히 그들의 사회적 뿌리와 결합했는가, 충분히 그들의 노동자계급적 이해에 충실했는가, '본래의' 지지자조차 확보하고 있었는가의 여부이다. 예를 들어, 지난 두 번의 노동당 정부——1964~70년과 1974~79년——는 집권기에 특히 노동조합의 권리와 노동자계급의 이해에 주목할 만한 공격——징벌적인(punitive) 소득정책, 악명높은 『투쟁 대신에』(In Place of Strife), 통화주의의 도입——을 가하여 그 후 두 번 다 좌절을 맛보았다. 새처체제는 단순히 (노동당이 시작한——역자) 이같은 공격을 전진시키고 발전시킨 것에 불과하다. 그러한 상황에서 노동자계급의 '본래의' 당이 자신을 지지하는 이들의 이익을 대변하기를 그쳤을 때, 여타의 통상적으로 부차적인 요인이 선거에서 선택을 하는 데 전면에 나설 수도 있다는——충분히 투표자를 몰아낼 수 있었던 배반의 의미는 제쳐두고도——주장을 펼 수 있다. 사람들이 자신들의 사회적 이해와는 분리된 '담화'에 일시적으로 그리고 피상적인 추종의 모습으로 대응할 수도 있는 것은 신뢰할 수 있는 계급이해의 정치적 표현이 존재하지 않는 이와같은 때이다.

노동자계급을 '집단적인 행위자'로 보는 맑스주의 구상에서 정치투쟁의 목표는 선거에 의해서든 혹은 폭동에 의해서든 권력을 장악하는 것(정권의 획득은 물론이고)이 아니라 바로 계급의 폐지다. 권력의 장악은 당연히 사회변혁의 필수적인 단계이다. 하지만 그것은 계급투쟁의 수단이지 그 자체가 계급투쟁의 목적은 아니다. 따라서 제기되는 문제는 단순히 선거주의와 의회를 넘어선 투쟁 중 어느 것이 상대적으로 장점을 갖고 있느냐가 아니다. 상이한 조건에서는 선거전략을 포함하여 권력획득의 상이한 방법이 필요하다. 선진자본주의적 민주주의 국가에서는 선거정치를 완전히 거부하는 어떠한 운동도 자그마한 주변부 분파 이상이 결코 될 수 없을 것이다. 그리고 국가가 사회의 모든 권력의 집중점이라는 사실을 무시하는 것은 어리석은 일이다. 하지만 선거정치의 목적이 제한적일 때조차도 선거정치의 행위는 언제나 사회주의적 목표와 최종적인 계급의 폐지에 의해 지도되어야 한다.

 사회주의적 변혁의 수행자로 행동하는 영국 노동당과 같은 노동자계급의 정치조직의 실패——정말로 다수의 구성원들은 진정으로 사회주의에 헌신함에도 불구하고——는 많은 부분 정치행위와 수사의 목적이 정확히 정치와 계급의 '비조응'을 생산하는 것인 선거주의의 논리——NTS의 논리와 같은——를 그들이 받아들이는 데 기인한다. 선거주의의 논리는 정치적 이슈와 순수한 '산업'쟁의를 뚜렷이 구분하는 것을 승인할 뿐만 아니라 의회의 영역과 의회를 넘어선 영역을 한층 더 엄격히 분리하는 것을 받아들임으로써 정치투쟁과 경제투쟁을 엄격히 구분짓는 것을 효과적으로 강화해왔다. 여러 요인 중에서 무엇보다도, 노동자계급의 조직과 동원의 수단으로서의 노동당을 무기력하게 만든 요인은 순수한 선거주의적 원리뿐만 아니라 정치를 의회활동으로 협소하게 정의하는 개념을 뿌리깊이 수용한 것이다. 이러한 정치의 경계획정과 정치를 계급투쟁의 장으로부터 분리하는 것——이는 어떤 의미에서는 비조응의 원리에 대한 지고의 추인이다——은 처음부터 자본주의 헤게모니의 초석이었다. 이러한 정치의 개념화는 국가가 계급갈등을 초월하여 존재한다는 것, 즉 국가가 부문적인 계급이해를 초월하여 '국민공동체'를 대표할 수 있고 대표해야 한다는 암묵적인 가정——람세이 맥도날드 이래로 영국 노동당이 오랫동안 끈질기게 유지해온 전통이 담겨 있는 가정——을 깔고 있는 것이다.

광산노동자의 파업은 적절한 실례를 다시금 극적으로 보여주는 것이다. 여기서 한 관찰자가 1984~85년의 논쟁 속에서 노동당이 한 역할과, 그것이 1926년 당시 당의 역할과 공유하고 있는 특징을 어떻게 요약하고 있는지 살펴보자.

1926년과 1984년 논쟁에 대한 두 명의 당지도자의 반응을 분석한 것은 다음과 같은 두 사람의 일련의 공통점을 드러내고 있다. 즉 갈등이 회피될 수 있으리라는 희망에서 문제에 개입하는 것을 주저하고 있다는 점, 광산노동자의 전술을 근본적으로 의심한다는 점, 국가가 중재자로 나서야 한다고 끊임없이 요구한다는 점, 그리고 대부분이 광산공동체 내부에서와 경찰의 활동에 대해 일부 평의원이 표현한 불만의 원인을 명확히 구체화하는 데 실패했다는 점이 그것이다.

이러한 유사성은 1926년과 1984년의 상당한 차이를 넘어서서 노동당 정치 내부에 오랫동안 지속되어온 특정한 쟁점을 보여주는 것이다. 두 경우 모두, 지도자들은 쟁의행위와 정치적 행위를 날카롭게 구분하려 했다. 이것은 파업에 대한 동조행위를 맥도날드가 거부하고 키녹(N. Kinnock)이 다음과 같이 주장함으로써 표면에 등장했다. "투표함이 아닌 다른 수단을 통해 영국정부를 몰락시킬 어떠한 가능성도 아무런 정당성도 없다." 그러한 선언은 논쟁의 정치적 차원을 무시하는 것이고 쟁의행위는 정부의 교체로 나아가거나 아니면 협애한 경제적 측면만을 담고 있다는 단순한 이분법을 상정하는 것이었다. 그 사이에 존재하는 입장을 인정하지 않음으로써 노동자의 쟁의투쟁과 정치적 동원 사이의 효과적인 관계가 발전할 가능성이 봉쇄되었다.

이처럼 주저하는 것은 사회주의적 성장의 토대로 계급 중심성을 경시하려는 사고와 연관되어 있다. 맥도날드에게 이것은 계급갈등과 계급에 의거한 조직이 사회주의적 공동체에 이르는 아무런 길도 제공하지 못한다는 더 포괄적인 견해의 일부였다. 키녹의 경우는 아마 변화하고 있는 고용유형이 전통적인 계급에 기반을 둔 정치를 약화시킬 것이라는 좀더 실용적인 주장을 했던 것이었으리라. …

… 두 경우 다, 노동당의 지도자들은 계속해서 국가를 화해자의 역할을 수행할 수 있는 본질적으로 중립적인 도구로 파악했다. 한 측면에서는 국가가 그러한 갈등을 조정하는 본질적인 수단으로 파악되었다. 그리고 또다른 측면에서는 영국국가의 저변에 깔린 자유주의에 대한 믿음으로 인해 노동당 지도자

들은 광산촌에서 벌어진 경찰행위의 실상을 파악하지 못하게 되었다. 국가에 대한 그러한 접근은 산업쟁의에 대한 노동당의 대응에서만 발견되는 문제가 아니라 처음부터 당의 사고를 지배한 것이었다. 5)

따라서 정치에 대한 노동당의 견해로 인해 의회토론이라는 좁은 테두리에서조차 노동자계급의 이익 대변이 가로막혀왔다. 계급투쟁을 조직하고 계급통일을 이루어내는 일을 수행하는 문제는 확실히 전혀 문제로 제기되지 않아왔다. 왜냐하면 노동당에게 있어 적어도 공식적인 전국적 차원에서는 결코 정치는 공동의 투쟁 혹은 계급투쟁의 대열에 사람들을 조직하는 것이 아니기 때문이다. 분명히 의회영역 밖의 노동운동을 통일하고 조직하는 것은 사회주의 정당의 과업이 아니다. 의회를 넘어선 계급투쟁과 그 자신을 분리하는 것, 나아가 아마 의회의 신성한 구역 외에서의 정치적 행위를 방해하는 것조차도 그러한 정당의 신성한 의무일는지도 모른다.

정치에 대한 이처럼 매우 낡은 견해가 궁극적인 이론적 표현을 발견하는 곳은 새로운 '진정'사회주의에서다. 광산노동자 파업에 반대하는 NTS의 사례는 그 점을 설명해줄 것이다. 가빈 키칭은 라파엘 사무엘(Raphael Samuel)의 마이클 이그나티에프 비판에 대한 저질의 소반박문에서 전형적인 공격을 감행한다. 6) 광산노동자가 그들의 당면 목표를 달성하지 못했다면, 키칭이 주장하는 바대로 그 오류는 무엇보다도 이 행동에 착수하기 전에 노동조합운동——아니면 노동조합운동의 중요 부문——의 지지를 확보하는 것을 소홀히함으로써 그들의 추종자를 배신한 전국광산노조(NUM) 지도부에 있는 것이다. 그들은 '광산노동자의 기병대가 일단 진격 나팔을 울리게 되면, 지원부대가 즉시 모일 것'이라고 생각하는 것처럼 보인다고 키칭은——지미 레이드(Jimmy Reid)를 본받아——주장한다. 그리고 이 잘못된 가정은 "'노동자계급'에 대한 일정한 오기 수준의 본질주의 (gut-level essentialism) 이외에는" 그 무엇에도 근거를 둔 것이 아니라는 것이다. 다른 노동자들의 지지는, "이들 민중이 광산노동자 사례의 올바름을

---

5) David Howell, "Where's Ramsay MacKinnock? Labour Leadership and the Miners," *Digging Deeper*, 194~96면.

6) *New Statesman*, 1985년 1월 11일자; *New Statesman*, 1985년 1월 25일자.

확신——민중으로서——할 수 없었기”때문에, 획득될 수 없었던 것
——“혹은 (설사 이루어졌더라도——역자) 최소한 단편적인 방식으로밖에는
이루어지지 않았을 것”——이다. 이그나티에프의 견해에 주석을 붙이고
그의 견해에 동의하면서 키칭은, “그들(전기노동자, 부두노동자, 철도노동
자 그리고 운수노동자)은——개인으로서——납득하지 않으면 행동하지
않는다. 즉 그들은 ‘연대’에 대한 호소가 그들 속에서 ‘자동적이고 본질적
인’ 동의를 가져올 ‘노동자’로서의 선험적인 정체성을 갖고 있지 않았다”고
주장한다. 그리고 비록 이러한 사람들을 광산노동자를 지지하도록 할 수는
없었지만, 시민으로서(말할 필요도 없이 그들을 정치적으로 **노동자로서의**
공동이익의 주위에 조직하는 것에 의해서가 아니라) 그들을——담화적으
로?——설득할 수는 있었을 것이다. 더구나 이그나티에프의 국민적 우애
라는 개념화와 어울리게, “부두노동자를 시민으로, 철도노동자를 시민으로
납득시켰던 것은 다른 많은 시민 역시 납득시켰을 것이다.”

키칭의 분석은 의미심장하다. 그리고 NTS의 근본 전제와 전적으로 일
치한다. 다른 노동자가——‘민중으로서’ 혹은 일종의 다른 아직 명명되지
않은 종(種)으로서——광산노동자 사례의 정당성을 납득하지 못했다는 것
이 사실일 수도 있고 그렇지 않을 수도 있다. 오히려 민중은——노동자로
서——현재의 경제상황에 내재한 위험부담 때문에 주저했을 수도 있다.
그러나 키칭의 설명에서 한가지 정말로 주목할 만한 것은 정치와——그의
——노동당의 책임에 관해 침묵하고 있는 점이다. 악마와 같은 아서 스카
질과 NUM의 지도자들은 “이들, 즉 동료 시민들에게 광산노동자의 주장과
행위의 **정당함**을 납득시켜야 하는 그들의 의무”를 제대로 다하지 못했다.
하지만 닐 키녹과 노동당의 지도부는 명백히 그러한 의무를 갖고 있지 않
았다——사실 그들은 광산노동자의 ‘정당함’에 의문을 제기하고 노동운동
을 분열시키려는 그들의 노력의 일환으로 정부를 지원할 수밖에 없었다.
그들은 확실히 투쟁을 조직하는 데 참여할 의무가 없었다.

다시금 여기에는 정치적 과제——노동자계급의 이익이 반드시 인위적으
로 만들어져야 하기 때문이거나 더 더욱이 계급 정체성과 이익이 다른 정
체성과 이익에 종속되기 때문이 아니라, 단순히 공동이익을 합의된 행위로
전화시키는 것은 조직과 공동작업을 필요로 한다는 이유에서의 정치적 과

제——로서 계급조직화라는 구상은 존재하지 않는다. 당연히 정치조직은 계급의식의 발전에서 교육적인 역할을 수행한다. 하지만 우리는 또한 '객관적인' 계급상황이 합의된 정치행위를 촉발하지 못한 것이 상당부분 의식의 실패——혹은 더욱 최악의 경우 계급과 계급이익의 부재——가 낳은 결과가 아니라 단순한 병참술의 문제라는 점을 인정해야 한다. 진정으로 자본과 국가가 노동자들을 탈조직화하고, 그들 사이에 차이——소득, 노동과정에서의 기능, 성, 인종——를 조작해내고 차이를 분업으로 변형하려 하는 항상적인 노력에 직면해 있는 상황에서 작업장, 산업 그리고 지역에 의해 분리된 노동자가 조직된 정치세력을 자발적이고도 자동적으로 구성할 것이라고 상상할 수 있는가? 그러나 이것이야말로 NTS가 맑스주의와, 정치와 계급의 맑스주의적 결합을 증명하기 위해 사실상 요구하는 것이다. 이 단순한 조응을 이루어내지 못함으로써, NTS의 견해로는 이것들 사이에 전혀 '본질적인' 연관이 존재하지 않는다. 만일 노동자계급이 사회주의를 위해 통일되고 조직된 세력으로 완전히 성장하여 자본주의의 핵심으로부터 튀어나오지 않는다면, 노동자계급의 이해와 사회주의 정치 사이에는 본질적인 연관이란 존재하지 않는다. 그렇다면 우리는 정말로 아마 계급이해에 대해 말할 자격이 없을 것이다. 다시금 우리는 잘못된 양자택일에 직면하게 된다. 노동자계급이 조직된 혁명세력으로 자발적이고도 자동적으로 등장하든지(가상의 '본질주의적' 견해) 아니면 실제로 '노동자계급'과 같은 것은 존재하지 않고 노동자계급의 이해는 존재하지 않는다는 것이 바로 그것이다. 우연적이고 담화적으로 협상할 수 있는 사회적 정체성을 가진 사람들만 존재하게 된다.

4

따라서 계급투쟁이 사회주의 정치의 지도지침이어야 한다는 원칙은 단지 구호나 '정통' 혹은 '속류' 맑스주의의 비극 가운데 하나가 아니다. 그것은 정치적 목표뿐만 아니라 심지어 정당정치의 가장 기본적인 역학에 대한 우리의 인식에 영향을 끼치는 진정으로 매우 실천적인 함의를 지니고 있다. 이러한 인식의 차이는 또한 계급론, 이데올로기론, 그리고 국가론에서 이론적으로 인정되어야 한다. NTS는 이론적으로 그리고 실천적으로 선거에서의 승리가 사실상 목적 그 자체인 단순한 선거주의에 근거를 두고 있다. 정당정치——대체로 의회에서 다수를 유지할 수 있도록 한데 엮어져 있는 동맹으로 구성되는——의 선거의 목적은 NTS의 이데올로기론과 계급론에 반영되어 있다. 그러한 현재의 이데올로기와 정치적 태도는, 그것이 아무리 정세적이고 피상적인 데 근거를 둔 것이라 하더라도, 마치 그것들이 계급의 기본적이고 절대적인 결정요인인 것처럼 혹은 계급결정이 전적으로 이데올로기적이고 정치적인 우연성에 종속되어 있는 것처럼 다루어진다. 이것은 선거동맹의 논리와 매우 잘 부합한다. 그리고 그 동맹은 사회의 근본적인 적대를 넘어서서 종이에 이데올로기적 '공통분모'를 그려내고, 절대적인 계급장벽과 일시적이고 우연적인 계급내 분업의 구분을 모호하게 하며 사람들을 '있는 그대로' 다룸으로써 건설된다.

하지만 정치활동이 사회주의의 목표에 의해 인도되고, 계급의 폐지를 이루는 데 필요한 계급투쟁의 수단에 맞추어진다면, 그때는 분명히 이같은 선거주의 논리가 선거전략을 수립하는 데조차도 충분하지 않을 것이다. 하나의 정당이 혹은 하나의 운동이 선거장치일 뿐만 아니라 사회주의적 변혁을 수행하는 데서 동원, 투쟁 그리고 이데올로기적 변화의 도구라면, 그때는 일시적인 사회적 정체성과 피상적인 편의주의적 유대에 기초를 둘 수 없다. 결합의 원리는 더욱 근본적이고 영속적인 사회적 유대여야 한다. 그리고 그 추동력은 사회적 존재의 물질적 기초에 더욱 근접한 이해, 즉 사회주의의 목표에 상응하는 이해에 호소해야 한다. 바꿔 말하면, 만약 하나의 정당 혹은 하나의 운동이 대중동원과 이데올로기적 변혁의 기구로서 활동하면서 선거를 통해서든 그렇지 않든 권력을 위한 투쟁에 종사하려면, 동시에 사회주의를 위한 투쟁을 전진시키는 당면 목표를 추구하려면, 그때 정당과 운동은 무엇보다도 노동자계급의 이해에 의해 인도되고 그 주위에 조직된 계급정당일 수밖에 없다.

이것이 다른 사회운동과 연합하거나 동맹할 여지가 없다는 것을 의미하지는 않는다. 정치와 노동자계급의 이해의 연결망은 계급의 목전의 물질적 이해를 넘어선 사회적 문제, 평화·성·환경·문화의 정치로 확장——진정으로 그렇게 되어야 한다——될 수 있다. 그리고 우리가 살펴본 것처

럼, 어떤 경우에든 마치 이러한 쟁점들이 '계급정치를 넘어서는' 것처럼 다
루는 것은 잘못이다. 그러나 집단적 노동자의 사활적 이해는 사회주의 건
설을 목표로 하는 모든 정치운동을 위한 지도지침으로 남아야 한다. 이는
경우에 따라서는 동맹과 연합이 명백히 제한적이고 일시적이며, 제한적인
특수한 목표의 달성을 겨냥하게 될 것이라는 점을 의미하기도 한다. 때때
로 동맹은 조직적인 통일 없이도 다른 사람들의 대의명분을 노동자계급운
동이 지지하는 형태를 띠기도 할 것이다. 때로는 광산노동자의 파업에서처
럼, 노동자의 투쟁은 다른 충성심과 다른 이해와 연관을 맺을 것이며, 광
산노동자가 공동체적 연계와 여성의 연대에 의해 강화된 것처럼, 그것들에
의해 강화될 것이다. 하지만 광산노동자의 파업에서 이러한 다른 충성심과
이해가 노동자의 계급이해와 접합되어 강력한 반대세력으로서 동원된 것과
똑같이 다른 사회운동도 노동자계급의 이해와 그들 간의 교집합을 통해 사
회주의를 지지하는 세력이 될 수 있다.

 사회주의 운동이 새로운 형태의 노동자계급 조직과 '신사회운동'이 표현
하는 해방적 영감을 결합하는 새로운 방식을 발견해야 하는 것은 의문의
여지가 없다. 다시금 광산노동자의 파업 경험은 새로운 연대, 새로운 조직
형태 그리고 노동자의 투쟁과 다른 사회운동의 새로운 접점의 가능성을 보
여주는 길을 제시했다. 그러나 사회주의 조직의 첫번째 원칙은 노동자계급
이해와 사회주의 정치의 본질적 조응을 유지하는 것임에 틀림없다. 계급정
치가 모든 해방의 프로젝트를 통일하는 힘이 되지 못한다면, '신사회운동'
은 현존 사회질서의 주변부에 남게 되거나, 기껏해야 주기적으로 순간적인
대중적 지지를 확보할 수는 있겠지만 인간해방과 '보편적 인간선'의 실현에
반대하는 자본주의의 모든 방어장치와 함께 자본주의 질서 그 자체는 건드
리지 못하고 그대로 남겨놓게 될 것이다.

 국가권력이 자본을 대신하여 계급전쟁의 싸움에 이용되는 동안에는,
NTS 프로젝트가 요구하는 것처럼, 정치와 계급을 분리하도록 고무하는
것이 사회주의 운동이 해야 할 일은 아니다. 반대로 주요 임무는 노동자계
급의 이해와 투쟁으로부터 자라나는 정치적 추진력을 고무하고 그것을 기
초로 건설작업을 수행하는 것이다. 그 과제는 분명 쉬운 일이 아니다. 광
범위하게 분산되어 있고 완전히 다른 노동자계급 구성원들이 합의된 행위

를 한다는 것은 공동의 이해로 결합할 때조차도, 자발적으로 일어날 수 있는 것은 아니다. 이런 점에서 통일된 노동자계급은 확실히 생산관계에서 직접적으로 '주어지지' 않는다. 하지만 이것이 결코 크든 작든 노동자체급 역사를 구성해온, 자본에 대항한 투쟁에서 사회주의 정치블록의 건설이 발견될 수 없다고 말하는 것은 아니다. 혹은 사회주의를 위한 더 좋은 기초가 어떤 다른 곳에 있다고 말하는 것도 아니다. 계급조직에는 많은 장벽이 놓여 있다. 하지만 계급의 공동이해를 회복할 수 없을 정도로 짓밟으면서 마치 절대적인 결정요인인 것처럼 이러한 장벽을 다루는 것은 자본주의의 헤게모니를 유지시켜주는 바로 그 신비화를 받아들이는 것이다.

영국과 그밖의 지역에서 일어났던 수많은 노동자계급투쟁으로부터 배울 수 있는 많은 교훈이 있다. 무엇보다도 그것들은 과제가 장기간에 걸친 지난한 것일지라도 사회주의의 원재료는 노동자계급의 이해, 연대 그리고 전략적 능력 속에 존재한다는 것을 보여준다. 그들의 승리에서 그리고 패배에서조차 이러한 투쟁은 우리에게 노동운동이 그 임무, 즉 해방과 '보편적 선'을 위한 고립되고 특수한 모든 투쟁이 단순히 '담화'의 환상이나 아니면 선거라는 편의주의 속에서의 피상적인 연대에 의해서가 아니라 계급정치에 의해서 통일됐을 때 획득될 수 있는 엄청난 목표를 수행할 준비가 되어 있는 정치적 도구를 갖고 있다면 얼마나 많은 것을 달성할 수 있는가를 가르쳐준다.

제 2 부

분석적 맑스주의 비판

E. M 우드

합리적 선택 맑스주의: 할 만한 게임인가?

합리적 선택 맑스주의: 할 만한 게임인가?

얼마전 『신좌파평론』(*New Left Review*)지에는 '합리적 선택 맑스주의' (rational-choice Marxism, 이하 RCM으로 표기)*가 "진보적 사회사상의 넓은 스펙트럼 속에서 최근 특출나게 구별되는 두 개의 이론군, 즉 포스트구조 주의와 비판이론과 같은 수준에 위치지어질 만큼 충분한 자격을 갖춘 어엿한 하나의 패러다임(a fully fledged paradigm)[1]이라는 옹호론이 제기되었다. 이 옹호론은 여기서 한 발 더 나아가, "사회적 형태에 대한 역사적 설명과 서술, 계급투쟁의 집단적 동학, 자본주의의 진화와 그에 대한 평가 등 맑스주의 이론의 고전적 주제의 핵심적 쟁점들은 이제 이같은 합리적 선택의 맥락 속에서만 제대로 논의될 수 있다"고 주장한다. 이는 매우 야심적인 주장이며, 만일 이 새 '패러다임'이 이같은 주장을 부분적으로만이라도 충족시킬 수 있다면 이 패러다임은 현재 영미학계에서 누리고 있는 유행을 누릴 만한 자격을 갖추고 있다고 하겠다. "맑스주의 이론의 고전적 주제의 핵심적 쟁점들" 중 어느 하나에서의 이론적 전진은 값진 성과일 것

---

* 합리적 선택 맑스주의는 인간행위를 설명하는 데서 신고전주의 경제학의 가정을 응용한 '게임이론' 등 주류이론의 '합리적 선택'모형을 맑스주의에 수용한다는 의미에서 붙여진 이름인데, 신고전주의 경제학은 인간행동을 개인의 주관적인 효용 (utility) 극대화를 위한 합리적 선택의 결과로 파악한다. 국내에는 합리적 선택 맑스주의보다 '분석적 맑스주의'로 더 많이 알려져 있다 — 역자.

1) Alan Carling, "Rational Choice Marxism," *New Left Review* (이하 *NLR*로 표기) 160, 1986년 11·12월호, 55면(이하 Carling[a]로 표기).

이다. 그러나 이 이론체계가 고전적 맑스주의의 설명영역 내에서 "어엿한 하나의 패러다임", 즉 하나의 포괄적인 이론군의 위상을 가질 만한 가치가 있다는 것을, 맑스주의 이론의 다른 경쟁자들을 몰아내지 않고도 보여줄 수 있다면 그것은 정말로 놀라운 업적일 것이다.

1. 합리적 선택 맑스주의란?

RCM의 주장을 평가하는 데서 부딪히는 첫번째 어려움은 RCM의 외연의 기준이 무엇인가 하는 문제다. 앨런 카링(Alan Carling)은 이에 대해 우리에게 "이들 저술들에 내재해 있는 하나의 독특한 가정이 있다면 그것은 부여받은 다양한 종류의 자원(resources)을 가지고 행위의 다양한 경로 중 하나를 합리적으로 선택하려고 하는 개인들의 구성체로 사회를 파악하는 견해임이 확실하다"[2]고 이야기해주고 있다. 언뜻 보기에도, 이같은 '특징'은 RCM을 놀라울 정도로 다수의 이질적인 이론가군과 같은 범주에 위치짓는다. 카링 스스로 인정하듯이, 이같은 "독특한 가정"이 "자유주의적 전통에 서 있는 폭넓은 범위의 경제학과 철학에서는 상식적인 것"이라는 사실조차도 이 이질성의 전체를 포괄해주고 있지는 못하다. RCM의 '극적인' 특징은 "이같은 가정을 맑스주의 이론의 고전적 주제와 결합시킨 것"이라는 추가설명 역시 문제를 더 복잡하게 만들 따름이다. 이 패러다임이 얼마나 포괄적이며 맑스주의의 고전적 주제들을 얼마나 완벽하게 다루고 있는가를 보여주기 위해 카링은 그중 일부는 자신을 RCM 속에 포함시키는 것에 이의를 제기할, 아주 넓은 범위의 이질적인 학자들을 한 울타리 속에 모아놓지 않으면 안되게 되었다(구체적인 예로 그는 자신을 RCM 이론가로 분류해서는 안된다는 노만 제라스(Norman Geras)*의 자평을 받아들이지는 않으면서도 제라스가 자신을 RCM의 일원으로 분류하는 것에 반발하고 있다는 사실은 인정하고 있다). 이는 게임이론과 방법론적 개인주의(method-

---

2) 같은 글, 26~27면.

*제라스는 『신좌파평론』지상의 포스트맑스주의 논쟁에서 포스트맑스주의 비판 ("Post Marxism," NLR 163과 "Ex-Marxism without Substance," NLR 169)으로 국내에도 알려진 영국의 맑스주의 이론가이다 — 역자.

ological individualism)의 결합을 연상시키는 '합리적 선택'이라는 명명을 기꺼이 받아들일 존 로머(John Roemer)나 욘 엘스터(Jon Elster) 같은 학자를 포함시키는 것만으로는 충분치 못하다. 어떠한 전통적 사고에 의해서건 맑스주의적 주제의 핵심이라고 할 수 있는 역사적 설명 일반과 특히 자본주의의 진화라는 영역에서의 RCM의 기여를 정당화하기 위해 카링은 부득이 RCM 학파에 로버트 브레너(Robert Brenner)와 코헨(G. A. Cohen)과 같이 방법론적 개인주의에 대해 상당히 다른 태도를 가지고 있는 학자들을 충원하지 않으면 안되었다.

달리 말하자면, RCM의 '독특한 가정'은 아주 광의로 정의되어야만 한다(이는 너무도 넓게 정의되어 맑스주의자 중 가장 '고전적'인 맑스주의자인 엥겔스——사회적 패턴이 개인적인 인간행위의 의도하지 않은 결과로 형성된다고 주장한 것도 그이다——도 RCM에 동승하지 못할 이유가 없어 보일 정도다). 이 패러다임의 고유한 특징을 '분석적'인 설명방식('분석적 맑스주의'라는 용어는 때로 RCM과 동의어로 간주된다)이라고 말하는 것 역시 문제의 해결에 거의 도움이 안 된다. 왜냐하면 '분석적'인 논증방식은 원리상 어떤 종류의 내용을 가진 이론과도 양립할 수 있기 때문이다. 한편 달리 RCM의 '독특한 가정'을 더 상술한다면, 즉 RCM의 특징을 게임이론적인 방법론적 개인주의로 정의한다면, 이 패러다임의 가장 독특한 특성은 형식주의적 추상화와 합리적 선택 모델의 정태적이고 몰역사적인 개인주의가 되며, 이는 사회변동, 역사적 과정, 특히 다양한 생산양식의 특수한 '운동법칙'들, 그 독특한 위기들, 생산양식간의 이행의 독특한 운동원리들과 같은 맑스주의적 주제의 핵심적 쟁점과는 아주 거리가 먼 것들이다.

카링 자신도 로머의 착취론이 '고전적'인 맑스주의 역사이론에 대한 그 나름의 대안을 제공할 수 없고 다만 일반이론(G. A. 코헨에 의해 해석된)에 '더부살이'할 수밖에 없다고 시인함으로써 이같은 난점을 인식하고 있는 것처럼 보인다.[3] 사실 로머도 노동가치설에 기초를 둔 고전적인 착취론에 대한 대안으로 그가 제시한 합리적 선택 패러다임이 역사과정에 관한 그 나름의 이론을 만들어낼 수 있다고 주장하고 있지는 않다. 그가 제시하는

---

3) 같은 글, 52면.

것은 사실상 혼합이론이다. 카링이 로머의 최근작인 『패배의 자유』(*Free to Lose*: 사람들이 노동자계급이 되기를 선택해 착취당하는 것도 자유라는 의미)의 서평(「현대맑스주의 이론의 최고의 교과서」[4])에서 지적했듯이, 로머의 "표준형 현대맑스주의"는 "코헨의 역사이론에 로머의 계급 및 착취론을 더한 것"이다.

따라서 합리적인 진행방식은 RCM의 특징을 게임이론적 모델과 방법론적 개인주의로 파악하는 협의의 정의로부터 시작하되 이 패러다임이 고유한 방법론적 경계를 넘어서 사회변동과 역사과정에 관한 특정이론과 건설적으로 연합할 수 있는 능력을 예단하지는 않는 것인 것 같다. 이렇게 되면 일차적으로 그 주된 대상자로는 3명이 남는다. 존 로머, 욘 엘스터, (최근 들어) 아담 쉐보르스키(Adam Przeworski)가 그들이다. 쉐보르스키의 경우, 그를 포함시키는 데 상당히 주저했다. 왜냐하면 비록 그가 때로는 합리적 선택 모델을 로머조차도 상상하지 못할 정도로 극단적으로 적용하기도 하지만 그가 게임이론적 패러다임에 의존하지 않는, 게임이론을 적용할 경우 오히려 그 논지가 잠식당하는 중요한 정치적 분석들을 행해오는 등 이들 중 이 이론에 대한 신봉도가 가장 일관적이지 않기 때문이다. 앞으로 초점은 RCM 패러다임에 대해 가장 명확하고 포괄적인 설명을 제시하고 있는 로머에 맞춰질 것이다. 물론 엘스터와 쉐보르스키도 그들이 중요한 문제들을 명확히하는 데 도움이 되거나 명백히 로머와 입장을 달리할 경우 다룰 것이다. 라이트(Erik Olin Wright)는 그의 이론적 형성이 중요한 이행단계에 놓여 있다는 단순한 이유 때문에 논의에서 제외할 것이다. 그의 최근 저서인 『계급들』(*Classes*)은 로머의 착취론을 기초로 해 계급론을 펴고 있지만, 그 뒤 얼마 되지 않아 나온 레빈(Andrew Levine) 및 소버(Elliott Sober)와 같이 쓴 논문의 경우 방법론적 개인주의의 설명력을 사실상 제로수준으로 평가절하하고 있다.[5] 이 핵심그룹과 브레너, 코헨과의

---

4) Alan Carling, "Liberty, Equality, Community," *NLR* 171, 1988년 9·10월호, 95면(이하 Carling[b]로 표기).

5) Andrew Levine, Elliott Sober, and Erik Olin Wright, "Marxism and Methodological Individualism," *NLR* 162, 1987년 3·4월호, 67~84면. 라이트의 계급론의 이보다 더 최근 입장은 Wright et al., *The Debate on Classes*, Verso 참조.

연관은 RCM의 역사론의 문제를 다룰 때 검토해보고자 한다.

로머는 '방법론적 개인주의', 특히 그것의 '게임이론적' 양식이 역사유물론과 그 '핵심 가설들'을 설명하는 데 핵심적이라고 지적해왔다. 그는 "역사유물론의 핵심문제들은 특정한 형태의 계급투쟁에 준거해야 함을 요구하며 … 그같은 투쟁에 대한 이해는 게임이론에 의해 규명된다. … 계급분석은 왜, 언제 계급이 적합한 분석단위인가를 설명하기 위해 개인 수준에서의 미시기초(microfoundation)를 필요로 한다"[6]고 주장한다. 따라서 우리는 RCM의 종별적 특성은 착취의 다양한 양식과 계급이 게임이론적 분석원리에 의해 논리적으로 창출되는 착취 및 계급론이라고 이야기할 수 있다. 이는 RCM을 단순한 방법론적 전략으로 환원시키는 것이 아니다. 오히려 아래서 보듯이 RCM 이론의 형태(form)는 상당부분 그 내용(substance)이며 그 게임이론적 가정 뒤에는 사회적 세계에 대한 중요한 내용의 테제들이 숨겨져 있다.

합리적 선택의 뿌리

RCM의 독특한 정체성의 모호함은 그 이론가들에게 비판적인 자기인식이 결여되어 있다는 사실과 관계가 있는 것 같다. 그들은 일반적으로는 이론 일반, 특수하게는 자신들의 이론의 역사와 맥락에 극히 둔감하며 일반적으로 매우 협소한 논쟁의 세계에 갇혀 있는 경향이 있다. 이들의 각주들이 서로 상대방의 논문을 인용하는 빈도나 그들의 논쟁이 다루고 있는 범위의 제한성을 기준으로 보건대, 이들은 주로 자기들간에 상대방을 겨냥해 이야기를 하고 있는 것 같다.

이 이론의 특징적인 몰역사성에도 불구하고 이 패러다임의 기원은 명백하다. 사회이론에 대한 이 게임이론적인 합리적 선택 접근법의 뿌리는 전통적인 신고전주의 경제학과 이를 다른 '사회과학'에 확장한 부캐넌(James Buchanan), 다운스(Anthony Downs), 올슨(Mancur Olson), 베커(Gary Becker) 등의 저작에서 찾을 수 있다.* 즉 '합리적 선택' 패러다임은 그 기원을

---

6) John Roemer, "Methodological Individualism and Deductive Marxism," *Theory and Society* II, 1982, 513면.

* 부캐넌(*Democracy in Deficit*), 다운스(*A Economic Theory of Democracy*), 올

우파사상의 부활에 두고 있다. 이는 이 패러다임의 이같은 이론적 교류가 반드시 이 이론의 신봉자들로 하여금 정치적으로도 우파로 나아가도록 할 것이라고 주장하는 것은 아니다. 그러나 이러한 연관이 결코 의식적이고도 비판적으로 검토되지 않기 때문에 우파로부터의 유혹에 대한 RCM의 정치적 추동력의 저항이 심각하게 약해지고 있다.

그러나 이밖에도 RCM의 등장을 설명하는 데 도움을 줄 수 있는 다른 지적 맥락, 특히 (신고전주의 경제학에 비해—역자) 맑스주의에 덜 생경한 지적 맥락이 있다. RCM의 잉태기에 지배적인 맑스주의 조류는 의심할 여지 없이 알뛰쎄적 구조주의였다. 로머와 엘스터에 의해 제안된 방법론적 개인주의의 매력이 가장 호의적으로 이해될 수 있는 것은 아마도 이같은 알뛰쎄의 헤게모니라는 배경과, 인간주체를 '철저하게' 추방해버린 구조적 설명을 위해 알뛰세주의가 인간행위자라는 개념을 지나칠 정도로 공격했다는 배경하에서일 것이다. 앞으로 보겠지만, 이 두 개의 외형적으로 대립적인 패러다임간에 예상하지 못한 수렴점이 다수 존재하기는 하지만 말이다.

또 하나의 지적 동반자를 지적할 필요가 있다. 그것은 특히 미국에서 발전해왔고 롤스(John Rawls)와 노직(Robert Nozick) 등이 대표하는 자유주의적 내지 보수주의적인 강단 정치철학의 분석적이고 형식주의적인 방법이다.* RCM은 가장 긍정적으로 이해할 경우, 노직류의 보수적인 철학에 대항하기 위한 **규범적인** 사회주의 이론을 건설하려는 시도로 파악될 수도 있다. 그러나 그렇게 하는 것은 RCM 자신이 내세우고 있는 RCM의 정당성을 그들이 용인할 수 없는 수준으로까지 너무 엄격하게 제한하고 한정짓는 것일지 모른다. 비록 로머의 경우 특히 합리적 선택 패러다임의 주된 장점은 전통적 맑스주의가 할 수 없었던 맑스주의의 윤리적 기초를 밝힌 것이

순(*The Logic of Collective Action*) 등은 미국 주류 사회과학계에서 '정치경제학'이라고 불리는 '합리적 선택'이론, '공공선택이론'의 선두주자 학자들이다. 예를 들어 『적자민주의』라는 저서에서 부캐넌은 현대국가의 재정위기를 자본주의의 구조적 모순에서 그 연원을 찾는 맑스주의자와 달리 '효용극대화 원칙'에 따라 정치인은 '권력 극대화'를, 민선정치인은 '재선가능성 극대화'를 꾀하는데 정부의 지출(복지 등)은 유권자에게 인기가 있고 세금은 인기가 없어 민주주의는 국가의 재정위기를 불러오게 된다고 주장하고 있다—역자.

* 영미권의 분석철학을 '정의'의 문제에 적용한 정치철학자들—역자.

라고 주장하고 있기는 하지만, RCM이 뛰어난 설명모델이라는 주장 역시
이와 마찬가지로 강력히 제기되어왔다.

2. 계급과 착취에 대한 RCM의 이론

계급에 대한 RCM 이론의 전형은 착취에 관한 로머의 '일반이론'이다.
욘 엘스터는, 로머의 방법론적 개인주의가 "경쟁적 조건에서 차등적 천부
(天賦, endowment: 타고난 재능과 기본재산을 가리킴 — 역자)를 가진 개개인들
사이의 교환으로부터 계급관계와 자본관계가 생겨나는 것"[7]으로 파악하고
있다고 지적한다. 좀더 일반적으로 말해, 로머의 접근법은 차등적으로 천
부를 소유한 개개인들만을 출발점으로 삼아 착취자로부터 피착취자로의 노
동력의 직접적인 이전 없이도 관련 자산(assets)의 불평등한 분배가 어떻게
소득분배에서 필연적으로 불공정한 결과를 낳는지를 보여줌으로써 계급착
취의 핵심계기를 찾아내려는 시도이다.

착취체제를 개의 착취체계에서 각각 (착취에 — 역자) 중심적인 역할을
담당하는 다양한 자원이나 자산에 의거하여 분류하는 '게임이론적' 모델에
서 출발하여, 로머는 관련 자산이 그의 '철회의 기준'(withdrawal criterion)[8]
에 따라서 현재와 다르게 할당되는 경우에 사람들의 형편이 현재보다 좋아
진다면 그들은 현재 착취당하고 있는 것이고, 관련 자산의 재할당시 형편
이 현재보다 나빠지면 그들은 현재 착취자라는 결론을 내린다. 이 정의는
게임이론의 원리에 따라 착취의 각 양식이 착취자와 피착취자의 지위가 평
가될 수 있는 기준을 세워주는 '가설적으로 가능한'(hypothetically feasible)
대안에 의해 정의되어야 함을 요구한다. 그래서 예를 들면, 봉건적 착취는
"농노적 속박에서 벗어나 자유에 이르는 차별적인 접근권"에서 나타난다.
즉 "봉건적 착취는 그들 자신의 자산으로 생산자가 무역에 자유롭게

---

7) Jon Elster, *Making Sense of Marx*, Cambridge 1985, 7면.
8) 이 기준에 따르면, 하나의 '행위자 연합'(coalition of agents)이 해당 착취양식과
　 관련이 있는, 관련 자산의 1인당 분배몫을 가지고 하는 '게임'에 남아 있는 것보다
　 이 '게임'에서 빠져버릴 때 상태가 더 나아진다면 이들은 현재 착취당하고 있는 것
　 이다.

종사하는 것을 금지하는 일련의 농노적 속박의 결과로 생겨난 불평등성이다"[9]는 것이다. 여기서 '가설적 대안'은 자본주의다. 그리고 봉건적 착취의 시험대는 "봉건적 소유권은 더이상 존재하지 않지만 자본주의적 소유는 여전히 존재하는 경우의 분배에서 개인의 상황이 더 나아질 것인가 여부를 계산하는 것이다."[10]

이 이론의 근본적인 특징은 로머가 소위 '소유관계'(property relations)라고 부르고 있는 것을 강조하는 것이다. 그가 소유관계를 통해 의미하는 것은 맑스주의가 일반적으로 이해하는 것처럼 전유(appropriation)와 생산의 사회적 관계가 아니라 자산 또는 천부의 분배이다. 사실 착취의 기준을 생산자와 전유자 사이의 직접적인 관계로부터 분리해 분배적 요인 속에 재배치하는 것이 '소유관계'를 이처럼 강조하는 목적이다. 그래서 전통적인 맑스주의의 '잉여수취' 개념을 거부하고 그에 동반되는 관계들과 과정들은 상대적 이점에 대한 정적이고 간접적인 '관계'로 대치된다.

특히 이러한 재개념화의 목적은, 로머가 착취의 기준으로 부적합하다고 판단하는 노동가치론과 잉여가치 개념에 호소하지 않고서 자본주의적 착취를 설명하는 것이다. 그는 여기, 즉 자본주의에 대한 '특수이론'에서 멈추지 않는다. 자본주의에 대한 특수이론과 사회주의까지도 포괄하는 일반이론을 제공하기 위하여, 그는 자본주의에 특수한 잉여가치의 개념뿐만 아니라 잉여노동의 수취로서의 착취라는 개념화 전체를 포기한다. 직접 생산자와 그들의 잉여노동력의 수취자 간의 관계보다도 자산의 불평등한 분배가 더 중심적인 강조점이 된다.

분배적 착취론(distributional theory of exploitation)은 '고전적' 맑스주의로부터의 결정적인 이탈을 의미한다. 불평등성은 그것이 수취자와 생산자 사이의 사회적 관계의 체제를 야기하지 않는 한 전통적인 맑스주의에서는 이론적인 가치가 전혀 없다. 사회적·역사적 과정을 설명하는 동적 원리, 모순과 갈등은 이러한 관계에 있는 것이지 불평등 그 자체에 있는 것이 아니다. RCM의 목적은, 전통적인 맑스주의와 정반대로, 이같은 관계에 준거

---

9) Roemer, *A General Theory of Exploitation and Class*, Cambridge: Mass. 1982, 20~21면(이하 *General Theory*로 표기).

10) Roemer, *Free to Lose*, London 1988, 136면.

하지 않는 착취의 개념을 구성하는 것이다. 착취자와 피착취자 간의 직접적인 연관, 즉 계급관계(단순한 상대적 이점의 관계가 아니다)가 있는 곳에서도, 그것은 '합리적 선택'에 의해 이루어진다.

로머가 자기자신의 이론을 위한 변론과 고전적 맑스주의에 대한 자기 이론의 이점이라고 주장하는 것은 "맑스의 착취론이 노동가치론에 의존하고 있기 때문에 받을 수 있는 모든 비판을 처리"[11]할 수 있다는 것이다. 특별히 그의 "게임이론적 공식은" 상대적 이익과 불이익을 측정할 수 있는 관련 자산의 대안적 분배를 출발점으로 함으로써 "맑스의 착취론에 내재한 윤리적 가정을 명백히한다는 점에서 뛰어나다"고 그는 주장한다. 사실 그가 그나름의 패러다임을 채택한 것은 주로 도덕적 논의를 목적으로 한 것이었다. 그리고 아마도 RCM의 주장이 가장 타당성을 지니는 것도 이 분야, 즉 착취에 대한 도덕적 논의에 기여한 데 있을지 모른다. 그러나 로머는 착취에 대한 게임이론적 이론을 기초로 하여 맑스의 전체 사상을 재구성하려고 해왔기 때문에, 우리는 착취론에서 잉여수취 관계를 중심적 지위로부터 몰아내기로 한 최초의 결정이 갖는 설명력적(explanatory) 함의를 일차적으로 고려해볼 필요가 있다.

설명력적 결과

논의를 위해 로머가 노동가치론에 의지하지 않고도 자본주의는 착취적이고 정의롭지 못하다는 것을 그 자신의 용어로 확실히 예증하는 데 성공했다고 일단 가정하자.[12] 이러한 과정은 맑스주의 이론을 재구성하려는 더 원대한 계획에 어떠한 영향을 끼치는가? 여기서 잉여노동이라는 개념은, 로머가 일반적으로는 착취 일반, 특수하게는 자본주의를 도덕적으로 고발

---

11) Roemer, *General Theory*, 20면.

12) 이는 로머의 착취론이 그 자신의 경제적 차원에서조차도 비판의 대상이 되고 있다는 사실을 부인하는 것은 결코 아니다. 예를 들어 Ronald A. Kieve, "From Necessary Illusion to Rational Choice? A Critique of Neo-Marxist Rational-Choice Theory," *Theory and Society* 15, 1986, 특히 558~65면을 보라. 나의 논의는 설사 그 이론이 자신의 기준에서는 성공했다 하더라도 그 유용성이 어떠한가에 대한 평가와 오히려 더 관련이 있다.

하는 데 필요로 하는 그러한 종류의 수학적인 기준을 제공하는 것을 주목
적으로 하지 않는다(혹은 아마도 전혀 그같은 목적을 지니지 않을지도 모
른다)는 것을 명심하는 것이 중요하다. 어쨌든, 수학적 장치로서 또는 도
덕적 기준으로서 이 개념(잉여가치—역자)이 갖는 약점들이 무엇이든지,
그것들은 이 논쟁적인 개념이 갖고 있는 하나의 근본적인 통찰력과 관련되
어 있지는 않다. 그것은 인간이 생존과 재생산의 수단에 접근하는 조건이
사회적 생활과 역사적 과정의 기초라는 것, 그리고 강력한 조건에 의해 체
계적으로 어떤 사람들이 그들의 노동력의 일부 또는 생산품을 다른 어떤
사람에게 전이하도록 강요받을 때 결정적인 역사적 단절이 일어난다는 것
이다. 사회적 과정을 설명하는 데서 핵심은 '잉여'의 양적 측정이 아니라
생산자와 착취자 사이의 관계성 그 자체와 그것이 발생하는 조건에 있다.
또 이러한 핵심적 사실은 수학적 증거 없이 입증될 수 있다. 사실, 로머
자신도 측정할 그 무언가를 가지기 위해서는 스스로 이같은 사실을 묵시적
으로 인정하고 시작하지 않으면 안된다.

자본주의는 의심할 바 없이 특별한 경우이다. 왜냐하면 자본주의적 착취
는 착취자와 생산자 사이의 가시적인 관계의 맥락 속에서 그리고 농노의
노동행위 이후에, 전유라는 별도의 행위로 구성된 명백하게 가시적인 행위
는 아니기 때문이다. 이와 반대로, 생산과정이나 자본이 그 이익을 실현하
는 상품교환과정으로부터 자본주의적 전유라는 행위를 분리해낼 수 있는
즉각적으로 명백한 방법은 없다. 잉여가치의 개념은 생산, 상품교환을 통
한 (가치—역자)실현과 자본주의적 전유 사이의 이처럼 복잡한 관계를 나
타내기 위해 고안된 것이다.

이들 관계를 양적인 기준으로 표현하는 것, 즉 '가치'와 '잉여'의 측정,
또는 '가치'와 '가격'을 연결시키는 것의 어려움을 지적하는 데 열심인 비판
가들(맑스주의 경제학자를 포함하여)은 무수히 많이 있어왔다. 그러나 로
머는 단순히 측정기준의 불완전성을 지적하는 데 그치지 않고 있다. 그는
맑스주의적 분석의 중심으로부터 관련된 사회적 관계들 그 자체를 제거해
버린 자본주의적 착취론을 개발해왔다. 이것이 자본주의에 반대하는 설득
력있는 도덕적 논의에 필요할 수도, 안할 수도 있다. 어떤 경우에든, 이
새 착취론이 설명력적 가치가 있는지는 검토의 대상으로 계속 남는다.

그렇다면 계급적 착취를 착취자와 생산자 간의 (역사적으로 구성된) 사회적 관계가 아니라 상대적 이익의 '관계' 내지 기껏해야 개개인들 사이의 '합리적' 교환(이러한 분석의 출발점은 불평등 내지 '불평등한 자산의 분배'이다)으로 인식하는 결과는 무엇인가?

제일 먼저 개인과 그의 '천부'가 있다. RCM 실험의 목적은 '거시과정들을' 그것들의 '미시기초들', 즉 개인의 행동으로 해체시키는 것이다. 그러나 사실은 RCM이 개인으로부터 '시작한다'는 그 목적을 단지 손 속임수를 통해서만 달성할 수 있음이 드러난다. 이 이론이 명시적으로 인정하고 있는 유일한 직접적인 관계는 개인들간의 '합리적으로 선택된' 교환이지만, 관계들 내지 구조들의 전체 세트가 문제의 개인들을 구성하는 '차별적 천부'들에 은밀히 반입되어야만 한다.

예를 들어, 봉건적 착취에 대한 로머의 정의 속에서는 이제껏 관계적 속성으로 서술되어온 '농노적 속박'──이것이 동반하는 모든 권력관계, 영주와 농노 간의 지배와 사법권적 종속 등과 함께──이 개인적 속성으로 취급된다. 무엇보다도 '속박'과 '자유'가 어떻게 타인과의 관계로부터 추상화되어 개인적 속성으로 개념화될 수 있는가? 개개 농노들의 '자산' 속에 숨겨져 있는 것은 그들의 소유물뿐만이 아니라 이같은 소유물을 의미있게 만드는, 다시 말해 그것들 내지 그 일부를 '자산'이라는 것이 되도록 만들어주는 모든 구조적 관계이다. 농민들의 생존수단으로서 농민들의 점유권(possession)을 유지시켜주는 공동체적 조직 등등이 그것들이다. 이와 마찬가지로 영주의 '자산'은, 다른 것들도 있지만, 그로 하여금 경제외적 강제를 행사할 수 있게 해주는 관계들의 구조 속에서의 그의 위치, 영주들의 공동체, 국가형성 등을 포함하고 있다. 사실, 관련 '자산'들은 원초적으로 그것들이 특정한 개인을 위한 '자산' 그 자체가 될 수 있도록 해주는 사회적 관계의 전체체계를 먼저 명시하지 않고는 규정하는 것이 불가능하다.

유사한 문제들이 자본주의를 다루는 데서도 생겨나고 있다. 방법론적 개인주의는, 자본가들의 행태가 그들에게 가시적인 정보에 기초를 둔 그들의 개인적인 '자산'과 동기로 환원될 수 있다는 것을 전제로 하고 있다. (맑스를 소위 '방법론적 전체주의'라고 가장 신랄하게 비판하고 있는 욘 엘스터는 예를 들어 "개개인의 행위는, 보이지 않기 때문에 행위의 목적적 설명

(purposive explanation)*에 들어설 자리가 없는 가치에 준거를 두어서는 결코 설명될 수 없다"[13])는 이유로 맑스의 가치론을 공격한다.) 그러나 자본주의적 축적의 강박적 추동력들이 단순히 자본 '자산'을 가진 합리적 개인의 '최적화전략'(optimizing strategies)으로부터 도출될 수는 없다. 이같은 추동력들은 자본주의 시장의 경쟁적 압력, 나아가 자본주의 사회의 개개인들을 전례없이 자신들의 재생산의 조건을 위해 시장에 의존하도록 만들고 따라서 경쟁과 축적의 강제에 종속되도록 만드는 역사적으로 구성된 전체 사회구조에 준거하지 않고는 설명될 수 없다.

'고전적' 맑스주의가 이같은 체계수준의(systemic) 강박적 추동력들을 설명하기 위해 사용하고 있는 개념적 장치들을 포기함으로써 RCM은 자본주의의 추동력을 주어진 것으로 당연시하고 이들을 개별 자본가들의 선호와 동기에서 연원한 것으로 볼 수밖에 없다. 이는 더이상 단순히 인간의 본성에 대한 특정한 일반가정으로부터 시작하는 문제가 아니다. 우리는 이제 자본주의적 성격의 특수한 속성을 우리의 출발점으로 삼아야 한다. 사실 개개인은 자본축적자이기 때문에 자본을 축적한다는 식의 철저한 순환논리를 RCM 모델이 어떻게 하면 벗어날 수 있을지 알아내기는 어렵다. 자본축적 욕구 자체가 사회구조로부터 독립된 개인적 속성으로 더이상 환원될 수는 없다. 오히려 하나의 사회체계로서의 자본주의의 속성, 이의 체계수준에서의 축적충동, 더 나가자면 가치이론 그 자체, 즉 맑스가 당연한 것으로 가정하고 전제한 것이 아니라 설명하고자 했던 모든 것이 당연한 것으로 전제되고 설명되지 않은 채 자본가의 개인적 '속성' 속에 단순히 통합되어야 한다. 그렇게 한다고 하더라도, 설명되지 않은 가정들의 부단한 무단침입과 전통적 맑스주의로부터의 지속적인 도움이 없이는 RCM의 설명력은 상당히 제한적이다. 왜냐하면 자본축적을 필요하고 가능하게 만들어주는 자본주의의 모든 복잡한 상호작용과, 축적이 기초로 하고 있는 가정

---

* 목적적 설명이란 행위의 주관적 의도를 무시하는 행태주의(behavioralism)나 구조주의에 반대하여 행위자의 동기나 목적을 가지고 행위를 설명하는 이론이다. 행위자의 '합리적 선택'을 강조하는 게임이론, 이를 응용한 분석적 맑스주의가 그 대표적인 예다 — 역자.

13) Elster, 515면.

들을 계속 교란하는 모든 조건들을 개별 자본가의 개인적 속성이 제공해줄 수는 없기 때문이다. 이 모델이 자본가들에게 가시적인 정보를 기초로 해서만 이들의 동기를 설명함으로써 자본축적의 쟁점들을 밝혀주는 데 얼마나 많은 능력을 갖고 있는지는 미지수지만, 그것도 결국 가장 설명될 필요가 있는 것, 즉 축적충동을 부과하는 자본주의 체제의 논리를 처음부터 가정하고 들어감으로써 가능한 것들이다.

이는 기껏해야 RCM 모델을 적용하기 전에 모든 중요한 작업들이 이루어져야 한다는 것, 그것도 이 모델의 도움이 없이 전적으로 행해져야 한다는 것을 의미한다. 관련 개인들의 속성 속으로 밀반입된 구조들을 만들어낸 모든 역사적 분석이 선행되어야 하며 이는 전통적인 역사유물론의 도구들에 의해 행해져야 할 가능성이 극히 높다. 아니, 좀더 정확히 말해 RCM 모델은 설명되어야 할 바로 그것을 주어진 것으로 가정해야만 한다. 사실, '합리적 선택'에 동기를 부여하는 개인적 '속성'들은 실제로 설명되어야 할 '거시과정들'로부터 연역되어야 한다. RCM 모델은 구조 내지 '거시과정'들을 단지 개인적 동기에 의해서만 설명할 수 있는데, 그 동기라는 것의 존재 자체가 구조들 그 자체로부터 연역되어야만 한다.

이 모든 '구조적' 요인들을 삽입하지 않고(이들을 [이들이 내면화되어 있는—역자] 개인의 심리상태 속에서 읽어내거나, 이보다 '훨씬 약한 유형의' 방법론적 개인주의에서는 개인적 선택이 행해지는 기반에 대한 자료에서 이같은 요인들을 읽어내는 방식을 통해서) 개인적 선택으로부터 역사적 과정에 이르는 길은 없다. 이 모델에 유용성이라는 것이 조금이라도 있다면, 그것은 (이론—역자) 형성이나 설명에서가 아니라 다만 서술 (presentation)에서일 것이다.

계급관계의 게임

그러나 당분간, 계급이라는 '게임'에 개인들이 가지고 들어가는 '자산'이나 '천부' 속에 이미 밀반입해놓은 방대한 일련의 사회적 관계와 구조들을 용납해주기로 하자. '게임' 그 자체는 어떠한가? 이 지점에 이르면, 개인은 그가 역사적·구조적 전제 가정들에 의해 그 특징이 풍부하게 부여되어 있다고 하더라도 다른 개인들과의 관계에 들어가야 하며 전략적 선택을 해야만 한다. 이것이 개인의 불평등한 천부와 상대적 이득의 '관계'들이 '합리적 선택'에 의해 보완되어야 하는 장소이다. 로머에 따르면, 계급적 지위(class position)는 개인들이 자신을 위해 일하는가, 남을 위해 일하는가 아니면 타인의 노동력을 고용하느냐와 관련이 있다. 이같은 지위는 사람들이 '최적화전략'을 채택함에 따라 그들에 의해 '선택'되는 것으로 서술되고 있다. 즉 최적화전략은, 사람들이 각각의 천부를 전제로 하여 자영업을 할 것인가, 남을 위해 일할 것인가 또는 타인의 노동력을 고용할 것인가 아니면 이들 대안들을 조합할 것인가를 선택하게 한다.

계급이 '선택'되는 것이라는 주장은 RCM의 선택모델에 대해 즉각적으로 의문을 제기하게 한다. RCM 이론가들이 개인적 선택이 결코 사회적 진공상태에서 이루어지지 않는다는 것을 아무리 깊이 인식하고 있다 할지라도, 이 모델 그 자체에는 선택의 사회적 구성이 들어설 여지가 거의 없다. 즉 개인적 선택이 자기보존과 자기재생산의 조건, 어떠한 사회적 관계의 체계 속에서도 존립가능한 대안들의 확정적 범위뿐만이 아니라 체제 자체를 재생산하기 위해 작동하는 복잡한 메커니즘(그 문화적 이데올로기적 받침목과 선호(preferences) 형성에 끼치는 이들의 영향 등을 포함하여)에 의해서도 구조화되는 다양한 방식들이 들어설 여지가 거의 없다. 그리고 RCM 모델은 모두 고립된 개인들로부터 새로 시작해야만 한다. 이 모델은 다음과 같은 간단한 가설조차도 수용할 수 없는데, 그것은 일부 개인들이 어떠한 종류의 특정한 '최적화전략'을 선택하는 것이 타인들이 쉽게 이를 채택할 용이도 내지 이것이 경쟁적 시장에서 경제적으로 살아 남을 수 있는 생존가능성을 저하시키기 때문에, 특정개인이나 소수의 개인들에게 채택가능한 선택이 모든 사람, 아니 해당 선호와 필요한 '자산'을 가진 사람들에게 조차도 채택가능하지 못할 수 있다는 것이다. 사회적 관계의 재생산은, 그 것을 개인적 선호의 결과로 설명하는 것을 제외하고는, 이 모델의 엄격한 요구조건들 속에서는 설명될 수 없다. 이러한 개인주의적 초점까지도 대단히 제한적이고 조야한 심리학에 의해 왜곡되어 있다. 이러한 심리학은 문화적·이데올로기적 환경이나 그 자신의 한층 무의식적인 충동에 의해서도 영향을 받지 않는 강하고 안정된 불변의 자아(완전한 정보는 말할 것도 없고)를 상정하고 있다.

그러나 논의를 위해 사회적 재생산의 복잡한 메커니즘을 주어진 것으로 전제하고 '합리적 선택'이라는 좁은 지형에 남아 있기로 하자. 계급들은 '최적화'전략을 추구하는 선택에 의해 구성된다는 가설의 함의는 무엇인가? 그 결과는 언뜻 봐서는 자산의 원초적으로 불평등한 분배로부터 생겨나는 '선택'의 필연성, 한술 더 떠 자동성(automaticity)에 대한 로머의 강조에 의해 은폐되고 있다. 그에게는 '합리적 선택'의 단계가 결과론적 사후 설명이어도 전혀 문제가 없다. 그의 '비관계적'(non-relational) 착취론이 이같이 만들었다. 그러나 로머를 더 열정적으로 추종하는 이들은 그의 자동성 가정을 제거해버리고 그 결과 RCM의 '선택'개념의 주된 약점들을 있는 그대로 드러내면서 열심히 '합리적 선택'의 경로를 따라 그 논리적 결론에 이르고 있다.

그 대표적인 예가 아담 쉐보르스키다. 그의 저작은, 그가 정치적 입장을 이론화하기 위해 그 어느 RCM 명사보다도 이 방법론을 더 명시적이고도 체계적으로 이용해왔다는 점에서 특히 중요하다. 쉐보르스키는, 그의 표현을 빌리자면, "계급적 지위를 그로부터 분석을 시작하는 주어진 출발적 가정"으로 받아들이는 전통적 맑스주의의 사고를 반박하고, 이를 "개인들은 선택에 직면하며 하나의 선택이 그로 하여금 노동자가 되도록 하고 또다른 선택은 그를 다른 노동자들과 협동하도록 할 수도 있다"[14]는 것을 인정하는 시각으로 바꿀 것을 제안한다. 이같은 제의의 목적은 특정한 계급적 지위가 특정한 행태 또는 특정한 정치적 신념을 자동적으로 산출한다는 가정을 버리고 사회구조와 개인행태 간의 연관, 특히 계급갈등과 정치 간의 연관을 이해하는 것이다.

의심할 바 없이 계급적 지위가 특정한 행태, 특히 특정한 정치적 신념과 행동을 자동적으로 산출할 것이라고 가정하는 것은 현명하지 않다. 그러나 여기에는 소박한 결정론에 대한 합리적인 비판 이상의 것이 걸려 있다. 쉐보르스키는 계급적 지위와 정치적 성향 간에는 필연적인 연관이 존재하지 않는다고 주장하는 것에 만족하지 못한다. 대신에 그는 계급 그 자체를 정치적 성향과 같은 다른 '최적화'선택과 유사한 '선택'의 대상으로 취급할 것

---

14) Adam Przeworski, *Capitalism and Social Dermocracy*, Cambridge 1986, 97면.

을 우리에게 요구하고 있다. 계급은 단순히 생산관계만의 반영이 아니라 '우연적'이고 '선택들의 구조'에 좌우된다.[15] 사실상, 하나의 계급에 들어가는 것(노동자가 되는 것 등)은 여기서 노동조합 조직에 가입하는 것 내지 사회주의 정당에 가입하는 것과 분석적으로 동일한 것으로 간주되고 있다. 그리고 이 두 가지 유형의 '선택'간의 질적 차이는 모두 사장된다.

자신의 주장을 예증하기 위해 쉐보르스키가 제시한 사례는, 사람들이 다들 '최적화'전략을 선택하듯이 계급을 선택한다는 가정의 기본전제들과 그 결과를 폭로해주고 있다. 그 사례로 동원된 노동자는 그나름의 이유 때문에 임금을 위해 자신의 노동력을 파는 어떤 존스부인이다. (쉐보르스키에 따르면, 그녀에게 '미리 대량 제조된' 노동자라는 계급지위를 당연한 것으로 부여하고 이로부터 그녀가 어떻게 행동할 것이라고 연역하는) 전통적 맑스주의는 다음과 같은 핵심적 질문에 답할 수 없다고 그는 지적한다. 왜 존스부인이 노동자인가? 우리는 그녀에게 선택이 없다고 가정할 수 없다. "우선 그녀는 땅을 가지고 있고, 그것을 팔 수도 있다. 그녀는 밤늦게까지 잔업을 하는 기능공과 결혼할 수도 있다. 그리고 그녀는 회계사 아들을 가지고 있거나 갖게 될 수 있고, 그 아들은 그녀가 소매점을 내도록 도와줄지도 모른다."[16] 그녀는 주어진 자신의 목표와 자원들을 전제조건으로 해서 볼 때 노동자가 되는 것이 자신의 '최적화' 대안이기 때문에 노동자가 되기를 선택한다.

우선, 예외적으로 토지를 소유한 존스부인이 왜 노동자인가를 설명해야 할 필요성이 도대체 불분명하다. 이 의문에 대한 대답의 설명력이라는 것도 마찬가지다. 그것이 땅을 가진(특정한 ― 역자) 존스부인에 대해 무언가를 이야기해줄지는 모르나 다른 노동자들이나 자본주의의 작동, 아니 나아가 계급의 '선택'과정에 대해서 우리에게 무엇을 가르쳐주는가? 부동산이라고는 없는 스미스씨가 운좋은 존스부인과 동일한 의미에서 자신의 계급적 지위를 '선택'한다고 말할 수 있을까? 이와 관련해 우리는 이 예로부터 계급적 조직과 정치의 가장 세속적인 현실적 조건에 대해서만이라도 과연 무엇을 배울 수 있는가? 물론 우리는 존스부인의 정치적 성향이 그녀가

---

15) 같은 책, 96면.
16) 같은 책, 97면.

노동자라는 사실 이외에도 여성이고 백인이며 가톨릭신자라는 사실에 의해서 영향을 받지 않는다고 가정해서는 절대 안된다. 그러나 어떻게 해서 이러한 사실이 우리로 하여금 특정 계급에 들어가는 '선택'과 특정 정당에 들어가는 '선택' 간의 차이를 덮어버리게 하는가? 자본주의의 논리는 생산수단에서 분리된 사람들에게 생존수단에 대한 접근권을 획득하기 위해 자신의 노동력을 팔도록 강제한다는 전통적인 맑스주의의 가정으로부터 우리가 끌어낼 수 있는 어떠한 결론들보다도 사람들을 훨씬 더 호도하는 이같은 방법론으로부터 우리는 무엇을 배울 수 있을 것인가? 사람들이 마치 용돈이나 벌기 위해서 계급에 들어가는 것처럼 논의를 전개해가는 것이 과연 더 유익한가?

명백한 것은 쉐보르스키가 (RCM이라는 — 역자) 게임에서 잃고 있고 그가 그렇게 된 것은 그의 계급형성 모델이 이를 강제하고 있기 때문이다. 그 자신도 그가 사용한 예가 얼마나 우스꽝스러운가를 인식하고 있는 것 같으나("나 자신이 조롱의 대상이 될 생각은 추호도 없다"[17]), 모델 전체가 얼마만큼이나 이처럼 예외적인 사례들에 그 분석의 중심을 두고 있는가에 대해서는 명백히 신경을 쓰지 않고 있다. 특정한 한 개인이 이용할 수 있는 것으로 관념적으로 상정할 수 있는 가능성들은, 그것이 아무리 예외적인 것들일지라도, 여기서는 계급형성을 '최적화'전략으로 규정하기 위해 모든 개인들이 채택할 수 있는 선택치로서 분석적 비중을 갖고 있다. 이는 자신의 계급적 지위를 '선택한' 운좋은 존스부인만의 문제가 아니다. RCM의 계급형성론 일반이 이같은 특권적 상황을 전제조건으로 하여 만들어져 있다.

계급선택하기

쉐보르스키는 로머가 은폐하고 있는 것을 폭로하고 있다. 존스부인을 통해 쉐보르스키는 RCM 모델을 로머가 생각했던 것보다 훨씬 더 멀리까지 끌고 나갔다. 로머의 계급론에는 첫번째는 자산들, 두번째는 합리적 선택인 두 개의 단계가 존재한다는 것, 그리고 계급적 관계는 두번째 단계에

---

17) 같은 곳.

속한다는 것 그 자체가 중요하다. 사람들은 (그 기원이 신비한) 자산들을 가지고 있는 자신을 발견한다. 그러고 나서 그들은 계급관계에 들어가기를, 즉 착취당하기를 선택한다. 이같은 정식화를 단순히 수사학적이나 자기발견적(heuristic) 장치로 치부해버려려서는 안된다. 왜냐하면 로머가 '선택'의 필연성을 얼마나 많이 인정하고 있든지간에, 계급을 이같은 방식으로 개념화하는 것은 주요한 결과를 초래한다. (이들 결과 중 — 역자) 많은 것은 계급관계가 이차적·우연적이고, 선택에 의해 들어가든가 아니면 들어가지 않게 되는 것이라는 전제 가정으로부터 생겨난다. 무엇보다도 계급관계를 선택과, 차등적 천부를 지닌 개인들간의 자유로운 교환이라는 모델을 위협하지 않는 방식으로 규정할 수 있도록 해주기 위해서는 계급간의 관계에서 문제가 되고 있는 것을 재정의해야만 한다.

RCM 모델에 따르면, 계급관계의 작동원리는 상대적 이익이다. 즉 한쪽이 강압에 의해 잉여노동을 다른 쪽에 이전할 수밖에 없느냐거나 생존과 재생산의 수단에 접근하기 위해 그럴 수밖에 없는 것이냐 그렇지 않으냐의 문제가 아니라 각각의 편이 관계에 들어감으로써 얼마까지 '최적화'할 수 있느냐는 것이다. 이들 선택의 필연성을 가장 강조하는 로머까지도 이같은 주의주의적(voluntaristic) 언어를 피할 수 없다. 합리적 선택 모델의 계급형성론은 관련 쟁점들을 강제나 생존 그 자체의 필연성보다는 '최적화' 내지 상대적 이득과 관련이 있는 것처럼 취급하는 것을 필요로 한다. 그리고 바로 여기에 '고전적' 맑스주의의 가장 중요한 수정과 그 설명력의 급격한 약화가 놓여 있는 것 같다.

'고전적' 맑스주의에서 강제(compulsion: 육체적 강압이라는 뜻이 아니라 어쩔 수 없이 하도록 강제한다는 의미의 강제 — 역자)는 착취적 관계의 본질이다. 봉건적 농노와 같이 직접적인 생산자가 생산수단을 점유하고 있는 경우에는 잉여의 이전은 직접적인 강압, 착취자의 우월한 힘에 의해 결정된다. 자본주의에서는 강제가 다른 종류의 강제이다. 잉여를 포기하겠다는 생산자의 복종이 생산수단, 생명 그 자체를 유지할 수 있는 수단에 접근할 수 있는 전제조건이다. 직접적인 생산자들로 하여금 그들 자신이 소비하는 것보다 많은 것을 생산하고 잉여를 타인에게 이전하도록 강제하는 것은 그들 자신의 생존을 이같은 잉여노동의 이전과 분리할 수 없도록 만드는 '경제적' 필연성이다. 따라서 그 자신의 노동을 수행할 수 있는 수단을 갖지 못한 자본주의하에서의 임노동자는 자본과의 착취관계에 들어감으로써만 그 수단을 획득할 수 있다. 이것이 물론 잉여노동을 이전할 수밖에 없는 사람들이 최소한의 생필품만을 얻는다는 것을 의미할 필요는 없다. 이는 단지 이러한 이전이 생존과 재생산수단에 접근할 수 있는 필요조건이라는 것을 의미할 뿐이다. '잉여'를 계량화하거나 생산자와 착취자 간의 상대적 이득을 측정할 수 있는 수단이 없는 경우라 할지라도 이러한 관계가 존재한다는 것은 보여줄 수 있다. 우리는 생산자의 재생산이 그의 노동이나 생산물의 일부를 요구할 권리를 가진 착취자와의 관계를 그 여러 필요조건 중의 하나로 갖고 있음을 인정하는 것만으로 충분하다.

착취를 정의할 때 맑스주의에서는 그 한계설정 기준이 착취자와 생산자 간의 관계가 (우세한 힘에 종속되어 있기 때문이건 아니면 생존조건에 접근하기 위해서건) 잉여노동을 이전시킬 수밖에 없는 생산자의 필연에 의해 규정되느냐 여부이다. RCM에서는 그 기준이 '선택'이라는 요소를 완전히 넌센스로 만들지 않고서는 이같이 될 수가 없다. 로머는 착취관계를 구성하는 강제를 부인하기 위해서가 아니라, 오히려 자산이 불평등하게 분배되어 있으면 모든 사람이 그 자신의 생존을 보장할 수 있는 생산수단을 가지고 있고 직접적인 노동의 교환이 없을 경우에도 착취가 있을 수 있다는 것을 증명하기 위해 자신의 방식대로 모델을 구축한 것이다. 그러나 그럼으로써 그 모델은 그나름의 추동력을 가지게 되었고 그 필요조건 중의 하나는 사람들이 어떠한 관계에도 들어가지 않을 자유가 있다는 가정이다.

로머의 모델을 설명하는 과정에서 카링이 인용한 한 예증이 시사적이다. 이 예에서, 남자인 크루소와 여자인 후라이데이는 전자가 우수한 자본집약적 기술을 가지고 있는 반면 후자는 노동집약적 기술밖에 지니고 있지 못하다는 차이는 있지만, 둘 다 물질적 생존을 확보할 수 있는 수단에 대한 직접적인 접근법을 갖고 시작한다. 그들의 차등적 '천부'를 전제로 하여, 그들은 관계에 들어가고 서로 최소한의 노력으로 생존을 보장하려고 애쓴다. 그들의 자산이 불평등하다 할지라도, 크루소가 후라이데이에게 잉여노동을 포기하도록 강제하거나 그녀의 생존조건을 박탈할 수 있는 힘이 있다는 것을 시사해주는 것은 없다. 이들간의 쟁점은, 후라이데이가 (크루소와

의 관계에 들어가기 전보다 득을 얻지만) 그녀의 노동의 이득 모두를 가질
수는 없고 그중 일부는 크루소에게 가기 때문에 단지 후라이데이의 노동이
크루소의 노동에 대해 얼마나 상대적인 우위를 점할 수 있느냐는 것이다.
이 모델이 요구하는 크루소와 후라이데이 간의 '평등', 즉 "합리적 행위자
로서의 이들의 평등"은 양자가 (비록 평등한 천부를 가진 것은 아니더라
도) 생존수단에 대한 직접적이고 충분한 접근권을 가진다는 것만을 최소한
으로 요구한다. 쟁점이 되는 것은 '최적화' 내지 '극대화' 이상의 무엇도 아
니다. 여기서 카링은 이 둘간의 권력관계를 각각이 상대방에게 줄 수 있는
'최대손실' 내지 '궁극적인 처벌'이라는 측면에서 규정해간다(44면). 여기
서, 그는 게임을 사실상 포기해버리고 있다. 궁극적 처벌은 단순히 노동시
간, 즉 크루소가 '게임'에서 빠짐으로써 후라이데이에 부과할 수 있는 노동
시간의 수(후라이데이의 '최상의 대안'보다 이같은 '최악의 대안'이 후라이
데이로 하여금 더 일하도록 만드는 시간수)와 후라이데이의 철수가 크루소
의 '최상의 대안'으로부터 빼앗아가는 노동시간의 수에 의해서만 측정된다.
　따라서 카링의 모델은 역사적으로 계급적 착취에 작동해온 두 가지 유형
의 강제, 즉 자본주의의 '경제적' 필연성과 전자본주의적 구성체들의 '경제
외적' 강제를 모두 제거하는 것으로 시작하고 있다. 아니, 그의 모델은 이
에 전적으로 의존하고 있다. 이 두 세계의 좋은 점만을 결합하여 카링은
우리에게 타인의 우월한 힘에 종속되지 않고 동시에 모두 생산수단을 소유
하고 있는 두 명의 '자유롭고 평등한' 개인을 제시하고 있다. 잉여의 이전
은 직접적인 강제에 의해 규정되지도 않고 그것이 자기재생산 수단에 접근
할 수 있는 전제조건도 아니다. 이같이 인자하나 완전히 공상적인 상태의
가정들이 이제는 현실자본주의(거기서는 당사자 중 한쪽은 생산수단에 대
한 접근권이 없이 시작하고, 팔 것이라고는 노동력밖에 없다)로 이식된다.
노동자와 자본가 간의 쟁점이 아직도 카링의 제한적인 예증사례의 원리들
을 기초로 하여 설명된다. 마치 쟁점이 여전히 단지 '최적화'인 것처럼 말
이다. 생존 그 자체까지도 사실상 다른 어느 상품들과도 양적으로만 차이
가 있는 '최적화'의 특수한 사례에 불과한 것처럼 취급된다.

쟁점의 평가절하

RCM 이론가들은 사느냐 죽느냐의 선택은 계급의 문제에서 분석적으로 적합한 선택의 문제가 아니라고 주장할지도 모른다. 이는 종종 다만 원리상으로는 최소한 특정 개인(쉐보르스키의 존스부인)에게는 자본가에게 노동력을 파는 것 이상의 다른 대안들(구걸, 행상, 가두공연, 복지혜택에의 의존, 가족지원에의 의존, 나아가 노동자를 떠나 자영업으로의 전업 등)이 있을 수 있다는 것을 의미한다. 이는 자본주의적 계급관계에서 궁극적으로 걸려 있는 것은 생존 그 자체라는 주장에 대한 심각한 반론이 아니다. 사회적·역사적 패턴의 설명이라는 관점에서 볼 때, 이같은 대안들이 얼마나 널리 존재하고 있느냐는 것은 결정적인 차이를 초래한다. 예를 들어, 행상이 임노동의 대안으로 존재하는 사회는 이러한 대안이 예외적으로만 가능한 사회와는 구조적으로 매우 다른 것이다. 계급관계에 내재한 강제를 펌하하기 위한 또다른 주장은 노동력의 판매가 유일한 대안이 아니라 받아들일 만한(acceptable) 유일한 대안이라고 말하는 것(이같은 주장은 필연성에서 생겨난 선택도 선택이라는 엘스터의 관찰[18]과 아마도 더불어)이다. 로머만이 아니라 모든 RCM 이론가들이 (계급관계에서—역자) 궁극적으로 문제가 되는 것이 무엇인가를 인식하고 있다고 말할 수 있을 것이다. 그러나 중요한 것은, 그들의 모델이 (계급이라는 게임에서—역자) 쟁점으로 걸려 있는 것이 상대적으로 하찮고 비강제적인 것이어야 한다는 것을 그토록 절대적으로 필요로 하고 있기 때문에 그들은 예외적인 상황과 한계상황적인 가능성에 그토록 높은 분석적 비중을 두지 않을 수 없다는 사실이다.

그러나 설사 원리상으로는 생존의 다른 방법들도 있다는 전제를 우리가 인정한다 할지라도, 생존방식의 선택과 단순한 '최적화'의 선택 ('더 나아지기 위한' 선택이라는 의미에서의) 간에는 중대한 차이가 그대로 남는다. RCM 모델은 이같은 차이를 무시하는 데도 의존하고 있다. 마지막으로 이 모델은, 잉여노동을 이전시켜야 하는 필연성에서 벗어날 수 있는 수단들 그 자체까지도 주어진 특정한 계급레짐에서 생산수단에 접근할 수 있는 지배적인 조건이 규정하고 있는 방식들을 무시할 것을 우리에게 요구한다.

---

18) Elster, 13면.

예를 들어 자본주의 체제에서의 복지체계와 실업혜택은 자본주의적 착취의 논리와, 이 착취가 노동자들을 생산수단으로부터 완전히 분리시키고 있다는 점에 뿌리를 두고 있다는 사실에 의해 규정을 받는다. 기아를 방지할 수 있는 제도적 수단이 마련되어야만 하는 것, 그러나 그것이 다만 (예를 들어 이 대안들을 너무 일반적인 것으로 만들어) 자본관계 그 자체를 잠식하지 않을 정도로까지만 만들어져야 하는 것은 자본관계의 논리가 노동자에게는 그들이 노동력을 팔거나 아니면 굶어죽어야 하는 것을 의미한다는 바로 그 이유 때문이다.

착취관계에서 강제보다도 선택을 강조하는 것이 수사적 강점을 가지는 특정한 상황이 있을 수 있다. 그러나 전체적으로 이같은 강조의 비용이 득을 훨씬 상회한다. 그 결과, 이 계급론은 궁극적으로 (부르조아 사회과학과 자유주의 이데올로기에 공통적인) 전통적인 성층(stratification)론과 구별되지 않게 된다. 성층론에서는 분배적인 연속체에 질적 단절점이나 계급적 적대나 이익갈등의 초점이 존재하지 않기 때문에 (계급과 계급을 나누는—역자) 계급분류의 경계가 대체로 자의적이다. 사실, 궁극적으로 로머(나아가 그의 계급론을 발전시킨 라이트)는 그 핵심적 기준을 수입의 차이로 규정하는[19] 것 이상으로 나아가는 일관성 있는 계급분석을 하지 못하고 있다. 만일 착취의 주된 기준이 상대적 이득의 간접적 관계라면, 특히 이같은 '비교의 관계'에 있는 양측간의 쟁점이 (잉여를 이전시킬 수밖에 없는 자와 이를 수취하는 자 간의 강제적 관계를 강조하는 맑스주의 계급착취론과는 대조적으로) 단순한 '최적화'라면, '자산'의 불평등한 분배는 그것의 단순한 분배적 결과, 즉 수입의 불평등을 만들어내는 효과말고는 별 중요성을 갖지 않는다.

엘스터: '일면적' 시각?

여기서부터 엘스터는 로머로부터 상당히 중요한 점에서 분리되어 나온다. 그는 로머의 비관계적(non-relational) 착취론과 이를 계급론에 확대적용하는 것이 안고 있는 많은 난점들을 인식하고 있다. 특히 그는 인과적

---

19) 이에 대한 논의로는 Wright et al., *The Debate on Classes*에 실린 Peter Meiksins의 글 참조.

설명(예를 들어 사회적 갈등에 대한 설명)[20]을 하는 데서 로머이론이 지니는 부적합성에 주목하는데, 인과적 설명에는 무엇보다도 **권력관계**에 대한 한층 체계적인 인식이 필요하다. 엘스터가 '상호작용(interaction)의 관계'와는 구별되는 '비교의 관계'에 초점을 맞춘 '성층론'에 대해 행한 비판과 동일한 비판이 로머의 이론에 적용될 수 있다. 엘스터의 '상호작용의 관계'는 계급간의 관계에 걸려 있는 것들이 무엇인가에 대한 유사한 시각, 즉 합리적 선택 모델의 추동력이 요구하는 시각에 의해 그 자체가 제한되어 있고, 그 설명적 가치 역시 제한되어 있다.

합리적 선택 모델과 '의도'(intentional)모델 일반*을 그나름으로 설명하는 데서, 엘스터는 맑스 자신이 많은 그의 기본 가정들과 일관성이 없고 모순적임에도 불구하고 의도에 의한 설명을 채택하고 있는 경우들이 종종 있다는 점을 예증하기 위해 맑스의 저술에서 인용을 하고 있다. 이같은 구절들에 대한 엘스터의 해석이 시사적이다. 여기서 이 글의 목적은 맑스가 인간 주체, 선택 그리고 목적을 강조했다는 것을 부인하는 것이 아니라 엘스터의 맑스 해석이 계급간의 관계에서 쟁점이 되는 것에 대한 그나름의 해석에 의해 왜곡되고 있다는 점을 보여주는 데 있다. 엘스터는 맑스가 선택을 강조한 예로서 『정치경제학 강요』에서 다음 구절을 인용하고 있다.

〔노동자〕는 특정한 물건이나 특정한 충족양식(manner of satisfaction)에 얽매여 있지 않다. 소비의 영역은 질적으로 제한되어 있는 것이 아니고 양적으로만 제한되어 있다. 이 점이 노동자를 노예와 농노 등과 구별해준다. 소비는 분명히 생산 그 자체에 반작용하나 노동자가 그의 교환행위 속에서 이같은 반작용에 관심을 갖지 않는 것은 그 상품의 판매자가 이에 관심을 갖지 않는 것과 마찬가지이다. …(질적이 아니고 양적인, 아니 차라리 양적임을 통해서만 질적인) 노동자들의 소비의 영역에 주어지는 상대적인 제약은 이들이 예를 들어 고대나 중세에 가지고 있었던, 그리고 현재 아시아에서 가지고 있는 생산 주체로서의 중요성을 소비자로서의 이들에게 부여한다.[21]

---

20) Elster, 203면과 335~42면.
* 의도모델이란 게임이론과 같이 행위자의 행위의도에 의해 행위를 설명하는 '목적적 설명'을 시도하는 모델들을 말함(262면의 역자주 참조) — 역자.

엘스터의 목적은, 노동자의 소비 선택을 이처럼 강조하는 것과 "노동자의 소비는 그 자신의 노동력을 재생산해야 하는 필요에 의해서만 결정된다는 주장에 맑스가 근접해 있는"[22] 구절과의 모순을 예증하는 것이다(엘스터는 맑스이론의 이 건설적인 식견들을 발전시켜나가기보다는 맑스이론의 비일관성을 추적해나가는 데 더 관심이 있다). 엘스터에 따르면, 맑스에게는 "노동자들의 소비를 고정적인 것으로 남겨놓기를 원하는 강력한 이론적 이유가 있었는데, 이는 그렇지 않으면 상품들의 노동가치가 (소비자들의 — 역자) 선호에 좌우되기 때문이다"는 것이다.

노동가치설에 대한 논쟁까지 나아가지 않더라도 우리는 엘스터의 해석에서 쟁점을 혼동하고 있음을 주목할 수 있다. '무선택'(non-choice) 구절에서 맑스는 임금과 노동력의 교환을 통해서 생존수단에 접근할 수밖에 없는 자본주의하에서의 노동자의 조건을 설명하고자 하고 있다. 맑스의 RCM적 방법에 대한 예로 엘스터가 인용한 『정치경제학 강요』의 구절에서 맑스는 노동과 자본 간의 교환을 우선 그 '한가지' 측면, 즉 단순히 '유통의 영역'에서 분석하고 있다. 엘스터의 인용에서 생략된 단어들 속에서 맑스는 당분간 자본주의적 관계를 불완전하게, 즉 "유통과 관련해서만" 검토하겠다고 명백히 전제하고 있다. 이 분석수준에서는 교환의 당사자로서 자본과 노동 간의 '평등'이 그러하듯이 선택의 자유는 관련이 있을지 모른다. 맑스는 여기서도 자본주의를 특징짓는 소비와 생산 간의 독특한 관계를 암시적으로 언급하고 있다. 그러나 그는 교환의 한 당사자로서의 노동자의 평등과 자유(소비자로서의 그의 자유와 마찬가지로)는 "교환영역 밖에서는 경제적으로 다른 관계,"[23] 사실상 교환에 의해 은폐되고 있는 관계를 전제하고 있다고 덧붙여 강조하고 있다. 노동자와 "상당정도는 상대방에게" 교환의 대상은 (양쪽에) '교환가치'와 부를 부여하는 것(이같은 환상은 자본주의에 독특한 것일 가능성과 함께)인 듯이 보일지 모른다. 그러나 맑스는 계속해서 다음과 같이 말한다.

---

21) 같은 책, 12면. Marx, *Grundrisse*, Harmondsworth 1973, 283면.
22) Elster, II면.
23) *Grundrisse*, 284면.

핵심적인 것은 그[노동자]에게 교환의 목적은 그의 필요의 충족이라는 것이다. 그의 교환대상은 필요한 직접적인 대상이지 교환가치가 아니다. 그가 화폐를 획득하는 것은 사실이나 이는 교환수단(coin)의 역할로서, 자기정지적(self-suspending)이고 사라져버리는 매개물로서이다. 따라서 교환을 통해 그가 획득하는 것은 교환가치도, 부도 아니고 생존수단, 그의 삶을 유지하기 위한 대상물, 육체적·사회적 필요 등 그의 필요 일반의 충족이다. 그것은 그의 노동생산비에 의해 측정되는 생존수단, 대상화된 노동의 특수한 등가물이다.

물론 마지막 문장은, 엘스터에 의하면, 여기서조차도 맑스가 이 구절의 논리와 모순되게 보이는 견해를 취하고 있는 것을 시사하고 있다. 이것이 엘스터를 비일관성이라는 손쉬운 비판을 준비하는 데 촉각을 세우게 하기에 충분했음은 분명하다. 그러나 핵심적 요점은 하나의 분석수준, 즉 일면적인 유통의 영역과 관련된 분석수준에서 노동자의 소비선택은 적합한 문제제기일지 몰라도 다른 분석수준, 즉 이같이 교환이 이미 '전제'하고 있는 자본과 노동 간의 근본적인 관계에 대한 설명에서 본질적인 것은 노동자들이 생존과 재생산을 확보하기 위한 수단으로 (자신의 노동력을—역자) 교환해야 하는 필연성이다. 예를 들어, 노동자들이 특정한 음식을 선택하는 데서 생산수단과 그들의 관계에 의해 제약을 받지 않는다는 사실이 무엇이 피착취생산자로서의 그들의 위치를 규정하는가 하는 문제는 아니다. 여기서 중요한 것은 인간이 어떠한 의미에서든 먹지 않고도 살 수 있기를 선택할 자유를 갖고 있지 않다는 의미에서 그들의 상황은 그들이 애당초 식량을 획득할 수 있는 조건에 의해 규정된다는 것이다.

엘스터에게 쟁점은 소비자로서의 노동자에 대한 두 가지 설명간에 보이는, 소위 맑스의 모순이라는 사실이 중요하다. 그는 계급투쟁을 '소비품꾸러미'(consumer bundles)의 '극대화'로 파악하는 일반적인 경향이 있고 계급체계를 '시장'관계의 다양한 차이로 인식하는 베버식 계급론에 대한 선호를 보이고 있다. 그가 맑스의 발전이론이라고 특징짓고 있는 것 중, 그는 그 '동적 요소'가 교역인 (그 자신이 만들어낸) 시대구분에 가장 만족해하는 것처럼 보인다. 24) 한마디로 엘스터는 '유통의 영역'에 국한된 '일면적' 분석에 전반적으로 머무르고 있고, 나아가 자본주의적 관계에서 쟁점이 되고 있는 것에 관해 자본과 노동 간의 교환의 '전제'인 다른 관계를 파헤치지 않은 채 자본주의에 의해 만들어진 환영을 그대로 기꺼이 받아들이는 것 같다.

그 무엇보다도 엘스터는 자본과 노동 간의 관계를 이처럼 일면적으로 특징지어야 하는 '강력한 이론적 이유'를 갖고 있다. 왜냐하면 RCM이 조금이라도 말이 되는(make sense)* 것은 "단지 유통이라는 면에서의" 교환으로서만이기 때문이다. 이 모델은 자본과 노동 간의 교환의 '전제조건들'을 설명하는 데는——이 설명에는 '선택'이라는 개념이 별 의미가 없다—— 별 소용이 없다. 아니, 더 정확히 표현하자면, 이 모델은 이같은 전제들에 '유통의 영역'으로부터 도출된 가정들을 이식함으로써만 이 전제들을 다룰 수 있다.

사실, RCM 모델 일반이 부르조아 이데올로기처럼 '교환의 영역'에 대한 단호한 집착에 의존하고 있는 것처럼 보인다. 뿐만 아니라 모델 전체가 기초로 하고 있는 가정들은, 그것이 비자본주의 사회에 적용될 때까지도, '자유', '평등', 시장합리성 등의 가정들과 같이 자본주의에 고유한 가정들의 일반화를 대표하고 있고 그것도 '일반적'으로만 파악된 자본주의에 고유한 가정들의 일반화를 대표하고 있다.

비용과 득

만일 RCM의 목적이 '거시구조들'을 '미시기초들'로 분해함으로써 고전적 맑스주의의 설명력을 향상시키는 데 있다면, 그것은 우리를 그 방향으로 별로 멀리 이끌어간 것 같지 않다. 기껏해야, 이 방법론의 결과는 극히 소박한 것이다. 그 결과가 실제로 얼마나 별 볼일 없는 것인가는 계급형성을 자신의 방법론적 개인주의의 엄밀성에 종속시켜보려고 한 엘스터의 시도에 대한 레빈, 소버, 라이트의 비평이 웅변적으로 보여주고 있다. 엘스터의 방법론적 개인주의로부터 약간의 설명력이라도 살려보고자 하는 이들의 노력이 가져다준 결과는 어떤 점에서는 합리적이고 동의할 만하지만 전체적으로는 뻔한 이야기이고 재미도 없다. 그 주장은 '계급형성'이 계급관계를

---

24) Elster, 310~17면, 180면 이하.

* 엘스터의 책 제목 *Making Sense of Marx*를 비아냥거린 표현임 — 역자.

창출하는 역사적 과정과 아무런 관계가 없고 대신 "계급투쟁에서 계급들이 집단적 주체로 구성되는"[25] 조직과정, 그것도 매우 제한적 의미에서의 조직과정을 지칭한다. 이같은 분석수준에서 '계급형성'의 문제는 단지 조직들이 잠재적인 계급적 지지기반 속에서 지지를 동원해낼 때 부딪히는 문제들이다. 예를 들어, 개인들은 그들이 나중에 혼자 책임을 지게 되지는 않을 것이라는 일정한 보장이 있을 때 행동에 참여할 가능성이 높기 때문에 그들에게 집단투쟁 속에서 "그들이 '어리석은 피해자'(suckers)가 되지 않을 것"[26]이라는 것을 확신시킬 수 있는 "간접적인 커뮤니케이션망"을 제공하기 위해 조직과 리더쉽이 필요하다는 것을 우리는 레빈 등으로부터 배울 수 있다. 이는 확실히 정치조직에 유용한 경구이나 놀라울 정도의 새로운 발견(RCM 이론이 필요할 정도의)은 결코 아니다. 그리고 만일 이 정도가 이 이론이 줄 수 있는 통찰력의 깊이라면, 구태여 이처럼 골머리를 썩일 필요가 있느냐는 것이다.

게다가, 이같이 작은 득까지도 상쇄하고 남는 커다란 비용들이 있다. RCM 모델의 필요에 맞추기 위해 계급이라는 게임에 걸린 쟁점을 (하향—역자) 조정한 것은 얼마만큼이나 게임이론적 모델의 (순수히 '자기발견적'?) 형식이 그 모델의 내용을 강제하고 있는가를 예증해주고 있다. 이는 다른 그 무엇보다도 맑스주의의 내용적 테제들과 그 방법론 내지 '수단'들 간에는 RCM이 생각하는 것보다 훨씬 긴밀한 연관이 있는 것을 의미한다. 따라서 이는 RCM 이론가들이 공언하는 것처럼 맑스주의의 내용을 전통적인 분석적 수단들 내지 "미시경제분석의 표준적 수단들"[27]을 가지고 옹호하기 위해서 맑스주의의 내용과 방법론을 분리시키는 작업이 이들의 생각보다 훨씬 어려운 것임을 보여주고 있다. RCM이 역사유물론의 문제들을 모두 회피하고 (계급—역자)게임에 걸린 쟁점을 사소한 것으로 격하시키는 것을 끝냈을 즈음에는 역사유물론 속에는 가치있는 것이라곤 거의 남지 않는다. RCM의 착취론은 자본주의의 분배적 모델로 되돌아가고 자본주의적 과정의 '계기들'을 서로 단절시킴으로써 맑스가 정치경제학 비판

25) Levine, Sober and Wright, 80면.

26) 같은 글, 82면.

27) Roemer, *Free to Lose*, 172면.

속에서 세우기 위해서 그토록 오랫동안 고생한 중심원리들을 하나도 남기지 않고 송두리째 번복해놓고 말았다. 이러한 재이론화가 한층 뛰어난 설명력을 가진 패러다임을 창출했다면, 고전적 맑스주의로부터의 이같은 이탈은 당연히 환영받아야 한다. 그러나 (RCM의 — 역자) 현재의 상태로는, 우리는 맑스주의를 넘어선 전진이 아니라 전(前)맑스적 인식으로 후퇴한 것 같다.

또 하나의 흥미로운 결과가 있다. 카링이 "사회를 개인들간의 관계의 합으로 재정의"[28]함으로써(이것이 재정의라면 맑스 자신과 같은 '고전적' 맑스주의자들에게 사회적 관계란 무엇이었단 말인가?) 구조와 주체 간의 오래된 수수께끼를 해결한 뛰어난 공을 지닌 것으로 주장하는 이 방법론이 사실은 정확히 그 반대의 효과를 낳았다는 점이다. 사회관계의 전체체계의 형태 속에서의 '천부'와 구조적 필연성을 부여받음으로써 '개인'은 체화된 구조가 되고 만다. 그리고 '선택'의 순간이 왔을 때는 선택할 중요한 것은 하나도 남아 있지 않다. 결국 이 모델에서의 '선택'의 주된 기능은 주체를 복원시키는 것이 아니라 계급을 역사적이고 정치적 주체로서 우연적이고 무의미한 것으로 만들어버리는 것이다.

3. RCM의 역사이론은 존재하는가?

우리는 맑스주의가 왜 계급투쟁에 결정적인 선차성을 부여하는가 하는 이유를 상기할 필요가 있다. 그것은 계급이 억압의 유일한 형태이기 때문도, 나아가 사회적 갈등의 가장 흔한, 가장 일관된, 가장 격렬한 원천이기 때문도 아니다. 그것은 그 지반이 생존 그 자체의 물질적 조건을 창출하는 생산의 사회적 조직이기 때문이다. 역사유물론의 제 1 원칙은 계급이나 계급투쟁이 아니라 물질적 삶의 조직과 사회적 재생산이다. 계급은 생존의 조건과 전유수단에 대한 접근이 계급적 방식에 의해 조직될 때, 즉 특정 사람들이 생산수단 내지 전유수단에 대한 접근기회의 차별성에 의해 잉여노동을 타인에게 전이시키도록 체계적으로 강요될 때 비로소 우리들의 시

---

28) Carling(a), 30면.

야에 나타난다.

물론 잉여노동의 이전이 기부행위, 혈족적 의무의 수행 등과 같이 강제적 필연이 아닌 방식으로 이루어지는 경우를 찾아낼 수도 있다. 그러나 계급이라는 개념이 특정하게 지칭하고 있는 것은 이러한 종류의 상황들은 아니다. 또한 계급이 착취자와 피착취자 간의 면전(face-to-face) 대결이라는 의미에서의 직접적인 관계를 항상 수반하는 것은 아니며 이같은 대결이 없는 상황에서 계급은 다른 더 직접적인 비계급적 적대에 비해 갈등을 덜 유발할 수도 있다는 점을 인식하는 것이 중요하다. [29] 그럼에도 불구하고 계급적 갈등은 물질적 생존의 바로 그 기반인 생산의 사회적 조직과 연관이 있다는 점에서 특수한 역사적 반향을 갖는다. 계급투쟁은, 특정한 계급적 갈등의 직접적인 동기가 무엇이든간에 투쟁의 지형이 사회적 존재의 핵심 속에 전략적으로 위치지어져 있기 때문에, 변혁적 힘으로서 독특한 잠재력을 갖는다. 계급들간의 쟁점을 사소한 것으로 평가절하하는 것은 계급이라는 개념으로부터 그 설명력을 박탈할 수밖에 없다. 그 속에서 기껏해야 문제가 되는 것은 '소비품 꾸러미'들에 대한 접근기회의 상대적 유리함 정도인 (RCM의 — 역자) 게임들에 의해 획기적인 변혁이 이루어지기는 어렵다는 사실을 부인할 수 없을 것이다.

이러한 한계들을 전제할 때, RCM은 역사를 설명하는 데서 어떠한 주장을 할 수 있는가? 로머 등이 스스로 얼마나 많은 주장을 하고자 하는지는 분명하지 않다. 위에서 본 것처럼 카링은 하나의 착취체계, 하나의 소유형태, 하나의 자원배분양식, 하나의 생산양식으로부터 다른 것들로의 변화 등 역사적 전화(transformation)의 문제에 관한 한 RCM 이론은 다른 역사 일반이론에 '기생적'인 상태로 남아 있어야 한다는 점을 시인하는 것처럼 보인다. 로머는 자신의 RCM이 일종의 '비교정태이론'과는 구별되는 동적인 이행모델(시대적 이행에 관한 이론은 말할 것도 없고 자본축적이나 위기이론조차도)을 제공하고 있다는 주장을 일반적으로 하지 않고 있다는 점에서 때때로 (비록 항상 그런 것은 아니지만)[30] 카링의 이처럼 소박한 견

---

29) Elster, 338면 이하 참조.

30) 예를 들어 로머는 「방법론적 개인주의와 연역적 맑스주의」라는 논문에서, 엘스터가 주창하는 유형의 방법론적 개인주의가 역사적 전화를 설명하는 데 핵심적이

해를 공유하고 있는 것처럼 보인다. 그러나 이로 인해 그가 자신의 착취론과 계급론을 G. A. 코헨류의 역사유물론과 연결시키지 못하는 것은 아니다. 전반적으로 카링은 그나름의 착취론과 계급론을 만들려는 RCM의 노력과 이를 다른 곳에서 빌려온 역사이론과 연결시키려는 이들의 노력을 구별함으로써 적절한 입장을 취하고 있다.

로머의 『패배의 자유』를 평하는 데서 카링은 로머의 역사로의 모험을 한층 구체적으로 다루고 있다. 이 호의적인 서평에서 주된 유보사항 중의 하나는 로머가 역사이론을 다루는 방식에 관한 것이다. 카링의 비판은, 로머가 그 자신이 의존하고 있는 역사에 대한 두 가지 주된 설명, 즉 코헨의 역사이론과 "전체이론의 진리성에 대한 까다로운 시험대인 〔자본주의의 발전이라는〕 사례에 대해 가장 체계적으로 증거를 제시"[31]한 로버트 브레너의 역사저술 간의 근본적인 모순을 해소하지 못했다는 것이다. 카링에 따르면, 문제는 코헨의 생산력우위론과 브레너의 계급투쟁우위론 간의 모순이다. 그는 유럽의 여러 지역에서 이루어진 자본주의 발전에서 '몇세기'라는 차이는 중요한 것이 아니기 때문에 영국이라는 역사적으로 특수한 조건에서 자본주의가 등장한 데 대한 브레너의 사료가 기술결정론이라는 일반법칙에 의한 코헨의 역사유물론 독해와 모순되지 않는다는 로머의 안이한 대응이 지니는 설득력에 의문을 제기한다.[32]

카링에게 문제는 역사에 대한 이 두 설명 중 어느 것이 로머의 계급론 및 착취론과 잘 맞아떨어지는 짝인가 하는 것이다. 그는 로머의 경우 우리에게 "'로머의 계급론과 착취론에 코헨의 역사이론을 더한 것'을 현대맑스

며 이 점에서도 전통적 맑스주의보다 우월하다고 주장하고 있는 것 같다.

31) Carling(b), 95면. 코헨과 관련된 문헌은 G. A. Cohen, *Marx's Theory of History: A Defense*, Oxford 1978이다. 브레너에 대한 주된 준거문헌은 Robert Brenner, "The Social Basis of Economic Development," in J. Roemer (ed.), *Analytical Marxism*, Cambridge 1985; Brenner, "The Origins of Capitalist Development: A Critique of Neo-Smithian Marxism," *NLR* 104, 1977년 7·8월 호, 25~92면; Brenner, *The Brenner Debate: Agrarian Class Structure and Economic Development in Pre-Industrial Europe*, T. H. Aston and C. H. E. Philpin (eds.), Cambridge 1985.

32) Carling(b), 95면과 Roemer, *Free to Lose*, 123~24면.

주의의 규준"으로 제시하고 있는 것 같다고 지적한다. 그러나 카링에 따르면, 브레너의 합리적 선택 이론적인 설명과는 구별되는 코헨의 기능주의적 설명양식을 고려할 때 '로머의 계급론과 착취론에 브레너의 역사이론을 더하는 것'이, 비록 맑스주의가 역사이론 덕에 받아왔다고 전통적으로 생각해온 지지를 잃게 되는 희생이 따르긴 하지만, 그래도 방법론적으로 한층 일관성을 갖게 될 것이다. [33]

우리가 '로머 더하기 코헨'과 '로머 더하기 브레너' 중에 어느 것을 택하려 하기 전에라도 이같은 평가에 대해 몇가지 지적할 것이 있다. 문제를 이러한 방식으로, 즉 로머 더하기 무엇이라는 식으로 제기하는 것은 RCM과 역사이론 간의 단절을 재확인해준다는 것이다. 그 함의는 합리적 선택 모델에 잘 맞으리라고 여겨지는 계급론 및 착취론은 그 자신의 역사이론을 만들어낼 수 없으며 어떠한 역사이론과도 양립불가능하다는 점이다. 이같은 불행한 결론은 RCM의 비동태적 성격에 대한 명확한 인식에서 연유할 뿐 아니라 무엇을 역사이론으로 간주하느냐 하는 특수한 견해에서도 연유한다. 카링은 자본주의에 대한 특수이론과 구별되는 (일반—역자) 역사이론은 정해진 방향으로의 역사변화에 대한 일반법칙, 즉 (그 결과는 다양하고 불확정적이며 모든 특수한 사회형태에서 그나름의 역사특수적 법칙과 조건을 갖는) 계급투쟁과 같은 일종의 공통적 메커니즘뿐만이 아니라 모든 역사적 특수성을 뛰어넘는 일반법칙, 즉 '심인'(深因, deep cause)을 갖는 초일반적이고 초역사적인 설명이어야 한다고 확신하고 있다. 따라서 코헨은 역사이론을 갖고 있고 브레너는 단지 역사연구만을 갖고 있을 뿐이다.

로머에 코헨을 더한 것이냐 로머에 브레너를 더한 것이냐의 논쟁을 해결하는 과정에서 우리는 RCM과 이 이론의 역사이론과의 관계에 대해 알 필요가 있는 것들을 알게 될 것이다. 우선 로머의 주장을 재구성해보자. 하나는 분명하다. 일정한 유보조항에도 불구하고, 로머가 아직도 자신을 역사이론으로서의 역사유물론과 연관시키고 있으며, 그에게 역사유물론이란 (의심할 여지도 없이) 코헨의 기술결정론이라는[34] 것이다. 카링의 주장대로 로머 자신의 착취론 및 계급론이 코헨의 역사이론과 모순 없이 결합될

---

33) Carling(b), 95면.
34) Roemer, *Free to Lose*, 108면.

수 있다고 생각하는 것이 그릇된 것인지, 또 로머의 동반자로는 브레너가
더 적합하다는 카링의 주장이 맞는 것인지는 두고 볼 일이다.

로머의 역사이론

로머에 따르면, 역사는 "단계적으로 더 적은 종류의 생산요소들이 소유
대상으로 받아들여지는,"[35] 소유관계의 진화라는 형태를 띠고 있다. 예를
들어, 노예제 사회가 봉건제로 발전하면서 타인의 노동이나 대상화된 생산
수단에 대한 소유권 등은 남지만 (노예와 같은—역자) 사람 자체에 대한
소유는 사라진다. 봉건제로부터 자본제로의 이행은 대상화된 생산수단에
대한 소유권은 계속 남겨놓지만 타인의 노동에 대한 소유권은 제거해버린
다는 것이다. 이같은 "단계적인 소유의 사회화"는 "효율성과 관련된 이유,
즉 생산력의 발전 때문에 일어난다. "이같은 진화를 초래하는 메커니즘은
계급투쟁이다. "그러나 이러한 진화가 일어나는 이유는 좀더 깊은 곳에 존
재한다. 즉 진화는 특정한 사회조직 형태보다 기술이 더 빨리 발전하여 그
사회조직 형태가 기술발전을 제약하고 이에 족쇄가 되기 때문에 일어난
다. "[36]

메커니즘(계급투쟁)과 심인(深因, 기술결정론) 간의 관계는 다음과 같이
설명될 수 있다. 계급투쟁은 생산력발전수준과 낡은 경제구조 간의 부조화
가 위기점에 이를 때 한 사회형태에서 다른 형태로의 이행의 '촉진제'로 기
능한다. 로머는 우리에게 예를 들어 "초기 자본주의 경제가 봉건제와 나란
히 생겨나고 있는" 영주와 농노의 봉건제를 (그의 용어를 빌리자면) "상
상"(imagine)해보라고 요구한다.[37]

"자, 여기에 하나의 대안이 있다. 그것은 자본가와 봉건영주가 근로대중

---

35) 같은 책, 126면.
36) 같은 책, 6면. 계급이라는 게임에 걸린 '판돈'을 낮추어야 하는 RCM의 필요성
  을 전제로 할 때, 역사를 직접적인 생산자가 그들의 노동조건들로부터 점진적으로
  분리되는 것으로 파악한 맑스의 강조(즉 『정치경제학 강요』의 바로 그 전제)와는
  대조적으로 로머가 소유의 단계적 사회화를 착취형태들의 소멸로 파악하고자 한
  것은 중요한 의미를 갖는다.
37) 같은 책, 115면.

에 대한 통제를 놓고 경쟁하는 것이다. 만일 자본가의 테크놀로지와 생산력이 농노가 벌 수 있는 것보다 높은 임금을 지불할 수 있게 해준다면, 거기에는 과거에는 존재하지 않았던 농노제로부터의 해방이 가져다주는 경제적 이점이 있다."농노는 자본가들에 의해 가능해진 교역을 이용하여 자립적 농민이 될 수도 있고, 아니면 도시로 나가 장인이나 프롤레타리아가 될 수도 있다. "봉건제와 자본제 간의 경쟁은 이제 과거와 달리 봉건제에 대한 계급투쟁이 성공적일 수 있도록 해준다."

　우리는 이제 세 가지 수준의 설명을 갖게 된다. (1) 심인(기술결정론), (2) 역사적 과정(착취형태들의 점진적인 소멸 내지 소유의 점진적 사회화), (3) '촉진제'(계급투쟁——이는 다만 "언젠가는 일어날 수밖에 없는"[38] 과정을 촉진해줄 따름이다)이다. (이 세 수준 중—역자) 어느 수준에 합리적 선택 모델이 개입되어야 할지가 전혀 분명하지 않다. 가장 명확한 지점은 계급투쟁이다. 여기서 의미하는 것은, 사람들이 다음 단계의, 더 진보적인 생산양식이라는 이용가능한 대안을 선택할 수 있는 위치에 있을 때 (비록 선택할 수 있기 때문에는 아니더라도) 변화가 일어난다는 것이다. 그러나 동시에 심인의 수준에도 합리적 선택이 개입되어 있는 것처럼 보인다. 왜냐하면 인간들이 다음 단계의 경제구조가 기술진보에 도움이 된다는 이유 때문에 실제로 이 구조를 택하는 것은 아니라 하더라도 여기에는 "희소성이라는 조건을 완화하려고 하는 합리적 인간들의 부단한 노력"[39]이 관여되어 있기 때문이다. 이 두 경우 중 어느 경우든 합리적 선택 모델과 역사이론 간의 필요한 연관은 합리적인 개개 행위자들의 이기적인 행위와 기술진보, 경제성장의 필요 간에 직접적인 대응관계가 존재한다는 가정이다.

　이 삼층구조는 해답을 주기보다는 오히려 더 많은 문제들을 야기한다. 우선 이 세 수준들간의 관계에 대해서도 마찬가지이다. 합리적 개인들이 역사의 창조자인 한(그러나 그들이 그러한가?) 그들은 기술발전을 통해 희소성을 완화하려는 욕구에 의해 동기를 부여받는가 아니면 착취로부터 해방되려는 바람에 의해 동기를 부여받는가? 아니면 이 둘 모두 아닌가? 계급투쟁은 필요한 것인가 그렇지 않은가? 그렇지 않다면 역사적 변화의

---

38) 같은 책, 124면.
39) 같은 책, 123면.

동학은 무엇인가? 또는 변화는 어쨌든 "언젠가는 올 수밖에 없는 것"이기 때문에 심인이라는 것이 메커니즘이나 촉진제를 불필요하게 만드는 것은 아닌가? 그리고 어떠한 경우건간에, (RCM이 이야기하는—역자) 계급투쟁에 **투쟁**이라는 것이 어디에 있는가? 생산자, 즉 프롤레타리아가 되고 싶어할지도 모르는 농노들에게 더 매력적인 조건을 제시하기 위해 경쟁하고 있는 영주와 자본가들이 있다. 또 (자본주의라는—역자) 한층 매력적인 대안이 나타나자 아무런 제약 없이 그들의 점유권을 기꺼이 포기하고 영주로부터 도주하는 농노들이 있다. 그러나 **투쟁**이라니? 매우 복잡한 통계적 계산을 통해 농노가 점유권을 버리고 프롤레타리아트적 조건의 불확실성을 위해 생존수단에 대한 전면적이고 직접적인 접근권을 제공해주었던 토지를 포기하는 대가로 농노로서의 수입에 비해 높은 임금을 택하도록 그들을 강제하는 "경제적 이득"이 과연 무엇일까? 이 경우 설사 농노들이 이같은 선택을 한다 할지라도 그들이 (실제로—역자) 이를 어떻게 달성해 낼 것인가? 만일 타인의 노동에 대한 영주의 소유권이 이들이 농노들에 대해 행사하는 '통제', 즉 권력과 관계가 있다면, 이러한 통제의 본질은 무엇이며 이행의 결정적인 순간이 왔을 때 어떻게 농노들이 한층 바람직한 대안이 나타났다고 해서 간단히 영주의 '통제'를 벗어나기를 택할 수 있을까? 봉건제는 그나름의 자기유지 논리를 갖고 있지 않았으며 이처럼 용이한 이행에 저항할 수 있는 그나름의 자원들을 갖고 있지 못했는가?

이 모든 것들은 (로머의 역사이론의—역자) 전체체계가 아무런 사료의 뒷받침이 없이 구축되어 있다는 사실과는 완전히 별개의 문제다. 로머가 우리에게 "상상"해보도록 요청했을 때, 그는 단어를 매우 조심스럽게 선택한 것이다. 우리가 할 수 있는 것은 그밖에는 별로 없다('상상하라'와 '가정하라'는 것이 이 게임이론적 담론의 기본어휘이다). (로머가—역자) 우리에게 요구하는 것은 실제역사가 이런 식으로 이루어졌다거나 역사가 이런 식으로 이루어질 수 있음을 믿으라는 것이 아니다. 다만 역사가 이런 식으로 이루어졌다는 것을 논리적으로 상상해볼 수 있다는 것을 믿으라는 것이다. 물론 우리가 하필 이같은 가상적인 논리적 가능성에 관심을 가져야 하는 이유를 분명히하고 있지는 않지만. 사실 로머 자신도 봉건제로부터의 이행에 관한 그 자신의 가상적 설명을 믿고 있을 가능성은 극히 희박하다. 그리고 로머가 의심할 여지 없이 분명히 알고 있는 영주와 농노 간의 권력관계, 이행의 조건인 소생산자의 토지로부터의 분리와 영주소유의 집중, 즉 강제, 강압, 필연, 또는 착취의 사회적 관계에 관한 모든 것들을 다 옆으로 제쳐놓을 수밖에 없었던 것은 그가 게임이론 모델을 택함으로써 치러야 했던 대가다. 로머가 우리에게 "상상"하도록 요청하는 이러한 이행과정은 명백히 역사와 별 관계가 없으며 이처럼 가상적인 이야기를 사료를 들이대고 반박하는 것은 백해무익하다. 역사는 명백히 그에 관해 우리 좋을 대로 아무거나 지껄일 수 있는 그러한 주제이다.

문제의 회피

로머의 주장에서 가장 핵심적인 것으로, 그가 우리에게 "상상"하도록 요청하는 것이 하나 있다. 이는 그의 위태위태한 전체체계가 기초로 하고 있고 RCM의 핵심 그 자체와 이의 역사와의 관계를 관통하고 있는 가정이다. 그것은 (봉건제 사회에―역자) 자본주의가 이미 하나의 '대안'으로서 존재했다는 것, "초기 자본주의적 경제가 봉건제와 나란히 성장하고 있었다"는 것을 우리가 받아들여야만 한다는 것이다. 우리는 또 어떻게 해서 상황이 그렇게 되었는가를 물어서는 안된다는 것이다. 사실 로머에게는 이것이 결코 문젯거리가 되지 않는다.

> 역사유물론에 따르면, 봉건제하에서는 봉건적·자본주의적·사회주의적 착취가 모두 존재한다. 봉건적 관계가 생산력발전에 족쇄가 되는 어떤 시점에서 봉건적 관계는 부르조아 혁명에 의해 제거된다. … 한마디로 역사유물론은 동적 의미에서 사회적으로 불필요한 착취형태의 단계적인 소멸을 통해 역사는 진보한다고 주장한다. "[40]

그는 이러한 해석을 "역사유물론의 기술결정론적 측면을 착취론적 언어로 번안한 것"이라고 자평하기까지 한다. 역사유물론에 대한 이같은 해석에 따르면, 모든 착취의 단계적 형태들이 이미 이전의 착취형태에 내재해 있기 때문에(노예제 사회로부터 자본주의로의 진보에 대한 그의 설명은 이

---

40) Roemer, *General Theory*, 270~71면.

러한 소급분석이 봉건제 이전의 시기로까지 거슬러 올라감을 시사한다) 역
사의 과정에서 나타난 모든 착취형태들은 분명히 역사의 시발에서부터 이
미 존재했고 역사는 이들을 제거하는 과정을 통해 전진한다는 것이다.

물론 이와 유사한 이질(異質)합성은 그의 착취일반이론의 핵심초석인 합
리적 선택 모델의 기본수준에서도 이미 발생한 바 있다. 이 모델에서 모든
착취양식은 그 대안, 즉 현재의 착취양식에 이미 (아니면 오히려 아직도)
존재하는 다음 단계의 양식을 준거틀로 하여 정의된다. 예를 들어, 봉건적
착취에 대한 테스트는 이에 대한 "가설적으로 가능한 대안"을 준거틀로 해
서 이루어짐을 상기하자. 즉 "한 개인이 봉건적 소유는 더이상 존재하지
않으나 자본제적 소유는 여전히 존재하는 상황 속에서 분배 면에서 나아질
것인가 여부를 계산하는 것"이 그 테스트였다.[41] 로머의 역사분석에서는
이같은 '가상적' 대안이 실제로 존재하는 대안, 나아가 현재 이미 맹아적으
로 존재하는 바로 그 다음 역사단계가 되고 만다.

이처럼 모든 역사적 단계, 특히 자본주의가 실제로 시초로부터 퇴행적
흔적으로라도 존재했었다고 가정함으로써 역사의 쟁점을 (답하는 것이 아
니라―역자) 회피하는 것은 (역사의) 과정을 다루는 데 문제가 있는 이론
가들이 자주 써먹는 수법이다. 자본주의가 역사상 지속적으로 존재해온 특
징이라는 주장은 부르조아 이데올로기의 기본메뉴이며 앙리 삐렌(Henri
Pirenne)과 같은 영향력있는 역사가들의 일상적인 가정이다. 이같은 유형
을 지지하는 맑스주의(그 최근의 대표적인 예는 알뛰쎄의 구조주의다)가
흔히 사용하는 방법은 이전의 생산양식의 틈새에 잠복하여 특정한 제약들
이 사라질 때 그 '지배성'(dominance)을 확립할 기회만을 기다리고 있는 대
기성 생산양식의 이미지를 상상 속에서 만들어내는 것이다. 그 속에 모든
생산양식들이 그 발생을 설명할 필요 없이 이미 공존하고 있는 알뛰쎄의
'사회구성체' 개념은 이 면에서 커다란 공헌을 해왔다. 그러나 로머는 그의
'소멸(elimination)이론'을 통해 이러한 전략을 진정으로 완성하였다(생산
양식의 발생을 설명하기보다는 이미 존재했던 것의 소멸을 설명하기가 훨
씬 쉬울 것이다). 이같은 개념 속의 환상 만들기가 너무도 자주 맑스주의

---

41) Roemer, *Free to Lose*, 136면.

역사이론을 대신해온 것은 부인할 수 없는 사실이다. 의심할 여지 없이 역사단계와 생산양식의 진화적 단계들에 대한 맑스의 한층 형식주의적인 도식들도 이러한 방식으로 역사적 과정이라는 의제를 회피하도록 유도하는 것으로 볼 수 있다. '족쇄'와 '틈새'에 대해 처음 이야기한 것은 그 누구보다도 맑스였다. 그러나 맑스 속에는 설명되어야 할 바로 그 문제들을 가정해버리는 것이 아니라 실제 사회관계의 동태적 논리 속에서 역사변화에 대한 열쇠를 찾도록 우리에게 촉구하는 부분들이 훨씬 더 많다.

로머 더하기 브레너?

이제 로머의 합리적 선택 모델이 브레너의 역사에 대한 방법론과 양립할 수 있는가를 판단하기에 가장 좋은 시점에 이르렀다. 왜냐하면 브레너의 주된 목표가 바로 역사의 핵심적 쟁점들을 회피하는 만연한 습관, 즉 어떻게 발생하였는지가 설명되어야 할 바로 그 문제들의 존재를 당연한 것으로 가정해버리는 버릇을 깨는 것이기 때문이다. 그는 맑스 자신의 저작 속에서 두 가지 종류의 역사이론을 구별해낸다. 그 하나는 18세기 계몽주의의 기계적 유물론과 경제결정론에 여전히 크게 의존하고 있는 것이고, 또다른 하나는 고전적 정치경제학에 대한 맑스의 성숙한 비판에서 형성된 것이다. 첫번째 것이야말로 바로 시장의 팽창, 즉 봉건제 사회의 태내에서 생겨난 '유아적' 자본주의에 대응해 발전해온 분업을 통한 생산력의 자기발전을 주장함으로써 문제를 회피하는 것이라는 주장이다.

　따라서 이 이론의 패러독스적 성격은 즉시 자명해진다. … 현실적으로 수행해야 할 이행이란 존재하지 않는다. 이 모델은 도시에서의 부르조아 사회를 기정사실로 해서 시작하여 이의 진전이 부르조아적 메커니즘을 통해 이루어질 것을 예측하고(변화와 경쟁은 가장 발달된 기술의 채택을 유도하고 이는 또 생산의 사회적 조직의 변화를 초래한다―인용자) 봉건제는 교역에 노출됨으로써 스스로 지양되는 것으로 가정하기 때문에 한 유형의 사회가 어떻게 해서 다른 유형의 사회로 전화되느냐는 질문은 단순히 가정되어서 해결된 양 사라져버릴 뿐 결코 제대로 제기되지 않는다. [42]

---

42) Robert Brenner, "Bourgeois Revolution and Transition to Capitalism," in *The*

후기 맑스의 경우 이 질문을 다른 각도에서 제기한다. 그는 소유관계 일반과 특수하게는 전자본주의적 소유관계에 대한 그의 견해를 본질적으로 수정한다. "『정치경제학 강요』와 『자본론』에서 맑스는 소유관계를 일차적으로 **직접적 생산자가 그들의 상태를 재생산하도록** 하는, 직접적 생산자와 생산수단 간의 관계, 그리고 직접 생산자 상호간의 관계로 정의한다. 이 설명에 따르면, 전자본주의적 소유관계를 … 특징짓는 것은 그것이 직접적 생산자에게 재생산의 모든 수단을 제공해준다는 것이다." 이러한 점유권을 유지하기 위한 조건은 농촌공동체였고, 그 결과 영주에게는 잉여를 수취하는 '경제외적' 수단이 필요해졌으며, 그것은 역으로 그들 자신들의 공동체의 재생산을 필요로 하였다는 것이다. 따라서 이같은 소유관계의 구조는 "그들의 개별 구성원들의 경제적 재생산을 가능케 해주는 지배자와 경작자의 공동체에 의해"[43] 재생산되었다. 상호 갈등하는 지배자와 직접적 생산자의 공동체에 의해 재생산되는 이들 소유관계를 전제로 할 때, 개별영주와 개별농민들은 그들의 상황을 최선의 상태로 유지하고 향상시킬 수 있는 경제적 전략, 즉 브레너가 재생산의 규칙이라고 부르는 것을 채택했다. 이 전략들의 총합적 결과가 특유의 봉건적인 발전유형이다. 따라서 새로운 발전유형을 가진 새로운 사회로의 이행은 단순히 하나의 생산양식으로부터 다른 대안적 양식으로의 변화만이 아니라 기존의 소유관계의 전화, 봉건적인 재생산의 규칙으로부터 새로운 자본주의적 규칙으로의 전화를 수반한다. 자본주의적 규칙하에서는 직접적 생산자의 생산수단으로부터의 분리, 수취의 '경제외적' 방식의 종료는 수취자와 생산자 모두를 경쟁에 종속시키고, 경쟁의 압력하에서 이윤의 필요에 따라 움직일 수 있도록 해준다. 이는 불가피하게 봉건제로부터 자본주의로의 이행에 대해 새로운, 완전히 다른 의문들을 제기한다. "문제는 전자본주의 사회의 행동 그 자체를 통해 전자본주의적 소유관계가 자본주의적 소유관계로 전화하는 것을 설명하는 것이다."[44]

이것이 자본주의를 그 선행양식 속으로 거슬러 올라가 거꾸로 읽거나 그

First Modern Society, A. L. Beier et al. (eds.), Cambridge 1989, 280면.

43) 같은 글, 287면.

44) 같은 글, 293면.

것을 이용가능한 대안으로 제시하지 않은 채 봉건제적 관계의 역동성과 그
재생산의 조건에 전적으로 의존해 자본주의로의 이행을 설명하기 위해 브
레너가 택한 도전이다. [45] 또한 이 프로젝트는 전자본주의적 소유관계는,
사람들이 옆에 있는 이용가능한 (자본주의적) 대안을 택해야 한다는 충동,
기존의 구조들이 저항할 수 없는 충동에 의해 이끌려진다는 편리한 가정에
의해 상상 속에서 지워버릴 수 없는 그나름의 논리와 완강함을 지녔다는
점을 인정하는 것을 필요로 한다. 이는 로머의 모델이 근본적으로 고려할
수 없는 것들이다. 이 점에서 로머의 모델은 브레너가 지속적으로 비판해
온 아담 스미스, 초기 맑스, 앙리 삐렌, 폴 스위지의 모델을 재생산하고
있다. 그는 이들 역시 자본주의의 출현을 설명하기 위해 자본주의의 존재를
전제하는 경향이 있다고 말한다. 로머는, 브레너가 (아담) '스미스적 맑스
주의'라고 명명한 것들에 대해 퍼붓고 있는 동일한 비판에 직면하게 된다.
왜냐하면 로머가 믿고 있는 합리적 선택 모델에 의해서는 그는 자본주의적
구조와 자본주의적 동기를 이미 존재하는 것으로 전제하지 않고는 봉건제
로부터 자본주의로 넘어가지조차 못하기 때문이다. 자본주의적 관계, 이와
관련된 자본축적의 강제, 즉 자본주의의 독특한 논리와 하나의 체계로
서 자본주의가 갖는 추동력 등은 로머가 보기에 봉건제 속에 이미 존재하
는 자본주의의 핵심을 구성하는 것인, '양도가능한 자산'(alienable asset)

---

45) 로머가 편저한 『분석적 맑스주의』에 기고한 논문에서 브레너는 시론적 형태로
이행에 대한 그의 입장을 개진하고 있다. 그는 여기서 아담 스미스에 주로 기초를
두고 있는, 자본주의 발전에 대한 전통적인 설명은 설명되어야 할 바로 그 특별한
현상을 단순한 것으로 가정하고 들어간다는 것, 소유관계는 '재생산의 관계'로 이
해되어야만 한다는 것, 전자본주의적 경제들도 그나름의 논리와 '견고함'을 가지고
있다는 것, 그러나 전통적 입장들은 이러한 것들의 존재를 부인해왔다는 것, 자본
주의적 발전은 그것을 기술발전의 보편법칙에 기인하는 것으로 파악하는 이론들이
생각하는 것보다 훨씬 더 역사적으로 제한되고 특수한 사건이라는 것, 이행의 역
사는 개별 행위자들의 이기적 행동과 경제발전의 필요조건들 간에 조응관계가 존
재한다고 가정함으로써 설명될 수는 없다는 것들을 지적한다. 이 점에서 그의 주
장은 로머의 기본가정과, 코헨의 기술결정론에 직접적으로 대립된다. 또 이 책에
함께 실린 다른 분석적 맑스주의자들의 글들과는 대조적으로 그의 시론적 분석은
역사연구에 기초를 두고 있으며 역사적 설명작업이 분석적 서술(presentation)에
선행해야 한다는 가설에 기반을 두고 있다는 점을 덧붙일 가치가 있다.

의 불평등한 분배로부터 결코 단순히 연역될 수 있는 것이 아니다. (이 지점에서 불평등 내지 상대적 이득이라는 기준에 의해 정의된 로머의 착취 모델의 부적합성이 가장 명백하게 드러난다. 왜냐하면 그 이론이 착취의 부정의성을 폭로하는 데 얼마나 많은 가치를 가지든간에 그것은 자본주의를 사회적 생산, 전유와 축적의 하나의 특수한 체계로 이해하는 데 완전히 실패하고 있기 때문이다.) 또 도시는 당연히 자본주의적이라는 논리적으로나 역사적으로 부당한 가정을 기초로 하여 자본주의적 관계와 자본주의적 추진력을 단순한 도시의 존재로부터 연역할 수 있는 것도 아니다.

브레너의 방법론은 가장 특수하게 실증적인 수준으로부터 추상적으로 이론적인 수준에 이르기까지 모든 분석수준에서 RCM 모델에 대한 하나의 도전이다. 경험적 차원에서 브레너의 자본주의 발전에 대한 역사연구는 로머의 상상적 시나리오의 거의 모든 점에 의문을 제기하고 있다. 그의 설명에 따르면, 자본주의는 단순히 봉건제 경제의 "옆에 더불어" 기적적으로 존재하는 것이 아니다. 또 그것은 농촌의 봉건적 이해와 경쟁하는 도시의 중상적 이해관계의 산물도 아니다. 직접적 생산자는 장인이나 프롤레타리아가 되기 위해 농촌에서 도망쳐나옴으로써 자본주의 경제에 가담하는 것이 아니다. 자본주의의 발전은 오히려 농업관계 그 자체의 전화, 특히 외인에 의한 교역의 팽창과는 거의 관계가 없는 조건들의 전화에 의해 연쇄적으로 생겨난 과정이다. 사실 이같은 설명은 (유명한 '이행논쟁'[46]의 다른 학자들과 마찬가지로) 시장과 교역이 봉건적 질서에 본래 적대적이라는 데 의문을 제기하는 것으로부터 시작하고 있다. 브레너가 설명하고자 하는 것은 하나의 대안 내지 기회(opportunity)로서의 자본주의 내지 시장이 아니라 하나의 강박적 추동력으로서의 자본주의와 자본주의적 시장의 등장이다. 그의 이론은 농촌의 직접적 생산자들이 도시와의 교역이익에 의해 제공되는 기회와 직접적 생산자들에게 주어진 '대안'의 등장이 아니라 시장의 강제에 종속되는 특수한 조건 그 자체의 역사에 대한 서술이다.

한층 일반적인 수준에서 보자면, 브레너에 의해 제시되는 사례의 사실들

---

46) Rodney Hilton, *The Transition Debate*, London: Verso 1976. 이 밖에 Hilton, "Towns in English Feudal Society," in *Class Conflict and the Crisis of Feudalism: Essays in Medieval Social History*, London 1985.

은 로머 자신이 잘 알고 있듯이 로머의 '심인'(그리고 코헨의 기술결정론)
에 대립된다. 그것들은 덜 생산적인 '경제구조'가 더 생산적인 경제구조에
의해 대치된다는 역사적 필연성은 존재하지 않는다는 것을 시사하며 (자본
주의의) '자기지속적'(self-sustaining) 성장의 과정이 처음 성립되는 조건의
역사적 특수성을 강조한다. 독자들이 기억할지 모르지만, 이같은 도전에
대한 로머의 응답은 단순히 자본주의가 비록 영국에서 생겨났지만 결국 유
럽의 다른 지역에 확산되었기 때문에 브레너의 사례들이 기술결정론이라는
일반법칙으로 무장된 코헨류의 역사유물론과 모순되지 않는다는 것이었다.
이러한 반응은, 카링이 이미 지적했듯이, 역사적 시간을 제멋대로 취급할
때 가능하다(누가 '불과 수세기'에 대해 문제를 삼겠는가?). 또 이는 지리
적 공간 역시 제멋대로 취급하는 것이다. (누가 유럽 밖의 세계, 아니 서
구 밖의 세계에 대해 문제를 삼겠는가?) 좀더 근본적으로, 이는 자본주의
적 팽창의 역사특수적 과정을 선험적으로 초역사적인 자연법칙으로 취급하
는 데 의존하고 있다.
　로머가 자본주의적 발전의 보편성, 아니면 최소한 궁극적으로 유럽의 다
른 지역으로 자본주의가 확산됨을 강변하지만 그것은 브레너에 대한 답변
이 되지 못한다. 이는 다시 한번 문제를 회피하는 것이다. 브레너의 주장
의 핵심은 자본주의의 보편적 발전을 역사변화의 일반법칙 속에 포함시킴
으로써 당연시하는 것을 피하고 대신 역사적으로 특수한 조건들이 어떻게
해서 역사적으로 특수한 기원으로부터 자본주의의 독특한 추진력과 이의
독특한 팽창과 보편화의 능력을 만들어냈는가를 설명하는 것이다. 로머의
응답이 부적절한 데 대해 최소한 이야기할 수 있는 것은 자본주의의 보편
성은 코헨의 이론에 대해서만큼이나 브레너의 역사분석에 유리한 증거로
쉽게 사용될 수 있다는 점이다. 브레너는 풍부한 역사적 증거에 의존하고
있으며 설명되어야 할 바로 그것들을 가정해버리지 않는 장점을 갖고 있다.

역사이론이란 무엇인가?

　그러나 여기서 문제가 되는 것은 단순히 로머-코헨의 역사이론에 대한
브레너의 실증적 도전이 아니다. 자본주의적 발전이 봉건제 "옆에 더불어"
가 아니라 봉건적 관계 속에서 생겨났다는 브레너의 설명은 RCM 모델의

기반 그 자체를 쑥밭으로 만들어버린다. 그의 설명에 따르면, 역사적 변화
는 다른 외부적 내지 공존하는 '대안'의 '선택'에 의해서가 아니라 현실의
사회관계 속에서의 과정에 의해 생겨난다. 분명히 영주와 농노들은 '합리
적 선택'을 한다(진지한 역사학자치고 이를 부인하는 사람이 있을까?).
그러나 이같은 선택은 기존의 관계 속에서 이루어진다. 사실 그들이 목표
로 하는 것은 다음 단계의 한층 매력적인 역사적 단계(어느 경우도 관계자
들이 기대할 수 없는)가 아니라 기존조건의 재생산이다.

  이러한 설명은 (고정적이고 정태적인) '자원' 내지 '천부' 더하기 '합리성'
(그리고 마술적으로 선택가능한 대안들)을 가진 개인들 이상의 것을 의미
한다. 이는 영주와 농노, 이들 개인과 그들의 공동체, 계급과 국가 간의,
항상 과정 속에 있는 구조적 관계의 역사적으로 구성되어 있고 동태적인
전체 네트웍을 의미한다. 이는 역사적 기원이라는 문제를 회피할 수 없다.
'분석적 맑스주의'(로머가 편저한 같은 제목의 책에서 명시적으로 표명하고
있듯이)에 대한 브레너의 공헌은 게임이론적 모델이 역사이론과 맺고 있는
연관을 단절시킨 것이다. 그는 합리적인 경제적 행위자의 이기적 행위와
기술적 진보 내지 경제성장의 필요 간에 직접적인 조응관계가 존재한다는
가정을 훼손하고 있다. 만일 RCM에 고유한 그 무엇이 있고, 그것이 단순
히 '분석적' 설명방식이나 나아가 인간들이 그들이 의도하지 않은 결과를
가져올지 모르는 선택을 통해 역사를 만든다는 매우 일반적으로 인정하고
있는 사실 이상의 것을 의미한다면 (예를 들어, 그것이 단순히 개인의 자
원 더하기 합리성으로부터 게임이론적 지평을 건설하려는 진지한 의도를
갖고 있다면), 브레너의 역사연구는 그 첫번째 방법론적 전제 그 자체에
대한 도전을 의미한다.

  브레너의 방법론이 역사이론을 예정된 방향으로 움직이는 보편법칙에 대
한 일반적 설명으로 이해하는 모든 사고에 도전하고 있다는 것은 이미 자
명하다. 그는 여전히 고전적인 부르조아 사상에 무비판적으로 얽매여 있던
맑스 연구작업의 미성숙단계에 의존하는 이러한 유형의 역사유물론에 단지
의문을 제기하고 있는 것만은 아니다. 그의 전체 역사연구 프로젝트는 고
전적 고대로부터 자본주의(전세계사는 말할 것도 없고)까지의 모든 발전과
정을 하나의 보편적이고 본질적으로 단선적인 운동법칙하에 종속시키려는

역사이론은 너무 일반적이어서 사실상 공허한 것이라는 견해를 입증하고 있다. 그 무엇보다도 급격한 기술적 발전의 계기들과 장기간의 정체와 '화석화'의 시대들이 동시에 양립가능하다고 주장하는 기술진보'이론'이 얼마나 유용한 이론이 될 수 있겠는가?[47]

이같은 주장이, 브레너는 경험적 사료만을 가지고 있을 뿐 역사이론은 가지고 있지 않다는 카링의 견해를 승인하는 것은 아니다. 오히려 이는 이론에 대한 다른 종류의 인식이 가능하다는 것, 나아가 역사유물론의 가장 독특한 특징은, 즉 이를 내용과 형식 양면에서 진보에 대한 전통적인 부르조아 이론들과 구별해주는 것은 기술결정론의 일반법칙에 매달리지 않는다는 점이라고 주장하는 것이다. 이는 오히려 모든 개별 생산양식의 특수성, 그 과정의 내재적 논리, 그나름의 '운동법칙', 그 독특한 위기들, 브레너의 정식화에 따르면 그나름의 재생산규칙에 대한 강조(맑스 자신의 저술 중 가장 완벽하고 체계적인 부분들, 정치경제학 비판과 자본주의 분석에서 보여준 그의 실제 연구방법을 특징짓는 것들과 같은)이다.

이는 카링처럼 단순히 역사의 '일반이론'과 자본주의의 '특수'이론을 구별하는 문제가 아니다. 오히려 그것은 특수한 운동법칙을 가진 자본주의 이론을 핵심사례로 하는 완전히 다른 (일반) 역사이론의 문제다. 코헨의 '일반이론'이 지적 영감의 도움을 받아 어떠한 경험적 자료도 아마 이를 반증할 수 없는 그러한 일반성 수준에서 소급적(retrospective)이고 목적론적이기까지 한 예측의 형태를 취하고 있다면, 브레너의 이론은 예정된 결과를 상정하지 않는 실증적 특수화를 요구한다. 그러나 만일 이론의 지표가 특

---

47) 다른 생산양식들은 있는 생산력을 보존이나 하는 경향이 있고 '화석화'가 예외가 아니라 통례가 되어왔다고 볼 수 있는 반면, 자본주의는 독특하게 생산력을 혁명화하는 충동을 가지고 있다고 주장한 것이 바로 맑스 자신이었다. 예를 들어, *Capital* I, Moscow 1971, 456~57면을 참조하라. 다른 여러 면에서는 아직도 초기의 몰비판적인 역사이론에 매여 있는 『공산당선언』에서조차도 이와 비슷한 견해가 나타나고 있다.

나는 코헨의 기술결정론을 다른 글, 즉 "The Separation of the Economic and the Political in Capitalism," *NLR* 127, 70~74면에서, 기술결정론 일반에 대해서는 "Marxism and the Course of History," *NLR* 149, 95~107면에서 비판한 바 있다.

수한 적용사례 속에서도 항상 불변으로 남아 있는 '고정점들'의 존재에 있다면, 브레너의 분석 속에는 (하나의 이론으로 분류되기에 — 역자) 충분한 고정점들, 특히 모든 사회형태의 기저에는 그 재생산조건이 사회적·역사적 과정을 구조짓는 소유관계가 존재하고 있다는 원칙이 있다.

로머 더하기 코헨?

그러면 이는 '로머 더하기 코헨'이 ('로머 더하기 브레너'보다는 — 역자) 더 잘 맞아떨어진다는 것을 의미하는가? 물론 여기에도 문제들이 있다. 대부분의 문제는 '기능적 설명'을 강조하는 코헨의 기술결정론이 '방법론적 전체주의'에 대한 RCM의 비판과 충돌한다는 점이다. 그러나 곰곰이 생각해보면 코헨이 로머나 다른 RCM 이론가들에게 인기가 있는 것은 이해가 가고 또 일관성이 없는 것도 아니다. 아니, 최소한 이는 RCM의 중핵에 자리잡고 있는 해소할 수 없는 모순과 전적으로 일관된 것이다. RCM은 그것이 기능적 설명을 기각한다면 어떻게 해서 '기능적 효과'가 생겨나는가를 설명할 수 있는 메커니즘을 찾아내야 할 과제를 부여받는다. 생산력 발전에 대한 코헨의 기능적 설명은 필요한 메커니즘을 획득하려고 하는 인간 본능에 대한 특수이론에 의존하고 있다. 긴박한 욕구를 만족시킬 수 있는 수단을 획득하려는 성향 등을 포함한 합리성과 자신의 상황을 개선시킬 수 있는 일정한 수준과 유형의 지능을 전제조건으로 할 때, 희소성이라는 상황 속에서 인간은 본능적으로 그들이 싫어하는(브레너가 제시하고 있는 이에 상반되는 사료들은 일단 논외로 하라) 노동을 줄이기 위해서 가능한 수단을 추구하고 이용하는 경향이 있다는 것이다. RCM이 필요로 하는 것은 (코헨의 — 역자) 생산력우위론의 기능주의적 논지 밑에 깔려 있는 이같은 초역사적 합리성과 생산력 향상에의 충동이다.

RCM이 '소유관계'의 정태적 모델이기 때문에 이와 양립가능한 역사이론이 되기 위한 첫번째 필요조건은 '동력'이 주어진 소유 내지 착취 체계의 외부로부터 나와야 한다는 점이다. 달리 표현하자면, RCM 모델의 본성 때문에 역사적 과정을 설명하기 위해서는 이 모델에 '외부로부터 빌려오는 만능의 해결사'(deus ex machina)가 필요하다. 전통적으로 가장 인기있는 '외부'세력은 교역(교역로가 생기고 닫히고에 따라 시장이 확대되고 축소된

다)과/또는 기술발달이었다. 이것은 둘 다 야만인들의 침입 등 외래인의
침략에 의해 결정되거나 아니면 특정한 보편적 자연법칙(진보, 인간지성의
자연적 발달, 아마도 가장 과학적인 것이 인구주기)에 의해 작동한다는 의
미에서 이행대상인 체계에 대해 외부적이다. 그러나 RCM은 그 설명이 개
개 인간의 합리성과 관련된 동기로 환원되어야 한다는 또다른 특수한 필요
조건을 갖고 있다. 다양한 모든 소유와 착취 체계에 공통분모로 적용될 수
있고 하나의 체계로부터 다른 체계로의 이행동학을 제공해 줄 수 있으며,
따라서 사실상 그 속에 전체역사를 담을 수 있는 (코헨의—역자) 특수한
유형의 초역사적 합리성이야말로 이러한 목적에 안성맞춤인 것 같다. 달리
표현한다면, 만일 역사적 운동이 연속적인 개개의 역사적 단계를 이전 단
계 안에 이미 존재하여 선택가능한 대안 내지 동기로 상정함으로써만 설명
될 수 있다면, 초역사적 합리성은 이같은 선택가능한 대안의 존재 자체를
설명할 수 있는 외부적 원인을 가질 수 있도록 해준다. RCM과 양립가능
한 역사이론은 또 착취에 관한 '합리적 선택' 모델을 손대지 말고 그대로
남겨둘 수 있어야 한다. 또 이는 합리적 선택의 조건들이라기보다는 그 결
과인 생산관계가 변화의 동학을 작동시키는 데 중요한 역할을 할 수 없다
는 것을 의미한다. 필요한 것은 착취'관계'를 합리적 행위자들간의 합의로
묘사하는 이 모델의 분석적 허구와 충돌하거나 이에 도전하지 않으면서 이
분석적 모델과 나란히 나아갈 수 있는 역사이론이다.

　브레너와 달리 코헨은 RCM으로 하여금 이 이론의 정태적 모델을 유지
하도록 허용해준다. 또 그는 이미 존재하는 대안, 동기 또는 '자산'의 형태
로서 자연발아되어 나타나는 '가능한 대안'이나 외부세력의 도움 없이 특정
한 소유관계 내부에서 역사변화를 유인해내는 엄청난 시련에 이 이론을 올
려놓지도 않는다. 따라서 구조결정론으로부터 인간주체를 구출하는 데 헌
신하기로 작심한 RCM은 비역사적(정태적—역자) 분석수준에서는 '합리적
선택'의 허구를 지키면서도 다른 한편으로는 뒷문으로 참으로 진부한 역사
결정론을 다시 받아들이지 않을 수 없다.

　종합해보건대, 코헨과의 동맹이 브레너와의 합작보다는 안전한 도박이라
고 판단한 로머의 생각은 옳았던 것처럼 보인다. 그러나 동시에 이 두 동
맹이 모두 문제가 있다는 점에서 로머의 계급론 및 착취론은 어떠한 역사

설명과도 양립할 수 없다고 이야기하는 것이 더 정확할 것이다. 역사적 설명에서 공허할 정도로 일반적인 이론은 무이론보다 나을 것이 없다는 데 동의하는 사람이라면 누구나 RCM이 코헨의 기술결정론과 가장 공통된 것이 있다면 그것은 바로 이점, 즉 근본적으로 비역사적인 성격과 역사적 특수성에 대한 적대감이라고 생각하게 될 것이다.

엘스터의 맑스관과 역사론

한편 기술결정론에 대한 엘스터의 접근법 역시 그나름의 문제를 안고 있다. 그는 로머보다는 코헨에게 기술발전의 장기적인 '기능적' 효과가 달성되는 메커니즘을 더 구체화해(방법론적 개인주의의 차원에서) 보여주기를 요구하는 경향이 있다. 이 점에서 엘스터는 자신이 코헨의 '일반이론'에 집착하는 것과 일반이론이 기능주의적 설명방식에 의존하는 것에 대해 상당한 유보조항을 달고 있다. 또 그는 맑스 자신이 얼마나 일관성있게 일반이론에 집착했는가에 대해서도 의문을 제기한다. 이와 관련해, 그의 주된 관심은 맑스의 역사이론이 본질적으로 비일관적임을 예증하는 것이다. 또 그의 주장은 하나의 중요한 착상, 즉 역사적 이행에 대한 맑스 자신의 설명에서 생산력 발전은 주동력으로 별 기능을 하지 않는다는 점에 집중되어 있다.

이같은 관찰은 올바르고도 중요한 것이다. 비록 '일반이론'이 맑스 저작의 다양한(많지는 않지만) 경구적 정식화 속에 나타나기는 하지만, 그것은 역사설명에 대한 그의 체계적 연구에서는 일반적으로 나타나지 않고 있다. 예를 들어, 『정치경제학 강요』속에 나타나는 전자본주의 사회와 자본주의로의 역사적 이행(특히 『자본론』의 '본원적 축적'장에서)에 대한 맑스의 가장 체계적인 분석들은 생산력의 발전을 역사변화의 동인으로 보고 있지 않으며, 오히려 설명되어야 할 것은 바로 생산력을 발전시키는 자본주의의 고유한 충동의 기원이라는 전제에 기초를 두고 있다. 그의 전생애 저작 중 핵심을 구성하는 이 정치경제학 비판 속에서 맑스는 다른 종류의 '일반'이론을 위한 기초, 즉 예를 들어, 브레너가 그 위에 그나름의 역사분석을 세워간 기초를 다졌다. 그러나 엘스터는 설사 그가 이같은 맑스의 후기저작을 (자본주의의 '특수'이론과 구별되는) 다른 유형의 '일반'이론으로 인식하였다고 하더라도, 이러한 이론적 대안에는 관심이 없다. 다만 그는 생산력의 선차성에 대한 맑스의 집착과 그의 자본주의 분석 간의 양립불가능성, 역사를 생산력의 발전으로 보는 일반 역사이론과 기술발전의 극대화가 자본주의에 고유한 것이라는 견해 간의 모순을 보여주는 데만 관심이 있다.

맑스가 생산력에 대한 그의 경구들과 자본주의의 특수성에 대한 그의 주장 간의 비일관성을 해소하는 데 신경을 쓰지 못했다는 것은 자명하다. 그러나 (만일 맑스주의가 그러하다면) '일반이론'의 맥락에서조차도 특수한 자본주의적 동학의 여지는 존재한다는 것을 언급해둘 필요가 있다. 맑스에게 핵심적인 주제는 항상 전체로서의 역사의 속성으로 특징지을 수 있는 생산력의 발전이라는 한층 일반적인 경향과는 구별되는, 생산력을 혁명화하는 자본주의의 특수한 충동력이었다. 이 점에서 그가 역사는 생산력의 발전이라는 일반적 경향을 가진다는 견해와 자본주의는 생산력을 혁명화할 필요성과 능력을 가진다는 견해를 동시에 모순 없이 지닐 수 있었다. 초기부터 맑스는, 자본주의의 충동은 고유하고 전례없는 것이며 역사 속에서 일반적으로 진보적인 경향이 관찰되기는 하지만 자본주의의 독특한 논리와 기술적 수단을 통해 노동의 생산성을 높이는 특수한 추진력은 이러한 일반적 경향으로 결코 환원될 수 없다고 하는 입장에서 벗어난 적이 없다. 이 문제들은 특별히 설명할 필요가 있는 것들이다. 그는 또한 노동의 생산성을 향상시키려는 자본주의적 충동은 노동을 줄이려는 일반적인 인간의 경향과는 전적으로 구별되고, 종종 반대되는 것이라는 점을 명백히하였다. 자본주의적 충동은 불불(不拂)노동의 비중을 높이는 것이다. 맑스는 그의 전생애의 대부분을 이같이 특수한 자본주의의 동학을 설명하는 데 바쳤다.

그의 후기저작의 핵심을 이루는 맑스의 정치경제학 비판은 바로 이처럼 자본주의적 '법칙'의 역사적 특수성을 인정하거나 이를 만들어낸 것이 무엇인가를 찾아내려고 하지 않은 채 자본주의의 동학을 당연시하고 보편화하려는 이론가들과 자신을 구별하는 것으로부터 시작되고 있다. 고전적 정치경제학자들, 나아가 '진보'와 '상업사회'에 대한 다른 일군의 이데올로그들과 달리, 맑스는 근대사회에 구현되고 있는 '진보'를 인간의 본성에 내재한 충동이나 자연법칙의 결과로 보지 않았다. 그는 오히려 생산성을 추구하는 데서 자본주의가 지니는 특수성을 주장하면서 이를 설명해야 할 필요성을 강조했다. 이같은 특수한 동학에 대한 맑스의 인식이야말로 자본주의로의

'이행'의 문제를 제기하고 그 동학이 어떻게 작동하게 되는가를 애써 설명하도록 만든 것이다. 이는 사람들이 설명되어야 할 바로 그 힘을 당연시하고 그대로 상정해버리는 한 불가능한 일이었다. 맑스 자신은 결코 이행의 역사적 과정에 대해 체계적인 분석을 남기지 않았고, 전자본주의적 생산양식에 대한 그의 분석은 소급적이고 회고적인 분석, 즉 자본주의의 작동을 설명하고 그 법칙과 범주들의 역사성을 강조하기 위한 전략의 일부 이상의 것이 아니었다. 그러나 그는 이행에 대한 설명을 가능토록 하는 질적 도약을 했고, 이를 통해 다른 생산양식들도 그나름의 특수한 조건을 통해 다룰 수 있도록 하는 역사일반이론의 토대를 세웠다.

역사냐 목적론이냐

엘스터가 자본주의의 특수성을 부각시키기 위해 맑스가 취한 전략을 역사에 대한 **목적론적**(teleological) 설명으로 오해하고 있는 것은 특히 아이러니컬하다. 이러한 오해 그 자체가 우리에게 엘스터가 무엇이 역사이론이라고 생각하느냐 하는 것과, 그의 이같은 역사이론관과 '로머 더하기 코헨' 간의 연관에 대해서 중요한 무언가를 이야기해주고 있다. 특히 중요한 구절에서, 엘스터는 『정치경제학 강요』에 나오는 "인간의 해부학은 원숭이의 해부학에 이르는 열쇠를 지니고 있다"는 유명한 경구를 맑스의 '목적론적 입장'의 표현으로 인용하고 있다. 또 이같은 목적론적 입장은, 엘스터에 따르면, "기능주의적 설명의 속성과 밀접히 연관"[48]되어 있다는 것이다. 엘스터는 이 경구가 자본주의와 전자본주의 간의 관계에 적용되듯이 자본주의와 사회주의 간의 '목적론적 관계'에 적용되는 것으로 해석함으로써 오해를 강화시키고 있다. 물론 자본주의가 사회주의라는 시각에서, 즉 자본주의에 내재한 사회주의로의 이행의 잠재력을 확인함으로써 분석될 수 있지만, 엘스터가 지적한 유비(類比)는 불완전한 것이다. 자본주의는 여기서 의도된 의미에서, 즉 그것이 실제로 존재하고 있으며 그것이 맑스가 그나름의 역사적으로 구성된 개념들을 전자본주의적 형태들에 **비판적으로** 적용함으로써 그 역사적 특수성을 예증하고자 한 개념들을 만들어내었기 때문

---

48) Elster, 54면.

이라는 점에서만, 전자본주의 사회로의 '열쇠'를 제공해줄 수 있다. 이것이 바로 그의 정치경제학 비판의 의미이다. 논점은 자본주의가 전자본주의적 형태 속에 '예시'(prefigured)되어 있다는 것이 아니라 이와 반대로 자본주의는 역사적으로 특수한 전화(transformation)를 의미한다는 것이다. 맑스가 이처럼 이율배반적인 전략을 채택한 것은 바로 "모든 역사적 차이를 얼버무리고 모든 사회적 형태 속에서 부르조아적 관계를 보는 그같은 경제학자들,"[49] 즉 고전적 정치경제학의 목적론적 경향에 대항하기 위해서였다. 고전적 정치경제학에 따르면, '부르조아 관계'는 사물의 당연하고 보편적인 질서이고 진보의 예정된 운명은 모든 앞선 역사단계에 이미 존재한다고 한다. 맑스의 (문제의식의) 출발점이 자본주의를 그것을 형성해낸 역사적 과정 속에 융합시켜버리는 것을 거부하고 있는 한에서는, 특히 개개의 생산양식이 그 자신의 독특한 운동법칙에 의해 작동된다는 역사이론과 관련해서는 맑스의 주된 방법은 정확히 목적론적, 나아가 기능주의적 설명론에 정반대되는 것이었다.

역사에 대한 목적론적 설명이 방법론적 개인주의에 대한 가장 심각한 적임에도 불구하고 RCM은 역사의 예정된 운명을 역사의 시초에, 다시 말해, 만일 이 세상에 목적론적 방법론이라는 것이 존재한다면 이에 융합시키는 경향이 있다. 한편으로 이 이론은 역사에 대한 아무런 설명도 할 수 없으며, 개개의 사회형태마다 그들이 소유한 '천부'나 '관계적 소유'들이 어디서 생겨난 것인지 출처도 없고 어디로 향하고 있는지 목적지도 없는 그러한 합리적 개개인들에 의해 대표되는, 처음부터 이미 주어지는 정태적인 '소유관계'로부터 새롭게 시작해야 한다. 다른 한편으로는, 이는 종착역이 이미 처음부터 주어지는 (목적론적—역자) 역사이론들에 유입되고 있다. 모든 착취형태가 공존하며 단계적으로 하나씩 사라진다느니 또는 그 장애만 사라지면 전면에 나타나는 기술발전에의 초역사적 추진력이 존재한다는 등. 이 두 경우 모두 역사적 과정이라는 문제는 회피된다. 따라서 아마도 RCM의 목구멍에 걸려 있는 것은 단순히 과정이라는 문제일 것이다. 그리고 엘스터 같은 사람에게 문제가 되는 것은 전통적 맑스주의가 **목적론적이**

---

49) Marx, *Grundrisse*, 105면.

라는 것이 아니라 그것이 역사적이라는 것(이 둘간의 차이는 합리적 선택 맑스주의의 이론틀 내에서는 불분명할지도 모른다)이다. 따라서 나쁘게 말해, 역사에 대한 지침으로서의 RCM은 적극적 의미에서 사람들을 호도하고 있다. 좋게 봐주자면, 그것은 맑스주의가 다른 덜 까다롭고 덜 우회적인 수단을 통해서도 얻을 수 있는 것에 새롭게 추가해주는 것이 없다. 그리고 이 모델에서는 '합리적 선택'이 이루어지는 맥락이 항상 먼저 구체적으로 규정되어야 하기 때문에(그런데 이 모델은 이런 구체화에 이르는 데 도움을 주지 못한다), 만일 이 모델을 사회·역사과정을 설명하는 데 사용하려면, 이 모델을 도입하기 전에 모든 진짜 연구, 즉 역사적이고 구조적인 분석들이 먼저 이루어져 있어야 한다. 게다가, 그러한 경우 이 모델은 주로 수사적이거나 설득조이다. 사정이 이러할진대, 우리는 그 게임이 정말 수지가 맞는 게임인가를 진정으로 의심하지 않을 수 없다. 만일 그 노력에 비해 그 보상이 이렇게 걸맞지 않다면, 합리적인 인간이라면 누가 이러한 RCM을 선택할 것인가?

4. 도 덕 론

이제 남은 것은 RCM은 도덕적 논의양식이라는 주장이다. 만일 "게임이론적 이론화가 맑스주의 착취론의 근저에 깔려 있는 윤리적 가정들을 명확히해준다는 점에서 (전통적 맑스주의와 그 '잉여노동'이론보다—인용자) 더 우수하다"는 로머의 주장이 맞다면, 또 RCM이 자본주의에 대한 사회주의의 도덕적 우월성을 증명하는 사례를 확고히함으로써 사회주의의 이데올로기적 무기들은 강화시켜줄 수 있다면, 의심할 바 없이 RCM은 유용한 것이다. 그리고 만일 그것이 RCM의 주된 의도라면, 우리는 RCM의 설명력의 약점들은 별로 문제가 안된다는 결론에 다다를 수 있다. 이는 여러가지 중에서도 최소한, '과학적 사회주의'라는 이름하에 윤리적 고려를 명시적으로 혐오하는 것이 스딸린주의와 같은 왜곡에 직면하여 사회주의를 무장해제시키고 있다는 비난에 대해 맑스주의를 수세에 몰아넣은 사회주의 사상의 공백을 분명히 채워줄 것이다. 동구의 혁명과 서구에서의 혁명의 결여에 대한 실망이 사회주의의 필연성에 대해서는 아니라 하더라도 사회주의로의 역사적 경향에 대한 오랜 신념을 약화시켜옴(역사적 필연으로서의 사회주의는 도덕적 정당화를 불필요하게 만든다)에 따라 맑스주의적 논의에 존재하는 이러한 공백은 더 뚜렷이 느껴져왔다.

그러나 RCM 이론가들은 이같은 고려에 심각하게 비중을 두고 있는 것 같지도 않다. 일반적으로 그들은 사회주의의 역사, 그 국제적 차원에 별로 관심을 보이지 않으며 거의 전적으로 강단우파와의 문답에 몰두하고 있다. 윤리적 문제와 관련하여 그들의 머리를 사로잡고 있는 것은 1970년대 이후에 점점 공격적이고 자신만만해지고 있는 우파 지식인들이다. 최근의 기억 속에서 처음으로 우파는 자본주의가 사회주의보다 도덕적으로 우수하다는 것, 즉 더 효율적이고 자유롭다는 것을 증명하기 위해 학내외 지적 세력을 결집시켜왔다.

그러나 만일 RCM이 강단우파로부터의 철학적 도전에 응수하는 것을 주목적으로 기획된 것이라면, 그것은 (최소한) 한 손은 등 뒤에 묶고 싸움에 나서는 꼴이다. 이 패러다임은 전세계의 핵파괴 및 생태적 파괴의 위협은 차치하고라도 특권화된 '북'(선진국 — 역자)에서의 주기적인 위기와 그 바깥에 불가피하게 경제적 파국을 야기하는 무자비한 세계적 과정으로서의 자본주의적 축적에 대한 인식을 갖도록 하는 데 특히 부적절하도록 고안되어 있다. 사실 RCM의 저작들은 일반적으로 그 지적 지평이 극히 제한되어 있다는 인상을 준다. 그 지평이 풍요한 북부 자본주의에 한정되어 있고 거기에서조차도 자본주의적 축적의 비합리성과 파괴적 효과들에 대해 놀라울 정도로 무감각하다. 이 이론의 사회주의론은 일반적으로 상대적으로 자비로운 자본주의, 즉 물질적 이해(항상 '소비품 꾸러미'의 기준에서 편협하게 정의된)를 만족시키는 데 특히 효과적인 자본주의 위에 선언된다. 자본주의는 원래 무정부적이고 비효율적이라는 견해를 신봉하고 있는 로머까지도 주류경제학의 추상적 모델에 방법론적으로 지나치게 의존함으로써 구조적으로 제약을 받고 있다. 그는 자본주의의 비경제적 파괴의 현실들을 폭로함으로써가 아니라 매우 일반적이고 추상적인 용어로 평형이론*(그럼에도 불구하고 그가 "19세기의 사회과학방법론에 위대한 공헌을 한 것 중의

* 주류경제학의 대표적 이론으로 수요, 공급의 균형이 가격을 결정한다는 이론 — 역자.

하나"로 간주하는 이론인)의 가정들 중 일부가 실제 자본주의 경제[50]에는 적용되지 않을 수도 있다는 것을 조심스럽게 인정함으로써 간접적으로 자본주의의 비효율성을 비판할 따름이다. 다른 RCM 이론가들은 자본주의 비판에서 이 정도도 양보할 준비가 안 되어 있음이 확실하다. 이들은 기껏해야 자본주의의 우월한 효율성이 민주주의나 집단적 정책결정과 같은 한층 고귀한 신념을 위해 희생되어야 할지도 모른다는 것을 시사할 따름이다.[51] 자본주의에 대한 이같은 제한적인 분석은 사회주의 프로젝트로부터 그 역사적 기반을 박탈할 뿐 아니라 자본주의에 대항하는 도덕적 심판의 논거를 약화시키고 있다.

RCM은 자본주의에 대항하는 사회주의 투쟁의 기반을 거의 남겨놓지 않고 있으며 또 이에 대해 별로 신경을 쓰지도 않는 것 같다. 한편으로는, 사회주의 프로젝트가 자본주의가 만들어내는 현실적인 갈등과 투쟁의 결과이어야 할 역사적이거나 물질적인 기반이 거의 없기 때문에, 그 프로젝트는 주로 강단의 도덕적 논쟁 즉 설득을 위한 웅변연습으로 환원되어버린다. 다른 한편, 도덕경기의 지형 그 자체가 사회주의의 우월성을 주장할 수 있는 기반을 축소시키는 자본주의에 대한 낙천적인 견해에 의해 극히 제약을 받아왔다. 언제나 그것은 단지 가치선호(preference)의 문제일 뿐이며 선택은 그리 중요한 것 같아 보이지 않는다.

자본주의와 사회주의 간의 선택이 우연적이고 하찮음을 전제로 할 때, RCM이 인류와 현재의 사회주의 운동이 당면하고 있는 현실적이고 급박한 도덕적·정치적 문제들과는 상관이 거의 없는 수학공식과 편협하게 형식적인 문제들에 집착하는 경향이 있는 것은 놀라운 일이 아니다. 그 의제의

---

50) 예를 들어 Roemer, *Free to Lose*, 151면 참조. 우파의 영원불멸주의에 대항하여 RCM이 세워놓은 보호벽의 취약성은 *Times Literary Supplement*, 1989년 2월 24일~3월 2일자에 실린 『패배의 자유』에 관한 존 그레이(John Gray)의 서평이 잘 예증해주고 있다. 이 글에서 로머는 신고전주의 경제학의 가장 나쁜 점, 즉 시장과정의 현실세계로부터의 분리와 철저한 추상화를 채택하고 있다고 혹평을 당하고 있다. 물론 그레이의 분석에 의하면, 현실세계에서는 자본주의가 승리하고 있고 사회주의의 열등성이 결정적으로 입증되고 있다는 것이지만, 로머의 주장 중에는 그로 하여금 이같은 융단폭격에 견딜 수 있게 해주는 것이 아무것도 없다.

51) Przeworski, 237~38면.

제한성, 그리고 극히 특수하게 전문화된 독자들의 협소한 기준에 맞추어진 이 이론의 결의론적(casuistic) 형식주의는 특별하게 유용하거나 정치적으로 효과적인 무언가를 생산해낼 것 같지 않다. 그러나 이 이론이 아직 초기단계에 있고, 좀더 내용이 있는 그 무엇이 규범적인 사회주의 이론을 건설하려는 RCM의 노력으로부터 생겨날 수도 있다. 그때까지 당분간은, 우리가 도덕적 주장을 현대자본주의의 현실 및 사회주의 투쟁의 조건과 거의 무관한 것으로 던져버리지 않는다면, 로머류의 가장 발달한 형태를 통해 자본주의의 착취기반을 밝혀준다고 주장되는 RCM의 도덕이론이 자본주의적 착취에 대한 우리의 이해에 새로운 무언가를 더해준다는 것, 아니 차라리 그것이 빼앗아가는 것보다 많은 것을 더해준다는 것을 최소한 우리가 확신하도록 해주어야 한다.

도덕적 주장이냐 설명이냐?

논의를 위해 자본주의가 바탕으로 하고 있는 도덕적 원리들이 옳지 않은 것임을 로머가 성공적으로 폭로해주고 있다(카링의 로머 평가〔그의 첫번째 논문의 41~42면〕가 이러한 입장에 공감하는 것으로 간주될 수 있을 것 같다)고 인정해보자. 그리고 우리는 착취라는 개념이 "도덕이론에 대한 한층 세련된 연구"[52]수단으로서 갖는 유용성에 대해 엘스터가 던지고 있는 의문도 눈감아줄 수 있다. 여기서의 관심사는 로머의 착취론을 그 의심나는 점을 유리하게 해석하여 눈감아줄 때 생겨나는 이론적 결과이다. 이와 관련하여, 엘스터는 놀라운 사실을 지적한다. 그는 RCM을 도덕적·수사학적 전략으로 만들어주는 바로 그 개념적 장치들이 하나의 설명양식으로서의 이 이론을 불구로 만들어버린다고 주장한다.

맑스주의에서 착취의 중요성은 이중적이다. 첫째, 한 사회에서의 착취의 존재는 외부 관찰자에게 규범적 비판의 근거를 제공해준다. 착취는 나쁜 것이다. 착취자들은 도덕적으로 그르다. 착취를 용인하고 착취를 만들어내는 사회는 없어져야 한다. 둘째, 착취는 피착취자에게 체제에 대항하는 개인적 내지

---

52) Elster, 229면.

집단적 행동을 취할 수 있는 근거를 제공할 수 있고, 따라서 이같은 행동을 설명한다. 좀더 세련된 착취론을 만들 때, 우리는 규범적으로 적실성이 있는 개념이 중요한 설명력을 갖지는 않는다는 문제에 부딪힐 수 있다. [53]

뒤에 이 문제를 더욱 발전시켜 엘스터는 그의 저서에 다음과 같이 쓰고 있다.

　잉여가치의 직접적인 이전이라는 것이 도덕적 관점에서는 중요한 개념이 아니다. … 따라서 맑스주의의 도덕적 측면과 설명적 측면은 이 지점에서 예리하게 갈라진다. 자본주의가 비판을 받게 되는 근거가 동시에 이를 폐절시키려는 투쟁을 불러일으키는 기반이라고 주장하는 것이 이론적으로 만족할 만한 것이 되어왔다. 그러나 맑스는 이 둘간의 연관이 작동하고 있다는 것을 보여주는 데 성공하지 못했다. [54]

엘스터의 주된 관심은 사회주의 프로젝트에서 계급투쟁이 하는 역할과 관련이 있다. 만일 갈등과 투쟁이 도덕적 주장과는 상관이 없는 잉여의 이전에 의해 생겨나는 반면 차본주의의 도덕적 악이 관련 '자원'들의 불평등한 분배에 있다면, 그때 자본주의에 대한 도덕적 비난은 이에 대한 투쟁을 부추기는 것과는 관련이 별로 없는 것이 된다.

우선 '고전적' 맑스주의는 엘스터가 지적하고 있는 방식으로 이러한 종류의 연관을 주장한 적이 없다는 것을 밝혀둘 필요가 있다. 분명히, 이론과 실천 간의 유기적 연관을 주장하는 것은 맑스주의의 독특한 특징이다. 그러나 이것은 자본주의에 대한 '과학적' 분석이 혁명적 이행을 불러일으킬 수 있는 도덕적 평가까지도 낳을 수 있다고 주장하는 형태를 취하지는 않았다. 그 주장은 오히려 자본주의의 작동을 밝혀주는 설명력있는 이론이 동시에 자본주의에 의해 가능해지는 사회주의적 이행의 조건들과 노동자계급의 이해 및 능력이 수렴함을 밝혀줌으로써 노동자계급의 자기해방적 프로젝트를 보여준다는 것이다. 이 주장이 맑스가 자본주의를 도덕적으로 비난했다는 것을 부인하는 것이 아니다. 그러나 맑스의 자본주의 분석 속에

---

53) 같은 책, 166면.
54) 같은 책, 340면.

도덕적 차원이 존재하느냐에 관한 논쟁이 그처럼 많았던 것은 바로 엘스터가 지적한 그러한 유형의 연관을 맑스가 의도적으로 피했기 때문이다. [55]

그러나 엘스터의 주장이 갖는 힘은 고전적 맑스주의가 자신의 일관성을 의존해온 이 연관을 로머가 깨트렸다는 주장에서 도출되는 것은 아니다. 그것은 차라리 로머의 도덕적 주장 그 자체가 설명력을 전혀 갖고 있지 않다는 주장, 나아가 맑스주의 이론의 설명력과 도덕적 주장의 필요조건 간에는 모순이 있다는 지적에 있다. 엘스터는 로머의 이론과 RCM 일반에 대한 중요한 진실을 폭로하고 있다는 점에서 로머와 갈라서고 있다. 그 진실이란 로머가 자산(착취의 계기)의 불평등한 분배와 계급의 발생, 나아가 사회주의를 위한 투쟁의 필연성을 연결시켜주는 연관의 자동성을 강조함으로써 종종 그 자신으로부터 은폐하고 있는 진실이다. 엘스터는 (로머가 — 역자) 착취이론으로부터 잉여노동의 이전을 배제함으로써 이러한 연관이 절단(단순히 필연성의 정도가 수정된 것이 아니라 완전히 절단)되었음을 인식한 것이다. 이는 사회주의를 가져다줄 혁명주체에 대한 우리의 이해뿐만이 아니라 역사에 대한 맑스주의의 설명 전체에 영향을 끼친다.

그러나 엘스터의 해답은 착취에 대한 원래의 분석 속에 잉여노동의 이전을 재도입하는 것이 아니라 잉여노동의 이전은 설명의 지평이라는 다른 지평으로 보내버리고 착취의 개념을 규범적 개념으로 고립시키는 것이다. 그는 '잉여노동이론' 없이는 로머가 설명할 수 없는 것이 너무 많다고 주장하고, 특히 사회적 갈등이 그러하다고 한다. 그러나 이로부터 그가 내리는 결론은 단순히 규범적 개념을 만들 수 있는 착취론은 본질적으로 설명력이 없어야 한다는 것이다.

규범적 주장과 설명적 주장 간의 분리가 그 자체로 이론을 불구로 만드는 것은 아니다. 예를 들어, 역사적 설명이 요구하는 것과는 다른 각도에서 도덕적 주장을 구축하려는 것은 정당한 시도일 수 있다. 그러나 명백한 모순들이 생겨나거나, 도덕적 주장의 전제들이 우리로 하여금 역사적 증거

---

55) 이들 주제들을 둘러싼 논쟁들에 대한 뛰어난 분석이자 맑스 자신이 스스로 원한 것은 아니더라도 정의라는 개념을 갖고 있었다는 설득력있는 주장으로는 Norman Geras, "The Controversy About Marx and Justice," *NLR* 150, 1985년 3·4월호, 47~85면.

들과 배치되는 것을 믿도록 요구하거나 우리의 역사적 전망을 흐리게 할
때는 문제가 생겨난다. 여기서 문제는 단순히 맑스주의의 도덕적 측면과
설명적 측면을 분리시킨다는 데서 생겨나는 것이 아니다. 진짜 난점들은
도덕적 주장 그 자체의 **설명적** 함의들에 있다. 아니 차라리 RCM의 설명
능력의 취약성의 근원은 그 도덕적 주장의 첫 발자국, 즉 잉여이전의 계기
가 자산의 불평등한 분배로부터 분리되는 지점으로 추적될 수 있다. 로머
가 보기에는, 착취의 도덕적 측면과 인과적 측면은 모두 그 기원을 불평등
과 그 결과의 자동성에 두고 있기 때문에 도덕이론의 필요조건은 설명적
모델의 필요조건과 가시적으로 구별되지 않는다. 엘스터가 보기에는, 부정
의의 계기를 원래의 불평등한 분배에 위치지음으로써 이 계기를 고립시키
는 것이 필요한 도덕적 입론이 야기하는 불가피한 결과는 도덕이론과 설명
적 이론이 분리되어야 한다는 것이다.

그러나 이로부터 —— 그리고 이것이 핵심적 문제이다 —— 이같은 분리가
규범적 계기를 분리시키는 분석적 목적을 위해서뿐만 아니라 설명적 모델
의 내재적 요인으로 남게 된다. 노동가치설에 의존하지 않고 착취에 반대
하는 도덕론을 펴기 위해 로머는 설명을 가능케 하는 모든 장치를 내던져
버렸고, 그 결과 이처럼 공허한 기반 위에 맑스주의 이론을 구축하게 되었
다. 역사에 대한 그의 공허한 분석이 그 대표적인 결과이다. 이같은 치명
적인 행보가 정의에 대한 분석적 이론이 요구하는 필요성을 충족시키기 위
해 취해진 것이건 아니면 게임이론적 설명모델의 필요조건을 만족시키기
위해 취해진 것이건, 그것도 아니면 이 둘 모두 충족시키기 위한 것이건,
그 결과는 똑같다. 어느 경우건, 이러한 착취론은 생산·분배·교환·소비
라는 자본의 다양한 '계기들'간의 연관을 단절시키고 이같이 분석적으로 구
별되는 계기들이 동적으로 통일되는 하나의 과정으로서 자본주의를 파악하
지 못하게 한다. 달리 말하자면, 맑스가 그의 정치경제학 비판에서 그토록
힘들여 이룩한 이론적 전진을 완전히 역행시키는 것이다. 따라서 이것이
맑스 이전의 정치경제학의 조야한 단순화로 후퇴하는 것이 아니라 자본주
의에 대한 우리의 이해가 전진하는 것을 의미하는지는 RCM이 앞으로 우
리에게 증명해 보여주어야 할 과제로 남아 있을 따름이다.

쉐보르스키의 로머론: 착취와 계급투쟁

쉐보르스키 역시 로머의 논의가 지니는 문제점을 인식하고 있다. 그러나 RCM의 약점이 가장 충격적으로 드러나는 것은 이에 대한 해답을 찾기 위한 그나름의 시도 속에서다. 쉐보르스키는, 착취에 대한 로머의 정의가 '잉여가치'(를 통한 착취 — 역자)의 정의보다 우월한 것은 "그것이 더 나은 인과적 설명을 해주기 때문이 아니라" 맑스주의 이론의 '윤리적 충동' (imperatives)을 명확히해주기" 때문이라고 말한다.[56] 그는 사실 로머이론의 설명력은 너무 취약해서 그것은 "착취와 계급투쟁 간에 어떠한 논리적 조응관계를 확립시키지 않으며 이러한 조응관계를 여기서 세우려고 하지도 않고, (불평등과 착취 간의 연관 그리고 착취와 계급투쟁 간의 연관의 필연성에 대한 — 인용자) 그의 역사적 주장들은 전적으로 수사적인 것"[57]이라고 주장한다. 쉐보르스키에 의하면, 자산의 원초적 분배상태와 그 결과로서의 수입의 불평등 간에는 로머가 주장하는 것과 같은 종류의 '엄격한 조응관계'가 존재하지 않는다. 이 둘간의 연관은 매개를 거치며 가변적이고, 예를 들어 생산과정에서의 자본과 노동 간의 투쟁에 영향을 받는다. 로머는 단순히 이러한 매개들을 배제해버리고, 따라서 "노동력으로부터 노동을 추출하는 문제"[58]를 존재하지 않는 것으로 가정해버린다. (쉐보르스키는 RCM 모델 일반이 자본주의적 노동계약의 개방성과 불완전성을 인정하지 않으며 자본과 노동 간의 교환은 두 개의 정해진 양, 즉 정해진 써비스나 생산품과 임금 간의 교환인 것처럼 가정하고 나아간다고 덧붙일 수도 있다.) 쉐보르스키에 따르면, 로머의 공식의 자동성은 다른 여러 문제들 중에서도 사람들이 남을 위해서보다는 자신을 위해서 더 열심히 일할 가능성과 자본가들의 수입이 일하기 싫어하는 노동자들로부터 잉여노동을 얼마나 성공적으로 수취해내느냐에 좌우될 수 있는 가능성을 배제해버린다. 따라서 문제는 로머가 노동의 교환이 생겨나지 않고 노동의 수취라는 문제가 존재하지 않는 그의 원래의 착취모델의 가정들을 노동의 교환이 존재하고 따라서 원래의 가정이 더이상 적합하지 않은 착취관계로 간단히 이식시키

---

56) Przeworski, 226면.

57) 같은 책, 227면.

58) 같은 책, 229면.

고 있다는 점이라고 쉐보르스키는 비판한다.

그에 의하면, 로머의 정식 속에서 나타나는 자산의 분배상태와 수입의 분배상태 간의 연관의 엄격한 필연성은 하나의 생산양식 내에서는 계급투쟁이 논리적으로 존재할 공간을 허용하지 않으며 다만 하나의 생산양식에서 다른 양식으로 이행하는 데서 그 공간을 허용한다. 이같은 자의적인 자동성은 로머로 하여금 원래의 자산분배를 전제로 할 때 자본주의하에서는 상당수준의 부의 재분배는 불가능하며 따라서 노동자들은 자신들의 물리적 조건을 개선하려면 사회주의를 위해 투쟁할 수밖에 없다고 가정할 수 있도록 해준다. 쉐보르스키는, 자본주의 내에서 계급투쟁의 여지를 만들어내고 착취를 계급투쟁 및 자본축적과정과 다시 연결시키고 그 무엇보다도 이 이론이 가정하고 있는 노동자들의 물질적 이해를 충족시키는 데서의 소위 사회주의의 우월성에 의존하지 않는 사회주의론의 기초를 다지기 위해 로머의 정식을 교정하는 데 착수한다.

그 속에는 예리하고 설득력있는 주장들도 있지만, 쉐보르스키는 RCM 모델에 집착함으로써 처음부터 제약을 받게 된다. 사실 그는 어떤 점에서는 로머 이상으로 RCM에 매달리고 있다. 로머의 문제는 명백히 그가 충분히 게임이론가적이지 못했다는 것, 그리고 그가 착취와 계급투쟁 간의 연관에 충분한 선택치들과 비결정성을 도입하지 않았다는 것이다. 그러나 게임이론 모델에 대한 쉐보르스키의 충성은 그에게 그나름의 문제들을 가져다준다. 로머의 엄격한 필연성에 대해, 그는 단지 거의 무제한의 우연성으로 응답할 수 있을 따름이다. 합리적 선택 모델의 목적에 부합하기 위해서는 자본주의가 단지 서로 동의한 성인들간의 '게임', 그 게임에 걸려 있는 것이 '최적화'에 대한 욕구가 그러하듯이 강제적이지 않은 게임으로서밖에 존재하지 않기 때문에, 그의 논리 속에서 자본주의를 하나의 강제적이고 강압적인 체계, 그 과정의 무자비한 논리로 바라볼 수 있는 '논리적 공간'이 존재하지 않는다.

우선, 자본주의에서 작동하는 강제적 충동, 즉 축적과 자기팽창의 필연성이 들어갈 여지가 없다. 우리는 '자산의 분배'와 축적의 필요 간의 관계, 생산과정에서 잉여를 추출할 필요성 그리고 이것이 불가피하게 야기하는 모순과 갈등을 어떻게 설명할 것인가에 대해 더이상 어떠한 생각도 할 수 없다. 우리가 갖고 있는 것이라곤, 노동자들이 지닐 수 있는 저항력이 어떠한 것이든 자본가들이 그것을 극복할 수 있는 한 노동자들로부터 잉여를 수취함으로써 그들이 원한다면 자신들의 부를 늘리는 데 사용할 수 있는 '자산들'을 자본가들이 갖고 있는 게임뿐이다.

둘째, 여기에는 노동수취라는 '계기' 이전에, 그리고 특정한 자본가와 특정한 노동자집단 간의 힘의 관계와는 상관없이 처음부터 노동자에게 부가되는 근본적인 강압성이 들어설 여지가 없다. 그것은 단순히 노동수단 그 자체에 대한 접근권을 얻기 위해 특정한 사람들로 하여금 타인에게 잉여노동을 박탈당하도록 체계적으로 강제하는 소유관계의 원초적인 배치에 내재한 강압성이다.

만일 로머의 모델이 노동력으로부터 노동을 수취하는 문제를 인식하지 못했다는 점에서 부적합하다면, 쉐보르스키의 모델은 그것이 잉여수취의 강제적 전제조건을 이해하지 못했다는 점에서 부적합하다. 로머의 패러다임이 사람들은 타인보다는 자신을 위해 더 열심히 일할 수 있다는 점을 인정하지 못한다는 결함을 지니고 있다면, 쉐보르스키의 패러다임은 타인을 위해 일할 수밖에 없는 것이 노동수단에 접근할 수 있는 전제조건인 경우에 노동을 강화시키는 강제력의 강도를 인식하지 못했다는 약점이 있다. 만일 로머가 한 모델의 가정을 그것이 적용되지 않는 다른 모델, 즉 노동교환이 존재하지 않는 착취관계로부터 이러한 교환이 존재하는 착취관계로 이식시키고 있다면, 이와 유사한 가정의 이식이 쉐보르스키의 모델에서도 이루어지고 있다. 즉 잉여노동의 이전을 받아들일 때만 생존수단에의 접근이 가능한 착취관계가 이같은 조건이 존재하지 않는 모델의 가정 위에서 분석되고 있다. 로머 모델의 설명력의 취약성이 필연성을 상정하고 있는 것이라면 쉐보르스키의 취약성은 우연성에 집착하고 있다는 것이다.

착취와 계급투쟁, 자본축적 간의 연관(쉐보르스키에 의하면 로머뿐만이 아니라 맑스도 놓치고 있는 연관)을 확립한다는 이름하에 쉐보르스키는 사실상 맑스에 의해 오래 전에 예증된 체계수준의(systemic) 연관과 강제를 파기하고 있다. 자본주의는 기껏해야 개인적 선택에 대한 느슨한 '제약'으로 나타나며, 그 제약이라는 것도 그것이 허용하는 선택의 폭이라는 시각에서 볼 때 극히 약하고 극히 관대한 것으로 나타난다. 사실상 그의 주장은 자본주의하에서 '부라는 천부의 대대적인 재분배'가 '가능하며', 계급투쟁은 축적을 가속화하거나 지체시킬 수 있을 뿐 아니라 원래의 분배는 손대지 않은 채 이를 전체적으로 '변혁'시킬 수 있다는 것이다. 이같은 극히 '추상적'인 가설은 역사적 사실에 대해 로머보다도 더 '나 몰라라' 하는 태도를 분명히 드러내는 것이다. [59] 쉐보르스키가 그의 사회민주주의 비판의

---

59) 같은 책, 236~37면. 쉐보르스키는 그 자신의 주장을 뒷받침하기 위해 정말로 희한한 주장을 하고 있다. 자본주의하에서도 사회주의하에서처럼 '대대적인 재분배'가 역사적으로 가능하다는 것을 보여주기 위해, 그는 "중세 초기부터 현재까지 … 우리의 경제사가 구분될 수 있는 각 시기마다 고유하고 다른 자본가계급이 있었다. 달리 표현하자면, 특정시대의 자본가집단은 그 전 시대의 자본가집단으로부터 나오지는 않는다. 모든 경제조직의 변화에서 우리는 지속성의 단절을 찾아볼 수 있고… 경제사에 존재하는 많은 시대들의 수만큼 많은 자본가계급들이 존재한다"는 앙리 삐렌의 가설을 인용한다(Henri Pirenne, "The Stages of the Social History of Capitalism," *American Historical Review* xiv, 1914, 494~95면). 매우 엄청난 역사적 주장을 이같이 짧고, 케케묵고, 극히 논쟁적인 논문 한 편에 대한 피상적인 주해를 통해 뒷받침해보려는 역사와 사료에 대한 그의 경박한 태도는 일단 논외로 하더라도, 이에 관해 쉐보르스키가 삐렌에 의존하고 있다는 것은 그의 자본주의에 대한 매우 몽롱한 인식을 시사하고 있다. 삐렌은 '자본주의'라는 용어를 아주 막연하게 사용하기로 악명이 높으며(이는 그만이 그러한 것은 아니지만) 일반적으로 자본주의가 이미 다른 사회형태 속에 주어져 있었고 이들과 공존하고 있었던 것으로 상상하는 경향이 있다. 이윤추구를 위해 상업에 종사하는 사람, 즉 '이득'에 의해 움직이며 주로 단순히 싸게 사서 비싸게 팖으로써 동산을 통해 더 많은 부를 축적하는 이윤추구 상인이면 거의 누구나가 다 자본가이다. 이같은 기준에 의해 르네쌍스 시대의 플로렌스 상인은 자본가이나, 임금노동자로부터 잉여가치를 수취했던 영국의 '진보적' 지주들과 유명한 영국의 자본주의적 임차농은 자본가가 아니다. 문제의 논문에서 삐렌은 단순히 유럽의 경제사에서 성공을 통해 전면에 나설 수 있었던 일련의 다양한 상인유형들을 열거하고 있을 뿐이다. 그로 하여금 자본주의를 고대 로마나 그리스까지 역사상 더 거슬러 올라가지 못하게 하는 것은 자본주의의 역사적 특수성에 대한 그의 신념이 아니라 단지 사료의 불충분일 따름이다. 그의 분석 속에는 자본주의의 특수한 다이내믹, 즉 싸게 사서 비싸게 파는 해묵은 경향과는 본질적으로 다른 축적논리에 대한 인식이란 전혀 존재하지 않는다. 어쨌든 삐렌의 주장은 착취계급과 피착취계급 간의 재분배와는 관계가 없기 때문에 그의 주장이 자본주의 내에서 대대적인 재분배가 가능하다는 쉐보르스키의 주장을 어떻게 도와줄 수 있는지 이해하기가 어렵다.

기반이 된 자본주의의 무자비함과 그것이 허용할 수 있는 개혁의 한계 등에 대한 신념들과 스스로 모순되는 주장에 다다르게 된 것은 합리적 선택 모델에 의해 강제된 어쩔 수 없는 결과일지도 모른다.

결론적으로, 쉐보르스키의 모델이 선택의 개념화, '최적화전략'의 강제의 취약성 등 RCM의 전제들과 논리적으로 더 일관적이기는 하지만, 로머의 강제형 패러다임이 쉐보르스키의 관용형 패러다임보다는 자본주의의 강압적 현실에 대해 독자들을 오히려 덜 호도하고 있는지도 모른다. 그러나 동시에 로머의 방법론이 초래하는 결과가 불평등한 분배에서 파생되는 모든 것의 필연성에 대한 그의 주장에 의해 그 자신의 저술 속에서 은폐되어 있기는 하지만, 로머 공식 속에서의 엄밀한 연관은 크게 보아 자의적이고 수사적이라는 다른 동료 RCM 이론가들의 비판을 틀렸다고 할 수는 없다. 왜냐하면 일단 로머가 자본의 계기들을 고립시키는 첫 발을 내디디고 그의 이론으로써 자본주의의 강압적 동학을 설명하려는 것을 포기했을 때, 이미 그에게는 자본주의의 관용성 내지 착취와 계급투쟁 간의 관계의 우연성에 대한 엘스터와 쉐보르스키의 결론으로 나아가는 것을 막을 수 있는 장애물은 하나도 남아 있지 않기 때문이다.

게임의 배당결과

만일 RCM의 도덕이론이 우리 시대의 주된 도덕적·정치적 쟁점들에 대한 입장이 결여되어 있기 때문에 그 기준 자체 즉 도덕이론으로서 취약하다면, 그것은 이같은 쟁점들이 논의되어야만 하는 조건들에 대한 설명력을 갖고 있지 않다는 점에서 두 배나 취약하다. 만일 이 이론이 전통적 맑스주의로부터의 전진이라는 자신들의 주장을 한 면에서만이라도 설득력을 갖게 하려면, RCM은 지금까지 생산해낸 그 어느 성과보다도 강력한 도덕적 주장을 우리에게 보여주어야 한다. 그것은 단순히 기존의 도덕이론 속의 공백을 메우는 것뿐만이 아니라 이를 위해 행해진 설명력의 희생을 되살려 낼 수 있는 것이어야 한다. 그러나 그같은 전망은 이론 자체의 내재적 이유 때문에 밝은 것 같지 않다. 현대자본주의의 현실을 제대로 포괄할 수 있는 도덕이론이 세계와 인간경험에 대한 RCM의 협소한 이해로부터 나올 것 같지는 않다. 이 모델은 그 이론적 초점 면에서 지나치게 단순할 정도로 '경제주의적'인 경향이 있다. 인간의 동기의 복잡성에 대한 RCM 이론가들의 개인적 신념이 무엇이든간에, 이들은 '시장합리성' 내지 '효용성' (utilities)의 계산이라는 협소한 차원으로 환원될 수 없는 동기들에는 철저하게 눈먼 이론적 패러다임의 함정 속에 빠져 있다. 조야한 벤담류의 공리주의처럼 RCM은 잠재적으로 계량화할 수 있거나 경제적인 차원으로 환원될 수 있는 감정들이나 신념들만을 인정하는 것처럼 보인다. 그 결과로 예를 들어 엘스터는 죄의식이나 수치심을 '효용범칙금'(utility fine)으로 표기할 수 있고, 부모들의 자녀보살핌 같은 것은 '효용이전'(transfer of utility)으로 나타날 수 있는 것이다. 궁극적으로 이 모델은 부르조아 경제학의 전문분야에 기초하여 고안되어 있다. 이 점에서 인간본성에 대한 RCM의 이미지는 역사유물론보다는 자유주의의 경제인과 공통점이 더 많다. 어떠한 심오한 도덕적 착상도 이처럼 진부하고 한물간 '경제인'(homo economicus)으로부터 생겨날 것이라고 상상하기는 어렵다.

이들 3명의 RCM 이론가 중 가장 명시적으로 정치적인 쉐보르스키가 끝에 가서는 사회주의에 대한 선호를 정당화하기 위해 이 패러다임 밖으로 나아갈 수밖에 없다고 느끼고 있다는 것은 RCM이 자본주의에 대한 본질적인 도덕적 비판을 제공하고 있다는 로머의 주장이 지니는 취약성에 대한 웅변적인 논평이다. 쉐보르스키에 따르면, 로머가 (싸움의 장으로—역자) 선택한 경제적 지형에서는 자본주의가 어떠한 도전도 감당할 수 있다는 것이다. 사회주의가 더 선호할 만한 것이라면, 그것은 사회주의가 "사회적 자원의 배분방법을 사회 전체가 민주적 방식에 의해 선택"[60]하도록 허용하기 때문이어야만 된다. 그렇다면 결정적인 도덕적 기준은 평등이 아니라 자율성이나 아마도 집단적 책임감과 공동체 같은 것일 터이다. 그러나 RCM의 착취론은 우리에게 이 새로운 도덕적 기준을 예비시켜주지 않고 있다.

그러나 이보다도 더 기이한 변태현상(anomaly)이 있다. 로머는 자신이 이해하는 한, 역사유물론에 따르면 소유관계의 전화는 부정의와 착취에 대한 관념이 아니라 물질적 조건에 의해 초래된다고 말하고 있다.[61] 그는 이

---

60) Przeworski, 238면.

같은 가설로부터 자신을 분리시키지 않았다. 사실 그가 기술결정론에 경도된 것은 맑스주의에 대한 특히 결정론적인 해석을 시사하고 있다. 그렇다면 추상적인 도덕론의 필요를 충족시키기 위해 맑스주의 이론을 전체적으로 재구축하는 의도가 무엇인가? 무엇 때문에 RCM은 도덕적 설득이 혁명적 변화의 주된 주체인 것처럼 행동하는가?

5. RCM의 정치: 그 정체

RCM의 지적 배당금은 극히 제한적인 것처럼 보인다. 그리고 비용이 득보다 훨씬 더 큰 것 같다. 남는 것은 이의 정치적 손익계산서(charge) 문제이다. 이처럼 추상적이고 형식주의적인 이론적 경향으로부터 정치적 함의를 추출하려는 시도에는 일정한 주의가 요망된다. 사실 이의 정치적 의미는 이를 정치적 유행의 변덕에 침해받기 쉽게 만드는 정치적 무정형성 바로 거기에 있는지도 모른다. 어쨌든 RCM의 이론적 가정들이 지시하고 있는 정치적 방향에 대해 한두 가지를 지적할 수 있다.

우리가 단순히 RCM 모델의 주된 특징들의 목록을 작성한다면, 그 결과는 17세기 이후 진화해온 영미권의 자유주의의 초상화와 유사한 그 무엇이 될 것이다. 방법론적 개인주의, '분석적' 방법, 몰역사성(이것이 반드시 기술결정론, 그 기능주의적 번안, 자주 이들과 동반하는 '상업사회'의 승리로 역사를 인식하는 것 등과 양립할 수 없는 것은 아니다), 수입 성층(income stratification)으로 이해되는 계급, 생산관계와 구별되는 시장관계에 대한 집착, 인간본성에 대한 '경제'모델 등. 이 이론적 형상군은 자유주의 이데올로기와 영국적 실증주의가 대표적으로 공생하는 앵글로 자유주의적 사고방식의 개괄도를 대표하는데, 그 속에서는 인간본성에 대한 환원주의적 초점이 분석철학의 형식주의적인 전통과 연계되어 있다. RCM과 이같은 자

---

61) Roemer, *Free to Lose*, 124면. 로머는 역사유물론에 대한 이같은 분석이 "하나의 경제체제에 대한 사람들의 지지 내지 저항의 근저에 있는 것은 정의에 대한 인지와 생각이다"(3면)라는 그의 견해와 모순되지 않는 것처럼 제의한다. 그러나 그의 견해는 역사적 이행에 대한 유물론적 분석, 아니 도덕적 인식 그 자체에 대한 유물론적 설명과도 모순된다.

유주의적-실증주의적인 이념형 간의 놀라운 유사성이 모든 RCM 이론가,
아니 이들 중 한 명이라도 자유주의 정치이념을 받아들이고 있음에 틀림없
다는 것을 보증해주지는 않는다. 그럼에도 불구하고 그 유비(類比)는 최소
한 시사적이다.

동시에 RCM이 일정한 놀라울 정도의 친화성을 갖고 있는, 일견 정반대
되는 또다른 전통이 있다. 그것은 공상적 사회주의다. 사회주의의 윤리적
이상을 그 실현의 역사적 조건과 분리하는 것, 부정의의 계기를 교환과 유
통의 영역에 위치짓는 분배주의적 착취론, 자본주의를 그 '전제조건들'로부
터 추상화하여 자본과 노동 간의 '자유로운'(설사 '불공정'하더라도) 교환으
로 파악하는 '일면적' 서술, 그 결과로서 자본주의적 '자유와 평등'으로부터
사회주의적 '자유와 평등'을 묵시적으로 하나의 연속체로 상정함으로써 자
본주의와 사회주의 간의 장벽을 마술을 부려 없애버리는 것 등이 그것이
다. 이는 맑스가 많은 것을 이미 지적한 전통인데, 그중 많은 부분은 섬찟
할 정도로 RCM에 대해 예언적이다. 다음과 같은 평가가 그 절정이라 하
겠다.

한편 다음과 같은 것들이 망각되고 있다. 개개인의 직접적인 생산물이 그
자신을 위한 생산물이 아니라 사회적 과정 속에서만 그렇게 되는 것이기 때문
에, 또 그것은 이같이 일반적이지만 외부적인 형태(교환가치 — 역자)를 취해야
만 하기 때문에 생산체계 전체의 객관적 기초로 교환가치를 전제하는 것은 이
미 그 속에 개인에 대한 강제를 내포하고 있다는 것, 개개인은 교환가치의 생
산자로서만 존재를 가지고 있다는 것, 따라서 그의 자연적 삶에 대한 총체적
인 부정이 이미 내포되어 있다는 것, 따라서 그는 사회에 의해 전적으로 규정
된다는 것, 이는 나아가 그 속에서 개개인들이 이미 단순한 교환자 관계 이상
의 관계에 놓여 있는 분업을 전제하고 있다는 것, 따라서 이러한 전제는 개인
의 의지나 직접적인 본성으로부터 나오는 것이 아니고 말하자면 오히려 역사
적이며 개인을 이미 사회에 의해 **규정되는** 것으로 가정하고 있는 것이다. 다
른 한편, 그 속에 교환, 또는 그 속에서 자신을 실현시키는 생산관계가 이제
가정되는 이같은 고차원적 형태들이 이러한 단순한 형태 (현재 생겨나고 있는
최고의 구분들이 그 속에서 형식적이고 따라서 의미가 없는) 속에도 이미 존
재하고 있었다는 것은 결코 아니라는 점을 망각하고 있다. 마지막으로 간과되

고 있는 것은 교환과 화폐의 단순한 형태들은 이미 잠재적으로 자본과 노동 간의 대립 등을 내포하고 있다는 사실이다. 따라서 이 모든 지혜가 귀착하고 마는 것은 그들에 의해 구상된 순수한 추상인 가장 단순한 경제적 관계에 집 착하려는 시도다. 그러나 사실은 이 관계들 역시 가장 심오한 반명제에 의해 매개되어 있고 반명제의 완전한 표현이 가려진 한 면만을 나타내고 있다. [62]

이것이 "사회주의를 부르조아 사회의 이상의 실현체로 묘사하고 싶어하 는" '멍청한' 프랑스 사회주의자들이 파악하고 있는 자본관계에 대한 맑스 의 분석이다. 그리고 문제의 핵심은 아마도 바로 여기인 것 같다. RCM의 이론적 장치가 만일 특정한 정치적 함의를 갖고 있다면, 그것은 (프랑스 공상적 사회주의자와 — 역자) 마찬가지로 자본주의와 사회주의의 이형(異 形)합성일지 모른다. 이같은 이형합성은 RCM의 구조 자체에 내재해 있고 이 이론이 영미권 자유주의와 프랑스의 공상적 사회주의와 동시에 친화성 을 갖게 되는 이유를 설명해준다.

자본주의와 사회주의의 이형합성

RCM에 대한 카링의 논문은 이 이론의 이론적 충동(imperatives), 특히 그 수사적 내지 윤리적 필요조건들이 어떻게 이론에 정치적 압박을 가하고 있는가를 잘 보여주고 있다. 그의 주장의 핵심은 왜 그리고 어떻게 해서 자본주의를 그 속에 내재한 자유와 평등에도 불구하고 착취적이라고, 따라 서 정의롭지 못하다고 간주하는 것이 철학적으로 정당한 것인가와 관련이 있다. 일차적으로 이 방법은 자본주의의 옹호자들과 그들 자신의 지반 위 에서 맞서기 위한 수사적 전략인 것처럼 보인다. 그러나 카링은, 이같은 수사적 장치들이 중요한 진실을 내포하고 있고, 로머가 그러하다는 그의 주장처럼, 우리는 자본주의적 관계에 대한 그들의 분석 속에 포함되어 있 는 자유와 평등에 대한 주장을 진지하게 받아들여야 한다고 제의한다.

여기서의 카링의 주장이 자본주의의 '일면적' 견해에 얼마나 의존하고 있 는가를 "시장이라는 장소는 진정으로 자유로운 공간이다. 구성적으로 부자

---

62) Marx, *Grundrisse*, 247~48면.

유스러운 것은 소유권을 떠받치고 있는 국가라는 장소와 무소유자들이 그들의 매일매일의 빵을 벌기 위해 노동을 하는 것이 그들의 최고의 이익이어야 하는 노동현장이다"[63]라는 그의 지적처럼 충격적으로 예증해주고 있는 것은 없다. (이 주장 중 무산자들이 자본을 위해 노동하는 것이 "그들의 최고의 이익"이라는 차라리 수치스러운 정식화를 주목하라.) 카링은 자본주의적인 사회적 소유관계의 구조에 기반을 둔 착취 및 생존과 자본주의적 시장의 강제, 모든 인간이 (맑스의 '상품의 물신숭배'로 요약되는) 시장의 주권하에 보편적으로 종속되는 것 간의 '선택'의 필연성을 은폐함으로써 두 가지 핵심적인 면에서 자본주의의 부자유의 본질을 완전히 망각하고 있다. 이를 통해 그는 사회주의적 프로젝트에 대한 합당한 어떠한 종류의 옹호론이라도 기반으로 해야 하는 것을 모두 빼앗아버린다. 그가 자본주의적 자유와 평등을 분석해 내린 결론은 단순히 우리는 사회주의를 자본주의와 질적으로 다른 그 무엇이 아니고 같은 종류의, 자본주의에 이미 내재해 있는 자유와 평등을 약간 확대시킨 것으로 파악해야 한다는 것이다.

RCM에 대한 카링의 분석 속에는 (RCM이 주장하는—역자) 자본주의와 사회주의의 수사적인 수렴으로부터 정치전략적 결론을 도출할 수 있는 명시적인 근거가 있는 것처럼 보인다. 그러나 거기까지 안 가더라도, RCM에 내재한, 자본주의와 사회주의의 이형합성 경향은 정치적 함의를 갖고 있다. 만일 사회주의가 단순히 양적 개선, 즉 자본주의적 자유와 평등의 확대라면 이 이행은 상대적으로 원활하고 비적대적인 과정일 것이다. 이같은 인식의 함의는 계급정치는 중요하지 않다는 것이다. 그러나 설사 이 이형합성이 단순히 수사적인 장치라 할지라도, 그때 최소한 이는 전략적 지침으로서의 RCM의 공허성을 입증해주는 것이다. 왜냐하면 이 이론의 도덕-수사적 가치라는 것이 바로 하나의 사회형태로부터 다른 형태로의 원만한 이행을 가로막고 있는 계급적대와 같은 치명적 장애물들을 무시하는 데 기초를 두고 있기 때문이다.

여기에 하나의 중요한 패러독스, 모든 유토피아적인 사회주의의 본질에 속하는 패러독스가 있다. 한편으로는, 사회주의가 자본주의로부터 직접적

---

63) Carling(a), 36면.

으로 그리고 전반적으로 원만하게 생겨날 것이라는 것을 시사한다. 다른 한편, 이같은 이형합성은 사회주의 프로젝트를 자본주의의 실질적 조건 속에 존재하는 모든 역사적 조건으로부터 분리시키는 것을 동반한다. 아니 이를 주된 필연적 결과로 야기한다. 사회주의는, 자본주의가 사회주의를, 가능케 하는 구조적이고 역사적인 조건들, 즉 사회주의를 역사적 의제로 위치짓는 모순들과 사회주의 프로젝트를 수행할 수 있는 주체들을 창조한다는 의미에서가 아니라 오히려 사회주의가 '자본주의적 이상의 실현체'라는 의미에서 자본주의로부터 성장해나온다. 명백히 모순적인 생각들의 병렬은 이러한 유형의 사회주의를 종종 특징짓는 다음과 같은 낙관론과 비관론의 기묘한 결합을 설명해준다. 사회주의로의 이행은 근본적인 단절이나 적대적 대립이 없이 원만하게 이루어질 것이나 너무 길어서 눈에 안 보일 정도로 긴 과정이 될 것이다. 따라서 사회주의자들의 임무는 자본주의를 '인간화'하는 것이다. 이는 또한 아담 쉐보르스키의 양면적인 정적주의(Quietism), 나아가 냉소주의, 즉 사회주의적 전망에 대한 철저한 회의주의와 사회민주주의에 대한 통렬한 비판 간의 불편한 공존을 설명해준다.

RCM의 자본주의 분석, 즉 자본의 '계기'들의 분리, 자본주의 체제와 자본주의적 과정의 이론적 폐기, 계급과 계급투쟁을 자본주의적 과정의 논리로부터 분리시킴으로써 우연적인 것으로 만들어버리는 방법론의 효과들은 사회주의 프로젝트를 자본주의의 현실 속에 존재하는 그 역사적이고 사회적인 뿌리와 단절시킨다. 사회주의 프로젝트의 현실적 가능성과 이를 수행할 세력을 동원할 가능성이 더이상 역사적이고 정치적인 문제가 아니라 단순한 수사적 문제, 즉 '자유롭고 합리적인' 개인들이 사회주의를 '선택'하도록 설득하는 담화적 조건, 정치운동들이 실제로 형성되는 과정과는 거의 무관한 조건들과 관련이 있는 문제가 되고 있다.

달리 표현하자면, 아담 쉐보르스키와 같은 RCM 이론가들에 의해 표현되는 사회주의의 현실적 가능성에 대한 완고한 회의론은 자본주의의 현실을 철저히 평가하는 것과 별 상관이 없고 오히려 이같은 평가라면 그것이 바탕으로 해야 하는 그러한 기반의 포기와 연관이 있다. 이 점에서 RCM과 공상적 사회주의 간에 차이가 있다면, 전자가 사회주의적 이상의 역사적 실현조건에 대한 한층 효과적인 분석을 제공하고 있다는 것이 아니라 전자가 후자보다도 좀더 제한적이고, 덜 열정적이며, 덜 도덕적인 전망을 가지고 있기 때문에 오히려 덜 효과적인 분석을 제공하고 있다는 점이다.

포스트맑스주의와의 수렴

엘스터, 그리고 (이제는) 쉐보르스키와 같은 우파로부터 로머류의 좌파에 이르기까지 RCM 패러다임 주창자 내에는 다양한 정치적 입장이 내재해 있는 것은 사실이다. 이 이론의 필연적인 전략적 공허성을 일단 논외로 하고 우선 이 이론적 모델의 정치적 논리가 너무 취약하여 하나의 단일한 정치적 결과들을 창출할 수 없다는 사실에 주목한다면, 전체로서의 이같은 추세의 발전적(바람직한 방향으로 나아갔다는 뜻이 아니라 다만 시기적으로 변화해왔다는 의미 — 역자) 행적이 매우 교훈적이다. 맑스주의를 한층 엄밀한 분석적 기반 위에 올려놓기 위한 RCM의 원래의 노력으로부터 엘스터가 "아마도 고전적 맑스주의의 단 하나의 교의도"[64] 손대지 않고 그대로 남겨둘 수 없다는 RCM 이론가들간의 "무언의 합의"라고 표현한 것에 이르기까지는 이 이론 내에 눈에 보일 정도로 (정치적 입장의 — 역자) 이동이 생겨난 것이다. RCM이 (엘스터의 표현을 빌리자면) 맑스주의적 넌센스를 '말이 되도록 만드는'(making sense) 과제를 설정하여 '고전적 맑스주의'가 신고전주의 경제학, 게임이론, 방법론적 개인주의, 신계약론적 철학에 자리를 물려줌에 따라, 사회주의적 가치에 대한 정치적 헌신 역시 사회주의의 전망에 대한 새로운 '현실주의'(그것이 암울하다고 하는 — 역자)에 의해 교란을 당해왔다. 쉐보르스키의 최근 저작에서 나타나는 냉소적 정적주의는 이같은 경향의 논리가 나아가고 있는 방향을 시사해주고 있다. *

여러 면에서, 이러한 행적은 현대맑스주의의 또다른 주된 이론적 경향, 즉 이 역시 맑스주의 이론에 '엄밀성'을 재확립하려는 노력으로 시작하여 여러 면에서 맑스주의 이론과 실천에 대한 전면적인 부정으로 끝나고 만

---

64) Elster, xiv면.

* 우드가 이 논문을 집필한 후에 출간된 쉐보르스키의 최근 저작, 즉 *Democracy and the Market*, Cambridge Univ. Press 1992는 사실상 '사회주의의 포기'라고 표현해야 할 정도로 쉐보르스키가 '우경화'되었음을 보여주고 있다. 이는 우드의 이 '예언적' 지적이 올바른 것이었음을 입증해주고 있다 — 역자.

알뛰쎄주의로부터 포스트맑스주의로의 이론적 행적과 공통된 점이 많다. 후자의 경우 이 경향의 이론적 진화는 그 직접적인 역사적 좌표, 특히 마오주의와의 일시적 유희로부터 유로코뮤니즘을 거쳐 현재의 치명적인 풍지박산에 이르는 우회곡절의 길을 거쳐온 유럽공산주의운동의 인생주기 내지 그 주된 분파의 인생주기로 그 연원을 거슬러 올라갈 수 있다. RCM은 비록 그것이 우파의 지정학적인 본거지에서의 전반적인 우경화 경향에 의해 형성되었다고는 하지만, 이같은 종류(포스트맑스주의의 유럽공산주의 — 역자)의 정치운동, 아니 나아가 어떠한 종류의 정치운동에도 뿌리를 두고 있지는 않아왔다. 그러나 만일 이들이 이처럼 강단에 고립되어 있는 것이 다양한 형태의 도그마로부터 이들을 보호해주는 안전판 구실을 해왔다면, 동시에 노동운동에 뿌리를 두지 못한 것은 이들로 하여금 다른 위험들에 대한 방어력이 더 약하도록 만들어왔다. 그 위험들이란, 우선 들 수 있는 것들만 해도, 아카데믹적 강박, 학계의 유행의 유혹, 학문적 경력의 요구사항, 정치의 장이 아니라 주된 논적이 강단 신고전주의 경제학자일 가능성이 높은 (영국대학의 — 역자) 교수휴게실(senior common room) (내지 그에 상응하는 미국 내지 스칸디나비아 대학의 교수휴게실)*이 요구하는 판단기준과 균형감각 등이다.

우리는 여기에서 두 개의 명백히 반명제적인 경향들, 즉 RCM의 초합리주의(super-rationalism)와 포스트구조주의의 반합리주의가 기묘히 수렴함을 발견할 수 있다. 역사과정의 불확실한 진폭으로부터 지고의 거리를 두고 있는 것을 자랑으로 여기는 분석철학에서 대표적으로 볼 수 있는 종류의 RCM의 추상화는 아이러니컬하게도 여기서 (포스트맑스주의의 — 역자) 정반대방향에서 역사를 반합리주의적으로 해체하는 것과 만나고 있다. 게임이론적 선택이 수사학과 담화가 사회변화의 주체인 정치적 주의주의와 모든 변화의 급진적 프로그램들이 실패할 수밖에 없도록 운명지어진 냉소적 패배주의의 모순적 융합이라는 점에서 포스트모던의 우연성과 조우하면서 이 두 이론은 정치를 역사의 닻으로부터 분리시키는 쪽으로 나아갈 수밖에 없다.

---

* 이는 합리적 선택 맑스주의가 영미권과 스칸디나비아반도 출신 학자들에 의해 주도되고 있고 그곳에서 유행하고 있기 때문에 우드가 이렇게 쓴 것이다 — 역자.

제 3 부

반비판과 재론

계급정치와 급진적 민주주의*

앤드루 갬블

엘린 메익신즈 우드의 최근 저작 『계급으로부터의 후퇴』는, 그녀가 새로운 진정사회주의자라고 칭한 사람들의 주장들에 대한 무섭고도 신랄한 공격이다. [1] 맑스는 사회주의를 "특정 계급과 특정 시대의 요구"라기보다는 "'가장 합리적인' 사회적 질서의 문제"로 보는 환상의 제물이 되어버렸다고 그가 힐난한 사람들에게 '진정사회주의자'라는 딱지를 붙여주었다. 사회주의는 이제 더이상 한 계급의 다른 한 계급에 대한 투쟁과는 무관하며 '진리', '인간 본성', '인간 일반'과 관련이 있을 뿐이었다. 현실의 분열은 개념적 분열을 의미하는 것으로 해석되었다. 개념은 세계를 창조하거나 파괴할 수 있는 힘을 가지고 있었다. 우드는 1980년대의 새로운 진정사회주의자들을, 그들 대다수가 과거에 알뛰쎄주의자였거나 마오주의자였던, 혹은 때로는 그 둘 다에 속했던 이질적인 지식인 집단이라고 간주한다. 그들은 어떤 단일 정당이나 분파에 속하지는 않지만 계급과 사회주의 전략에 대해 공통된 견해를 가지고 있다. 우드는 이 경향 중 정치적 우파의 입장에 서 있는 사람들, 그리고 그것을 뒷받침하는 이론적 주장들을 개발하는 대부분의 작업들을 해온 사람들을 집중적으로 거론한다. 그러나 그녀는 이 경향을 『오늘날의 맑스주의』(*Marxism Today*)와 『새 정치인』(*New Statesman*) 같은 잡지들, 그리고 중도좌파 지식인들뿐만 아니라 노동당과 영국공산당에서도 점점 영향력을 얻어가고 있는 사람들을 포괄하는 매우 넓은 범위

---

* Andrew Gamble, "Class Politics and Radical Democracy," *New Left Review* 164, 1987년 7·8월호, London.

의 것으로 보고 있다.

이런 경향이 인식된 것은 이번이 처음은 아니다. 그것은 '신수정주의'[2], '더 새로워진 좌파'[3] 그리고 좀더 광범위하게는 유로코뮤니즘[4]으로 지칭되어왔다. 우드의 표적은 이보다는 협소하다. 그녀는 유로코뮤니즘적 관점을 명백히 공유하고는 있지만 그녀가 보기에 자본주의의 본질과 사회주의 프로젝트에 대한 맑스주의적 전통의 핵심적 가정들을 폐기하지는 않은 사회주의자들을 한편으로 제쳐놓고 있다. 그녀는 스튜어트 홀(Stuart Hall)과 에릭 홉스봄(Eric Hobsbawm)을 특히 애매한 위치에 있는 사람들로 간주한다. 그녀는 그들의 전략적 판단에서는 오류가 발견되지만 그들의 정치적 분석은 여전히 계급정치의 틀을 채택하고 있다고 강조한다. 니코스 풀란차스의 경우도 마찬가지이다. 우드는 비록 그가 여러 사람들에게 이후의 한층 급진적인 수정의 길을 마련해주기는 했지만 그 자신은 결코 맑스주의와 단절하지 않았다고 주장한다.

우드의 주요 목표는 명백히 맑스주의를 폐기함으로써 담지자, 민주주의 그리고 사회주의에 대한 새로운 개념들을 개발하려는 사회주의자들과 대결하는 것이다. 이 새로운 수정주의자들을 묶어주는 것은, 이데올로기와 정치는 자율적인 것이며 결코 계급관계의 체계와 같은 어떤 사회적 기초의 표현이거나 산물이 아니라는 가정이다. 사회주의 전략에서 계급이 말소된다. 노동자계급은 사회주의 전략에서 그들에게 특권적 지위를 부여하는, 자본주의 사회 내에서의 어떤 특수한 지위도 누리지 않는 것으로 간주된다. 경제적 관계와 정치 사이의 관계는 순수하게 우연적인 것이다. 사회운동들은 계급으로부터 독립적으로 형성될 수 있기 때문에 사회주의를 위한

---

1) Ellen Meiksins Wood, *The Retreat from Class*, London: Verso 1986.

2) Ralph Miliband, "The New Revisionism in Britain," *NLR* 150, 1985년 3·4월호. 나는 이 논문 전체를 통해 '새로운 진정사회주의자'보다는 '신수정주의자'라는 명칭을 사용하려 한다.

3) Ben Fine, Laurence Harris, Marjorie Mayo, Angela Weir, Elizabeth Wilson, *Class Politics*, London(일자미상).

4) *Arguments within English Marxism*, London: Verso 1980의 제 7 장에서 페리 앤더슨은 사회주의로의 이행에 대한 유로코뮤니즘과 혁명적 사회주의의 이론적·전략적 접근방법을 생생하게 대조시키고 있다.

투쟁은, 그 안의 어떤 단일한 투쟁도 다른 것들보다 원칙적으로 더 중요하지 않은 복수의 민주주의적 투쟁들로 재규정된다. 사회주의는 다시금 물질적 이해관계에 의해서가 아니라 보편적인 인류의 목표들에 의해 규정되게 된다. 이는 사회주의의 의제(agenda)를 규정함에 있어 지식인들에게 핵심적인 역할을 부여한다.

담지자

이 구상들에 대한 우드의 반론은 간단한 것이다. 계급의 중요성에 대한 인식은 모든 생명력있는 사회주의적 프로젝트에 필수불가결한 것이며 선택적인 것이 아니다. 노동자계급이 중심적 역할을 갖는 것은 단지 그들이 자본주의 사회에서 가장 억압받고 착취받는 계급이라서가 아니라, 자본을 생산해내는 계급으로서의 그들의 구조적 위치가 그들에게 독특한 혁명적 잠재력을 부여하기 때문이다. 우드가 보기에 맑스주의적 입장을 다른 사회주의적 입장들과 구분해주는 것, 그리고 신수정주의자들이 폐기하고 싶어하는 것은 바로 이 주장이다. 만일 사회주의와 노동자계급의 연계가 그들이 사회에서 가장 억압받는 집단이라는 사실에 의존하고 있다면, 노동자계급의 상당부분이 더이상 사회에서 가장 억압받는 계급으로 보이지 않게 될 경우 사회주의는 방향타를 상실하고 말 것이다. 우드의 주장은, 상이한 집단들이 당하게 되는 억압의 정도는 역사적으로 다르지만 착취는 자본주의 생산양식의 구조적 특징이라는 것이다. 노동자계급에 대한 착취, 즉 임금노동자들로부터 잉여가치의 형태로 잉여노동을 추출하는 것은 자본주의 생산양식 그 자체를 폐절하지 않고서는 폐절될 수 없다.

우드는 자본주의에 대한 대안적 분석을 전개하는 신수정주의자들에 도전하는데, 이 분석은 그들로 하여금 자본과 노동 간의 착취적 관계는 더이상 생산양식으로서의 자본주의의 재생산에 핵심적인 것이 아니라고 말할 수 있게 해준다. 사실상 신수정주의자들은 정치경제학의 문제에 거의 관심을 보이지 않는다. 그들의 분석의 예봉은 고전적 맑스주의가 제시하는 경제와 정치 간의 연계를 부정한다. 신수정주의자들이 주장하는 방식대로 정치와 이데올로기가 자율적이라면 자본주의 생산양식의 성격에 대해 논쟁할 필요가 전혀 없다. 왜냐하면 그것은 이론적 장치로서의 현실성 이외에는 그 어떤 현실성도 가지고 있지 않으며 아무런 현실적 효과도 가질 수 없기 때문이다. 이런 (입장의—역자) 이동의 근거는 풀란차스에 의해 예비되었다고 우드는 주장한다. 자본주의 국가와 그것의 상대적 자율성의 문제를 이론화하는 다양한 시도 속에서 그는 자본과 노동 간의 적대로부터 권력블록과 민중 간의 적대로 초점을 이동시켰다. 그후 그의 저작들 속에서 이는 계급들과 계급투쟁을 정당적 경쟁에 참가하는 정치조직들의 문제로 대체하는 것으로 귀결되었다.

그러나 이런 주장들은 에르네스또 라끌라우와 샹탈 무페, 그리고 폴 허스트와 배리 힌데스에 의해 훨씬 더 진전되었다. 그들은 두 가지 중요한 근거를 들어 고전적 맑스주의를 부정한다. 첫째, 노동자계급은 아무런 객관적 이해관계를 가지고 있지 않다. 둘째, '자본주의의 논리' 속에는 통일된 노동자계급의 발전을 보장할 만한 그 무엇도 존재하지 않는다. 이 주장들 중 첫번째 것은 단일하고 고정된 노동자계급(the working class)을 자본주의 생산양식 내에서의 그것의 구조적 역할이라는 견지에서 이론화할 수 있다는 것을 실질적으로 부정한다. 대신에 라끌라우와 무페는 단일하고 고정된 노동자계급이란 대개는 고전적인 맑스주의의 상상력이 만들어낸 허구였다고 주장한다. 역사적으로 존재해왔던 것은 분열된 노동자계급(a fragmented working class)이며 그들의 정체성은 종종 계급과 거의 관계가 없었다. 노동자들은 계급 이외의 여러 다른 이해관계들을 지녀왔으며, 계급을 지배적인 요소로 떠오르게 하는 아무런 경향도 존재하지 않는다(오히려 그 반대이다). 이는, 지극히 짧은 역사적 시기들을 제외하면, 노동자계급이라는 것을 계급적 이해를 두드러지게 추구하는 계급으로 규정하기가 불가능하다는 것, 혹은 그들의 정치적 의식을 규정하기가 불가능하다는 것을 의미한다. 그것은 단지 그 계급의 소수를 이루는 소규모 노동자집단들의 경우에 한해서만 사실이었다.

따라서 노동자계급은 정치에서 항상 실질적 세력이기보다는 잠재적 세력에 머물러왔다. 라끌라우와 무페에게 있어 확실히 이는 미래에는 치유될 수 있는 우연적 사건이 아니다. 계급위치는 결코 모든 노동자들을(혹은 노동자들의 다수조차도) 동원할 수 있는 결정적인 요소(the factor)가 되지 못할 것이다. 폴 허스트에게 그 이유는 아주 명백하다. 즉 이런 이론들의 인식론이 틀렸다는 것이다. 맑스주의를 포함하여 사회적·정치적 현상의 원인이 되는, 근저에 존재하는 객관적 실재가 있다고 가정하는 모든 사회 이론들은 오류이다. 인과이론 일반이 폐기되어야 한다면, 그럴 경우 계급과 같은 실체들은 해체된다. 대신에 사회분석가들은 무수한 특수 상황들과 현상들에 직면하게 된다.

우드가, 라끌라우와 허스트는 맑스주의의 모든 조류들을 단순히 숙명론에 대한 신앙 및 노동자계급의 세계적·역사적 임무와 동일시하는 점에서 틀렸다고 주장하는 것은 정당한 일이다. 맑스주의적 전통 속에서는 때때로 그런 형이상학적 믿음이 사회적·정치적 분석을 대체해왔다. 숙명론은 맑스와 엥겔스의 몇몇 저작에 뿌리를 두고 있다. 그러나 맑스주의가 제공해온 모든 것들이 혁명적 천년왕국론의 새로운 형태에 불과했다면, 맑스주의는 결코 그것이 지니고 있는 지적 영향력을 행사하지 못했을 것이다. 비역사적이거나 비과학적으로 미래의 역사경로를 보장하는 것을 결코 추구하지 않았던 다른 맑스주의의 전통들 역시 항상 존재해왔다. 특히 라끌라우·무페와 허스트는 모두 맑스주의자들이 계급구조, 계급분열의 본질 그리고 동원역량들에 관해 수행해온 역사적·사회학적·정치적 탐구를 간과한다. 레닌주의적 전통은 때때로 이런 역량들에 대한 환상의 제물이었지만, 그러나 계급구조에 대한 최고의 저작 중 일부는 거기서 나왔다. 구체적인 것에 대한 분석의 대체물로서 기능하는 일반이론은 공허한 것이라는 허스트의 주장은 옳다. 그러나 어떤 이론에 의해서도 지도되지 않는 경험주의 역시 공허하기는 마찬가지이다.

우드는, 라끌라우와 허스트가 자신들이 내놓고 있는 대안을 정당화하는 데 필요한 그런 끈기있는 이론적 분석을 해보지도 않은 채 맑스주의의 핵심적인 이론적 명제들을 폐기해버렸다고 비판한다. 과거의 수많은 맑스의 수정자들이나 비판자들의 경우와 마찬가지로, 부정된 이론적 전통은 여전히 그들의 저작의 상황적 맥락이자 주요한 자극원이다.[5] 맑스주의가 여전히 할 말이 있으려면 맑스주의는 미래에 대한 모든 선험적 보장을 폐기해야만 한다. 그러나 그것은 자본주의에 대한 이론적 분석을 제공하려는

---

5) 이를 인식한다면 왜 그렇게 많은 신수정주의자들이 여전히 '맑스주의자'라는 딱지를 받아들이는가를 설명할 수 있을 것이다.

시도를 포기하는 것과는 다른 것이다. 만일 그렇게 한다면, 그것이야말로 진정 맑스주의의 종언이며 바로 지금 우리가 그토록 수없이 듣고 있는 사회주의의 죽음인 것이다. 맑스주의는 항상 자신의 가정들과 이론들에 대해 개방적이고 비판적일 때 최상의 상태에 있어왔다. 그러나 그것은 가정을 만들어내거나 이론을 구축하려는 모든 시도로부터 도망치는 것과는 다른 것이다.

우드는 사회주의적 프로젝트에 있어서 노동자계급의 필수불가결성에 대한 고전적 맑스주의의 강조가 신앙개조(信仰箇條) 같은 것일 필요는 없다고 판단하고 있다. 그것은 (신앙이 아니라—역자) 자본주의 내에서의 노동자계급의 특수한 위치에서 연유하는 것이다. 무엇보다도, 그들은 착취받는 계급, 즉 이 생산양식하에서 잉여노동을 수행할 수밖에 없는 계급이다. 둘째로, 그들은 생산하는 계급이며 그들이 없다면 자본은 존재할 수 없을 것이다. 셋째로, 집합적 생산자로서의 그들의 위치는 그들에게 착취를 폐절할 새로운 생산양식을 건설해낼 객관적 능력을 부여한다.[6] 우드는 이런 객관적 특징들 중 그 어느 것도 정치적 조직이나 정치적 의식에 어떤 필연적인 결과를 가져온다는 의미를 함축하지는 않는다고 주의깊게 강조한다. 오히려 그것들은 그 계급이 자신의 내부적 분열을 극복하고, 사회주의를 위한 투쟁에서 자신의 잠재력을 현실화시킬 수 있는 통일된 정치적 세력이 되게 할 조직적 수단들과 이데올로기적·정치적 투쟁양식들에 주목하도록 한다.

민주주의

우드는, 자본주의는 그 관계들과 제도들이 진정한 '일반이익'을 반영하는 사회를 실현하기 위한 조건들(생산과정의 사회화의 증대) 및 담지자(노동자계급) 모두를 만들어내온 경제적·사회적 질서라는 고전적 맑스주의의 견해를 고수한다. 과거의 정치제도들에서 주장되었던 일반이익은 계급이 폐지되지 않았기 때문에 거짓된 것이다. 따라서 그런 주장들은 지배계급의

---

6) Francis Mulhern, "Toward 2000 or News from You-know-Where," *NLR* 148, 1984년 11·12월호, 22~23면을 보라. 우드는 이런 주장들을 하면서 그를 인용하고 있다.

이익을 일반이익으로 은폐하는 가면으로서 기능한다. 오직 노동자계급의 해방만이 모든 계급들의 폐지를 가져올 수 있으며, 오직 노동자계급만이 자기자신의 해방의 담지자가 될 수 있다.

라끌라우·무페와 허스트가 보기에는, 물질적 이해관계와 이데올로기 간에 혹은 물질적 이해관계와 정치 간에 어떤 종류의 단순한 관계도 존재하지 않기 때문에 어떤 투쟁의 쟁점이나 영역도 자동적으로 혹은 본질적으로 사회주의적이지 않다. 진정한 일반이익을 실현하는 투쟁은 노동자계급에 의존할 필요가 없다. 그것은 계급투쟁이라기보다는 민주적 투쟁이다. 계급투쟁은 민주주의를 확대하는 투쟁에서 종종 중요한 것일 수 있지만, 그것이 민주주의를 위한 투쟁에 본질적인 것은 아니다. 다른 형태의 투쟁들이 더 중요할 수도 있다.

최근 수년 동안 점점 더 많은 사회주의자들이 사회주의를 계급해방이라기보다는 민주주의의 확대로 규정하기 시작했다. 우드는 라끌라우와 무페, 그리고 힌데스와 허스트와는 별도로 개러스 스테드만 존스, 가빈 키칭, 그리고 사무엘 보울스와 허버트 진티스 역시 인용하고 있다. 그들은 모두 사회주의적 민주주의를 자유민주주의 확대로 취급하며 양자 사이에 강한 연관이 있다고 보는 경향이 있다. 사회주의가 자유주의의 부정이라기보다는 그것의 완성이라는 사고는 여러가지 방법으로 이론화된다. 예컨대 보울스와 진티스는 소유의 권리(rights in property)를 강조하는 민주주의와 개인의 권리(rights in persons)를 강조하는 민주주의를 구분한다. 라끌라우는 근대 시기의 민주주의 혁명의 중요성에 강조점을 둔다. 그것은 최초로 보편적 기반 위에서 자유와 평등을 달성하기 위해 사회적 관계들을 변형시킬 수 있는 담화적 조건들을 만들어냈다. 사회주의와 관련된 특수한 요구들은 이 담화 안에 포섭된다. 특수한 계급의 출현이나 새로운 생산양식의 출현은 새로운 정치적·이데올로기적 구조들의 창출보다 훨씬 작은 의미만을 가질 뿐이다.

우드는 이런 견해를 맹렬히 공격한다. 그녀는 먼저 민주주의적 혁명 같은 것은 없다고 주장한다. 둘째, 민주주의를 인민의 권력으로 정의하는 사회주의적인 민주주의 개념과, 민주주의가 인민권력과 정반대의 의미를 갖는 자유주의적인 민주주의 개념 사이에는 깊은 간극이 존재한다. 자유민주주의 아래서는 인민주권의 급진적인 잠재력을 분산시키기 위해, 그리고 참여를 감소시키고 국가의 정책결정기제들을 인민의 통제로부터 격리시키는 제도적 구조를 만들어내기 위해 모든 노력들이 경주된다. 신수정주의자들은 사회주의적 목표를 달성하기 위해 기존 국가를 이용할 수 있는 능력에 대해서는 낙관적 견해를 가지고 있으며 노동자계급의 잠재력에 대해서는 비관적 견해를 가지고 있다. 그들은 의회 외적인 계급투쟁이 아니라 선거에서의 다수를 획득할, 그리고 국가의 입법기제들을 개인의 권리들과 사회적 권리들을 확대하는 데 이용할 광범위한 사회적 동맹에 희망을 건다.

전략

민주주의에 대한 상이한 인식은 전략에 대한 중요한 의견불일치의 기초가 된다. 라끌라우의 입장은 최근 『오늘날의 맑스주의』 속에서 명백히 개진되었는데, 거기서 그는 지난 백년 동안 사회주의적 전통은 사회주의를 달성할 수 있는 길에 대한 네 가지 전망을 만들어냈다고 주장했다.[7] 이 중 첫째는 20세기초 50년 동안 대부분의 맑스주의자들 및 심지어는 비맑스주의자들에 의해서도 받아들여졌던 것으로, 사회주의를, 자본주의가 더이상 미래의 진보를 위한 틀을 제공할 수 없는 지점까지 생산력의 발전이 이루어졌을 때 나오는 산물로 보았다. 경제가 점차 사회화됨에 따라 생명력 있는 생산양식으로서의 자본주의는 쇠퇴할 것이고 사회와 정치의 사회주의적 조직화가 더 필요해질 것이며 사실상 불가피해질 것이다. 두번째 전망은 사회주의의 움직일 수 없는 승리에 대해 첫번째 전망보다는 자신감이 없었다. 1920년대와 1930년대의 민주주의와 파시즘 간의 투쟁으로부터 탄생한 이 입장은 민주주의적 세력의 인민전선을 조직함으로써 자본주의 국가가 야만주의로 전락하는 것을 막으려 했다. 노동자계급은 파시즘의 공격으로부터 민주주의를 수호하기 위해, 그리고 사회주의를 향한 진보의 가능성을 보존하기 위해 다른 정당들과 사회집단들 속에서 적극적으로 동맹자들을 찾았다. 세번째 전망은 사회주의를 위한 핵심적 투쟁을 제국주의와 피압박 민족들 간의 갈등으로 간주했다. 사회주의는 민족적 반제혁명들, 해방

---

7) Ernesto Laclau, "Class War and After," *Marxism Today*, 1987년 4월호, 30~33면.

전쟁들의 승리에 의해 달성될 수 있을 것이다. 가장 약한 고리에서 제국주의의 사슬을 끊음으로써 자본주의 세계체제는 해체될 것이고, 자본주의의 중심부에서도 혁명은 또다시 가능성있는 일이 될 것이다. 마지막 전망은 사회민주주의의 그것이다. 특히 서구에서 우세했던 이 전망은 공기업의 점진적 확대, 집단적인 복지의 제공 그리고 경제의 조절을 통해 사회주의로의 진보를 구상했다.

현대 좌익의 위기는 이 모든 전망들의 기초가 그것들 중 어느 것도 더이상 믿기 어려워진 지점에 다다를 만큼 침식되었기 때문에 발생했다고 라끌라우는 생각한다. 이는 격심한 불안과 방향의 결여를 가져왔다. 네 가지 전망에 공통적인 것은 노동자계급을 신뢰하고 있다는 것이다. 그러나 이제는 이 노동자계급의 중심성을 폐기하는 것이야말로 사회주의적 프로젝트를 소생시키는 데서 필수불가결한 일보가 되었다고 라끌라우는 주장한다. 그는 묻는다. 이제 노동자계급은 무엇에 있어서 중심적이란 말인가? 하나의 사회학적 서술로서의 노동자계급의 중심성론은 노동자계급의 수적 감소와 경제적 분절화로 인해 점점 더 받아들이기 어려운 것이 되어가고 있다. 정치적 견해로서의 그것은 일차적으로 노동자계급의 투쟁들이 아닌 다른 유형의 투쟁들의 중요성이 증대되었기 때문에 '근거가 희박한' 것이다. 이는 노동자계급은 '맑스주의적 전통에서 이야기하는 보편적 계급, 즉 세계적 해방의 필수적 담지자가 아니라 그 자신의 목표와 가능성 속에 한계지어진 복수의 사회적 담지자 중의 하나'[8]라는 것을 의미한다.

노동자계급이 사회주의를 달성하는 데서 역사적 담지자로서 한계가 있다면, 이 한계는 어떻게 극복될 수 있는가? 라끌라우는 이 문제에 맞붙어 씨름하는 세 가지 방법들의 윤곽을 그려내지만 그 각각을 차례로 거부한다. 에릭 홉스봄 같은 맑스주의자들의 전략적 사고의 핵심부에 놓여 있는, 인민전선이라는 구상은 사회주의적 전략을 여전히 노동자계급과 다른 집단들 간의 동맹이라는 견지에서 파악한다. 두번째 접근방법은, 특히 1960년대의 몇몇 신좌파의 조류들에 공통된 것으로서, 가능성있는 혁명적 담지자로서의 노동자계급을 단념하고 똑같은 역할을 충족시킬 다른 담지자들

---

8) 같은 글, 30면.

―― 학생들이나 제 3 세계 해방운동들 같은 ―― 로 대체하는 것이었다. 세 번째 대안은 어떤 단일한 특권적 담지자라는 견해를 폐기하고 급진적인 단일 이슈운동들의 분절화와 자율성을 받아들이는 것이었다.

마지막 입장은 라끌라우 자신의 것에 매우 가깝다고 생각될 수 있지만 그는 자신이 중요하다고 보는 다양한 투쟁들, 즉 반인종주의, 여성 및 녹색운동 같은 투쟁을 연결시킬 필요성을 강조하는 접근방법을 선호하면서 이를 거부한다. 이를 행하는 수단은 급진적 민주주의를 위한 투쟁을 최고의 목표로 삼음으로써 다양한 집단들의 특수한 투쟁들을 초월할 수 있는 정치운동이다. 라끌라우는 민주주의를 위한 투쟁에서 지난 200년 동안 있었던 결정적인 세 시기들을 가려낸다. 평등의 원칙이 공적 영역에 등장하는 것을 보았던 1789년, 이 원칙이 사회주의적 요구를 끌어안도록 확대한 1848년, 그리고 새로운 운동들과 민주주의적 투쟁들의 현대적 지평들을 구성하는 요구들의 증대를 나타내는 1968년이 그것이다. 1917년이라는 해가 빠져 있음이 눈에 띈다.

사회주의는 급진적 민주주의를 위한 더 광범위한 투쟁 내의 한 계기로서 흡수되었다. 그러나 라끌라우의 새로운 견해에 의하면, 미래의 사회주의적 사회가 어떤 것이 될 수 있을지에 대한 청사진은 전혀 존재하지 않는다. 그는 민주주의적 평등주의는 그 방향을 미리 결정하지 않는다고 주장한다. 과거의 공산주의적·사회민주주의적 전통들에 의해 제안된 국가주의적인 사회주의의 전망 대신, 라끌라우는 국가가 제한되고 엄밀한 기능들로 축소되는 자기조절적 사회라는 이상을 제시한다.

여기야말로 아마도 그가 우드와 맞닿는 한 작은 지점일 것이다. 그녀는 자유민주주의적 전통의 중요한 가치는 그것의 민주주의적 측면보다는 자유주의적 측면에 있다고 본다. 즉 그것은 참여의 고무라기보다는 공권력에 제한을 가한다는 것이다. 라끌라우에 대해 그녀가 반대하는 것은 그가 완전히 자유주의 내의 한 입장으로 퇴각했다는 점이다. 사회주의적 프로젝트는 결국 자유주의적 프로젝트의 한 하위적인, 그리고 점점 낡아가는 국면임이 판명되었다. 우드의 입장은 크나큰 논리적 힘을 가지고 있다. 왜 우리가 사회주의가 전통적으로 관련을 맺어왔던 대부분의 것들을 사실상 폐기해버린 것에 계속해서 사회주의적 프로젝트라는 딱지를 붙이려 해야 하는가? 라끌라우와 그의 동료들은 급진적 자유주의를 위한 매우 강력하고 설득력있는 주장을 내놓고 있다. 그러나 우드가 사회주의는 이와는 다른 그 무엇이라고 주장하는 것은 아주 정당한 일이다.

우드는 라끌라우에 반대하여 계급정치는 사회주의적 프로젝트에 여전히 필수불가결하다고 주장한다. 계급을 제거해버려라, 그러면 사회주의는 자유주의로 해체되어버릴 것이다. 우드는 1984~85년의 영국의 광부파업을 근본적인 계급투쟁이 사회적 질서를 뒤흔들고 대안을 제출할 자신의 모든 능력을 보유하고 있다는 명백한 증거로 인용한다. 그녀는 계급투쟁이 강화된 시기에, 지배계급이 아주 명백하게 그들의 목표를 확인시켜주었을 때, 그렇게 많은 사회주의적 지식인들이 계급적 관점을 폐기하고 새쳐주의에 대한 투쟁은 일차적으로 정치적이고 이데올로기적인 것이라고 주장하고 싶어했던 것은 이상한 일이라고 보고 있다.

계급정치와 노동자주의

계급정치의 옹호자들의 두 가지 핵심적인 주장은 다음과 같다. (1) 계급적 생산양식으로서의 자본주의에 대한 맑스의 분석의 핵심적인 요소들, 역사에 대한 유물론적 개념은 여전히 유효하다, (2) 다른 어떤 집단도 노동자계급과 같은 정도의 이해관계나 잠재적 힘을 가지고 있지 못하기 때문에 사회주의는 오직 노동자계급이라는 담지자를 통해서만 달성될 수 있다. 첫번째 주장은 사회주의자들 사이에서 여전히 넓은 지지를 받고 있으며, 우드는 이밖에는 달리 자본주의의 특성을 만족스럽게 기술한 것이 제시된 적이 없다고 정당하게 주장한다. 맑스주의 내부에 병합되어 들어왔던 모든 수정들과 발전들에도 불구하고, 대차대조표를 따져보자면, 맑스의 원래의 이론적 개념들은 연구를 질식시키기보다는 오히려 계속해서 그것을 촉진하며 현대자본주의의 본질에 대한 새로운 통찰을 고무한다.[9]

두번째 주장은 최근 논쟁의 심장부에 놓여 있다. 맑스주의적 전통 중 숙명론과 결정론이라고 거부되었던 부분들에는 작동하는 하나의 생산양식으로서의 자본주의를 분석하는 것과 노동자계급에 의한 그것의 타도의 필연

---

9) 가장 최근의 예는 Alan Carling이 '합리적 선택 맑스주의'(rational choice Marxism)이라고 부르고 있는 것이다. *NLR* 160, 1986년 11·12월호를 보라.

성을 확립하는 것 간의 구분이 항상 존재해왔다. 우드는 자본주의가 발전
하는 방식 속에 존재하는 그 무엇도 사회주의와 노동자계급의 급진화를 필
연적인 것으로 만들지는 않는다는 점에 동의한다. 문제는 혁명의 잠재력이
조직과 지도의 적절한 양식들에 의해 현실화될 수 있는가이다.

이는 우드가 결코 그녀의 책 속에서 대결하지 않았던 중요한 문제를 제
기한다. 계급정치를 추구하는 데서 지금까지 선진자본주의 사회에서 취해
왔던 지배적 형태, 즉 노동자주의의 정치(politics of labourism)를 회피할
수 있을 것인가? 노동자주의는 자본주의 사회의 본질에 도전하지는 않는
상태에서, 그 사회 내에서 노동자계급의 생활수준을 방어하기 위해 노동자
계급의 독립적 조직을 이용하는 것을 수반한다. 이런 입장은 데이빗 셀본
(David Selbourne)에 의해 엄청난 구미를 자극하면서 그리고 독을 내포하면
서 제시되었는데, 그는 아마도 우드 책의 다음 판(版)에서는 한 장(章)을
할애받을 만한 가치가 있는 사람일 것이다.[10] 그는 노동자의 사적인 이해
관계들은 노동자들을 자본에 분리불가능한 형태로 얽어매며, 혁명적 의식
의 발전에 대한 사회주의자들의 희망을 서글픈 망상으로 만든다고 주장한
다. 노동자주의는 타협과 통합을 촉진한다. 오직 조직된 노동운동만이 자
본을 타도하리라 기대할 수 있다. 그러나 일단 조직되고 나면 노동운동은
자본주의적 질서와 협조하는 데서 오는 이익이 일반적으로 그것을 전복함
으로써 얻을 이익을 능가한다는 것을 깨달아왔다. 조직된 노동자들의 사적
이해는 자본주의의 파괴가 아니라 그것의 지속에 있다. 이는 사회주의를
달성하기 위하여 노동자계급의 독립적 조직을 이용한다는 사고에 기반을
둔 모든 정치를 잠식한다. 좌파가 이해할 수 없는 것은 새처주의가 노동자
계급으로 하여금 그들의 진정한 이해관계를 혼동하게 만든 모종의 이데올
로기적 잔재주를 가지고 성공한 것이 아니라는 사실이라고 셀본은 주장한
다. 새처주의는 실제로 여러 노동자들에게 그들이 가장 원하는 것을 주고
있는바, 그것은 그들 자신의 노동조합들은 더이상 줄 수 없는 것들이다.
그것은 노동자들의 현실적인 '객관적' 이해관계들을 활발히 만족시켜주고
있다. 그것이야말로 1979년과 1983년에 그렇게 많은 사람들이 새처주의를

10) David Selbourne, *Left Behind: Journeys in British Politics*, London: Jonathan Cape
1987.

지지했던 이유이다. 셀본의 입장은 아주 극단적으로 진술되어 있고 좌파 쪽에서는 거의 논쟁의 대상이 되지 못해왔다. 그러나 그것은 계급정치에 대한 주요한 좌파의 시각, 즉 노동자주의와 사회민주주의적 정치의 한계에 대한 비판을 반영한다. 계급정치는 결코 노동자주의를 초월할 수 없다고 생각한다는 점에서 셀본은 노동자주의에 대한 좌파 비판가와는 다르다. 수 많은 노동자들은 결코 혁명적 정당에 의해 지도되는 자본의 타도에 동의하지 않을 것이다.

노동자주의에 대한 대부분의 좌파의 비판은 사회민주주의적 정당들이 사실상 얼마나 항상 자본과 협력해왔으며 결코 그것과 대결하지 않았는가를 보여주는 데 집중되어왔다. 그들의 관점은 늘 헤게모니적이라기보다는 경제적-조합주의적(economic-corporate)이었으며 선거에서의 승리는 항상 급진적 변화를 도입하기보다는 그것을 연기하는 기회였다. [11] 이 분석들 중 대부분은 사회민주주의적 정당들의 단점들에 대한 지극히 상세하고 설득력 있는 비판들이었다. 그러나 그것들은 항상 사회주의적 정당들에 대한 대안적 전략이 존재한다는 것을 함의함으로써 비판주의를 회피했다. 그들은 진정한 사회주의적 프로그램, 즉 유권자들로 하여금 그것을 받아들이게 하기 위한 캠페인을 채택할 수 있고 권력을 장악하여 그것을 완성할 준비를 할 수도 있다. 이와같은 대안은 의회체제의 한계 내에서 급진적인 계급정치를 발전시킬 가능성에 의존한다. 사회민주주의에 대한 아담 쉐보르스키의 분석에서 엄밀히 탐구된 것은 바로 이런 가능성이었다. [12] 보기 드물 정도로 명료하게 그가 주장하는 것은 사회민주주의적 정당들은 결코 점진적인 개량과정을 통해 사회주의를 수립할 수 없지만 사회민주주의의 강령들과 조직들을 통해서가 아니고는 대중적 지지를 얻을 기회 역시 아주 희박하다는 것이다. 사회민주주의는 계속해서 로자 룩셈부르크(Rosa Luxemburg)가 규

---

11) 이 비판에 대한 주요한 공헌들로는 Ralph Miliband, *Parliamentary Socialism*, London 1973; David Coates, *The Labour Party and the Struggle for Socialism*, Cambridge 1975; Tom Nairn, "The Nature of the Labour Party," in Perry Anderson (ed.), *Towards Socialism*, London 1965.

12) Adam Przeworski, *Capitalism and Social Democracy*, Cambridge 1985와 "Social Democracy as a Historical Phenomenon," *NLR* 122.

정한 암초들, 즉 운동의 대중적 성격의 폐기냐, 그 궁극적 목표의 포기냐
라는 데 부딪혀 침몰하고 있는 것이다.

쉐보르스키는 고전적인 맑스주의적 견지에서, 사회주의를 노동시간이 최
소로 축소되고 계급이 폐지되며 인간이 모든 회피할 수 있는 제약들로부터
해방된 사회로 정의한다. 이는 현존 정치 내에서는 실천적 대안이 될 수
없는 하나의 유토피아로 남아 있다고 그는 주장한다. 사회민주주의적 정책
들은 이런 의미에서 결코 사회주의적인 것이 아니다. 그들은 완전고용과
평등과 효율의 추구를 통해 자본주의를 개선하고자 한다. 이는 차선이지만
가능한 것 중에서는 최선이라고 쉐보르스키는 말한다. 자본주의적 사회관
계와 의회체제의 규칙들이라는 한계하에서 계급정치는 사회주의로 나아갈
수 없으며, 자본주의적 질서 내에서의 노동자계급의 물질적 조건의 향상으
로 귀결될 뿐이다. 상품사회에서 상품의 판매자요 구매자로서의 노동자계
급의 지위가 개인적 수단을 통해 가장 잘 충족될 수 있는지, 혹은 집단적
수단을 통해 잘 충족될 수 있는지는 선거정치에는 아주 중요한 의미를 갖
는 구체적인 문제이지만 사회주의와는 거의 상관이 없는 것이다. 쉐보르스
키에 따르면 사회주의는, 만일 그것이 무언가를 의미한다면, 이윤추구의
폐지, 임금노예제와 계급분열의 폐지여야만 한다. 사회주의는 또 하나의
사회질서가 아니다. 그것은 모든 사회질서의 종언이며 소외에서 해방된 사
회이다. 사회주의자들에게 문제가 되는 것은, 자본주의가 사회주의를 향한
정치적 이행을 가능하고 그럴 듯한 것으로 만들 수 있는 자유에 대한 욕구
를 낳는다는 것을 증명하는 일이 쉽지 않다는 점이다. 계급정치의 옹호자
들은 전통적으로 즉각적인 물질적 개선을 위한 투쟁은 해방을 위한 혁명적
투쟁과 계급의 폐지로 발전해나갈 것이라고 주장해왔다. 그러나 지금까지
선진자본주의의 발전된 의회체제 내에서 그렇게 될 가능성은 거의 없는 것
으로 보여왔다. 자본주의를 좀더 효율적이고 인간적으로 만드는 투쟁은 사
회주의를 좀더 가까운 곳으로 가져오지는 않았다.

내가 보기에 쉐보르스키의 논리는 피할 수 없는 것이다. 사회민주주의를
특징짓는 완전고용과 더 큰 평등을 위한 투쟁은 필요하지만 제한된 프로젝
트이며, 그것은 자본주의를 사회주의로 변형시키는 것과는 완전히 다른 것
이다. 좌파의 입장에서 노동자계급의 중심적 역할에 대해 논쟁하기를 원하

는, 그리고 급진적 민주주의와 사회정의의 추구를 좌파의 일차적 목표로
만들기를 원하는 사람들은 사회주의에 대한 논쟁이 아니라 사회민주주의에
대한 논쟁에 참여하고 있는 것이다. 그들은 사회민주주의가 지금까지 작동
해왔던 특정한 양식을 공격하고 있다. 그러나 신수정주의자들이 아직은 여
전히 계급정치를 중심적인 것으로 만들고 있기 때문에, 노동자주의를 거부
하는 것이 간단한 문제라고 주장하는 것——우드는 그렇게 하려는 경향이
있다——은 잘못일 것이다. 사회주의자들의 딜레마는 사회민주주의가 성
공적으로 자본주의를 관리한다면 노동운동은 그것의 급진주의를 상실하고
자본주의에 만족하게 된다는 것이다. 만일 그것이 성공적이지 못하다면 사
회민주주의는 선거정치에서 주변화되고 사회주의라는 개념은 신용이 떨어
지게 된다. 현재 우리는 선진자본주의 사회에서 두 가지 결과를 모두 목격
할 수 있다.

　이것이 사회주의자들에게 의미하는 것은 우리가 급진적 자유주의자가 되
는 데 만족하고 자본주의를 개량할 가능한 최선의 수단을 모색할 것인가,
아니면 노동자주의적 운동이 지탱할 수 있는 것보다 훨씬 더 광범위하게
자본주의에 반대하는 운동을 건설함으로써 사회주의적 프로젝트를 계속해
서 살아 남게 하려고 노력할 것인가라는 것이다. 영국과 같은 삐걱거리는
구체제에서는 선거상의 개량을 포함하여 특정한 기본적인 입헌적 개량이
이와같은 새로운 정치운동의 출현을 촉진하는 데 필요할 수도 있을 것이
다. 그것이 승리하리라는 보장은 전혀 없다. 그러나 최소한 그것은 새처주
의와 기타 신우파세력이 말살해버리려고 최선을 다하고 있는, 근본적으로
다른 어떤 사회에 대한 가능성을 계속해서 열어놓을 수 있을 것이다.

　말할 것도 없이 새처주의는 자본주의적 질서의 재건과 강화에 봉사하는
계급정치의 한 형태이다. 그러나 그것이 성공한 것은 부분적으로는 민족민
중적 문제의 지형 위에서 계급전쟁을 수행했기 때문이다. 좌파의 계급정치
가 성공하기 위해서는, 그것이 사회민주주의를 향한 것이든, 사회주의를
향한 것이든, 역시 그 지형 위에서 승리해야만 한다. 영국에서 지배계급의
헤게모니를 회복하는 것을 돕고 지배계급으로 하여금 그런 대담함을 가지
고 정력적으로 계급전쟁을 수행할 수 있게 한 새처주의의 새로운 요소들을
인식하지 못한 것은 우드의 오류이다. 그러나 영국 사회구성체에 대한 계

급적 분석과 분리시킨 채로는 새처주의를 이해할 수 없다는 점을 강조한 것은 그녀가 옳다.

우드의 책은 영국과 다른 곳의 사회주의자들이 노동자주의의 허약한 유산으로부터 탈출할 수 있는 길을 모색하게 됨에 따라 직면해야만 했던 문제들에 때맞춰 날카롭게 초점을 맞추기 위한 것이다. 이 서평의 독자들이 그 유산을 상기할 필요는 없다. 우드는 이 문제를 신수정주의자들의 급진적 민주주의와 계급정치의 사회주의 간의 선택의 문제로 날카롭게 내놓는다. 그러나 앞으로의 진정한 길은 양자의 통찰을 종합하는 것일 수도 있다. 사회주의적 운동의 성장은 먼저 영국사회의 구체제가 항상 저항해왔던 ——대개는 노동당의 완전한 지지를 받으면서——, 민주주의를 확대할 급진적 개량들을 필요로 할 것이다. 오직 그런 다음에야 아마도, 노동자주의의 사멸과 더불어, 엘린 우드나 다른 사람들이 생각하는 넓은 의미에서의 계급정치가 자본주의를 유지시키기보다는 그것에 도전할 사회주의 종류의 운동을 만들어내기 시작할 수 있을 것이다.

엘린 메익신즈 우드에 대한 답변*

가빈 키칭

　최근 출판된 엘린 메익신즈 우드의 『계급으로부터의 후퇴』에서 내 책 『사회주의를 다시 생각한다』(*Rethinking Socialism*)에 대해 그녀가 평한 것과, 결론장에서 나의 정치적 견해에 대해 그녀가 종합적으로 논평한 것은 그럴 듯하게 보일 만큼 충분히 잘 구성되었고 주장되었는데, 이는 내 저작을 읽지 않은 사람들에게는 특히 그러할 것이다.[1] 따라서 나는 그녀가 편집위원으로 일하고 있는 『신좌파평론』(*New Left Review*)의 지면을 빌려 간단하게 답변할 수 있는 이런 기회를 갖게 된 데 대해 감사한다. 나는 그녀의 일반적이고도 특수한, 다양한 비판들이 나를 근본적으로 오해한 것임을 보여주고 싶다. 그러나 먼저 나는 한 표(341면의 표 참조)의 도움을 빌려 1984년 봄 영국의 육체노동자 및 비육체노동자들의 주당 평균소득 총액뿐만 아니라 영국 노동력의 직업적·성적 구조에 대한 몇가지 의미있는 사실들에 대해 윤곽을 그려보고자 한다.

　7081개의 표본가구를 근거로 한 1984년의 『가계지출조사』는 표의 자료들을 좀더 정교하게 만들 수 있게 해준다.[2] 이 조사는 한 명이나 그 이상의 노동력 구성원을 갖는 가구를 포괄하지만, 이 가구들 중 한 명이나 그 이상의 구성원이 (조사 당시) 실업상태에 있거나 그 이전에 퇴직한 가구도 포함한다. 표본추출된 가구들 중 거의 70퍼센트는 주당 100파운드를 초과하는 정상적인 총소득을 가지고 있었던 반면, 30퍼센트는 주당 100파운드나

＊ Gavin Kitching, "A Reply to Ellen Meiksins Wood," *NLR* 163, 1987년 5·6월
　호, London.

그 이하의 소득을 가지고 있었고, 15.5퍼센트는 주당 60파운드나 그 이하의 정상적인 총소득을 가지고 있었다. 이 소득분배에 대한 면밀한 분석은 우리가 기대함직한 것들을 보여주었다. 최빈곤 30퍼센트 중 가장 다수를 차지하는 가구(83퍼센트)는 일자리를 잃었거나 퇴직한 가장을 가지고 있었다. 이에 비해 최빈곤 30퍼센트의 가구들 중 가장이 전문·기술직이나 경영직에 종사하는 가구는 아주 적었다(겨우 평균 1.3%). 반면 이 중 육체노동자가 가장인 가구는 단지 약 9.5퍼센트에 불과했다. 역으로 가장 부유한 30퍼센트의 가구들 중 36퍼센트가 육체노동자 가장을 가지고 있었으며, 단지 7.7퍼센트만이 퇴직하였거나 일자리를 잃어버린 가장을 가지고 있었다. 그러나 (전가구 중―역자) 단지 8.6퍼센트의 가구가 자영업을 하는 가장을, 그리고 5.1퍼센트가 일자리를 잃은 가장을 가지고 있었던 반면, 83퍼센트의 가구는 임금을 받는, 혹은 봉급을 받는 피고용자(전업이든 시간제든)를 가장으로 하고 있었다는 점을 염두에 두어야 한다.

간단히 말해, 공식자료들을 이용할 수 있는 최근 연도 동안, 즉 영국에서 공식적으로 316만명의 사람들이 실업상태에 있었던(그리고 진정한 수치는 4백만을 족히 넘는) 영국 및 세계 자본주의의 위기가 여전히 매우 심각했던 해에도, 이 측정치들 중 어떤 것을 이용할지라도, 여전히 영국노동력의 상당한 다수는 자본주의 체제(의 유지―역자)에 중요한 물질적 이해관계를 가지고 있었다. 통계의 경계선들은 물론 항상 자의적인 것이지만, 그러나 여러 경계선들은 이에 포함되어 있는 이들이 대충 얼마나 되는지를 나타내 보여주기에 충분하다. 하나의 경계선은 주당 209파운드의 평균소득을 벌어들이는 650만의 남성 비육체노동자들 주위에 그려질 수 있으며, 다른 한 경계선은 주당 200파운드를 초과하는 총소득을 갖는 42퍼센트의 가구 주위에서 그려질 수 있다. 나아가 아마도 주당 124파운드의 평균 총소득을 얻는 직업을 가지고 있는 600만명의 여성들 중 상당부분 역시 체제

1) Ellen Meiksins Wood, *The Retreat from Class: A New 'True' Socialism*, London: Verso 1986; Gavin Kitching, *Rethinking Socialism: A Theory for a Better Practice*, London: Methuen 1983.

2) Department of Employment, *Family Expenditure Survey 1984* (HMSO, 1984), Table 4, 7면.

〈표〉 영국의 노동력, 1984

직업집단	16세이상 남성집단 (천명)	중소득 (평균) 주당 £	16세이상 여성집단 (천명)	중소득 (평균) 주당 £	남성·여성 집단전체 (천명)	전체 노동력에 대한 백분율
경영 및 전문직	4,494		2,375		6,870	30 ⎫
사무직 및 관련직	741	209	2,829	124.3	3,570	15 ⎬ 53%의 비육체 노동
기타 비육체노동	827		965		1,791	8 ⎭
기술 및 감독직	3,631		400		4,031	17 ⎫
숙련·반숙련 육체노동	3,617	152.7	3,015	93.5	6,632	28 ⎬ 46%의 육체노동
일반 노동자	298		20		318	1 ⎭
기 타	45		25		71	0
합계	13,653(남성)		9,629(여성)		23,282(전체)	100

출처: *Labour Force Survey* 1983 and 1984(HMSO, 1986), Table 4.12, 20면 및 *Social Trends* 1986(HMSO<1986), Table 5.2, 78면.

(의 유지)에 이해관계를 가지고 있는 사람들 속에 포함시키는 것이 타당할 것이다. 또한 주당 153파운드의 평균소득을 버는 숙련, 반숙련 및 감독의 기능을 수행하는 육체노동직업을 가지고 있는 700만의 남성들 중 70 내지 80퍼센트 역시 확실히 이에 포함시켜야 할 것인데, 그들 중 많은 사람들의 아내, 여자형제, 딸들 또한 동일직종에 종사하는 350만의 여성들 속에 속한다. 따라서 아마도 1984년 영국노동력에 속하는 2300만의 사람들 중 2000만은, 고용불안정성의 증대, 부채의 증대, 고통스러우며 빈곤이 심화되고 있는 상태에 있는 영국의 1200~1300만명의 사람들(청년들, 노인들, 다수의 흑인들, 다수의 결손가정들, 다수의 만성환자들)에 대한 인식의 증대에도 불구하고, 토리당에 또 한번 5년의 집권을 허용하라는 데 아직은 공감할 수 있을 정도로——혹은 그들 중 충분한 수의 사람들이 그럴 수 있을 정도로——충분히 돈을 벌고 있었다.

더구나 『가계지출조사』가 보여주듯이, 이 사람들 중 엄청난 수가 **노동자**들, 즉 전업으로든 혹은 (점차) 시간제로든 자신의 노동력을 파는 사람들이다. 그들 중 가장 부유한 사람들은 약간의 주식을 직접적으로 보유하고 있으며, 다른 많은 사람들도 계약형 투자신탁, 연금기금, 주택조합 및 은행계정을 통해 간접적으로 자산을 보유하고 있다.[3] 1984년 영국의 1800만의 가장들 중 거의 1100만명이 자기소유의 집에 거주하는 사람들이었으며, 그들 중 대부분은 집만이 유일하게 중요한 자산이라고 할 수 있는 사람들이었다. 모든 사람들에게 그렇겠지만, 특히 바로 그 가장 부유한 사람들에게는 임금이 지불되는 직업을 잃는 것은 이 모든 다른 소득원들을 위태롭게 할 것이다. 이 소득원들은 임금이나 봉급에 의해 보충되지 않는다면, 어떤 경우에도 그들이나 그들 가구들에게 아주 오랫동안 '익숙해진' 생활수준을 유지하도록 할 수 없을 것이다. 그리하여 새처정부는 그것의 수사(修

---

3) 1984년의 경우에 연금기금, 보험회사, 투자 및 계약형 투자신탁회사들은 영국증권시장의 전 지분의 가치 중 60퍼센트를 소유하고 있었다. 또한 1985년 10월(즉 BT가 사유화된 후이자 국영 가스회사가 설립되기 전인)에 실시된 한 조사에 의해 영국에 약 7백만의, 혹은 전인구의 17퍼센트에 해당하는 개인적 지분소유자가 존재한다는 사실이 밝혀졌다. 1984년에는 175만밖에 되지 않았다. Charlie Leadbeater, "The Sid in Us All," *Marxism Today*, 1987년 1월호, 22면.

辭), '재산소유의 민주주의'라는 허풍, 자기고용(self-employment)이라는 이데올로기, 국가독점체의 대량매각에도 불구하고, 영국 성인인구의 압도적 대다수가 갖고 있는 본질적으로 프롤레타리아적인 지위를 바꾸어놓을 수 없었으며, 앞으로도 바꿀 수 없을 것이다. 대부분의 사람들은, 만일 그들의 노동력을 살 고용주를 발견할 수 없다면, 여전히 쓰라린 생활을 해야 할 것이며 지금도 그렇게 하고 있다.

이 모든 것의 요점은 무엇인가? 간단히 말하자면 『맑스주의를 다시 생각한다』에서 내가 노동자계급 혹은 '보통 사람들'이라고 말할 때, 그것은 최소한 영국의 경우에는 내가 지금 말하고 있는 이 2000만명 정도의 사람들이라는 것이다. 그 책은 부끄럽지 않은 담백한 마음으로, 어떠한 형태의 영국의 민주주의적 사회주의도 이런 사람들, 즉 그 책에서 표현한 대로 하자면, 여전히 "흑인도 아니고 가난하지도 않으며 급진적이지도 않은" 사람들의 지지 또는 최소한 동의라도 얻어야만 할 것이라고 주장한다. 이는 단순한 선거물신주의가 아니다. 나는 사회주의자들에게 유권자의 마(魔)의 51퍼센트로 하여금 노동당을 지지하게 만드는 데 모든 노력을 기울이라고 요구하고 있는 것이 아니다. 나는 훨씬 더 광범위하고 훨씬 더 단순한 견해, 즉 영국에서 사회주의적 변혁을 이루려는 어떤 시도도, 선거에서 승리한 후에 시도하든 다른 어떤 방법으로 시도하든간에, 영국 노동자계급 전체의 우수한 정보에 기반을 둔, 일관되고도 지속적인 지지를 획득하지 못한다면, 좀더 평등한 사회뿐만 아니라 좀더 진정한 민주주의적 사회를 만들어낼 기회 역시 얻지 못할 것이라는 의견을 제시했다. 예컨대 우리가 이 변혁이 미국의 적의에 찬 반대에 부딪힌 상태에서 시도될 것을 생각해본다면, 그럴 경우 단호하고도 지속적인 대중의 지지는 그것의 성공에 절대적으로 필수불가결한 조건(결코 충분조건은 아닐지라도)이 될 것이다.

그러고 나서 그 책은 왜, 혹은 어떤 기초 위에서 그런 지지가 생겨나게 될 것인가, 왜 그것이 어떤 방식으로든 항상 노동자계급의 물질적 자기이익에 초점을 맞추는 구래의 좌파적 해결책들을 거부하는가를 숙고하는 데로 나아간다. 이 해결책은, 영국에서의 어떤 사회주의적인 (그러나 점진적으로나 혹은 민주적으로 착수될) 변혁도 어느정도 경제적 혼란을 수반한다면(그리고 예컨대 적대적인 미국은 충분히 그렇게 만들 수 있을 것이다),

단기적인 혹은 나아가 중기적인 물질적 자기이익까지 보장된다 해도 영국 노동자계급은 그런 변혁에 대한 지지를 철회하거나 그래야만 하게 될 것이라는 역사적으로 조건지어진 근거들 위에서 거부된다.

이해관계와 도덕성

엘린 메익신즈 우드는 새로운 '진정사회주의'(물론 나는 명백히 그 사도 중 하나다)가 "긍정적인 정치적 동력이 될 수 있는 원천으로서의 '조야한' 물질적 이해관계를 평가절하하는 태도를 취하는 경향을 보이며,"[4] 그것은 새로운 진정사회주의가 "'이해관계'와 '도덕성'을 정반대의 대립적인 것으로" 취급하기 때문이라고 쓰고 있다. 그리고 그녀는 "의심할 여지 없이 여기에는 논의되어야 할 엄청나게 많은 철학적 문제들이 존재한다"라고 덧붙이고 있다. 물론 그것들은 존재하며, '정반대의 대립물들'에 대해 모호하게 이야기하는 것은 그것들에 관한 논쟁을 명료하게 하는 데 도움이 되지 않는다. 아주 간단히 말하자면, 어떤 사람 혹은 사람들의 집단은 특정한 정치적 혹은 도덕적 목표나 목적을 추구할 수 있고, 그리고 동시에 그들 자신의 물질적 상태의 특수한 개선을 추구하거나 그런 개선을 추구하는 다른 사람들을 지지할 수 있다. 메익신즈 우드가 적절히 강조하듯이, 여기에는 아무런 논리적 모순이 존재하지 않는다. 그러나 특정한 역사적 상황에서의 실천에서는 (이들간의 — 역자) 모순이 존재할 수 있으며 그런 모순들 혹은 상황들을 특수화하지 않는 논리 그 자체는 우리를 그 어디로도 이끌 수 없다. 예컨대 어떤 특수한 역사적 상황에서 A(특수한 물질적 개선)가 B(한층 일반적인 정치적 변화)를 전제조건으로 요구한다고 주장하고, 이어서 이 주장이 오류임이 입증된다면, 그런 상황에서는, 한층 일반적인 정치적 변화에 대한 요구는 그것이 이미 이야기한 특수한 개선의 전제조건이라는 주장에 근거를 둘 수 없게 될 것이다. 따라서 1860년 영국에서 행해진 '사회주의만이 노동자들에게 버젓한 집을 갖게 할 것이다'라는 주장은 당시에는 그것을 주장하는 사람들에 의해 열광적으로 신봉될 수 있었고, 사실상 그 때는 그것으로 효과적인 정치적 선전을 할 수도 있었다. 그러나 역사의

---

4) *The Retreat from Class*, 127면(이 책 167면).

뒤늦은 지혜는 그것이 주장했던 필연적인 연관을 부정하고 있으며, 이는 사회주의를 옹호하는 후대의 선전가들이 만일 현명하다면 그런 연관을 주장하는——최소한 이렇게 대담한 형태로까지——데 더 신중해질 것이라는 점에서 일정한 정치적 효과를 가져올 것이다. 그들은 형식적인 논리를 고려해서가 아니라 역사적 사건들이 노동자계급으로 하여금 이런 형태를 취하는 주장들에 회의적이게 만들어 놓을 것이기 때문에, 즉 그것이 더이상 효과적인 선전수단을 만들어내지 못할 것이기 때문에 신중해질 것이다. 사실상 사회주의의 전역사는, 적어도 영국에서는, 자본주의가 할 수 '없을' 것들을 이야기했으나 (시간이 지남에 따라—역자) 조용히 폐기된 이런 주장들, 즉 정치적·도덕적 이상과 물질적 이해 양자에 대한 호소를 종합하려는(사회주의적 정치가 반드시 이를 종합해야만 하게 되면서) 정치에서는 반드시 빈번히 제기되는 경향이 있는 주장들로 점철되어 있다.

 도덕적 이상들과 물질적 이해 간의 관계에 대한 이 모든 문제들은 아주 거대한 쟁점이고, 내 생각으로는, 맑스주의의 몇가지 근본적인 역사적·정치적 문제들의 핵심을 찌르는 것이다. 그러나 나는 여기서 그것을 정당하게 평가할 만한 지면을 가지고 있지 않다. 특정한 역사적 국면들에서 사회주의 운동들이 자본주의하에서의 어떤 물질적 개선이나 개량이 정치적 혹은 경제적으로 불가능하다고 주장하였는데 이 '불가능한 것'이 현실로 나타난다면 그들은 몹시 중대한 난관에 봉착하게 될 것이라는 점을 지적해두는 것으로 충분할 것이다. 이는 자본주의하에서의 지속적인 경제발전이 항상 그것을 악화시키는 경향이 있다는 의미에서 (사회주의의—역자) '누적적인 신용'(의 하락—역자)의 문제라고 개념화할 수 있을 것이다. 그러나 사회주의적 변혁의 과정이 물질적 개선을 추구하여 그런 변혁을 지지했던 사람들에게 물질적 희생을 요구한다는 것이 판명될 때 역시 그들은 아주 커다란 곤경에 처하게 될 것이다. 따라서 여기에는 진실로 '논의되어야' 할 '쟁점'(issues)들이 존재하지만 그것은 일차적으로는 '철학적' 문제들이 아니며, 오히려 무엇을 현재의 사회주의적 실천으로 간주할 것인가라는 특수한 역사적·정치적 문제들(problems)이다..

 『사회주의를 다시 생각한다』에서 이런 문제들에 부딪히면서(좌파에 속한 다른 여러 사람들과 마찬가지로 엘린 메익신즈 우드는 이 책이 그런 문제들과 대면하고 있지 않다고 주장하지만, 나는 최소한 그것이 그 문제들과 대면하고는 있다고 주장하고 싶다), 나는 가장 비참한 가난으로부터 탈출할 수 있는 수단으로 사회주의를 필요로 하는 것이 아니라 그들에게 사회주의가 윤리적 이상인 동시에 **정치적 권력부여의 수단**인 노동자계급이야말로 물질적인 상황이 어려워질 때 사회주의적 변혁의 대의를 저버릴 가능성이 훨씬 적은 노동자계급일 것이라고 주장했다. 『사회주의를 다시 생각한다』는 서구에서 자본주의가 발전함에 따라 절대빈곤으로부터의 해방으로서 사회주의를 필요로 하지 않을 만큼 충분히 물질적으로 풍요로운 노동자계급이 생겨났다고 주장한다(이는 그런 빈곤이 서구 사회에서 완전히 사라졌다고 주장하는 것은 아니다). 그 책은 또한 명백히 윤리적인 담화와 대개는 수동적인 시민들에게 권력을 부여할 필요성——정치적이고 경제적인 필요성(이하를 보라)——에 중심을 두는 담화를 향한 사회주의적 선전과 실천에서의 변화가 현재의 역사적 상황에서는 훨씬 더 강력하고 성공적인 사회주의적 실천을 만들어낼 수 있을 것이라고 주장했다.

그러나 이것이 메익신즈 우드가 주장하듯 "키칭은 왜 노동자계급의 특정 분파가 사회주의의 주된 지지기반으로 특권화되어야 하는지를 명확히 밝히지 못하고 있다"는 것을 의미하지는 않는다.[5] 그 책의 31~32면에서 나는 현대자본주의의 주요모순은 사적 소유가 유지되고 있음에도 불구하고 생산과 분배는 점점 더 복잡한 방법으로 '사회화'되는 경향이라고 주장했다. 따라서 현대자본주의는 인플레이션 없이 성장과 수익성을 유지하기 위해서는 자신의 근로계급들의 활발한 의식적인 참여를 필요로 하지만, 그것은 의식적이고 제대로 된 참여가 이루어질 수 있는 어떤 진정한 기회가 존재하려면 필요할 그런 방식으로 그 계급들에게 권력을 부여할 수는 없다. 따라서 『사회주의를 다시 생각한다』는 사회주의적인 정치적 실천의 목표는 이제 권력부여를 통해 자본주의가 경제적으로는 필요로 하지만 정치적으로는 만들어낼 수 없는 노동자계급을 창출하는 데 일조하는 것이 되어야 한다고 주장한다. 마지막 장의 '선제적인 노동조합주의'(Pre-emptive Unionism)에서 나는 어떻게 그것이 이루어질 수 있는지에 대해 몇가지 생각을 제시하

---

5) 같은 책, 119면(이 책 157면).

고 있다. 그리고 메익신즈 우드가 확실히 승인해야만 하는 고전적인 방법
으로 이것은 사회주의자들에게 장기적인 정치적 이익을 줄 뿐만 아니라 노
동조합주의자들에게 (고용주들과의 더 효율적인 협상에서) 단기적인 물질
적 이익도 줄 수 있다고 주장하고 있다.

민주적 사회주의의 가능성

일단 이런 요점들이 파악되면 우드의 비판의 지주는 붕괴된다. 맑스에 대
해 미하일로프스키(Mikhailovsky)가 그랬듯이, 그녀는 특수한 국면적 분석
을 취한 다음 그것을 초역사적인 이론 즉 '형이상학적 맑스주의'(Platonic
Marxism)로 바꾸어놓는다. 그러나 나는 물질적으로 안정되고 교양있는 엘
리뜨들만이 도덕적·정치적 이상을 고양시킬 수 있다고, 어떤 본질주의적
형태로 주장하려는 것이 아니다. 가난한 사람들의 대중운동들이 사회의 중
요한 도덕적·정치적 개선을 가져왔고, 가져올 수 있다는 것을 부정하고자
하는 것은 더 더욱 나의 의도와 무관하다. 내 관심사는 오히려 '근대'(즉 포
스트산업혁명의)세계의 민주적 사회주의의 특수한 문제들과 관련되어 있다.
『사회주의를 다시 생각한다』가 천착하고 있는 문제는 다음과 같은 것이다.
'지금 민주적 사회주의는 가능한가? 가능하다면 그것은 어떤 것이어야 하
며 어떻게 달성되어야 하는가?' 이 문제에 대한 내 대답은 민주적 사회주
의는, 사회주의가 대체로 (선진산업사회의 수준을─역자) '따라잡으려는'
산업화의 노력을 촉진하는 장치인 사회들에서는 불가능하다는 것이다(가장
중요한 이유는 신속하게 그것을 이루어낼 수 있게 하는 수단들은 민주적으
로 주어지는 대중의 지지를 유지하기 어렵게 하기 때문이다). 나는 산업적
으로 선진적인 자본주의 사회의 맥락에서 사회주의가 물질적으로 풍요로운
노동자계급에게 주는 **첫째** 매력이란 사회주의가 가져올 능력이 있다고 상
정되는 이른바 물질적 생활수준의 개선일 수 없다고 주장한다. 왜냐하면
(1) 그런 능력은 입증되지 않고 있고 (2) 물질적 생활수준의 개선을 기초로
획득되는 지지는, 그런 개선이 향후 실현되지 않거나 물질적 희생이 요구
되는 경우 (혹은 그 둘 다일 경우) 사라져버릴 것이기 때문이다.

마지막으로 좀더 특수한 여러 논점들이 존재한다. (1) 내가 "자본주의는
……─ 그리고 오직 자본주의만이 ─ '장기적으로 사회주의의 건설을 유

도할 수 있을' 일반적인 풍요의 조건을 제공할 수 있다"고 주장한다고 메익신즈 우드는 이야기한다.[6] 이는 틀린 말이다. 나는 오직 자본주의만이 그렇게 할 수 있다고 주장하지 않는다(『사회주의를 다시 생각한다』 3~4면, 그리고 57~58면을 보라). (2) 내 책의 제2장 '사회주의와 저발전'을 준거로 메익신즈 우드는 "국가의 후견하에서 거의 불가피하게 생산하는 계급들의 희생을 대가로 급속한 발전이 일어나는 조건에서는 국가와 민중, 특히 노동자계급 간의 관계는 문제가 되지 않을 수 없다"라고 적고 있다. "그러나"(그녀는 말한다) "키칭의 주장은 이것과는 궤를 달리하는 것이다."[7] 아무것도 다를 게 없다. 위에 있는 것이 나의 주장이다. 그 장에서 유일하게 덧붙인 점은 제3세계의 물질적 궁핍과 여러 빈곤한 사람들의 사회적 소외로 인해 그들이 민주적 정치에 효과적으로나 지속적으로 참여하는 것이 어렵거나 불가능해진다는——이론적으로는 그런 가능성이 열려 있는 나라들(예컨대 인도)에서조차도——한층 일반적인 것이었다. (3) 나는 '평범한 농민과 장인들'이 아테네 민주주의의 기반을 제공했다거나 '중간 상인과 장인들'이 플로렌스 공화국의 '골간'이었다는 것을 부정할 생각이 전혀 없다.[8] 나는 물질적 개선을 추구하는 것과 한층 포괄적인 도덕적·정치적 목표를 추구하는 것 사이에 어떤 논리적이거나 필연적인 양립 불가능성이 존재한다고 주장하지 않기 때문에 이것들을 부정해야 할 필요가 없다. 그러나 이 집단들 중 그 어느 것도 각각의 사회에서 가장 가난하거나 가장 억압받는 집단은 아니었다는 점은 지적되어야 한다. 만일 내가 초역사적인 거대이론을 구성하는 일을 하고 있다면 이런 발견은 나를 약간은 편안하게 해주었을 것이다. (4) 메익신즈 우드는 마지막 장에서 광산노동자 파업에 대한 라파엘 사무엘의 논평에 대한 답변인 나의 『새 정치인』(New Statesman)지(誌)의 시평이 역겨운 것이라고 이야기한다.[9] 과연 그렇다. 그러나 나는 그것 역시 넓게 보아 옳았다고 생각한다. 나는 '훌륭한 주장을 하기보다는 훌륭한 양심을 갖기를 선호하는'(마이클 이그나티

---

6) 같은 책, 117면(이 책 155면).
7) 같은 책, 119면(이 책 158면).
8) 같은 책, 126~27면(이 책 166~68면).
9) 같은 책, 195면(이 책 242면).

에프는 그때 이를 더 신랄하게 표현했지만) 좌파의 사람들을 볼 때마다 항상 분노한다. 내가 분노하는 가장 중요한 이유는 좌파 지식인들의 엉성한 혹은 소망적 사고는 그들이 대변한다고 주장하는 민중에 대한 배반(진실로 그들이 할 수 있는 유일한 배반)을 나타내는 것이라고 생각하기 때문이다. 진정한 연대는 때로는 사람들에게 그들이 듣기 싫어하는 것을 말하는 것으로 이루어진다.

이 점을 발전시켜 엘린 메익신즈 우드는, 나와 다른 여러 사람들(특히 노동당에 있는)이 광부들을 지원하는 정치적 **조직**에 대한 우리의 책임을 완수하는 것은 차치하고라도 그에 대해 언급조차 하지 못했다고 주장하기까지 한다. 그녀는 광부파업이 정치적 지도력과 조직의 결여로 인해 광부들의 지지 속에서도 노동자계급의 의식이 효과적인 계급행동으로 전환되지 못한 여러 상황들 가운데 하나였을 수 있다고 치부한다. 나는 유감스럽게도 이를 오랫동안 임무에 전혀 맞지 않는 것으로 증명되어온 정치적 이론과 실천을 가지고 크게 벌어진 실존적 간극을 메우려는 좌파의 상습적인 실천의 또 하나의 사례일 뿐이라고 생각한다. 계급의식이나 수동적인 계급자각이 '정치'와 '조직'에 의해 효율적인 계급행동으로 전환될 수 있다는 주장은 1917년 이래로 모든 맑스-레닌주의적 당과 분파의 핵심적 신조였다. 얼마나 많은 전투적 노동조합원이 곧이어 토리당에 투표를 하든, 얼마나 많은 지난날의 파업참여자들이 다른 사람들의 파업을 수수방관하든, 얼마나 많은 당기관지의 가두판매를 하던 활동가들이 자유주의적이거나 보수적인 중년세대로 전락하든, '정치'와 '조직'이라는 전환의 잠재력을 가진 불가사의한 존재는 여전히 프롤레타리아의 구원의 길로서 좌파의 세대에서 세대로 자랑스럽게 내보여지고 있는 것이다.

진실은, '정치'나 '조직'이 누군가를 그들의 생활을 위협하거나 그들에게 다른 희생이나 고난을 가져다주는 활동들에 연루시키는 데로 이끌기에 앞서, **이미** 그 사람들은 정치활동이 지향하는 목표, 혹은 그들이 참가하고 있는 조직의 목표가 소망스런 것이라고 믿어야만 한다는 것이다. 정치적 관여, 조직에의 관여가 이 신념을 강화할 수는 있지만(혹은 약화시킬 수도 있다!) 그러나 결코 그것을 **창조**해내지는 않는다. 개인적으로 나는 사회주의적 신념들이 복합적이고도 다양한 개성과 일대기의 조합으로부터 형성되

기 때문에 정치적 영향력이나 조작('정치적인 것'을 완전히 구래의 의미로
정의할 때)에 의해서는 바뀔 수 없다고 생각한다. 사회주의자들은 태어나
지 않는다. 그들은 만들어진다. 아니, 차라리 그들이 그들 자신을 만들어
낸다. 그러나 그들은 그런 '형성'이 계획되거나 조직화되거나 어떤 정치적
동력에 종속될 수 없는, 개인적으로 각기 다른 방식으로 만들어진다.

따라서 이는 좌파의 활동이 결코 '사회주의자들을 만들어내는 것'을 지향
해서는 안된다는 것을 의미한다. 이것이 구래적인 정치의 요소 속에서 행
해질 수 있는 그 무엇이 아니라면 좌파의 정치는 그것을 직접적인 목표로
할 수 없기 때문이다. 나는 그렇게 생각한다. 나는 좌파의 정치활동은 '사
회주의자들을 만들어내는 것이어서는 안되며, 사람들을 특정한 쟁점을 둘
러싸고 특정한 투쟁들에 참여하게 하는 것이어야 한다고 생각한다. 『사회
주의를 다시 생각한다』는 선진자본주의 사회에서 그런 투쟁들은 민주주의
의 확대와 심화에 초점을 두어야 하며, 사실상 그런 투쟁의 언어를 구성해
야 하는 것은 '민주주의'의 수사와 논리이지 '사회주의'의 그것은 아니라고
주장하고 있다. 민주주의를 확대하고 심화하는 지속적인 투쟁들로부터, 한
사회가 어느날 '민주주의적으로 사회주의적인' 사회, 그러나 그 시민들의
대다수는 자기의식적인 사회주의자가 아니며 결코 그래본 적도 없는 사회
로 인식되고 (그들을 연구하는 역사가들에 의해) 그렇게 이름붙여질 수 있
는 사회가 될 수 있다고 가정하는 것은 아주 일관된 것이기 때문이다. 그
러나 그들은 모두 자기의식적인 민주주의자들이어야만 할 것이다. 그리고
이런 사회주의적 단계에 도달한다면, 그것은 결코 종국적 상태가 아니라
그저 지속적인 역사과정에서 회고적으로 인식되는 한 지점에 불과할 것이
다. 『사회주의를 다시 생각한다』의 도입부에서 썼듯이 "영국이나 다른 선
진자본주의국이 1980년대의 많은 급진주의자들이 '사회주의의 실현'이라고
생각했던 그런 상태에 도달한다면 논쟁과 투쟁은 이미 오래 전에 다른 개
념을 갖는 다른 지형으로 옮아가 있을 것이며, '사회주의 대 자본주의'는
더이상 문제가 되지 않을 것이다. 지금처럼 그때에도, 견디기 힘든 세상
은, 20세기 후반이라는 아주 먼 나날들 이래로 모종의 '혁명적' 변화의 과
정들이 완성되었다고 뒤돌아보며 말하는 역사가들에게 자신을 맡기게 될
것이다".

『계급으로부터의 후퇴』에 대한 비판*

리차드 라이트

세 개의 독특한 이론군, 즉 고전적 정치경제학, 헤겔주의 철학, 그리고 프랑스 정치사상이 일반적으로 맑스의 분석에 가장 중요한 영향을 끼친 것으로 인정되어왔다. 이 셋은 각각 맑스의 이론적 구상에 핵심적 개념인 가치, 변증법 그리고 계급을 시사하고 있다. 대부분은 아니더라도 많은 맑스주의 사상가(맑스주의자들에 의한 것이건 비맑스주의자들에 의한 것이건)에 있어 가치론과 변증법은 가장 독창적이지 않은 구성부문으로 간주되어왔다. 이는 맑스의 분석이 지니는 독창성의 상당부분을 짊어지는 일을 계급에게 남겨두게 된다. 그러나 계급이라는 개념을 이처럼 독점하는 것도 전후시기에 들어서는 막스 베버(Max Weber)의 업적을 이어받은 강단 사회주의자들에 의해 도전을 받게 되었고, 그 결과 맑스주의자들은 계급이라는 언어의 다원성을 인정하고 맑스주의적 계급 개념과 비맑스주의적 계급 개념의 차이를 명확히하지 않으면 안되게 되었다. 그렇지만 베버주의적 전통과 달리 맑스주의자들은 계급을 사회주의를 지향하는 사회·정치적 변화를 위한 운동을 계몽하고 북돋을 수 있는 정치적 담론 속에 위치짓는 데도 마찬가지로 관심을 기울여왔다. 이 점에서 계급의 가치는 그것이 특정한 정체성(identity)을 부여하고 정치적 담론에 중심적인 많은 다른 주제들, 특히 투쟁과 연대, 진보라는 주제들에 대한 정향을 부여할 수 있는 능력으로

---

* Richard Wright, "Reviews," *Rethinking Marxism*, vol. 1, no. 2, 1988년 여름호, 167~70면과 172~75면. 170~71면은 Barry Hindess의 *Politics and Class Analysis*의 서평으로서 이 부분은 생략하였음.

부터 연유해왔다.

이에 대한 고전적 선언은 『공산당선언』이었고, 또 아직도 그러하다. 이에 의하면 '근대산업'의 제도와 힘 그리고 시장교환은 (1) 점차 양극화되는 계급구조와 (2) 이를 둘러싸고 자본과 노동이라는 두 계급이 조직되어 투쟁하는 쟁점과 이해관계를 제공하는 경제적 환경뿐만이 아니라 이를 통해 이들 계급의 집단적 정체성이 확보되는 제도적 수단 등을 산출한다. 그 결과인 모순적 압력은 계급투쟁이 심화된다고 주장되는 위기의 시기들을 낳는다.[1] 맑스와 엥겔스는 이러한 경제적 전개가 반드시 정치적 영역으로 확산되고, 거기서는 두 주요계급의 이익을 대표하는 정당들간의 국가권력을 향한 투쟁이 점차 격화될 것이라고 보았다. 이 투쟁을 통해, 또 이를 넘어서, 맑스와 엥겔스는 미래의 사회주의 사회가 온다고 보았다.

『공산당선언』의 업적은 계급을 투쟁과 연대, 진보라는 주제들에 연결시키는 데서 보이고 있는 그 설득력이다. 그 한계는 계급정치를 자본주의의 제도들을 형성하는 대립적 이해관계의 단순한 이분법에 국한시킨 것, 그리고 그 결과 계급정치를 주로 사회·경제적 위기의 시기에 국한시킨 것이다. 이것들이 이후 맑스주의 전통 내 투쟁의 중심부에 자리잡은 문제들이다.[2]

금세기초에 베른슈타인(Edward Bernstein)과 연루된 '개량주의적' 입론은 계급정치를 사회·경제적 위기기에 국한시키는 것에 의문을 제기했다. 이는 부분적으로는 제도적 변화와 정치·이데올로기적 투쟁의 반영이며, 이들 투쟁은 맑스주의와 노동운동에 대해 일반적으로 자본주의 사회에서 한층 항구적이고 정당한 지위를 확보하도록 해주었다. 그러나 고전적 계급정치에 대한 좀더 근본적인 의문이 제기된 것은 제 1 차 세계대전 이후이다. 노동운동을 급속히 삼켜버린 민족주의적 정서가 영향력을 확대함으로써 투

---

1) 『공산당선언』에서 맑스와 엥겔스는 궁핍화, 노동강도의 증가, 공장 전제(factory despotism), 탈숙련화를 이와 관련된 주된 과정으로, 그리고 노동조합을 조직된 노동자계급의 핵심기관으로 거론하고 있다.

2) 맑스와 엥겔스는 이같은 입론을 곧 포기하고 그들의 연구를 분석대상으로서의 계급에 명백히 초점을 맞추는 것으로 옮겨갔다. 이같은 변화는 『루이 보나빠르뜨의 브뤼메르 18일』에서 시작하여 『자본론』에까지 이어진다.

쟁과 연대가 노동자계급의 이익에 의해서만 동력화될 수 있다는 소박한 믿음이 모두 무너져버렸다. 그 결과로 제2인터내셔널이 붕괴하고 곧 이어 러시아혁명이 일어남으로써 사회주의적 진보가 근대산업의 계급하고만, 그리고 자본주의 사회의 가장 발달된 지역하고만 연결되어 있다는 생각이 무너져내렸다. 계급정치에 대한 고전적인 전망은 희망없이 길을 잃어버린 것처럼 보였다. 그러나 이같은 발전이 촉진한 공산당들의 건립과 제3인터내셔널의 결성은 고전적인 계급정치에 다른 안식처를 제공했다. 새로운 공산주의 운동은 영향력을 제대로 끼치지 못하는 데 대한 설명을 서구의 계급의식에 대한 다양한 '장애'들 속에서 찾았고 일시적으로 사회주의적 전진을 동으로 이동시켜야 하는 상황의 특수성을 강조했다. 그러나 이같은 잠정적인 현상이 사라지지 않고 갓 태어난 쏘비에뜨 국가가 고립 속에서 살아 남지 않으면 안되게 되자, 계급정치를 확장해야 할 필요성이 긴급한 필수조건이 되었다. 다양한 수단이 강구되었고, 그 결과, 계급정치의 전통적인 장(場)과 주체들이 반제투쟁, 반파시즘투쟁, 소련 그 자체의 방어 등 현대적 관심과 불편한 공존을 해야만 했다.

계급정치, 산업제도 그리고 위기기 간의 결속이 이같이 이완됨으로써 선진자본주의 사회의 맑스주의자들에게는 특수한 문제들이 제기되었다. 어려움은 계급정치를 복잡하게 만든 동일한 제도적·정치적 변화, 즉 기업 규모와 구조의 변화, 생활수준의 향상, 국가 성격의 변화와 그 영향력의 증대에서 계급의 역할에 거의 또는 전혀 의지하지 않는 연대와 투쟁, 진보의 대안적 형태의 가능성을 발견한 이론가들이 가하는 다양한 지적 도전에 의해 배가되었다. 이것들이 막스 베버, 케인즈(J. M. Keynes), 슘페터(J. Schumpeter)와 같은 인물들의 관심사였다. 그리고 이들의 지적 추종자들은 강력한 이데올로기를 만들어냈는데, 그것은 제2차 세계대전 후 사회적 갈등과 경제적 위기의 종언을 약속하였다.

맑스주의적 전통은 이에 여러가지 방식으로 대응하였다. 일부, 특히 뜨로쯔끼적 전통에서는 투쟁과 연대, 진보의 정치에서 노동자계급이 지니는 중심성이 보존되었고 노동자계급의 역사적 고립은 자본주의적 호황이라는 조건의 불가피하나 일시적인 결과라고 설명되었다. 다른 맑스주의자들의 경우, 이같은 전후 조건은 계급정와 사회주의적 발전이 선진자본주의국으

로부터 현존사회주의 내지 제 3 세계의 민족해방투쟁으로 한층 항구적으로
전위(displacement)됨을 시사했다. 이러한 대응은 계급분석에 대한 신념을
유지하고 맑스주의를 새로운 방식으로 확장시키는 데 중요했지만, 이는 선
진자본주의국에서의 사태 전개에 대한 평가를 제공할 수 없었고, 전후 자
본주의에 의해 생겨난 변화에 적절히 정치적으로 대응할 수도 없었다. 이
실패는 맑스주의에 대한 한층 근본적인 재평가, 즉 계급정치를 특정한 장
소와 역사의 특정한 시기에 한정시키는 사회와 사회적 변화에 대한 환원주
의적 분석의 철학적이고 방법론적인 한계를 강조한 재평가를 촉발하였다.[3]
이는 계급분석을 공장문 밖으로까지, 사회에 대한 단순한 이분법적 구조를
넘어서까지, 그리고 위기의 정치를 넘어서까지 끌어낼 수 있었던 긴요하고
도 창조적인 대응이었다.

60년대 후반과 70년대에 맑스주의가 되살아난 것은 맑스주의 전통 내의
이같이 상충되는 경향들에 의해 조건지어졌다. 방법론적 입론의 중요성에
대한 인식의 제고, 환원주의적 입장으로부터의 탈피가 계급과 위기정치라
는 낡은 개념과 공존했다. 그 부활은 오래가지 못했다. 한편으로는, 파편
화된 노동자계급을 단결시킬 수 없었고, 다양한 "이슈운동"을 자본주의에
대한 한층 전반적인 대항에 복속시킬 수 없었으며, 사회주의적 발전의 설
득력있는 전략을 제공할 수 없었다. 다른 한편으로는, 우파가 위기정치를
성공적으로 전유하는 데 대해 힘없이 대응함으로써 계급정치는 20세기말을
향하여 방향타 없이 표류하고 있는 것처럼 보인다.

이같은 맑스주의 최근 위기는 두 가지 양극적인 대응을 낳고 있다. 첫번
째 대응은 방법론적 세련화와 계급정치 간에는 내재적인 모순이 있다고 보
고 이론적·정치적 도구로서의 계급을 포기하고 정치적 문제들에 좀더 실
용적으로 대응하는 것을 택하고 있다. 이는 잠재적 계급세력에서 해결책을
찾으려 하지 않는다. 두번째 대응은 이러한 방법론적 세련화가 바로 문제
라고 생각한다. 즉 이같은 방법론적 세련화는 계급정치에 대한 고전적 구
상의 고유성과 명료성, 설득력을 제거한다는 것이다. 따라서 이 입장은 고

---

3) 서구 맑스주의에 대한 이같은 평가는 페리 앤더슨의 뛰어난 비판과는 대조를 이
   룬다. 서구 맑스주의에 대한 한층 긍정적인 평가로는 레이먼드 윌리엄즈의 평가를
   들 수 있다.

전적 계급정치를 재천명하고 재확인하려 한다. 힌데스와 우드의 최근 저서
들은 이 대조적인 입장들을 각각 명백히 대표하고 있다.

　『계급으로부터의 후퇴』에서 우드는 계급정치라는 고전적 개념과 이것이
현대정치투쟁에 적합함을 강력히 재천명함으로써 사회주의적 정치로부터
계급을 혼미하게 하고 무단제거하려는 행위를 폭로하고 비판한다. 우드는
이같은 (계급으로부터의 — 역자) 후퇴에서, 맑스가 『공산당선언』에서 철학
적 인본주의의 환상으로 계급관계를 은폐한다고 비판한 '진정'사회주의자들
의 사상과의 유사점을 발견한다. 그녀는 새로운 진정사회주의자(NTS)를,
각각의 독특한 정치·이론사(주로 맑스주의적 전통 내에서)에도 불구하고,
다음과 같은 두 가지 밀접하게 관련되어 있는 주제를 중심으로 사회주의
이론과 정치를 재구성하는 것에 투신했다는 공통된 정체성을 얻은 사회주
의적 지식인들의 느슨한 연합으로 파악한다. 첫째, 그들은 정치·이데올로
기적 과정을 어떠한 경제적·계급적 기초로부터 독립된 것으로 해석하고
이를 강조한다. 둘째, 그들은 사회주의와 조직된 노동자계급 간의 어떠한
필연적인 연관을 상정하지 않는 정치적 프로젝트를 제시한다. 노동자계급
은 기껏해야 "민주주의 투쟁"의 광범위한 연합을 구성하는 많은 요소 중
하나일 따름이며, 최악의 경우 이들이 산업자본주의의 제도와 가치에 포섭
되어 있다는 사실을 전제로 할 때 이같은 투쟁에 대한 잠재적인 적이라는
것이다.

　우드에 따르면, 이러한 구상에 대한 핵심적인 영감은 루이 알뛰쎄와 특
히 니코스 풀란차스로 대표되는 전후 프랑스 맑스주의 전통에서 연유한다.
그리고 그녀는 이에 대한 풀란차스의 공헌에 초점을 맞추고 있다. 우드는
자신이 NTS라고 이름붙인 학자들에 의해 확대된 특정한 중심적 주제들의
발전을 풀란차스 속에서 발견한다. 착취관계를 지배(domination)관계로 대
체하는 것, 이에 따른 맑스의 계급 개념의 무력화와 상대적으로 자율적인
정치·이데올로기 과정의 형성적 역할에 대한 강조, 계급정치를 국가권력
의 문제로 국한하는 것, 전략문제를 민중동맹(popular alliances)에 국한하
는 것 등이 그것이다. 풀란차스 자신은 맑스주의 전통에 대한 애정을 그래
도 유지하고 있는 반면, 이후 학자들에 의한 이들 주장의 확대 발전은 불

가피하게 맑스주의와의 완전한 단절을 내포하고 있다고 우드는 지적한다. 그녀는 이러한 단절을 에르네스또 라끌라우와 샹탈 무페, 힌데스와 폴 허스트, 개러스 스테드만 존스, 사무엘 보울스와 진티스 등에 대한 연구를 통해 추적한다. 그녀가 보기에, 이들은 모든 경제주의적 흔적과 사회변화의 핵심적 주체로서의 노동자계급에 대한 남아 있던 기대마저 제거하고 재구성된 선거정치에 대해 지적 지원을 아끼지 않는다는 점에서 유사하다.

우드는 이들 학자들에 대한 그녀 나름의 평가에서 많은 중요한 비판들을 제기한다. 권력이라는 한층 광의의 개념을 가진 계급에 대한 맑스주의 특유의 개념화가 붕괴한 데 대한 그녀의 인식은 중요하다. 그리고 이와 관련된 풀란차스의 저작에 대한 그녀의 분석은 예리하고 정곡을 찌르고 있다. 이와 마찬가지로 맑스를 기술결정론자로 보는 통상적인 독해에 대한 그녀의 비판은 값진 것이고 라끌라우와 무페 등등이 자유주의와 민주주의, 자본주의 국가 간의 관계를 제대로 다루지 못하고 있는 것에 대한 그녀의 논의 역시 그러하다. 그러나 불행히도 이러한 논점들은 고전적 맑스주의의 이론적·정치적 전통에 대한 NTS의 비판과 거의 직접 정면승부는 하지 않고 너무 쉽게 험담에 의존하는, 통렬하나 별로 도움은 되지 않는 대결 방식에 의해 가려지고 있다. 우드는 그들을 "겉치레와 모호성" "과잉 방법론주의"라고 제쳐버리는가 하면 "다원주의", "관념론", (명백히 더 나쁜 편향인) "절대적 관념론"이라고 비난한다. 그녀는 또 이들이 정치적으로 선거개량주의에 기운 것을 응징하고 단지 "공허하고 고리타분한 우파 민주주의의 해결책을 달리 반복하는 것"일 뿐이라고 지적하면서 "자비로운 생각하는 중간계급"에 영합하는 데 기초를 둔 정치적 엘리뜨주의라고 이들을 비난한다.

이같은 부적합한 자격증명서를 제멋대로 적당히 보여준 뒤 "유물론에 대한 집착, 경제(그녀가 물질적 영역과 혼동하여 동일시하고 있는)의 우위성, 노동자계급 이익의 중심성, 그리고 노동자계급의 이익이 사회주의에서의 일반이익의 기초임을 재확인함으로써 우드는 고전적 계급분석의 오랜 만병통치약에서 손쉽게 문제의 해답을 찾으려 한다. 그녀는 이같은 입론들을 문제시하도록 만들어온 제도적·이데올로기적 변화를 거의 인정하지 않고 있다. 또 그녀는 이 변화들을 많은 맑스주의 분석 속에 수용할 때 생겨나는 개념적 혼란과 분석적 한계에 대한 통렬한 비판을 거의 인정하지 않는다. 이는 영국정치의 최근의 전개에 대한 그녀 자신의 평가가 잘 예시해주고 있다. 광부파업과 새처주의 정치를 그녀는 전통적인 계급정치가 아직도 계속되고 있음을 나타내주는 것으로 믿는다. 광부파업의 경우, 힌데스가 주장한 것처럼, 광부의 이익의 본질은 예정되지 않았고 계급이익의 명백한 반영도 아니다. 오히려 그것은 파업과정 내내 지속적이고 모순적인 투쟁의 초점이었다. 새처주의에도 우드의 분석처럼 계급정치의 단순한 주석을 붙일 수는 없다. 우드의 분석은 새처주의가 경제·사회생활을 특수하게 해석한 것을 왜곡하고 있으며 전통적 요소와 새로운 요소를 결합해 급진적 변화를 위한 강력한 이데올로기를 창출한 복잡한 정치적 담론을 단순화하고 있다.[4]

계급정치에 대한 우드의 옹호는 두 가지 점에서 그릇된 것이다. 그녀가 루이 알뛰쎄의 공헌을 피상적이고도 불만족스럽게 다룬 것은(이는 페리 앤더슨의 분석을 단순히 반복하는 것이다) 그녀가 방법론적 환원주의에 대한 알뛰쎄의 중요한 비판을 매우 진지하게 받아들일 수 없었음을 의미한다. 그녀는 알뛰쎄의 이같은 비판을 맑스주의 전통 내의 참호 속에 스스로 갇힌 특정 입론들에 대한 한층 깊은 불만에 불가피하고 창조적으로 반응한 것으로서가 아니라 일시적인 정치적 난관에 봉착한 맑스주의자들에게 강요된, 별 도움이 안 되는 우회로로 간주하여 비난한다. 둘째, 힌데스와 마찬가지로 맑스주의적 계급 개념의 독특성에 대한 그녀의 인식은 이에 대한 훌륭한 단일 정의를 찾아내려는 그녀의 관심 속에 실종된다. 그 결과로 잉여노동의 생산과 분배(착취관계)를 소유, 축적, 노동력의 구매 및 매도와 같은 다양한 비계급적 과정과 혼동하는, 모든 것을 망라하는(all-encompassing) 전통적인 (계급—역자) 개념이 생겨난다.

계급분석과 계급정치에 대한 그녀의 옹호는 설득력이 별로 없다. 그녀가 계급을 잉여노동의 생산·전유·분배의 특수한 과정으로서가 아니라 모든 것을 포괄하는 개념으로 다루고 있다는 것은 그녀가 맑스주의를 환원주의적 논리로 인식하고 있다는 것을 의미한다. 계급을 이런 식으로 다루는 것

---

4) 우드의 주장이 지니는 정치적 한계에 초점을 맞춘 갬블(Gamble)의 서평, *NLR* 164, 1987년 7·8월호, 113~22면(이 책 323~38면) 참조.

은 계급정치와 계급분석이 쇠퇴하는 데에 부분적으로 책임이 있다. 그러나 그녀가 고전적 전망에 대해 믿음을 재천명한 것은 계급정치에서 투쟁·연대·진보라는 주제가 지니는 중요성을 부각시켜주고 있다. 맑스가 그의 계급 개념을 통해 자본주의적 구성체의 분석에 독특한 기여를 했다고 믿으나 동시에 이같은 프로젝트의 이론과 정치 양자에 있어 환원주의적 프로그램은 도움이 안 되었다고 확신하는 사람들에게, 계급을 투쟁·연대·진보라는 이들 주제들과 다시 연결하는 작업은 계급정치가 20세기 말기에 사회주의적 정치의 납득할 만하고 생존가능한 구성 부분으로 남아 있기 위해서는 여전히 결정적으로 중요한 과제이다.

합리적 선택에 대한 옹호: 우드에 대한 답변*

엘런 카링

엘린 메익신즈 우드는, 합리적 선택 맑스주의(Rational Choice Marxism, 이하 RCM으로 표기)가 좌파의 지식인세력이 이를 구심점으로 집결할 수 있는 규준을 제고할 수 있다는 생각에 대해 전면적인 일제사격을 가해왔다.[1] RCM의 한계에 관한 그녀의 주장 중 상당부분은 내가 승인하는 것(사실 이들 중 일부는 나 자신이 이미 이야기해온 것이다)이고, 일부는 내가 동의할 수 없는 것이다. 그러나 이중 다른 일부는 나 자신, 또는 우드가 그처럼 철저한 적대심을 가지고 다루고 있는 다른 (RCM — 역자) 학자들이 인정할 수 없는 표적을 향해 공격을 하고 있는 것처럼 보인다.

내가 이 글에서 주장하려는 것 중 상당부분은 우드가 제기한 의제에 관한 나 자신의 한층 상세한 연구인 『사회분화』(*Social Division*)[2]의 결론부분에 해당한다. 그 책을 쓰는 과정에서 나의 입장은 우드의 글이 이에 대한 공격으로 시작하는, 『신좌파평론』(*New Left Review*, 1986)에 실린 내 논문에서의 입장으로부터 약간 바뀌었다. 그러나 그녀가 예언한 식으로, 즉 초합리주의적 RCM과, "수사학과 담화가 사회변화의 주체인 정치적 주의주의와 모든 급진적 변화 프로그램이 실패할 수밖에 없도록 운명지어진 냉소적 패배주의"[3]가 특징인 포스트구조주의적 반합리주의의 '모순적 융합'으로 귀결되지는 않았다. 이와 반대로, 나는 좋은 의미에서 놀랍게도, 분석적 맑스주의 이론이 전에 내가 생각했던 것보다 훨씬 강력하다는 것, 미시

---

* Alan Carling, "In Defence of Rational Choice: A Reply to Ellen Meiksins Wood,"
   NLR 184, 1990년 11·12월호, London.

설명의 합리적 선택 형태가 급진적 사회이론의 필요불가결한 준거점으로
남아야 하지만 이것이 다른 종류와 다른 수준의 사회적 설명에 의해 보완
될 수 있고 보완되어야만 한다는 것을 발견했다. 이같은 궤도수정이 그녀
의 마음에 들지는 알 수 없다. 왜냐하면 그녀가 RCM에 가한 비판 중 상
당부분이 이러한 궤도수정의 동기가 되기는 하였지만, 그녀는 자신의 글
어디에서도 RCM에 대한 자신의 대안적 이론이 무엇인가는 시사하고 있지
않기 때문이다. 그같은 대안에 가장 가까이 간 것은 "역사유물론의 가장
독특한 특징은 … 모든 개별 생산양식의 특수성, 그 과정의 내재적 논리,
그나름의 '운동법칙', 그 독특한 위기들, 브레너의 공식화에 따르면, 그나
름의 재생산규칙에 대한 강조(맑스 자신의 저술 중 가장 완벽하고 체계적
인 부분들, 정치경제학 비판과 자본주의 분석에서 보여준 그의 실제 연구
방법을 특징짓는 것들과 같은)"[4]라고 그녀가 언급한 것이다. 나는 RCM의
참사로부터 선과 진리를 지키기 위해 우드가 이런 식으로 브레너를 충원한
것이 특히 기이하다고 생각한다. 왜냐하면 잠시후에 설명할 것처럼, 브레
너는 그 자신이 역사설명에 합리적 선택 방법론을 취할 것을 열렬히 주창
한 사람 중 하나이기 때문이다.

그러나 우선 나는 합리적 선택 설명이 설명의 기본전제로 다루고 있는
것들을 설명할 수 없는 한계를 갖고 있다는 우드의 두번째 비판에 기꺼이
동의한다. 그리고 이 기본전제 중에는 종종 (1) 행위자의 선호, (2) 행위자
가 행위하는 사회적 맥락이 포함되어 있기 때문에, 합리적 선택 설명이 종
종 이같은 행위자의 선호도 행위자의 사회적 맥락도 설명하지 못하고 있지
않은가?[5]

---

1) Ellen Meiksins Wood, "Rational Choice Marxism: Is the Game Worth the Can-
   dle?," *NLR* 177, 1989년 9·10월호, 41~88면(이 책의 제2부, 이하 Wood).

2) Alan H. Carling, *Social Division*, Verso: London 1991.

3) Wood, 88면(이 책 319면). 필자의 원래 논문은 "Rational Choice Marxism,"
   NLR 160, 1986년 11·12월호, 24~62면(이하 Carling[a]로 표기).

4) Wood, 70면(이 책 293면).

5) 이 점을 부인하는 RCM 이론가를 나는 본 적이 없다. 예를 들어 John Roemer,
   "'Rational Choice' Marxism: Some Issues of Method and Substance," in John
   Roemer (ed.), *Analytical Marxism*, Cambridge 1986과 Jon Elster, *Making Sense*

그러나 나는 이것이 합리적 선택 설명이 아무것도 설명하지 못한다는 것을 의미한다고는 생각하지 않는다. 우드의 논문 48~49면(이 책 261~63면)에 나오는 이같은 입장의 비판은 '전능주의'(everythingism)의 냄새가 난다. 전능주의는 크게 보아 우리가 무언가를 완전히 설명할 수 있어야 무언가를 설명한다고 말할 수 있다고 생각하는 맑스주의 사상의 불행한 과잉부담이다. 따라서 "자본축적의 강박적 추동력들은 단순히 자본 '자산'을 가진 합리적 개인의 '최적화전략'으로부터 도출될 수는 없다. 이같은 추동력들은 자본주의 시장의 경쟁적 압력, 나아가 자본주의 사회의 개개인들을 전례없이 자신들의 재생산의 조건을 위해 시장에 의존하도록 만들고 따라서 경쟁과 축적의 강제에 종속되도록 만드는 역사적으로 구성된 전체 사회구조에 준거하지 않고는 설명될 수 없다."[6] 우리가 문제가 되는 강제적 현상에 대해 완전히 설명하는 것을 목표로 한다면, 분명히 우드의 주장은 맞다. 그러나 이같이 완전한 설명을 요구하는 것은 RCM만이 아니라 '전통적인 역사유물론'을 포함하여 어떠한 다른 사회이론도 할 수 없는 무언가를 요구하는 것이다. 현실적으로는 우리는 우리가 얻을 수 있는 최선, 한번에 약간의 부분적 설명에 만족한다.

일반이론과 특수이론

나는 엥겔스로부터 단서를 얻고 일반이론과 특수이론을 구별함으로써 이 문제와 (의심할 바 없이 매우 불완전하게) 씨름해보고자 한다. 일반이론은 선호와/또는 사회적 맥락을 설명하려고 하는 반면, 특수이론은 선호와/또는 사회적 맥락을 기본전제로 가정한다.[7] 일반적 설명이 특수한 설명보

---

of Marx, Cambridge 1985, 제 8 장에서 이에 대해 길게 논의하고 있다.

6) Wood, 48~49면(이 책 262면), 전능주의는 힌데스·허스트(Hindess, Hirst) 학파가 한창 전성기 맑스주의자였을 때 그들 사이에 만연해 있었다. 그들은 당시 누군가가 무언가를 설명하려면 그에 앞서 그것의 존재조건 자체를 설명해야만 한다고 주장했다. 그리고 우리는 그 존재조건 자체가 다시 존재조건을 갖고 있다는 것을 알고 있다. … 노골적으로 점잖지 않게 전능주의를 보이고 있는 저서로는 Stephen Resnick and Richard Wolff, *Knowledge and Class*, Chicago 1987.

7) 엥겔스는 맑스의 "현재의 자본주의 생산양식을 지배하는 특수한 운동법칙"과 "인류사의 발전법칙"의 발견을 그의 "Speech at the Graveside of Karl Marx," in

다 본래부터 어렵고 합리적 선택 설명이 주로 특수한 설명의 필요조건에 맞추어져 있음은 명백하다.[8] 따라서 우리가 합리적 선택 설명의 공헌을 우호적으로 평가해주느냐 아니면 혹평하느냐는 우리가 이론에게 (1) 행위 자들이 행위하는 사회적 맥락과(또는 이나) 행위자의 선호를 설명할 것을 요구할 것인가 아니면 (2) 선호와 사회적 맥락을 전제로 하여 행위자의 행위를 설명할 것을 요구할 것인가에 좌우되는 경향이 있다. 이같은 평가의 판결은 불가피하게 경우에 따라 달라질 것이다. 역사유물론은 종종 "인간은 무엇보다도 먼저 먹고, 마시고, 집과 의복이 있어야 한다"는 사실이 초래하는 결과에 관심을 가지기 때문에, 나는 이러한 물품들의 제공에 관해 사람들이 가지고 있는 선호를 설명할 수 없다는 것이 역사유물론의 심각한 결함이라고 생각하지는 않는다.[9] 그러나 예를 들어 인종주의적 선호나 성차별주의적 선호에 대해서는 경우가 그렇지 않다고 나는 생각하고 또 이를 내 책에서 상세하게 논의하였다. 그 결과, 나는 이러한 선호들의 존재를 전제로 하고 있는, 차별에 관한 모든 특수이론들을 제한적이지만 유용한 것으로 간주한다.[10]

이제 합리적 선택이 이루어지는(평안, 생존 등 잘 알려진 선호들을 기초로 하여) 사회적 맥락 문제를 살펴보자. 맑스주의 이론과 관련이 있는 한, 관련 배경맥락은 소유관계에 의해 제공된다. 따라서 맑스주의적 특수이론

Robert C. Tucker (ed.), *The Marx Engels Reader*, New York 1972, 603면에서 대비시켰다.

8) 나는 더이상 합리적 선택이 특수한 설명에 한정된다고 생각하지 않는다. 즉, 나는 엘스터(J. Elster)류의 방법론적 개인주의를 거부한다. 내 책에서 나는 합리적 선택 이론의 형태를 취하고 있는 것처럼 보이는 일반이론과 진정으로 합리적 선택 이론이라고 할 수 있는 일반이론을 구별한다. 후자에는 반드시 집단적 행위자가 개입되어야 한다. 그러나 모든 일반적 설명이 합리적 선택 설명은 아니다. 그와 마찬가지로 모든 일반적 설명이 집단적 행위자를 개입시키지는 않는다.

9) Engels, 앞의 글, 603면.

10) 예를 들어 Gary Becker, *The Economics of Discrimination*, Chicago 1971; John Roemer, "Divide and Conquer," *Bell Journal of Economics*, vol. 10, no. 2, 1979년 가을호. 이와 유사한 지적이 자본주의가 고무하는 비합리성에 기초를 둔 모든 자본주의 비판에도 적용된다.

은 특정한 소유레짐을 당연한 것으로 전제하고 이러한 소유관계의 전제하에서 어떠한 상호작용이 일어나는가를 묻는다. 일반이론은 이 특정한 유형의 소유관계의 존재 자체를 설명해야 하는 한층 야심적인 과제를 갖는다.

우드는 맑스주의의 이론의 영역을 이런 식으로 분할하는 것을 거부하는가? 나는 이에 대해 잘 모르겠다. 위에서 든 인용문에서 그녀는 "모든 개별 생산양식의 특수성, 그 과정의 내재적 논리, 그나름의 '운동법칙', 그 독특한 위기들"을 분석하는 목표를 높이 쳐주고 있다. 이것은 내가 방금 제의한 개별 생산양식의 특수이론(주어진 특정 사회관계를 전제한 '과정의 논리')을 만들기 위한 바로 그 비법인 것 같다. 사실, 그녀는 이것이 "역사유물론의 독특한 특징"이라고 주장하기까지 하며, 이는 역사유물론은 일반이론 속에 들어가 흙탕물이 튀면 안된다라는 것으로 받아들여질 수도 있다. 다른 한편, 그녀는 로머의 자본주의의 특수이론을 어떠한 개별 생산양식에 대한 특수이론을 만들려는 대부분의 시도를 불가능하게 만들어버릴 다음과 같은 근거를 들어 거부해버린다. 즉 "〔그의〕 이론의 근본적인 특징은 로머가 소위 '소유관계'라고 부르고 있는 것을 강조하는 것이다"는 이유이다. 그가 '소유관계'라는 개념을 통해 의미하는 것은 맑스주의가 공통적으로 이해하듯이 생산과 착취의 사회적 관계가 아니라 자산과 '천부'(endowment)의 분배이다. 로머의 개념화는 "분석의 출발점이 착취자와 생산자 간의 (역사적으로 구성된) 사회적 관계가 아니라 불평등 내지 '불평등한 자산의 분배'인 개념화"[11]이다.

이같은 주장이 제의하는 것은, 자산 내지 천부의 분배와, 고용자와 피고용자라는 차등적인 존재 간의 연관을 이에 따르는 계급착취의 관계로 분석하는 것이 우리에게 허용되지 않는다는 것이다. 이는 마치 우리가 이 둘을 연결시켜주는 '과정의 논리'를 조사해보지 않고 한눈에 자본주의를 불평등한 소유의 체계, 불평등한 노동의 체계로 이해해야만 한다는 것 같다. 이는 지지할 수 없는 입장이며 우드가 이를 지지하지는 않는다. 왜냐하면 그녀는 뒤에서 "그 자신의 노동을 수행할 수단을 가지지 못한 자본주의하에서의 임노동자는 자본과의 착취관계에 들어감으로써만 그 수단을 획득할

---

11) Wood, 46, 48면(이 책 258, 261면).

수 있다"[12]고 쓰고 있기 때문이다. 그렇다면 그들은 로머의 '소유관계' 일람표에서의 각각의 지위, 즉 생산수단에 대한 실질적인 통제의 보유 여부 바로 그 이유 때문에 착취자와 생산자 간의 (역사적으로 구성된) 사회적 관계에 들어간다.

이제 어떤 사람들은, 내가 보기에 우드가 53면 아래(이 책 269면)서 주장하고 있는 것처럼, 이것이 합리적 선택의 퇴행적 사례라고 주장할지도 모른다. 즉 생산수단을 전혀 갖지 못한 직접적 생산자는 아사의 고통 때문에 자본가를 위해 일할 수밖에 없으므로 이같은 결론에 이르기 위해 우리는 다변수 기하학이라는 형식적인 과잉장비가 필요하지는 않다는 것이다. 그럴 수도 있다. 그러나 자본주의가 항상 그러한 것은 아니고, 로머의 연구는 자본주의의 모델이 좀더 복잡해지더라도 기본적 통찰력이 놀라울 정도로 잘 보존되고 있음을 보여주고 있다. 로머의 모델은 (1) 우드의 주장이 명백히 염두에 두고 있는 생존선호, (2) 돈에 단순히 일을 피하는 수단 이상의 가치를 부여하는 축적선호, (3) 이 둘간의 균형이 한 개인이 가진 자산의 수준에 따라 변하도록 한 이들 선호의 다양한 혼합형 등 매우 넓은 범위의 선호에 대한 시장경제의 경쟁적 평형에서 소유구조 속에서 차지하는 위치를 가지고 고용지위를 엄밀히 계산해내고 있다. [13]

로머의 연구는 자본주의가 명백히 가장 자비롭고 자유로운 변형으로부터 가장 악랄하고 억압적인 유형에 이르는 다양한 변형을 가진 것이라고 제시하고 있다. [14] 이 결론에 도달하기 위해서는 불행히도 행렬수학에 의존하는 것이 필요하다. 로머의 연구의 중요성을 부인하려는 욕심에서 우드는 스스로 자신을 궁지로 몰아넣고 있다. 그녀는 "논의를 위해 로머가 노동가치론에 의지하지 않고도 자본주의는 착취적이고 정의롭지 못하다는 것을 그 자신의 용어로 확실히 예증하는 데 성공했다고 일단 가정하자. 이러한 과정

---

12) 같은 글, 53면(이 책 268면)과 "계급이 그림에 등장하는" 때에 대한 60면 상단 (이 책 278면 하단)의 발언 참조.

13) 이에 대한 기술적 문제는 Roemer, *Value, Exploitation and Class*, London 1986, 50면에서 해명되고 있다.

14) 이는 요약발언으로서 의도된 것이다. 내 책에서 나는 자본주의의 특정형태가 다른 것들보다 용인하기 어렵다고 주장한다.

은 맑스주의 이론을 재구성하려는 더 원대한 계획에 어떠한 영향을 끼치는 가？"[15]라고 말하고 있다. 농담을 하고 있는가？

'절대로 확실하다'(foolproof)는 것은 아마 적합한 단어가 아닐 것이다. 왜냐하면 정의에 관한 문제가 수학문제처럼 '절대적으로 확실'할 수는 없기 때문이다. 그러나 '절대 확실함'에 대한 우드의 가정을 전제로 한다면 이제 모든 신고전주의 경제학 입문서와 통화주의에 대한 모든 라디오 해설이, 어떻게 해서 자본주의적 자유시장경제가 본질적으로 착취체계인가를 절대 적으로 확실하게 설명하는 귀중한 부분을 포함해야 한다는 것이 도대체 왜 맑스주의 이론에게 중요한 것이 될 수 없는가？

브레너의 공헌

로머를 옹호하는 것이 물론 맑스주의 이론에 로머 이외엔 아무도 필요없 다고 주장하는 것은 아니다. 그것에는 브레너도 필요하다. 브레너는 로머 의 자본주의 특수이론에 최소한 두 개의 다른 특수이론을 추가해준다. 즉 (1) 봉건주의의 정체론과 (2) 자본주의의 동태론이며 여기에 (3) 봉건주의 의 동태론의 개요도 제시된다. 앞의 두 이론은 '브레너공식'이라고 부를 수 있는 다음과 같은 한 문장으로 유용하게 요약될 수 있다.

브레너공식: 일단 사회주의를 제쳐놓고 보면, 자본주의적 소유관계는 지 속적인 기술발전의 필요·충분조건이다.

이 공식의 두 구성부분은 각각 합리적 선택적 사고에 의해 지탱되고 있 다.

(i) 충분성: 자본주의적 소유관계가 주어지면, 유인이 모든 합리적 행위 자들을 전문화, 기술혁신, 축적의 방향으로 몰아간다. 따라서 기술발전이 일어난다.

(ii) 필요성: 전자본주의적 소유관계(특히 봉건적 소유관계)가 주어지면,

---

15) Wood, 47면(이 책 259면).

모든 합리적 행위자들에게 주어지는 유인은 전문화, 기술혁신, 축적에 적대적이 된다. 따라서 기술정체가 생긴다.

브레너공식의 결론은 발전이 지속되기 위해서는 우선 우리에게는 자본주의가 필요하다는 것이다. 이 공식을 함축적인 언어로 재구성하면 다음과 같다. 봉건제는 생산력발전에 족쇄가 되나 자본주의는 그 발전을 촉진한다.

이 공식의 두 구성부분 뒤에 서 있는 합리적 선택적 주장은 다음과 같이 요약된다. 자본주의하에서 (1) 행위자들은 시장 밖에서는 대안이 없고 (2) 경쟁적 가격평형의 논리가, 시장에서의 생존이 지속적인 비용절감 전문화, 기술혁신, 축적 여부에 달려 있도록 만들기 때문에 그들은 전문화 등등을 한다. 한편 봉건제하에서는, 시장은 너무 신뢰성이 없고 농노들의 생존적 필요가 시장 밖에서 해결될 수 있기 때문에 그들은 전문화 등을 하지 않는다. 그러나 봉건 영주도 농노로부터의 강압적 수취를 촉진함으로써 자신들의 수입을 늘릴 수 있는 비시장적 대안을 갖고 있지 않기 때문에 전문화 등을 하지 않는다. 어떠한 중요한 봉건적 행위자도 전문화 등의 유인을 갖고 있지 않기 때문에 봉건제하에서는 체계적인 기술발전이 이루어지지 않는다.[16]

역사이론?

이제까지 우리는 세 가지 특수한 변형의 맑스주의 합리적 선택 이론, 즉 로머의 자본주의적 계급론 및 착취론, 브레너의 자본주의적 기술발전론 그리고 브레너의 봉건적 기술정체론을 가지고 있는 것으로 가정했다. 이 세

---

16) 이는 R. Brenner, "The Social Basis of Economic Development," in *Analytical Marxism*과 T. H. Aston & C. H. E. Philpin (eds.), *The Brenner Debate: Agrarian Class Structure and Economic Development in Pre-Industrial Europe*, Cambridge 1985의 상세한 연구를 과감하게 요약한 것이다. 나는 우드가 브레너를 RCM 이론가가 아니라고 생각하고 브레너 자신 또한 그렇게 생각할지라도(이는 논증이 필요한 주장으로 나는 이 문제를 내 책에서 다루고 있다), 브레너가 RCM 이론가로 간주되어야 한다고 생각한다.

이론이 함께 합쳐서 하나의 일반역사이론이 될 수 있는가? 나는 이미 로머의 『패배의 자유』를 평하는 데서 이 문제와 이에 관한 로머의 견해에 대한 나 자신의 당황스러움을 표명한 바 있다. 우드는 이를 다음과 같이 역사설명 문제에 대한 그녀의 논의로 들어가는 서주곡으로 삼고 있다. "전반적으로 카링은 그나름의 착취론과 계급론을 만들려는 RCM의 노력과 이를 다른 곳에서 빌려온 역사이론과 연결시키려는 이들의 노력을 구별함으로써 적절한 입장을 취하고 있다."[17] RCM 일반과 특히 필자에 대한 우드의 이전의 논평의 (부정적—역자) 방향을 익히 알고 있는 독자들은 이 구절이 내게 목이 타 죽기 직전의 사람에게 시원한 물 한 모금처럼 다가왔음을 이해할 것이다.

이 문제의 핵심은 코헨이고 당혹스러움은 다음과 같은 것이다. 우드는 만일 RCM이 (승세를 잡은—역자) 악대차라면 그것은 그 승객이 누군지 그늘에 가리는 경계할 만한 경향을 보이고 있다고 지적하고 있으며 그 점에서 그녀는 옳다.[18] (우드가 인용한—역자) 원래의 논문에서 나는 합리적 선택이라는 처방전이 다른 사람들보다는 지정된 환자들에 잘 맞는다는 것을 잘 인식하고 있었다. 로머, 엘스터, 쉐보르스키, 그리고 내가 믿기에는 브레너는 분명히 (RCM에—역자) '들어간다'. 라이트(E. Wright), 반 파리스(Van Parijs), 반 데르 빈(Van der Veen)은 RCM주의자라는 평을 받을 만한 (이에 대한—역자) 사회학적 관심을 가지고 있다. 제라스는 직설적으로 여기에서 빠지겠다고 한다. 그러나 정확히 어디에 코헨은 속하는가? 코헨의 저작은 한편으로는 다른 어떤 것보다도 RCM 전체의 이론적 경향에 영감을 불어넣어주어왔다. 다른 한편, 그의 주된 관심은 정치철학과 일반역사이론에 있으며 그 분야에서 그는 합리적 선택이 아니라 기능주의적 설명을 필요불가결한 것으로 간주한다. 그러나 그의 일반이론의 재구성 역시 생산력발전 수준의 제고에 대한 인간의 일반적 관심이라는 형태로(적어도 우리가 여기서 관심을 갖고 있는 역사의 범위 내에서는) 경제적 합리성에 호소하고 있다. 이를 기초로 하여 나는 그의 일반이론과 로

---

17) Wood, 60면(이 책 280면). 이는 필자의 "Liberty, Equality, Community," *NLR* 171, 1988년 9·10월호(이하 Carling(b)로 표기), 89~112면을 지칭하고 있다.

18) 같은 글, 42~45면(이 책 252~56면).

머와 브레너의 특수이론 간의 정확한 관계는 내가 당시 할 수 있었던 것보
다 한층 주의깊은 분석이 필요하다는 것을 인식하면서 그를 RCM의 구성
원으로 분류하는 것이 정당하다고 느꼈다. 나는 후에 브레너가 『분석적 맑
스주의』(*Analytical Marxism*)라는 책에서 차라리 당황스럽다고 해야 할 주
를 통해 코헨의 역사이론을 구체적으로 꼬집어 비판했다는 것을 알게 됐
다. 거기서 제 2 장의 필자(브레너 — 역자)는 제 1 장의 필자(코헨 — 역자)가
자랑스럽게 내세운 이론을 거들떠볼 시간도 없는 것이라고 가볍게 선언해
버렸다. [19] 분석적 맑스주의가 이론적으로 동기지어진 사람들의 빈틈없이
짜여진 집단으로 구성되어 있다고 생각했던 사람은 더이상 읽을 필요가 없
었을 것이다.

로머 더하기 브레너 대 로머 더하기 코헨

브레너와 코헨이 정말 양립할 수 없다면, 우리는 로머 더하기 브레너(이
둘 중에서 봉건제와 자본주의의 상이한 측면에 대한 최소한 세 가지의 방법
론적으로 일관성있는 합리적 선택 특수이론을 형성하는 데 기여한) 아니면
로머 더하기 코헨(자본주의에 대한 합리적 선택 특수이론과 기능주의적 역
사일반이론이 다소 긴장된 관계 속에서 공존하는 묶음) 중 하나를 선택하
도록 강요받는 것처럼 보인다. 후자의 조합이 로머가 『패배의 자유』에서
취한 입장이다. 코헨-로머-브레너의 삼각형 속에서 다양한 조합이 내부적
으로 양립할 가능성에 대한 우드의 논의는 설득력있는 논점들을 많이 내포
하고 있다. 이것은 그녀의 비판 중 가장 뛰어난 부분인데, 이상하게도 결
론을 내리지 않고 있다. 궁극적으로는 그녀는 코헨과 로머보다는 브레너를
선호하는 쪽으로 접근하고 있는 것 같다. 사실 코헨과 로머 양가에는 천벌
이 내리기를 그녀는 바라는 것 같다. [20] 그러나 그러는 과정에서 그녀는 브
레너 이론의 성격을 오인하고 있다. 왜냐하면 그녀는 그것이 합리적 선택
이론(그녀가 편안하게 느끼는 것보다도 훨씬 더 브레너 이론을 로머 이론

---

19) Brenner, *Analytical Marxism*, 46면의 주 13과 47면, 48면.
20) Wood, 59~72면(이 책 278~96면). 여기서 우드는 "RCM이 코헨의 기술결정론
과 가장 공통적으로 지니고 있는 것은 바로 여기, 즉 그 기본적인 비역사적 성격,
그리고 역사적 특수성에 대한 적개심이다"고 결론을 내리고 있다.

의 정신에 근접시키고 있는)이라는 것을 인정하지 않을 뿐 아니라, 브레너
의 이론이 일반이론인지 특수이론인지에 대해 객담만 하기 때문이다. 우드
는 자신의 논문 66면(이 책 287면)에서, "브레너의 주된 목표가 바로 역사
의 핵심적 쟁점들을 회피하는 만연한 습관, 즉 어떻게 발생하였는지가 설
명되어야 할 바로 그 문제들의 존재를 당연한 것으로 가정해버리는 버릇을
깨는 것"이라고 칭찬하고 있다. 따라서 브레너의 목표는 일반역사이론의
틀 내에서 어떻게 해서 자본주의적 소유관계가 봉건제적 유제로부터 생겨
나는가를 설명하는 것이어야 한다. 그러나 3페이지 뒤에서 그녀는 "분명히
영주와 농노들은 '합리적 선택'을 한다(진지한 역사학자치고 이를 부인하는
사람이 있을까?). 그러나 이같은 선택은 기존의 관계 속에서 이루어진다.
사실 그들이 목표로 하는 것은 다음 단계의 한층 매력적인 역사적 단계(어
느 경우도 관계자들이 기대할 수 없는)가 아니라 기존조건의 재생산이다"
라고 쓰고 있다. 여기서 그녀는 브레너의 봉건제 모델에 대한 나의 견해를
추인하는 것처럼 보인다. 그것은, 브레너 이론이 봉건적 소유관계 속에 구
축되어 있는 유인구조를 전제로 할 때 영주와 농노가 어떻게 행동할 것인
가를 보여주는 일종의 특수이론이라는 것이다. 그러나 두 인용을 병렬시켜
보면, 우리는 브레너의 연구가 역사이론에 기여한 바의 한계가 무엇인지를
알게 된다. 만일 봉건제가 영원한 정체의 수렁에 빠져 있다면, 어떻게 거
기서 자본주의가 생겨날 수 있는가? 이 지점에서 브레너의 주장을 최종적
인 판결로 받아들이는 것은 사실상 일반역사이론에 대한 추구작업을 포기
하는 것이고 따라서 전통적으로 이해된 바대로의 '전통적인 역사유물론'을
포기하는 것이다.

브레너 더하기 코헨

이 문제에 대한 나 자신의 생각은 다소 낙관적인 방향으로 바뀌었다. 브
레너가 불가능하다고 고집하고 있음에도 불구하고 나는 봉건제로부터 자본
주의로의 이행에 관해 브레너와 코헨을 종합하는 것이 가능하다고 믿게 되
었다. 이는 분석적 맑스주의가 자본주의적 사회관계와 '과정의 논리'에 대
한 심도있는 비판을 갖춘 역사설명의 강력한 종합팀을 모아낼 수 있음을
의미한다. 로머 더하기 코헨 더하기 브레너가 가능할 수도 있다. 이같은

결론에 이를 수 있었기 때문에 이제 나는 과거보다 맑스주의 이론의 전체적인 생존가능성에 대해 낙관적이 되었고 합리적 선택 이론에 대해 과거보다는 덜 열렬한 지지자가 되었다. 때문에 나는 이제 자본주의로의 이행을 역사적으로 설명하는 데서 (그리고 아마도 맑스주의 역사이론 이외의 다른 영역에 적용하는 데서도) 기능주의적 설명이 독자적인 역할을 하고 있다고 생각하게 되었다. 자동적으로 떠오르는 의문은 내가 주장하는 브레너와 코헨의 결합이라는 것이 무엇인가일 것이다. 나는 독자들이 한층 상세한 논의는 후에 내 책을 참고하기를 바라면서 아주 간략하게 개관하고자 한다.

나는 위에서 브레너가 봉건적 생산관계를 전제로 할 때 기술정체를 예측할 수 있는 봉건제에 관한 특수이론을 갖고 있다고 주장했다. 또 나는 그가 봉건제에 대한 동태적 이론의 개요도 갖고 있다고 말한 바 있다. 이 동태적 이론이란 맬서스(Malthus)의 증가와 쇠퇴의 장기인구주기이론을 의미한다. 봉건적 관계하에서 농업생산력의 전체적 수준이 정체적이기 때문에 봉건제 사회는 장기간의 인구증가주기 뒤에는 파국적인 기아와 질병, 인구쇠퇴가 뒤따르도록 되어 있다. 족쇄를 채우면 굶게 마련인 것이다. 내가 제안하고 있는 이 종합에 따르면, 자본주의 이행에서 핵심적인 요인은 봉건적인 인구주기의 하강국면의 산물이다. 인구감소는 내부프론티어를 만들어내고, 거기에서는 사용되지 않는 생산수단(무엇보다도 토지)이 임자 없이 주인을 기다리고 있게 된다. 누가 어떠한 노동조건하에서 이 땅을 차지할 것인가는 브레너가 동서유럽을 가로지르는 탁월한 비교연구를 통해 그 유형을 보여준 바 있는 계급세력들의 지역적 균형관계에 의해 결정된다.

이때 나타날 수 있던 결과들이 프랑스, 영국, 폴란드이다. 농민들이 토지를 갖고 있었던 프랑스의 경우, 농민들은 시장의 힘으로부터 독립해서도 자급자족할 수 있었으므로 기술발전으로의 유인이 없었다. 폴란드에서는 영주가 토지를 가지고 있었고 농노들을 지배했다. 그들은 제2의 농노제를 강제했고 그 결과 봉건적 정체를 가져왔다. 영국만이 영주는 토지를 가졌고 농민은 농민을 가졌다. 이는 영국에서만 직접적 생산자와 지배계급이 모두 시장관계 속에 말려드는 것 이외에는 다른 대안을 갖지 못했다는 것을 의미한다. 그 결과가 브레너 공식의 충분성 주장이 예측하고 있는 경제발전이다. 일단 자본주의가 영국의 농촌에서 성립되자 영국은 봉건적 인구주기를 벗어날 수 있었고, 영국이 누리게 되는 비교우위는 궁극적으로 자본주의가 확산되고 그 과정에서 봉건제가 붕괴되도록 할 수 있었다. 뿐만 아니라 봉건적 유럽의 분권적 성격을 전제로 할 때, 인구주기의 기압골 속에서 일어나는 계급투쟁에 의해 언제, 어디에서든가 '영국'적 결과가 나올 수밖에 없었다. 한마디로, 항상 또다른 '영국'이 있을 것이기 때문에 자본주의는 불가피하다.

그러나 이는 자본주의가 생산력의 발전을 강화시킬 때 그리고 강화시키기 때문에 생겨난다고 주장하는 것이다. 그것은 기능주의적 역사이론이 주장하는 것이라고 코헨은 말하고 있다. 두고 볼 일이다.

RCM의 정치

한군데에서 우드는 "RCM과 이같은 자유주의적-실증주의적인 이념형 간의 놀라운 유사성이 모든 RCM 이론가 아니 이들 중 한 명이라도 자유주의 정치이념을 받아들이고 있음에 틀림없다는 것을 보증해주지는 않는다. 그럼에도 불구하고 그 유비(類比)는 최소한 시사적이다"[21]고 인정하고 있다. 유감스럽게도, RCM을 비판하는 논쟁에서 그녀는 이같은 보증이 존재하지 않는다는 점을 무시하고 일반이론에 대한 그들의 변명 속에 내재한 부르조아적 실용주의의 논리를 따라갈 지혜만 가지고 있다면 그들이 당연히 채택할 것이라고 그녀가 느끼는 (정치적—역자) 입장을 RCM 이론가들에게 부과하고 있다. 그녀의 태도는 두 곱으로 불행한 것이다. 왜냐하면 다른 이론적 조류들에 비해 분석적 맑스주의의 저작 속에는 훨씬 더 명백히 나타나는 설명적 이론과 정치적 가치들 간의 연관에 대한 명시적 발언들을 이같은 연역과정에서 그녀가 무시해버린 것같이 보이기 때문이다. 이러한 사실이 다음과 같은 (우드가 만들어낸—역자) 유언비어에 대한 나의 반응에 영향을 끼치고 있다. "RCM의 저작들은 일반적으로 그 지적 지평이 극히 제한되어 있다는 인상을 준다. 그 지평이 풍요한 북부 자본주의에 한정되어 있고 거기에서조차도 자본주의적 축적의 비합리성과 파괴적 효과들에 대해 놀라울 정도로 무감각하다."[22]

---

21) 같은 글, 84면(이 책 313~14면).
22) 같은 글, 75면(이 책 281면).

우드는 로머가 자신의 저작에 대해 스스로 공언하는 동기가 서구 자본주의가 아니라 동구의 국가사회주의를 이해하기 위한 시도라는 것을 인식하지도 못하며, 또 로머의 교역을 통한 제국주의라는 이론이 제1세계에 대한 제3세계의 종속을 이해하는 데서 갖는 중요성을 파악하지도 못하고 있는 것 같다. 또 그녀는, 로머가 그 범위를 미국 국경을 훨씬 넘어서 멕시코로까지 확대시키는 복지평등주의(welfare egalitarianism)를 주장하고 있는 그의 최근저작들을 접하지 못한 듯하다. [23] 또 그녀는 코헨의 대작의 마지막 장을 제대로 소화하지 못하고 있는 것 같다. 거기에서 코헨은 자본주의가 생산력의 발전을 저해한다는 정통적인 사고로부터 인간의 필요 이상으로 생산하는 자본주의의 내재적인 편향 때문에 자본주의는 생산력을 왜곡한다는 쪽으로 입장을 바꾸어 현대자본주의를 공격하고 있다. [24]

나는 정치적 가치로 나 자신이 탈선한 데에 대한 우드의 논평도 흥미롭다고 생각한다. 내가 『신좌파평론』에 실린 내 첫번째 논문에서 부르조아적 자유에 대해 이야기한 것은 시장의 자유도 일종의 자유라는 것, 그리고 이 사실을 부정하는 사회주의자들(분명히 우드와 같은)은 그들 나름의 자유에 대한 개념화, 즉 시장의 자유가 들어갈 자리가 없는 자유의 개념화가 어떠한 것인지를 밝힐 책임이 있다는 것이었다. 두번째 논문에서 나는 노만(Norman Geras를 칭함—역자)의 책에서 개진된, 자유에 근본적인 것은 선택이라는 매우 직설적인 개념화에 동의를 표했다. [25] 그 누구라도 그가 자본주의만이 선택을 가능케 할 수 있고 따라서 부르조아적 자유가 자유 전체라고 생각할 때만 이러한 가설로부터 (정치적으로—역자) 새처주의적 결론을 유추해낼 수 있다. 나는 우드가 사회주의는 원래 부자유스러운 것이라고 믿지 않기를 바란다. 왜냐하면 만일 그녀가 그렇게 믿는다면 엉뚱한 잡지(사회주의는 자유라고 믿는 『신좌파평론』지—역자)에 글을 쓰고

23) John Roemer, *A General Theory of Exploitation and Class*, Cambridge: Mass. 1982 중 "Introduction"; "Equality of Talent", *Economics and Philosophy*, I, 1985, 151~87면; "Equality of Resources Implies Equality of Welfare," *Quarterly Journal of Economics*, 1986, 751~84면.

24) G. A. Cohen, *Karl Marx's Theory of History: A Defense*, Oxford 1978, 제2장.

25) Carling(a), 35면과 Carling(b), 90면.

있는 것이기 때문이다. 그러나 자유에 대한 이같은 그릇된 개념화는 그녀
가 "사회주의는 단순히 양적 개선, 즉 자본주의적 자유와 평등의 확대"[26]
라는 견해를 내가 갖고 있는 것으로 보는 것에 비하면 아무것도 아니다.
자본주의적 평등이라고? 나는 로머가 저작을 통해, 그리고 RCM 이론이
착취개념에 대한 집착을 통해 이야기하고자 하는 요점은 자본주의적 불평
등에 대한 고발이라고 생각한다. 설명적 이론이자 도덕이론인 이 이론이
처음부터 끝까지 추적하고 있는 것은 불평등한 자원, 불평등한 행태, 불평
등한 복지 간의 관계이다. 우드는 자신의 논문의 다른 곳에서, 이같은 사
회주의적 평등과 자본주의적 불평등 간의 대비를 놓치지 않고 있는 것 같
은데, 왜냐하면 여기서 그녀는 로머가 이를 그의 이론에 도입했다고 비판
하고 있기 때문이다. [27]

합리적 선택 행위자

나는 이 영역에서 불화의 진짜 원인은 분배원리가 아니라 합리적 행위자
라는 개념에 연유하는 것이 아닐까 하고 생각해본다. 즉 합리적 선택 이론
이, 주어진 '천부'를 전제로 할 때 개개인이 합리적 행위를 할 수 있는 능
력면에서 평등하다고 가정하고 있는 부분일 것이다. [28] 엄격히 말하자면,
반론은 모든 행위자들이 동일하게 취급된다는 사실에 대한 것이 아니라 이
들을 동일하게 취급할 수 있도록 만들어주는, 모든 행위자들이 공동으로
갖고 있는 특성, 즉 합리적 행위 능력에 대한 것인 것 같다. 자본주의에서
부화된 이 합리적 생명체는 그것이 비자본주의적 환경에 놓이게 될 때조차
도 부르조아적 행위자(때로는 쁘띠부르조아적 행위자)로 남아 있다. [29] 그
리고 만일 합리적 행위자가 이같이 철저하게 반동적인 성격을 갖고 있다

---

26) Wood, 86면(이 책 316면, 강조는 인용자).
27) 같은 글, 46면.
28) 이것이 그녀의 글 중 54면의 끝에서 두번째 문단의 걱정이다.
29) 아이러니컬하게도 내가 아는 한 합리적 선택 방법론을 쁘띠부르조아 이데올로기
    에 연결시킨 가장 뛰어난 분석은 로머 자신에 의한 것이다. J. Roemer,
    "Neoclassicism, Marxism and Collective Action," *Journal of Economic Issues* 12,
    1978, 147~61면.

면, 좌파는 그가 맑스의 신성한 영토에 침입하는 것을 경계해야만 한다. 나는 이러한 종류의 비판에 대해 몇가지 반박을 갖고 있지만, 여기서는 문자화할 수 있는 것에 국한하고자 한다.

(1) 특히 재치가 있고 통렬한 문장을 통해, 우드는 '상상하라'와 '가정하라'가 이같은 게임이론적 담론의 기본어휘"[30]라고 한다. 그렇다고 치자. (어쨌든, 이 비판의 목적을 입증해주기 위해.) 따라서 합리적 선택 이론이 전적으로 잘못되어 있고 사회현실과 아무런 관계도 갖지 못한다는 주장이 왜 사실일 수 없는가를 상상해보자. 나는 이 모델의 도움을 받아 좌파가 만들어낸 저작들이 선전적 목적만으로도 충분히 정당화될 수 있다고 확신한다. 이는 부르조아 이론이 반자본주의적 결론을 내리는 데 꼭같이 잘 사용될 수 있다는 것(나는 그것이 이와 마찬가지로 반남성우위적, 반인종주의적, 반국가주의적 결론을 내리는 데 잘 사용될 수 있다고 믿는다)을 보여줌으로써 합리적 선택 패러다임을 이데올로기적으로 무장해제시켜왔다. 물론 부르조아 이론을 이처럼 사용한 전례로, 맑스주의자라면 금방 떠올릴 수 있는 사례가 있다. 그것은 맑스 자신의 전례이다. 맑스가 『자본론』에서 한 것이 반자본주의적 결론에 이르기 위해 고전적 정치경제학을 이용함으로써 그 당시의 고전적 정치경제학을 전복시킨 것이 아니고 무엇인가?

(2) 그러나 나는 합리적 선택 모델이 사회적 현실과 아무런 관계가 없다고는 믿지 않으며, 맑스가 그렇게 생각했다고도 믿지 않는다. 왜냐하면 『자본론 I』의 중심에 자리잡고 있는 모델이 고전적 가치이론에 의해 영감을 얻은 모델(아마 개인이 아니라 집단적 행위자로서 계급을 단위로 하는)이면서 동시에 합리적 선택 모델이라는 것을 입증해줄 수 있기 때문이다.[31]

(3) 이같은 주장에 대해 빤히 예상되는 반응은 다음과 같이 말하는 것이

---

30) Wood, 64면(이 책 284면).

31) 이 모델에 대한 설명은 "Value and Strategy," *Science and Society*, vol. XLVIII, no. 2, 1984, 129~60면. 이 경우 합리적 선택 시장 모델과 가치이론 모델 사이에 아무런 긴장이 없다. 왜냐하면 맑스의 『자본론 I』에서는 자본주의가 단일부문경제이고 따라서 가격은 반드시 노동가치와 비례하기 때문이다. 또 내 책에서 주장했듯이 집단적 행동이 합리적 선택 이론가들이 종종 생각하듯이 그렇게 처치 곤란한 문제가 아니기 때문에, 나는 『자본론 I』에서 계급이 집단적 행위자일 가능성에 당혹해하지 않는다.

다. "그렇다. 물론 맑스는 합리적 선택이 자본주의하에서는 피지배계급에
도 적용된다고 생각했다. 그것이 바로 합리적 행위자는 부르조아적 행위자
라고 이야기하는 바의 핵심이다." 이같은 자명한 반응은 로머의 이론을 자
본주의에 적용하는 한에서는(이것이 우드가 주로 공격하고 있는 연관이다)
로머를 궁지에서 벗어나게 한다.

(4) 그러나 나는 맑스가 그의 『고타강령 비판』에서 합리적 선택 논리를
사회주의에도 적용하였다고 생각한다. "필요에 따른" (분배라는—역자)
공산주의 원리는 너무 일찍 실시할 경우 (사회적—역자)기여에 대한 선별
적 유인이 없어 공산주의 경제가 되어야 할 것이 붕괴되고 말기 때문에
'기여한 만큼의' (분배라는—역자) 사회주의 원리는 필요한 예비단계를 표
상한다. 사회주의가 자본주의 사회의 태내에서 생겨날 때 이 논리가 적용
되는 것은 사실이다. 그렇다면 합리적 선택 패러다임의 역사적 상대성을
부활시키기 위해, 사회주의적 행위자가 합리적 선택적인 행위자라면 그것
은 단지 가장 가까운 최근의 음울한 과거(자본주의—역자)의 결과인 한에
서라고 말할지도 모른다. 우리가 공산주의 단계에 들어가면, 행위자들이
극적으로 변하여 합리적 선택 논리가 더이상 그들에게 적용되지 않는다.
해방은 합리적 선택의 외피를 벗는 과정이며, 그것은 사회주의 단계에는
부분적으로만 완성된다.

이같은 견해에 대해 나는 두 가지 논평을 하고자 한다. 첫째, 나는 공산
주의의 높은 단계에 대한 맑스의 구상이 극히 유토피아적이라고 생각한다
(따라서 우드가 RCM을 유토피아적이라고 비난했으니, 나는 좋은 동반자
〔맑스—역자〕를 찾은 셈이다). 예를 들어, 이 주제와 관련해 맑스를 천상
에서 지상으로 끌어내리려는 노만 제라스의 시도가 설득력이 있다고 생각
하지 않는다.[32] 공산주의는 합리적 행위를 넘어서는 것일 뿐 아니라 우리
가 사회구조로 인식할 수 있는 거의 모든 것을 넘어서는 것이다. 따라서
공산주의하에서는 합리적 선택을 지양할 수 있다는 뉴스는 내게 별로 도움
이 되지 않는다. 둘째, 설사 우리가 현실적으로 불가능한 그러한 종류의
공산주의적 미래에서는 합리적인 선택적 고려가 없어진다는 것을 일단 받
아들인다 할지라도, 그 논리가 무너지는 것이 공산주의적 행위자가 더이상
합리적 행위자가 아니게 되었기 때문인지는 불분명하다. 왜냐하면 사회적

환경 자체가 급격히 변하기 때문이다. 생산력이 남아도는 수준으로 발전하고 노동은 '인생의 주된 욕구'로 전화한다. 따라서 합리적 행위자는 공산주의하에서 노동하기를 원하게 될 것이다. 그것이 (공산주의 사회에서는—역자) 행위자들을 일하도록 만드는 선별적 유인이 더이상 존재할 필요가 없는 이유이며 우리가 공급쪽을 능력에 맡길 수 있는 이유이다. 나는 맑스가 그 자신의 자본주의 분석뿐만이 아니라 사회주의 구상에 합리적 선택 가정을 사용했다는 결론에 이르렀다. 그는 공산주의에 관한 자신의 구상을 즐길 때에도 이를 포기하지 않았는지 모른다.

(5) 따라서 우드가 현재나 미래(자본주의와 공산주의 — 역자)에서 그녀의 주장에 유리한 즐거운 소식을 발견할 수 없다면, 과거에서도 마찬가지다. 브레너가 봉건적 행위자를 합리적 행위자로 본 것을 상기하자. 따라서 합리적 행위자가 본래적으로 자본주의적이라고 믿으면서 우드처럼 브레너의 봉건주의론을 지지할 수는 없다.

(6) 나는 합리적 선택 이론을 좌파에 적용하는 것이 봉건제, 자본주의, 사회주의, 공산주의라는 전통적 맑스주의의 의제에 국한된다고는 생각하지 않는다. 이 시점에서 시장행위, 경제행위, 합리적 행위 간의 차이를 명심하는 것이 유용하다. 그리고 이 세 행동범주들은 합리적 행동이 가장 일반적이며 그 일반성의 수준은 점점 높아지는 차이가 있다. 합리적 행동은 본질적으로 유인과 제약 속에서 최적화하는 행동이다. 그 유인이 물질적(기술적인 맑스주의적 의미가 아니라 일상적 의미에서)이라면, 그때 행동은 경제적으로 합리적이다. 물질적 유인에는 금전이 포함되지만 이밖에 힘든 일의 회피, 희소한 자원을 사용하는 데서의 효율성 등도 포함된다. (그 목록은 가변적이며 따라서 경제이론의 경계선도 그러하다.) 시장합리성은 따라서 금전적 교환을 특정하게 지향하는 경제합리성의 한 형태로 정의될 수 있다.

따라서 합리적 선택 이론의 범위는 시장교환이론 나아가 경제이론으로 간주되는 것들을 모두 아우른 것보다 넓다. 이것이 예를 들어 봉건제의 합

---

32) Wood, 86면과 Norman Geras, "The Controversy about Marx and Justice," in A. Callinicos (ed.), *Marxist Theory*, Oxford 1989, 263면 중 "We are bound…"로 시작되는 문장.

리적 선택 이론을 이야기하는 것이 말이 되는 이유이다. 내 책에서 나는 합리적 선택 이론이 가정, 지역사회와 같은 비시장적 영역에도 적용되는 것을 보여주었고 인종적 집단 행위자의 형성과 국가형태의 기원(그것이 홉 스의 문제였다)의 합리적 선택 조건을 추구하였다. 나는 또한 인종(또는 성) 집단에 가입하고 그 경계를 유지하는 데서의 합리적 선택의 다이내믹 을 간략하게나마 다루었다. 그 집단이 이미 형성된 것을 전제로 하여 이 문제는 물질적인 것뿐만 아니라 지위와 명망과 같은 비물질적 유인과도 관 련되어 있다. 따라서 이와 관련된 이론은 그것이 비록 합리적 선택의 설명 방식과 관련되어 있다 할지라도 상당히 비물질적이다.

내가 내 책에서 보여주고자 한 것처럼 만약 합리적 선택이 이 각 분야에 무언가를 제공해줄 수 있다면, 이 패러다임의 부분적 성격에 대한 우드의 주장은 고수되기가 어렵다. 이 이론과 씨름하는 과정에서 나는 그럼에도 불구하고 다른 유형의 설명, 특히 기능주의적 설명의 가치를 높이 평가하 게 되었으며 이들 연구분야 모두에서 합리적 선택 이론이 갖고 있는 특유 의 한계가 무엇인가를 알게 되었다. 그 한계는 내가 기꺼이 인정한 일반이 론과 특수이론의 차이를 둘러싼 쟁점, 합리적 선택 이론이 복수의 평형상 태와 관련하여 불확정적일 수 있다는 사실에서 야기되는 결과들, 합리적 선택 논리가 분명히 성이데올로기를 극복할 수 없다는 내가 수집한 경험적 사실 그리고 인간의 동기가 합리적 선택 동기만은 아니라는 사실 등이다.

이 패러다임에 대한 우드의 철저한 비판은 1986년에 내가 이를 옹호하면 서 공포한 주장을 다시 한번 나로 하여금 생각하게 한다. 이 이론은 너무 소모적이지 않은가? 나는 그렇지 않다고 말할 수 있다. 나는 합리적 선택 이 모든 문제에 답을 가지고 있다고 주장한 적이 없고 다만 그것이 중요한 문제 중 일부에 대해 많은 해답을 갖고 있다고 주장해왔을 뿐이다. 이 패 러다임에 대한 나의 애착은 과거에 비해 상당히 온건해졌지만, 그래도 나 는 아직 과거의 입장을 고수하고 있다.

'정치적 맑스주의'의 한계

알렉스 캘리니코스

엘린 우드의 논문, 「합리적 선택 맑스주의: 할 만한 게임인가?」를 혼란스러운 느낌 없이 읽기란 어려웠다.[1] 욘 엘스터, 존 로머, 아담 쉐보르스키 등등이 방법론적 개인주의 노선에 입각하여 역사유물론을 재해석하려는 시도는 역사유물론에서 특수성과 본질적 성격의 많은 부분을 제거했다는 그녀의 전반적인 비판취지는 의심할 여지 없이 정확하다. 그녀가 과거 10여 년 동안 맑스주의에 적대적인 반동적 경향에 '좌익'의 가면을 제공했던 두 가지 주요한 지적 경향으로 합리적 선택 맑스주의(RCM)를 포스트구조주의와 나란히 위치짓는 것 또한 올바르다. 그러나 우드는 단지 RCM을 분쇄하는 것뿐만 아니라 부분적으로 역사유물론에 대한 한층 뛰어난 또다른 해석이 존재함을 입증함으로써 RCM을 분쇄하려고 노력했다. 그리고 바로 여기서 난점이 나타난다. 왜냐하면 내가 그녀의 RCM 비판의 대부분을 공유하지만(사실 나도 수차례에 걸쳐 이를 비판해왔다[2]), 맑스주의에 독특한 것 그리고 맑스주의에서 옹호할 가치가 있는 것에 대한 그녀 자신의 설명은 상당히 부적절하다고 생각하기 때문이다.

이러한 설명은 우드가 RCM 역사이론의 후보 추정자들을 논의하는 곳(이 책 278~300면)에서 가장 분명히 드러난다. 그녀는 이들이 역사변화의 원천에 대한 일정한 별도의 설명에 의해 보충될 필요가 있다는 점을, 로머가 정립한 것과 같은 RCM의 착취론과 계급론이 부적절함을 암묵적으로나마

---

* Alex Callinicos, "The Limits of 'Political Marxism'," *NLR* 184, 1990년 11·12월호

인정하는 것으로 간주한다. 로머는 자신의 책 『패배의 자유』에서 두 가지
의 그러한 설명들에 주의를 기울이고 있다. 하나는 G. A. 코헨의 정통 역사
유물론의 재정립이 로머의 정태적 모델과 실제로 양립가능하다는 것이다.
그러나 이것이 그러한 이유, 소위 생산력 발전이 사회변화의 '외생적 원인'
을 제공한다는 것은, 코헨의 이론이 적절한 역사이론이 아님을 나타내는
것이다. 왜냐하면 이 이론이 사회변혁을 설명하기 위해, 문제가 되는 생산
양식에 내재적인 속성이 아니라 오히려 희소성의 조건 속에 있는 인간으로
하여금 그들의 노동방법을 발전시키게 하는 '초역사적 합리성'에 의거하고
있기 때문이다(이 책 291~95면). 우드는 로버트 브레너의 저작에서 볼 수
있는 다른 후보이론에 대해서는 훨씬 더 호의적인 시선을 보낸다. 그러나
우드는 봉건제에서 자본주의로의 이행에 대한 브레너의 설명이 "덜 생산적
인 '경제구조'가 더 생산적인 경제구조에 의해 대치된다는 역사적 필연성"
이라는 사고와도 모순된다고 주장한다. 그녀는 동시에, 그의 설명은 "모든
개별 생산양식의 특수성, 그 과정의 내재적인 논리, 그나름의 '운동법칙',
그 독특한 위기들, 브레너의 정식화에 따르면 그 고유의 재생산규칙"에 그
'강조점'을 두는 역사이론과 관계되는데, 이 두 측면에서 이는 인간사회의
초역사적 특징에서 도출되는 설명에 의존하려는 RCM의 경향과 부합하지
않는다고 주장한다(이 책 291면, 293면).

  우드가 역사유물론에 대한 그녀의 대안적 독해와 코헨의 독해를 구분하
기 위해 브레너의 저작을 이용한 것은 이번이 결코 처음이 아니다. 게다가
어느 순간에 그녀는 이러한 독해를 위해 브레너에 대한 맑스주의적인 비판
가 중의 한 명인 가이 브와(Guy Bois)가 브레너의 저작에 붙인 딱지인 '정
치적 맑스주의'를 수용했다. 브와는 다음과 같이 설명한다. "정치적 맑스
주의는 결국 계급투쟁을 모든 객관적 가능성과 분리시키는 그리고 무엇보

---

1) *NLR* 177, 1989년 9·10월호. 본문에서 인용한 것은 모두 이 논문에 있는 것들
  이다.

2) Alex Callinicos, "Socialism, Justice, and Exploitation," *Morell Studies in Tolera-
  tion* 16, 1985와 *Making History*, Cambridge 1987의 특히 제2장 그리고 "Intro-
  duction: Analytical Marxism," in Alex Callinicos (ed.), *Marxist Theory*, Oxford
  1989 참조.

다도 특수한 생산양식에 고유한 발전법칙과 분리시키는, 역사에 대한 주의주의적(voluntarist) 해석이다."[3] 우드는 주의주의라는 비판은 거부하지만, 맑스 자신이 "다른 생산양식들은 있는 생산력을 보존이나 하는 경향이 있는 반면, 자본주의는 독특하게 생산력을 혁명화하는 충동을 가지고 있다"라고 말한 것을 채용한다(이 책 293면 주 47). 생산력 발전의 '설명력'은 '엄격한 한계'를 넘어설 수 없다. 사회변화를 이해하기 위해서 우리는 대신에 "역사운동의 작동원리로서 계급투쟁의 방향으로" 눈을 돌려야 한다.[4] 따라서 역사적 설명은 특수한 사회체계에 내재적인 속성들에 의거한다는 것의 주된 의미는, 그것이 잉여추출의 특수한 형태를 분명히 해주며 그럼으로써 변화의 동력을 부여하는 계급투쟁의 맥락을 제공하고 있다는 점이다. 예를 들어, 브레너가 영국에서 일어난 농업자본주의로의 획기적인 발전은 중세 말기 지주와 농민 간의 전유럽적인 투쟁이 영국에 가져온 특수성에 달려 있었다고 주장했을 때 바로 그러했던 것처럼 말이다.[5]

농업자본주의의 등장

이것은 엄청난 유보조항을 가질 수밖에 없는 맑스주의 해석이다. 부분적으로 이러한 유보조항들은 농업자본주의의 등장에 대한 브레너의 설명 특유의 어려움에서 발생한다. 그의 저술은 의심할 여지 없이, 삐렌(Pirenne)과 스위지(Sweezy)에서 브로델(Braudel)과 월러스틴(Wallerstein)에 이르기까지 세계시장의 확대에 일차적 중요성을 부여했던 자본주의로의 이행에 대한 그들의 설명에 가치있는 수정을 가했다.[6] 더구나 브레너가 영국에서

---

3) Guy Bois, "Against the Neo-Malthusian Orthodoxy," reprinted in T. H. Aston and C. H. E. Philpin (eds.), *The Brenner Debate*, Cambridge 1985, 115면. Ellen Meiksins Wood, "The Separation of the Economic and Political under Capitalism," *NLR* 127, 1981년 5·6월호, 75~78면 참조.

4) Ellen Meiksins Wood, "Marxism and the Course of History," *NLR* 147, 1984년 9·10월호, 101, 105면.

5) Robert Brenner, "Agrarian Class Structure and Economic Development in Pre-Industrial Europe," reprinted in Aston and Philpin (eds.), *The Brenner Debate*.

6) 특히 Robert Brenner, "The Origins of Capitalist Development: a Critique of Neo-Smithian Marxism," *NLR* 104, 1977년 7·8월호를 참조.

등장했던 독특하게 자본주의적인 농업이, 1689년 이후 영국이 경쟁국가
——특히 프랑스——에 대해 처음에는 군사적 우위에, 이후에는 산업적
우위에 설 수 있게 하는 과정에서 특히 결정적 역할을 했다는 점을 강조한
것은 올바르다.[7] 그럼에도 불구하고 브레너가 농업자본주의를 절대적으로
강조한 것은, 아마 자신의 의도와는 반대로, 자본주의 발전과정에 대한 다
소 거친 일면적 해석을 자극했다. 아마 가장 통탄할 만한 사례가 조지 꼼
니넬(George Comninel)의 『프랑스혁명을 다시 생각한다』(Rethinking the
French Revolution, 이 책은 우연히도 우드가 지도한 박사논문에 기초를 두고
있다)이다. 그 책에서는 당시 영국의 농촌에서 점차 지배적이 되었던
자본-임노동 관계에 상당하는 것이 혁명 전의 프랑스 농촌에서는 존재하지
않았기 때문에, "[프랑스] 부르조아지에 귀속될 수 있는 자본주의적 관계
란 결코 존재하지 않았다(상업이윤의 취득과 대립되는 것으로 잉여가치의
전유란 것이 존재하지 않았다)"고 주장한다.[8] 그러한 주장에서 설명되지
않고 있는 것은, 근대 상업자본주의가 여전히 봉건적 사회관계에 뿌리박고
있음에도 불구하고 레닌이 생산에 대해 자본이 통제를 획득하기 시작하는
'이행기적 형태'라고 한 것의 골격을 형성시켜준 정도이다.[9] 그러한 형태
중의 하나가 로빈 블랙번(Robin Blackburn)이 영국과 프랑스령 서인도 제
도와 후에는 쿠바, 브라질 그리고 미국 남부의 '체제적(systemic) 노예제'
라고 불렀던 것이다. 그것은 세계시장을 상대로 대량소비재(설탕)나 산업

---

7) Robert Brenner, "The Agrarian Roots of European Capitalism," in Aston and
   Philpin (eds.), *The Brenner Debate* 그리고 "Bourgeois Revolution and the Tran-
   sition to Capitalism," in A. L. Beier (ed.), *The First Modern Society*, Cambridge
   1989. 나는 『역사의 창조』(*Making History*)란 내 책 157~72면에서 자본주의 발
   전에 관한 브레너의 설명을 논의한다.

8) George Comninel, *Rethinking the French Revolution*, London 1987, 180면. 데이
   빗 맥날리의 비판은, David McNally, "A Bourgeois Revolution?," *Socialist
   Workers*, Toronto, 1989년 8월호.

9) V. I. Lenin, *The Development of Capitalism in Russia*, Moscow 1967, 제3장. 크
   리스 하먼(Chris Harman)은 "From Feudalism to Capitalism," *Internantional
   Socialism*, vol. 2, no. 45, 1990에서 브레너의 이행 개념에 대해 강력하게 비판하
   고 있다.

의 투입물(면화)을 생산하는 노예노동에 대한 대규모 착취이다. [10] '초기산업화'(proto-industrialization) ── 보통 분산생산(putting-out)체계에 기반을 둔, 대개는 직물을 생산하는 농촌산업의 확산 ── 는 노동이 자본하에 부분적으로 포섭되는 또다른 형태를 대표했고, 확실히 한층 결정적인 형태를 대표했다. 왜냐하면 그러한 분산생산체계의 한계는 자본가들로 하여금 공장으로 노동과정을 집중화하도록 만드는 경향이 있는 반면, 노예제의 폐지는 보통 생산단위의 분절화를 유도하기 때문이다. [11] 브레너와 그의 추종자들이 집중적으로 관심을 가진 농업자본주의의 발전은 부르조아적 사회관계가 낡은 봉건적 질서를 부단히 파괴하는 아주 폭넓은 과정의 일부였다.

그러나 그것은, 우드가 '정치적 맑스주의'를 정립하기 위해 브레너의 저작을 이용하고 있는 것과 마주쳤을 때 브레너(또는 아마 더 정확하게는 그에게 영향받은 사람들)가 개진한 역사적 주장에 대해 단순히 잠시 망설이게 하는 의문을 던지는 것만은 아니다. 역사유물론은 두 개의 메커니즘의 결과로 사회변혁을 설명한다. 첫째는 생산력 발전과 지배적인 생산관계 사이에 등장하는 구조적 모순이고, 둘째는 이러한 모순에 의해 발생하는 사회경제적 위기의 맥락에서만 의미를 갖는 계급투쟁이다. 『자본』(Capital)은 생산과정 내의 잉여가치 추출의 조건과 형태들만을 명확히하고 있는 것은 아니다. 그것은 또한 자본주의가 순환적인 경제위기를 겪는 만성적인 성향을 이윤율의 저하경향 ── 자본주의 생산양식에 고유한 생산력과 생산관계 사이의 모순의 형태 ── 속에 위치짓는다. 최근의 가장 위대한 맑스주의적 역사편찬의 업적이라고 할 수 있는 것은 전자본주의적 양식에서 이 모순의 성격을 좀더 정확하게 기술하려는 것이었다. 페리 앤더슨이 지적한 것처럼, 드 스뜨 크루와(G. E. M. de Ste Croix)의 고전적인 고대사회의 사멸에 대한 설명은 생산력과 생산관계가 서로 결정적인 모순에 빠질 때 발생하는 '체제적(systemic) 모순'의 성격을 나타내주는 사례이다. [12] 비슷하게, 브레너

───

10) Robin Blackburn, *The Overthrow of Colonial Slavery, 1776~1848*, London: Verso 1988.

11) 예를 들어, P. Kriedte, *Peasants, Landlords and Merchant Capitalists*, Leamington Spa 1983 참조.

12) Perry Anderson, "Class Struggle in the Ancient World," *History Workshop* 16,

와 브와가 그들간의 불일치에도 불구하고, 중세 후기 봉건제 위기의 원인
이 되는 유사한 모순이 취하는 형태에 대한 우리의 이해를 엄청나게 증진
시켰다는 것은 거의 의심의 여지가 없다. [13]

지배의 사회학

문제는, 우드가 생산력과 생산관계 사이의 구조적 모순에 어떠한 설명적
힘을 부여하는 것에 명백히 적대적이라는 점이다. 그녀는, "역사가 생산력
과 생산관계 사이의 필연적 모순, 즉 발전하고 있는 생산력이 생산관계에
의해 부과된 '족쇄'들에 대립하게 될 때 등장하는 모순에 의해 추동된다는
명제"는 "공허하다"고 말한다. [14] 우드는 또한 맑스가 이 명제에 집착한 것
은 여전히 고전적인 부르조아적 사상에 무비판적으로 얽매여 있던 맑스 연
구작업의 미성숙단계를 상징하는 것이라고 주장한다(이 책 292면). 이는 또
한 꼼니넬이 아주 상세히 전개한 주장인데, 그는 생산력의 발전이 『독일
이데올로기』에서만 중심적인 주제이므로 이 책은 '자유주의적인 유물론 이
데올로기'의 단편으로서 불살라버려야 하며 생산력 발전은 『자본』에서 아
무런 역할도 하고 있지 않다는, 납득하기 어려운 주장을 편다. [15] 그러나
일단 생산력과 생산관계의 구조적 모순이 역사유물론으로부터 제거된다면,
결국 남겨지는 것이 어떤 진정한 의미에서 하나의 사회변혁이론이 될 수
있는지 명확하지 않다. 계급투쟁만으로 한 생산양식에서 다른 생산양식으

1983년 가을호, 68면. G. E. M. de Ste Croix, *The Class Struggle in the Ancient Greek World*, London 1981, 226~59면과 비교하라.

13) 위에서 인용된 브레너의 논문에 덧붙여, 브와의 대작 *Crise du féodalisme*, Paris 1976을 참조.

14) Wood, "Marxism and the Course of History," 102면.

15) Comninel, *Rethinking the French Revolution*, 133면. 브레너는 "The Social Basis of Economic Development," in John Roemer (ed.), *Analytical Marxism*, Cambridge 1986, 40~48면에서 이 주장에 대한 훨씬 심오한 해석을 내놓고 있다. 그러나 그가 제기하는 쟁점들을 다루기 위해서는 현재의 지면보다 훨씬 더 많은 지면이 필요할 것이다. 내가 꼼니넬의 맑스 해석을 논의하고 있는 것으로, "Bourgeois Revolutions and Historical Materialism," *International Socialism*, vol. 2, no. 43 1989, 161~63면을 참조.

로 이행하는 것을 설명할 수는 없다. 착취자와 피착취자 사이의 공개적인
갈등이나 또는 은폐된 갈등은 계급사회에 고유한 속성이다. 그러나 그러한
갈등은 지배적인 사회체계 바로 그것의 생존이 문제로 제기되는 시기, 즉
그람시가 '유기적 위기'라고 불렀던 시기에 한층 더 격렬하게 나타난다.[16]
맑스주의는 그러한 위기의 등장을 설명할 수 있을 때만 그것이 제공하고
있다고 주장하는 역사이론을 실제로 제공할 수 있다. 계급투쟁 그 자체의
관점에서만 위기의 등장을 설명하려는 것은, 현대판 맑스주의 경제이론의
경향처럼(예를 들어 '자본논리'학파와 조절이론), 계급투쟁의 격화가 계급
투쟁의 격화를 설명하는 순환논리의 오류를 범하는 것일 뿐만 아니라 역사
유물론을 변화의 동력이 계급의지간의 충돌로 파악되는 주의주의적 사회이
론으로 환원하는 것이다. 앤드루 레빈은 "이행을 이론화하지 않는, 즉 시
대의 구조들 사이의 변화의 방향을 주장하지 못하는 맑스주의 해석은",
'역사에 대한 유물론적 이론'이 아니라 '유물론적 사회학'을 대표하는 것이
라고 주장한다.[17] 우드의 '정치적 맑스주의'는 단지 지배의 사회학일 뿐이
다. 주로 베버주의적인 기원을 갖고 있는 여타의 그러한 사회학과 달리,
우드가 계급착취에 우선을 두는 것은 적절하지만, 그것으로 결코 충분하지
않다.

생산력과 생산관계 사이의 갈등은, 생산력이 발전하려는 경향이 있고,
그럼으로써 생산력이 현존 관계와 모순될 때에만, 사회변화의 메커니즘으
로 기능할 수 있다. 아주 설득력있게, 이러한 단순한 사실에 다시 주의를
기울이게 한 것이 코헨의 『칼 맑스의 역사이론』(*Karl Marx's Theory of
History*)의 커다란 공헌 중의 하나이다. 우드가 그 함의를 회피하려고 할
때, 그녀는 전자본주의 사회의 '재생산 규칙들', 특히 생산자와 착취자 모
두가 생존수단에 대한 직접적이고 비시장적인 접근권을 가진다는 사실이
생산력의 급격한 발전을 배제하고, 그 발전은 경제행위자들의 상품생산에
대한 의존이 그 행위자들을 경쟁하게 하고 따라서 혁신을 강제할 때만 가
능하다는 브레너의 주장에 의거한다.[18] 그러나 설사 우리가 자본주의는 그

---

16) Antonio Gramsci, *Selections from the Prison Notebooks*, London 1971, 178면.
17) Andrew Levine, *The End of the State*, London 1987, 104면.
18) Brenner, "Social Basis," *passim*.

이전의 생산양식과는 비교할 수 없을 정도로 동적인 생산양식임을 쉽게 인정한다고 할지라도, 우리는 얼마나 브레너의 주장을 받아들일 수 있는가? 그는 확실히 봉건제(그가 관심을 갖고 있는 주요한 전자본주의적 생산양식)하에서 아무런 생산력 발전도 없었다고 말하고 있지는 않다. 그것이 명백한 오류라는 점은 차치하더라도, 그러한 주장은 어떠한 새로운 사회형태를 낳을 가능성이 없는 무한한 정체의 전망을 떠올리게 한다. 브레너의 주장은 전자본주의 사회에서 생산력 발전에 한계를 설정하는 것으로 받아들이는 편이 낫다. 따라서 그러한 사회가 그럼에도 불구하고 어느 정도의 기술적 진보를 어떻게 가능하게 하는가에 대한 보충 설명이 필요하다. 그러한 설명에 대해 가장 분명한 후보이론, 즉 코헨의 선차성 테제(Primacy Thesis)는 불행히도 잘 알려진 이유——생산력 발전에 인간이 일반적으로 관심을 갖는다는 가정, 기능주의적 설명에 대한 의존 그리고 사회혁명이 필연적이라는 필요조건——때문에 그러한 보충 설명이 될 수 없다.[19] 그러나 혹자는 약점이 적은 설명의 몇가지 요소를 상상할 수 있다. 하나는 에릭 올린 라이트가, 특히 "노동생산성이 향상되면 직접 생산자의 노고가 줄어드는 조건하에서 직접 생산자는 일반적으로 생산력을 발전시키는 데 관심을 가질 것이라는" 사실로부터 발생하는, 생산력을 발전시키는 '약한 추진력'(weak impulse)이라고 부른 것이다.[20] 또다른 것은 특정한 전자본주의적 생산양식이 이전의 다른 전자본주의적 생산양식을 넘어서는 생산의 진보를 획득할 수 있도록 해주는 메커니즘에 대한 분석이다. 브레너의 전자본주의 사회에 대한 논의의 한가지 취약점은 그것들을 서로 구별짓는 데 실패했다는 것이다. 그리하여 노예제 생산양식과 봉건제 생산양식은, 다시 한번 역사의 기록과 일치하지 않게, 동일한 수준의 발전을 상징하는 것으

---

19) 이러한 비판의 전거가 되는 것은, Andrew Levine and Erik Olin Wright, "Rationality and Class Struggle," *NLR* 123, 1980년 9·10월호이다.

20) Erik Olin Wright, "Giddens's Critique of Marx," *NLR* 138, 1983년 3·4월호, 28면. 우드는 어느 순간에 이 주장을 확실히 승인한다. 그러나 그녀는 생산력을 발전시키는 '약한 추진력'이, 라이트가 생산력과 생산관계 사이의 '동적인 불균형'이라 부른 것, "결국은 생산력이 '질곡에 빠지는' 시점, 즉 생산관계의 변혁이 없이는 더이상 발전할 수 없는 시점에 다다르게 될 정도의" 동적인 불균형을 창출한다는 점을 인식하지 못하는 것처럼 보인다. "Giddens's Critique of Marx," 29면.

로 취급된다.[21]

이러한 주장의 장점이 무엇이든간에, 그 주장들은 우드와——그녀가 브
레너의 역사연구에 의거하기 때문에——브레너의 핵심적인 결함, 즉 그들
이 사회변혁을 설명하는 데서 계급착취와 계급투쟁을 일면적으로 강조하고
있음을 정확히 지적해주고 있다. 우리는 이러한 일면적인 강조가 나타나는
이유, 즉 일부는 좋은 이유(제2인터내셔널의 기술결정론에 대한 거부),
나머지는 그렇지 않은 이유(우드는 RCM의 노동가치론 비판——일단 행
해지면, 맑스의 사회혁명 전략의 객관적 맥락을 제공하는 위기이론에 적절
한 중요성을 부여하는 것을 어렵게 만드는 불필요한 양보——에 대한 어
떠한 논의도 회피한다)들을 추측할 수 있다. 그러나 이유가 어쨌든 우드의
'정치적 맑스주의'라는 주의주의는 그것이 RCM이 사회민주주의로 몰락하
는 데 대한 적절한 대안이 되어야 할지도 모른다는 어떠한 주장도 무력화
하며 파괴하고 있다.

---

21) Brenner, "Social Basis," 32~33면, 주 6.

전부냐, 전무냐?

엘린 메익신즈 우드

앨런 카링은 나를 '전능주의'(everythingism)라고, 즉 "무언가를 완전히 설명할 수 있어야 무언가를 설명한다고 말할 수 있다"고 믿고 있다고 비난한다. 내가 그런 사람인가? 나는 나 자신이 훨씬 더 온건한 요구, 즉 '고전적' 맑스주의를 개선해야 한다고(실제로는 대체해야 한다고) 주장하는 RCM 같은 '패러다임'은 기존의 설명들에서 잃게 되는 것보다 얻게 되는 것이 더 많도록 해야 한다고 이야기했을 뿐이라고 생각했다. 결국 RCM에 대해 터무니없는 주장, 즉 "맑스주의 이론의 고전적 의제와 관련된 몇가지 주요문제들 —— 사회적 형태에 대한 역사적 설명과 서술, 계급투쟁의 집단적 동학, 자본주의의 진화와 그에 대한 평가 —— 은 이제 오직 합리적 선택이라는 맥락 속에서만 제대로 논의될 수 있다"[1]라는 주장을 한 사람은 내가 아니었다. 만약 이제 와서 카링이, RCM 모델을 적용하기에 앞서 모든 중요한 이론적·경험적 작업이 행해질 필요가 있다는 나의 원칙적 논의를 사실상 인정함으로써 그런 주장을 크게 수정하기를 원한다면, 나로서는 나쁠 게 없다.

그러나 나는 카링이 그가 행한 양보가 어떤 정도의 것인지 깨닫지 못하고 있다고 생각한다. 그는 합리적 선택 설명이, "자신의 설명의 전제로 취급하는 것을 설명"(그의 표현에 따르면)"하지 않는다"는 나의 비판에 "기쁜 마음으로 동의한다"고 쓰고 있다. 그는 계속해서 "또한 그 전제들은 종

---

* Ellen Meiksins Wood, "Explaining Everything or Nothing," *NLR* 184, 1990년 11·12월호, London.

종 (1) 행위자(actor)의 선호 (2) 행위자들이 행위하는 사회적 맥락을 포함하고 있기 때문에, 합리적 선택 설명은 종종 행위자의 선호나 그들이 처한 사회적 맥락을 설명하지 못한다"고 말한다. 확실히 이는 RCM의 주장 중 거의 아무 것도 남아나지 않게 할 정도로 엄청난 양보이다.

합리적 선택 맑스주의가 자신은 거대한 총체적인 맑스주의 이론 속에 놓여 있는 지극히 신중하고도 제한된 삽입구 이상의 그 무엇이라는 주장을 그럴 듯한 것으로 만들고자 한다면, 그것은 사람들은 (종종) 합리적으로 행동한다는 단순한 가정 이상의 무언가에 의해 다른 것과 구별될 수 있어야 한다. 그 정도는, 예컨대 자본주의에 대한 맑스 자신의 분석에서도 명확히 드러나는 것처럼, 고전적 맑스주의 역시 가정하고 있는 것이다. 그렇다면 합리적 행위자(agency)에 중심을 두고 있는 어떤 사회적 설명도 그 핵심은, 어떤 주어진 맥락 속에서 무엇이 합리적이며 선호할 만한 것인가라는 개념을 결정하는 사회적 구조들을 구체화하고 설명하는 것으로, 그리고 상이한 사회적 관계들의 체계들에 의해 만들어지는 타당성(reasonable-ness)이나 현실적합성(eligibility)의 상이한 기준들을 밝히는 것으로 이루어져야만 한다. 이제 카링은, RCM은 설명될 필요가 있는 구조들을 그저 가정하기 때문에 그런 의미에서는 그렇게 유용하지 않다고 인정한다. (나는 또한 RCM은 사실상 그런 설명들을 구축할 수 있는 맑스주의의 능력을 손상시켰다고 주장했다). 그는 그 어려운 작업은 모종의 다른 수단에 의해 미리 행해져야만 한다고 인정한다. 그러나 나로서는 그 자체로는 설명을 구축하는 데 아무런 역할도 하지 않으며 문제를 명료화하기보다는 오히려 신비화하는 것 같은 형식적 모델들로 구조와 선호들을 환치시키는 것 이외에, RCM이 구조들과 선호들에 대해 앞서 이루어진 이런 이론적·경험적 설명에 무엇을 덧붙인다고 그가 생각하는지 명확하지가 않다. 바꿔 말해 일단 그것이 일련의 주어진 구조들과 선호들의 집합을 상정한다면, 도대체 합리적 선택 모델에 설명할 그 무엇이 남아 있게 된다고 생각하는지가 불명확한 것이다.

카링은, RCM이 개인들을 좀더 중시하는 이점을 가지고 있다고 주장할

---

1) Alan Carling, "Rational Choice Marxism," *NLR* 160, 1986년 11·12월호, 55면.

지 모른다. 그러나 과연 그런가? RCM의 전형적인 방식은, 선호들이나 구조들을 '자원'이나 '자산'의 형태로 추상적 개인들에게 돌림으로써 사실상 개인들의 동기를 구조나 '거시적 과정' 그 자체로부터 연역해내는 것이다. 따라서 내가 전에 주장한 것처럼 개인은 구조의 체현물에 지나지 않게 된다. 사실상 RCM의 설명들은 더 나아가서는 자본주의로부터 끌어낸 초역사적 '합리성'을 특수한 역사적 맥락들에 상관없이 모든 행위자들에게 부과하는 경향에 의해 개인적 합리성과 행위자로부터 추출되기까지 하는데, 이러한 경향은 특히 로머에게서 ('고전적' 맑스주의와는 대조적으로) 뚜렷이 나타난다. 특정한 경험적 현상들을 연구하는 더 낮은 추상화의 수준들에서 조차, 합리적 선택 설명들은(그것들이 갖는 설명력이 무엇이든지간에) 전형적으로 합리적 선택 모델을 적용하는 데서 도출되는 것이 아니라 관련된 선택이 행해지는 맥락을 특수화하는 데서 도출된다.

모든 교과서가 로머의 증명을 담게 된다면…

내가 내 논문에서 대답하고자 했던 하나의 중요한 질문은, 로머가 자본주의에 반대하는 도덕적 주장을 했다는 것을 우리가 인정한다 할지라도 그가 그 대가로 지불한 것이 과연 그럴 만한 가치가 있는 것인가라는 점이었다. 나는 맑스주의 이론 전체에 그것이 어떤 영향을 끼치는가를 묻고 있는 것이다. 카링은 그 질문을 단순하게 오해했다. "농담을 하고 있는가?" 그는 분개하여 묻는다. 만일 모든 신고전파 경제학의 교과서들이 자본주의의 착취적 성격에 대한 증명을 담고 있다면 그것은 커다란 의미를 갖는 것이 아닌가? 그는 나의 질문을, 내가 로머의 도덕적 주장의 엄청난 효과들을 부인하고 있음을 뜻하는 수사적인 것으로 받아들이고 있음에 틀림없다 ――물론 내 주장은 그 정반대이다. 즉 로머의 주장은 그 설명력을 잠식함으로써, 맑스주의를 재구성하려는 그의 계획 전체에 참으로 그리고 아주 근본적으로 영향을 준다는 것이 내 주장이다.

그러나 카링이 내게 하나의 질문을 던졌기 때문에 그것에 간단히 답해봤으면 한다. 정말이지 경제학자들은 사회적 생활의 실체와 거의 관계가 없는 추상적이고 형식적인 모델들을 다루기는 좋아하면서, 사회적 실재들을 인식하는 데서는 세계의 다른 부분들(경제학자가 아닌 사람들―역자)보다

뒤처지는 경향이 있다. 그런 의미에서 경제학 교과서들이 로머식의 증명을 포함시킨다면 그것은 물론 아주 멋진 일이 될 것이다. 그러나 그것이 카링이 생각하는 것만큼 큰 차이를 가져올 것인가? 예컨대 전통적 사회학은 오래 전부터 불평등이 불평등을 낳는다는 것을 기꺼이 인정해왔다. 막스 베버는 무엇보다도 불평등한 '시장기회'의 결과에 대해 아주 잘 알고 있었으며 '계층화'를 다루는 표준적인 사회학의 교과서들은 이 베버주의적 통찰을 거리낌없이 인정한다. 로머가 진정 이 이상으로 나아갈 수 있겠는가?

이제는 좌파진영에조차도 선진자본주의 사회들을 분석하는 데서 착취가 (문제들을—역자) 조직화하는 범주로서 적절한 것인가에 의문을 제기하는 사람들이 많다(얼마 전에 나온 『오늘날의 맑스주의』에 실린 요란 테르비욘의 논문을 보라[2]). 그들이 형식적이고 수학적인 증명들 때문에 그런 확신을 갖게 되는 것 같지는 않다. 실제로 그들은 풍요로운 서구 자본주의에서 착취는 추상적인 수학적 공식으로서의 의미 이외에는 거의 아무런 의미도 가지고 있지 않다는 바로 그 이유 때문에 그 개념의 적합성을 폐기했을 것이다. 선진자본주의 사회의 궁핍과 주거상실로 인한 노숙, 절망 등의 현수준과 그것이 점점 심해진다는 사실에 비추어본다면(최상의 자본주의에서조차 나타나는 낭비와 파괴는 말할 것도 없고), 확실히 이는 자본주의의 번영에 대한, 용서의 여지가 없는 낙천적인 견해이다. 그러나 이런 견해를 주장하는 사람들은 한층 차원이 높은 수학에 의해 동요되지는 않는 경향이 있으며, 또 자본주의의 옹호자들은 그들보다도 덜 동요한다. 착취이론이 설득력을 지니려면, 그것은 무언가를, 예컨대 궁핍과 타락뿐만 아니라 낭비와 파괴와 환경의 약탈, 문화의 퇴락, 그밖에 체제에 의해 물질적으로 불이익을 당하지 않는 사람들에게조차도 삶에 깊은 영향을 끼치는 결과들을 가져오는 자본주의의 체제적 논리와 위기들을 설명할 수 있는 능력을 갖출 필요가 있다. 로머의 모델이 도덕적 문제로서의 착취에 대해 우리에게 무엇을 말해주든 그것은 생산과 축적의 특수한 사회체계로서의 자본주의에 대한 어떤 설명으로부터도 착취이론을 분리해낸다. 실제로 그것은 착취를 사회적 관계로서 그리고 자본주의 체제의 동력 메커니즘으로서 다룰

---

2) Göran Therborn, "Vorsprung durch Rethink," *Marxism Today*, 1989년 2월호, 28면.

수 있게 하는 맑스주의 이론의 특징 자체를 폐기한다.

나의 주요 논제가 RCM의 설명력의 취약성에 대한 것이기는 하지만 로머 이론의 도덕적 힘 자체도 아주 취약한 것이라는 점 역시 덧붙일 필요가 있다. 봉건제에서 자본주의로의 이행을, 봉건영주의 부추김과 프롤레타리아적 조건의 이점을 약속하는 자본가들의 유혹 사이에서 농노들이 선택을 할 수 있었던 시기의 자비로운 막간극으로 바라볼 것을 요구하는 이론적 패러다임은 이보다는 훨씬 더 냉혹한 자본주의의 현실을 드러내기에는 역부족이다. 자본주의에 대한 로머의 도덕적 고발이, 이를테면, 동구의 '시장경제'의 옹호자들에게 얼마나 큰 의미를 갖겠는가?

역사라는 문제의 회피 —— 재론

나보다 자신이 로버트 브레너를 더 잘 이해한다고 주장하는 것은 카링의 특권이지만, 그는 진정으로 브레너보다 그 자신이 브레너를 더 잘 이해한다고 주장하기를 원하는가? 어쨌든 그가 약속대로 곧 간행될 그의 책에서 자신의 입장을 밝힐 때까지, 나는 카링이 명시적으로 RCM을 거부한 브레너에게 RCM이라는 딱지를 붙이기 위해서는 RCM의 고유성을 그가 지금까지 해왔던 것보다 훨씬 더 축소된 것으로 정의해야만 할 것이라고 —— 심지어는 로머와 그밖의 사람들이 (RCM의—역자) 본질적 특징으로 간주했던 방법론적 개인주의까지도 거부하면서 —— 상정하지 않을 수 없다. 만일 RCM이 아주 느슨하게 정의된다면, 예컨대 그것이 단지 어떤 규칙적인 사회적 유형들이 주어진 어떤 맥락 속에서 합리적으로 행동하는 사람들에 의해 창출된다는 것만을 받아들이기를 요구한다면, 나조차도 RCM에 속할 자격을 갖게 될지 누가 아는가?

브레너의 역사이론과, 브레너와 코헨을 화해시키려는 카링의 시도에 내재하는 좀더 실질적인 쟁점에 대해 살펴보자. 카링은 RCM은 설명되어야 할 필요가 있는 바로 그것을 당연한 것으로 가정하지 않고는 역사를 설명할 수 없다는 나의 확신을 거리낌없이 확인해준다. 내가 이해한 바에 따르면 그의 주장은 다음과 같이 진행된다. (1) 브레너는 봉건제를 근본적으로 정태적인 것으로 묘사한다. (2) 따라서 그는 발전이 이루어지게 하기 위해 자본주의를 필요로 한다. (3) 따라서 그에게는 코헨의 기능적 설명이 필요한데, (영국에서 이루어진 발전에 대한 브레너의 설명에 적용된) 그 기능적 설명은 영국을 '발전하게끔' 강제했던 특수한 조건이 발생해야만 했다는 것, 혹은 좀더 구체적으로, 영국이라는 이 특정한 나라가 존재하지 않았다면 이와 유사한 또다른 나라가 존재했으리라는 것('또다른 영국은 항상 존재할 것이다'라고 카링은 재치있게 견해를 밝히고 있다)을 암시한다.

이 주장 속에는 참으로 엄청난 비약이 존재한다. 첫째, 브레너는 봉건제가 그 자신의 추동력을 가지고 있지 않다고 말하는 것이 아니라 다만 기술적 혁신에 의해 생산성을 향상시킬 체계적 추동력을 가지고 있지 않다(이는 아무런 기술적 혁신도 일어나지 않았다고 말하는 것과는 다른 것이라고 할 수 있다)고만 주장하고 있다. 실제로 이행에 관한 그의 전체적 주장은 봉건적 소유관계에 의해 작동되는 고유한 동력, 즉 운동법칙을 근거로 진술된다. 둘째, '봉건제는 생산력의 발전을 질곡한다. 그리고 자본주의는 생산력의 발전을 촉진한다'는 명제가 생산력의 발전이 역사의 동력이라는 것을 의미하지는 않으며, 자본주의가 발생했어야만 했다거나, 영국과 같은 나라가 존재했어야만 했다는 것을 의미하지도 않는다. 자본주의가 독특하게 기술발전을 촉진한다는 평범한 명제로부터 자본주의는 그것이 기술발전을 촉진하기 때문에 발전했다는 주장으로, 혹은 역사는 어쨌든 생산력의 발전을 요구하기 때문에, 또는 덜 생산적인 체제들은 필연적으로 좀더 생산적인 체제로 대체되기 때문에 자본주의가 발전해야만 했다는 한층 강력한 주장으로 건너뛰는 것은 아주 가당치 않은 것이다. (생산력의 발전을 촉진하는 것이 카링이 인정하는 유일한 역사운동의 원리라면 그리고 그런 발전을 촉진하지 못한 것이 정의상 정체를 의미한다면, 그는 기술발전의 진보라는 형태를 띠지 않았던 역사적 전환, 이를테면 로마제국의 몰락을 어떻게 설명할 것인가? 그러나 이에 관한 상세한 것은 차후에 알렉스 캘리니코스에 대한 답변에서 논의하겠다.)

간단히 말해, 브레너에게는 코헨이 전혀 필요하지 않다. 우리는 코헨에서 출발하는 경우에만, 즉 카링처럼 생산력의 발전이 하나의 생산양식에서 다른 생산양식으로 이행하는 역사의 운동에서 유일하게 유효한 원칙이라는 가정에서 출발할 때만, 증명되어야 할 필요가 있는 바로 그것을 가정할 때만, 코헨이 필요하다. 나는 영국이라는 한 나라가 존재하지 않았더라면 또다른 영국이 존재했으리라는 것을 절대적인 확신을 가지고 부정할 수는 없다. 그러나 우리는 그저 그것을 가정할 수는 없으며, 명백히 그 가정을 역사적 설명의 대체물로서 이용할 권리도 없다. 그 문제에 있어 우리는 '또다른 영국은 항상 존재할 것이다'라는 가정 없이는 그토록 근사하게 문제를 풀어갈 수는 없다. 그렇게 전적으로 반증불가능한(non-falsifiable) 명제를 뒷받침할 증거는 전혀 없으며 있을 수도 없을 것이다. 그리고 어쨌거나 우리에게 왜 그것이 필요하단 말인가? 왜 영국이라는 나라가 **존재했다**고 말하는 것만으로는 충분하지 않다는 것인가? 일단 자본주의가 수립되면 그 고유한 추진력과 자기확대능력으로 인해 자본주의의 확산은 불가피하다고 주장하는 것은 확실히 근거가 있는 것이다. 그러나 이것은 그것이 등장하게 된 필연성에 대해서, 혹은 그것이 발생하게 된 기제들에 대해서조차 아무 것도 이야기해주지 않는다.

브레너는 역사를 거슬러 올라가 자본주의의 원칙과 동기를 읽어내거나 어떤 초역사적인 운동의 '일반이론'을 가정함으로써가 아니라 봉건제 자체의 동학 속에서 봉건제로부터의 이행을 위한 동력을 찾고 있다. 카링은 —— RCM의 '비관계적'(non-relational) 착취이론의 정태적인 특질을 고려하면 놀라울 것도 없지만 —— 그 자신의 독특한 활동 형태를 가지고 있는, 사회적 관계들의 특수한 구조 내의 모순들이 다른 사회적 형태로의 변혁을 추진할 수 있다는 것을 명백히 거부한다. 이것이야말로 봉건제에 대한 브레너의 '특수'이론이 기술결정론이라는 '일반이론'으로부터 도출한 외생적이고 순환론적인 가정 없이도 이행을 설명할 수 있다는 것을 그가 받아들이지 않는 이유이다. 여기서 우리는 RCM의 역사에 대한 접근방법, 설명되어야 할 바로 그것을 가정해야만 하는 RCM의 어쩔 수 없는 필요성을 논한 내 주장을 완벽하게 이해할 수 있게 된다.

시장 및 기타 문제들에 대하여

정치에 대하여: 나는 RCM주의자들이 다양한 정치적 견해를 가지고 있다는 것을 알고 있으며 또한 그것을 명확하게 이야기했다. 또한 나는 로머가 자본주의를 좋아하지 않으며 그것을 강하게 비판했다는 것도 알고 있다. 나는 그의 저작의 가장 큰 미덕은 그렇게도 많은 좌익 진영의 사람들이 사

회주의 프로젝트를 폐기한 때 그가 자본주의에 대한 비판을 사회주의적 이론의 일차적 임무로 간주한다는 점이라고 생각한다. 그러나 나의 주장은, 가장 체계적으로 자본주의를 공격해왔던 RCM 패러다임의 중요한 주창자 중의 한 사람이 우파 영원불멸주의(triumphalism)에 대해 그토록 취약한 방어물을 건설했다는 사실이야말로 자본주의를 비판하는 기초로서의 RCM 패러다임의 취약성을 가장 충격적으로 설명해준다는 것이다. 이는 그의 양손이 RCM 모델의 편협한 형식주의적 요구와 신고전파 경제학의 개념적 요구들에 대한 그것의 복종에 의해 묶여 있기 때문이다.

카링은, 그가 사실상 사회주의를 '단순히 양적 개선, 자본주의적 자유와 평등의 확대'인 것처럼 제시한다는 나의 주장에 이의를 제기한다. 나는 평등을 자본주의가 부분적으로나마 제공하는 자유와 한데 뭉뚱그릴 의도를 가지고 있지 않았다는 그의 주장을, 비록 그가 반복해서 자유와 평등을 정확히 이런 방식으로 짝지어놓고 있다 할지라도[3] (그리고 그가 자본주의는 '경제외적', '규범적' 결정요인들을 폐기함으로써 그것이 자유를 진전시키는 것과 같은 방식 및 같은 정도로 평등을 진전시켰다고 정당하게 주장하고 있음에도 불구하고) 수용하려 한다. 어쨌든 나의 주장은 그가 시장을 자유의 영역으로 취급하는 것과 특히 관련이 있었고, 이 점에 관한 한 그는 사회주의가 이 자본주의적 재화를 더 널리 분배하게 하는 것으로 인식되어야 한다는 점을 분명히했다. 나는 그의 공식이 자본주의가 자유와 평등에 대해 권리주장을 하는 데 일정한 (제한적인) 진리가 있다고 인정하기 때문에, 나아가 그것이 자본주의적 시장이 일정한 선택들을 제공한다고 주장하기 때문에 그에 반대하는 것은 아니다. 오히려 내가 반대하는 것은 시장에 대한 그의 설명이 무비판적이고 일면적이라는 것, 거기서 시장은 무엇보다도——실제로는 오직——자유의 영역으로 드러날 뿐 강제와 억압의 체계로 드러나지는 않는다는 점이다. 설사 우리가 거대한 다국적 자본의 권력수단이라는 자본주의적 시장의 전형적 기능을 제쳐놓는다손 치더라도, 그 경쟁의 추동력, 이윤성, 그리고 모든 사회적 가치와 관계들의 상품화는 어떤가? 이것들이야말로 사회주의적 프로젝트가 인식하는 자유, 민주주의

---

3) 예컨대 Carling, "Rational Choice Marxism," 33면을 보라.

및 자기결정에 반명제가 되는 방식으로 사람들과 자원의 처리를 결정하는 강제들이 아닌가? 작업장과 국가는 강제의 영역인 반면 "시장은 진정 자유의 공간"[4]이라는 카링의 주장에 애매한 것이 전혀 없는가? 이것이 자본주의의 작동에 대해 '고전적' 맑스주의보다 더 나은 통찰을 주장하는 어떤 사람으로부터 나온 탁월한 명제이다. 그리고 자본주의의 억압에 대한 우리의 설명이 부적절하다면, 어떤 기반 위에서 우리는 사회주의적 해방의 개념을 구축해야 하는가? 그 어느 때보다도 동구와 서구에서 시장화의 옹호자들이 자본주의적 시장을 자유 및 민주주의와 동일시하고, 그것의 강제에 대해서나 그들이 시장의 자유와 선택을 시장의 규제 및 억압과 분리할 것을 어떻게 제시하는가에 대해서는 애써 회피하고자 하는 이때(그러나 시장의 억압성 때문에 공개적으로 시장을 포용하고 있지는 않은 때), 우리는 이 점을 명확히할 필요가 있다.

마지막으로 '합리적 행위자'에 대한 아주 짧은 논평이다. 여기서 카링은 나를 위해 하나의 주장을 만들어내며, 그리고 나서 스스로 만든 허수아비를 쓰러뜨린다. 나는, 이를테면 봉건영주나 농민을 '합리적 행위자'로 간주하는 데 아무런 어려움도 느끼지 않는다. 나는 또 카링이 주장하는 것처럼 '합리적 행위자'라는 개념이 약간은 반동적이라는 허울좋은 이유로 RCM을 비판하지도 않는다. 나는 자본주의에 고유한 특정한 형태의 합리성을 보편화하는 RCM의 경향에 반대한다. 나는 또한 '합리적 행위자'에 중심적 무대를 내주라는 RCM의 요구가 아주 잘못된 것이라고 주장한다. 그(녀)의 모든 자산에도 불구하고 '합리적 개인'은 구조의 체현물임이, 그리고 심지어는 (특히 로머의 역사에 대한 설명에서는) 보편적인 역사법칙들의 담지자, 기술결정론이라는 초역사적 논리의 담지자임이 판명된다.

---

4) 같은 글, 36면. 카링은 다소 거부감을 보이면서, "자본주의에서 자유라고 간주되는 것은 억압의 은폐된 형태이다"라고 말한다("Rational Choice Marxism," 33면). 그러나 이상하게도 그는 (이런 주장을 하면서도―역자) 소비자의 욕구를 조작하는 것만을 염두에 두고 있으며 자본주의적 시장이 노동과 자원의 처분, 자본들 사이에뿐만 아니라 노동자들 사이에서도 경쟁을 추동하는 힘, 그리고 모든 사회생활의 상품화를 통해 인간의 생활과 관계를 결정하는 좀더 근본적인 방식에 대해서는 아무런 설명도 하지 않는다.

이 모든 것들이 의미하는 것은 앨런 카링이 합리적 선택 맑스주의에 대한 나의 주요비판들 중 어느 것에도 답변하지 못했다는 것이다——RCM의 설명력의 취약성(이는 그가 명백히 인정한 것이다)에 대해, 역사라는 문제를 회피하고 역사를 순환론적으로 개념화한 것(이는 그가 그저 재생산하는 것이다)에 대해, 자본주의의 영원불멸주의의 공격을 버텨내기에는 너무 취약한 도덕적 주장의 보잘것없는 이익을 위해 우리가 치러야 하는 설명력의 대가(이는 그가 단지 무시하는 것이다)에 대해. 현재의 시류를 거스르면서 그가 여전히 자본주의에 대한 비판을 좌파의 중요한 지적 프로젝트라고 생각하는 것은 또다시 로머의 공로이다. 그러나 우리에게는 자본주의 비판의 기초로서 RCM보다 훨씬 더 강력한 그 무엇인가가 필요하다. 자본주의의 옹호자들이 자본주의의 최종적 승리를 선언하고 있을 뿐만 아니라(마치 그것이 더이상은 대량빈곤과 환경파괴와 폭력적 범죄와 문화적 타락을 만들어내고 있지 않다는 듯이), 아예 역사의 종언을 공표하고 있는 지금은 특히 그렇다. 이제 우리에게는 그 어느 때보다도 '고전적' 맑스주의를 진정 창조적으로 발전시킬 그 무엇이 필요하다. 카링이 말한 그 무엇도 RCM이 바로 그것이라는 사실을, 혹은 이와 관련해 우리가 RCM으로부터 잃는 것보다 얻는 것이 더 많다는 사실을 내게 납득시키지 못했다.

알렉스 캘리니코스에 대한 답변: 생산력과 생산관계

역사에 대한 카링의 설명에 이의를 제기하면서 나는 그가 생산력의 발전을 이루어내는 형태를 취하지 않는 역사적 변화(예컨대 고전 고대의 붕괴)에 대해서는 어떻게 생각하는지를 물었다. 이와 유사한 물음을 알렉스 캘리니코스에게도 던질 수 있는데, 이는 그가 로마의 쇠퇴를 역사유물론에 대한 내 견해에 반하는 주된 사례로 인용하기 때문에 더 더욱 그렇다. 나는 그와 고대사에 대해 논쟁하고 싶지는 않지만, 그 사례는 유익한 것이며 그의 역사유물론 해석을 파고들 수 있는 유용한 지점을 제공한다.

캘리니코스는 조야한 기술결정론에 거의 공감하지 않는 것 같다(그 자신의 입장이 기술결정론과 어떻게 다른지가 항상 명확한 것은 아니지만). 그 대신 그는 내가 모순의 원리, 특히 중요한 역사적 변혁의 핵심기제인 생산력과 생산관계 간의 모순의 원리에 충분히 주의를 기울이지 않았다고 혹평한다. 로마의 경우는 계급투쟁과 같은 모종의 '주의주의적' 행위와 구별되는 그런 체제적(systemic) 모순이 어떻게 역사적 변화를 만들어내는가를 보여주는 의미를 갖는다는 것이다.

그렇다면 생산력과 생산관계의 모순이란 무엇을 의미하는가? 캘리니코스가 어떤 의미로 이 개념을 쓰고 싶어하는지는 그리 명확치 않은데, 이는 이 원칙에 대한 그의 진술이 그가 이 원칙을 설명하기 위해 인용하는 역사적 사례와 부합하지 않기 때문이다. 어쨌든 (캘리니코스에 의해 ― 역자) 명백히 진술된 원칙은 생산력의 발전에 의해 생겨나는 동태적 추진력과 관계가 있다. 즉 그에 따르면, 생산력은 발전하는 경향이 있고 어느 지점에선가 더이상의 발전을 불가능하게 하는 생산관계에 의해 부과된 한계에 부딪힌다. 그리고 이 모순은, 생산관계의 변화를 요구하고 생산력이 진보하도록 하면서, 생산력으로 하여금 제한적 외피를 돌파하지 않을 수 없게 한다.

그러나 캘리니코스가 (페리 앤더슨이 요약한 드 스뜨 크루와의 해석을 매개로 하여) 이해하고 있는 것같이, 어떤 일이 실제로 로마에서 발생했는가? 앤더슨은 드 스뜨 크루와를 해석하여 체제적 모순을 다음과 같이 서술하고 있다. "낮은 내부적 재생산율의 당연한 결과인 노예노동력의 공급 퇴조(이는 노예증식의 시도들을 상쇄하고 착취율을 떨어뜨렸다)와 전체적인 잉여추출의 수준을 유지하기 위해 불가피하게 보완적으로 자유노동을 억압하게 만든 착취율의 하락."[5] 이것이 고대에서 봉건제로의 이행에 대한 적절한 설명이든 아니든, 캘리니코스가 염두에 두고 있는 모순의 의미에 대해 우리에게 이야기해주는 것은 무엇인가? 여기서 우리는, 주된 전유계급이 잉여추출의 한계에 달해 자신의 전유권력의 범위를 확대하고자 농민생산자들의 조건을 억압함으로써 착취율의 하락을 보완하려 한 하나의 사례를 보게 된다. 이는 동태적인 생산력이 제약이 되는 생산관계의 한계를 질책하고 돌파한 사례가 아니었다. 만일 생산력이 '질곡에 빠졌다면', 그것은 생산력의 발전이라는 내재적 발전경향이 방해를 받았다는 의미에서가 아니라, 그런 경향이 지배적인 생산관계 속에서 대체로 결여되었거나 혹은

---

5) Perry Anderson, "Class Struggle in the Ancient World," *History Workshop Journal* 16, 1983년 가을호, 68면.

아주 약했다는 것, 그리고 이것이 노동생산성의 향상 대신 경제외적 잉여 추출의 확대를 조장했다는 의미에서다. 생산관계가 생산력의 발전을 더 잘 유도할 수 있는 어떤 새로운 형태를 취하지 않을 수 없게 됐다고 볼 수도 없다. 오히려 그것은 차라리 생산관계가 생산력에 적응하는 문제, 생산의 한계에 맞춰 잉여추출을 재조직화하는 문제였다. 제국의 하부구조(infrastructure)──제국의 도시들, 도로체계, 부, 인구──가 해체됨에 따라, 그리고 제국이 점점 '야만인들'(덜 발전된 생산력을 소유하고 있던 사람들)의 침입을 받기 쉬워짐에 따라 잉여전유장치는 사실상 당시의 생산력 수준으로 그 규모가 축소되었던 것이다.

　사료는 빈약하지만, 그 결과는 생산력의 파괴, 로마고대의 발전으로부터의 후퇴였다고 주장할(맑스와 엥겔스가, 예컨대 『독일 이데올로기』에서 무심코 그런 것처럼) 수 있다. 어쨌든 '위기'가 지나가고도 한참 뒤, 사실상 수백년이 지난 뒤까지도, 물질적 생활수준은 계속 아주 낮았다. 그리고 경제성장은, 설령 이루어졌다 할지라도, 상당기간은 생산력의 향상보다는 전쟁경제의 '경제외적' 논리, 즉 강제적 전유와 약탈의 논리에 기반을 둔 것이었다.[6] 봉건제는 결국 기술적 발전을 가져다주었다(비록 그 정도는 논쟁의 주제로 남아 있지만). 그러나 확실히 지금까지는 고대의 위기와 생산력의 발전 간의 인과의 실마리는 두꺼워지기보다는 오히려 더 얇아져왔다. 캘리니코스가 생산력의 발전은 제약이 되는 생산관계라는 질곡에 긴장을 부여한다는 그의 주장으로부터 생산관계는 정체된 생산력의 진보를 고무할 수 있도록 변화한다는 주장으로 그 인과의 순서를 역전시킨다 해도 그 관계란 너무나 빈약한 것이다. 우리가 이런 종류의 시간범위를 기꺼이 받아들이려 한다면, 개입하는 과정들의 길이와 복잡성과 무관하게 거의 모든, 두 개의 멀리 떨어진 역사적 에피소드들간에 직접적인 인과관계가 있다고 우리는 주장할 수 있을 것이다. 그러나 그런 인과적 설명들이 얼마나 쓸모 있는 것이겠는가? 그리고 기술적 혁신이 발생했을 때 그것의 이용가능성(이는 결코 광범위한 유용화(utilization)[7]를 보장하지 않는다)이 사회변화

---

6) 예컨대 Georges Duby, *The Early Growth of the European Economy*, Ithaca, 1974, 269면을 보라.

7) Robert Brenner, *The Brenner Debate*, Cambridge 1985, 32, 233면을 보라.

를 결정했는가도 여전히 문젯거리로 남아 있다. 이를테면 영국(궁극적으로 농업자본주의가 출현했던)과 프랑스(농업이 정체되었던) 간의 사회변혁의 정도와 방향의 차이가 그 각각의 봉건적 기술수준의 차이에 전혀 상응하지 않는 것을 보면 더 더욱 그렇다.

모순과 재생산의 규칙

확실히 우리는 로마의 유형을 생산력과 생산관계의 모순을 보여주는 한 사례라고 말할 수 있다. 하지만 그러려면 캘리니코스가 에릭 올린 라이트를 인용하여 채택한 가장 약한 정식화와는 다른 의미로 생산력과 생산관계의 모순이라는 개념을 사용해야 한다. 캘리니코스의 정식은 이른바 "생산력을 발전시키는 '약한 추진력'(weak impulse)이, 라이트가 생산력과 생산관계 사이의 동적인 불균형이라 부른 것, '결국은 생산력이 질곡에 빠지는 시점, 즉 생산관계의 변혁이 없이는 더이상 발전할 수 없는 시점에 다다르게 될' 정도의 '동적인 불균형'을 창출한다"(이 책 385면 주 20)는 것이다. 라이트는 그 추진력의 '약함'에 대해 불만을 갖는 사람들에 대비해 이 명제에 빠져나갈 여지를 남겨두고 있지만, 캘리니코스의 해석에서는 이 명제가 역사의 운동이 생산력의 발전적 추진력에 의해 발생한다는 의미를 명백히 함축하고 있다. 그는 "생산력이 발전하는 경향이 있을 때만, 그리고 그럼으로써 기존 생산관계와 양립할 수 없게 될 때만, 생산력과 생산관계 간의 갈등은 사회변화의 기제로서 기능할 수 있다"고 주장한다. 이는 분명히 역사를 진전시키는 것은 생산력의 진보라는 것을 의미한다. 그러나 캘리니코스는 가장 중요한 사례로서 로마의 경우를 인용하는데, 거기서 '모순'이 변화의 기제로 기능했던 것은 생산력이 기존 생산관계의 능력을 넘어서서 발전하고 있었기 때문도 아니고, 정체한 생산력을 변화시키는 효과를 지녔던 사회관계들의 변혁을 가능케 함으로써 그랬던 것은 더 더욱 아니었다. 오히려 그것은 생산관계를 생산력의 수준에 맞게 낮춤에 의해서였다. 따라서 우리가 이 사례를 받아들이기 위해서는 생산관계가 생산력의 '질곡'에 맞게 수정되는 것, 그리고 나아가 그 생산력들의 파괴까지도 모순이 낳을 수 있는 결과에 포함시켜야만 할 것이다.

이런 난점들은 단지 특정유형의 코헨의 '기능적' 설명을 채택한다고 해서

극복될 수는 없는데, 왜냐하면 그의 설명은, 우리가 그런 변화의 기본원인
이 생산력의 진보에 대한 요구라는 것을 가정하는 한에서만 생산관계의 변
화에 한시적인 우선성을 부여하기 때문이다. 이런 종류의 '설명'은, 내가
다른 기회에도 주장한 바 있듯이, 우리가 생산력의 혁명적 향상으로부터
그것의 정체, 심지어는 후퇴에 이르는 모든 가능성들을 포함시킬 수 있을
정도의 공허한 일반성을 가지고 그것을 해석할 준비가 되어 있는 경우에만
역사에 대한 일반적 설명으로서 기능할 수 있다. 물론 이는 전(前)자본주
의 사회들에서 기술혁신이 일어났다는 것을 부정하는 것은 아니며, 거기에
점진적이고 누적적인 발전이 존재했다는 것조차 부정하지 않는다. 문제는
이 발전들이 (인과적으로) 그 사실(역사적 변화 — 역자)에 앞서서든, 아니
면 ('기능적으로') 그 사실 이후에든, 역사 변화의 동기가 되는 동태적 힘
을 구성했는가이다.[8] 이는 역사 진보의 방향성에 대한 선험적이고 보편적
이며 문제를 회피하는 가정들에 호소해서는 해결될 수 없는 문제이다.

　생산력에 대해 그것이 주어진 사회관계가 무엇이든 거기에 외재적인 역
사발전의 자율적 원리인 것처럼 이야기하지 않는 편이 좋을 것이다. 장기
적으로는 인간의 지식과 기술의 진보에 누적적인 방향성이 존재한다 할지
라도, 역사의 누적적인 연속체들이, 서로 다른 각각의 생산양식들이 그 자
신의 고유한 생산력과 생산관계 간의 연관, 그 자신의 고유한 모순 내지,
브레너의 정식을 빌리자면 아마도 그 자신의 고유한 '재생산 규칙'(rules
for reproduction)을 갖는다는 사실을 바꾸어놓을 수는 없다. 로마의 예(캘
리니코스가 묘사한)를 들어보자. 여기서 문제가 되는 것은 전유의 위기이

---

8) 캘리니코스는 기술적 혁신의 발생과 관련된 명제와 역사적 변화의 동학에 관련된
　명제들 간의 차이를 이해하지 못하고 있는 것 같다. 예컨대 그는 브레너가 다양한
　전자본주의 사회들의 발전의 수준차를 전혀 인정하지 않는다고 비판하지만, 그러
　나 그런 종류의 것에 대해서는 아무 것도 말해주지 않는 구절을 인용한다. 브레너
　의 주장은 모든 전자본주의 사회가 동일한 기술적 발전수준에 있다는 것이 아니라
　그 다양한 소유관계가 노동생산성의 향상보다는 경제외적 잉여추출의 확대를 조장
　하는 경향을 공통적으로 지닌다는 것이다. 이것이야말로 전자본주의 사회들에서
　농업생산성을 확대하려는 모든 시도가 실패한 것이 신기술을 이용하지 못했기 때
　문이라기보다는 현존 기술조차도 잘 이용하지 못했기 때문일 수 있는 이유(예컨
　대, 캘리니코스의 글 주 7(이 책 381면)에서 인용된 구절들을 보라)이다.

다. 그것이 위기에 처하게 되는 것은 낡은 생산관계가 (다소는) 활력있는 생산력을 더이상 발전하지 못하도록 제한하기 때문이 아니다. 그것은 오히려 기존의 조건 속에서, 즉 현존의 생산력과 생산관계의 총체(ensemble) 속에서 주요 계급들이 자기재생산이라는 그들의 정상적인 전략을 더이상은 성공적으로 추구할 수 없기 때문이다. (계급투쟁은 단순히 이행의 지점이 아니라 바로 여기서 그 과정 속으로 진입해 들어오는데, 그것은 재생산의 전략들이 고립된 상태에서가 아니라 전유자와 생산자 간의 관계 속에서 결정되기 때문이다.) 그들이 살아 남을 수 있는 한계점에 도달할 때 이 전략들은 변화할 것이다. 그러나 그것이 반드시 생산력의 진보를 더 잘 유도하는 전략을 채택한다는 것을 의미하는 것은 아니다. 일반적으로 전자본주의 사회에서 그 결과는 잉여추출의 범위와 방식의 조정, 혹은 직접적 착취에 의해서든 약탈과 전쟁에 의해서든 전유의 권력을 이루는 경제외적 힘들, 즉 국가, 군사기구 등등을 재조직화하는 것이 될 가능성이 크다. (부언하자면, 이는 또한 어떤 특정한 사회가 다른 사회와의 관계에서 가질 수 있는 이점이 그것의 생산력에 직접적으로 비례할 필요가 없다는 것을 의미한다.[9] 우리는 생산적인 경제에 경쟁우위를 주었던 국제적인 자본주의적 경쟁의 규칙——비록 여기서조차도 지정학적·군사적 우월성이 생산성에 정확히 상응하지는 않겠지만——을 역사 전체에 일반화할 수는 없다. 전자본주의 사회에서는 '경제외적' 자원들의 효율적 조직화가 결정적일 것이다.) 확실히 가용생산능력은 가능한 것의 한계를 정해주지만 이렇게 이야기하는 것이 덜 생산적인 체제는 반드시 더 생산적인 체제로 교체된다거나, 더 나아가 생산력 발전의 추진력이 역사적 변화의 필연성과 방향을 결정한다는 얘기는 아니다.

자본주의의 특수성

바로 이것이야말로 여타 생산양식과 구분되는 자본주의의 특수성, 특히 그것의 생산력과 생산관계 간의 관계의 특수성을 주장하는 이유이다. 자본

---

9) 이 점은 "International Competition in Historical Materialism," *NLR* 183, 1990년 9·10월호, 116~28면에서 크리스토퍼 버트램(Christopher Bertram)이 제시한 주장과 관계가 있다.

주의로의 이행이 역사적으로 독특한 것은 그 재생산의 전략들의 위기가 그
저 전유관계의 변혁만을 가져온 것이 아니라 생산력을 혁명화하는 완전히
새롭고도 지속적인 추동력이라는 결과를 가져온 과정을 처음으로 만들어냈
기 때문이다. 생산력의 동태적 추진력이 사회변화의 일차적 기제로 간주될
수 있는 것은 오직 자본주의에서만이다. 자본주의는 또한 그것이 갖는 생
산력과 생산관계 간의 특수한 체제적 모순들이라는 점에서도 독특하다. 즉
대부분 노동자계급의 형태로 생산력을 발전시키고 사회화하는 자본주의의
예기치 못한 추동력은 지속적으로 그 자신의 일차적 목적, 곧 자본의 자기
확대의 한계에 직면하는데, 이런 목적은 때로는 생산능력을 파괴하지 않을
수 없게까지 만든다. 의심할 여지 없이 사회주의는 자본주의의 고유한 모
순을 해소하면서도 또한 그것의 발전을 기초로 건설되는 것으로 이해될 수
있다. 그러나 자본주의의 특수성을 인정하는 것은 동시에, 단순히 자본주
의의 확대나 자본주의를 기초로 한 개선으로서가 아니라 그 자신의 내적
논리를 갖는 사회관계들의 체제 —— 축적과 이른바 '성장'이라는 추진력 및
그에 따른 낭비와 파괴와 환경의 황폐화에 의해 움직이지 않으며, 가치와
창조적 추진력이 기술진보라는 옹색한 개념에 의해 제한받지 않는 체제
—— 로서의 사회주의의 특수성을 주장하는 것이다.

캘리니코스는 나의 역사유물론에 대한 견해가 너무 '주의주의적'이며, 객
관적 결정들과 구조적 모순들에 너무 무감각하다고 생각한다. 그러나 우리
는 모든 역사를 거슬러 올라가 자본주의적인 위기들과 모순들을 읽어내지
않고도 전자본주의 사회들의 특수한 구조적 모순들 또는 자본주의 나름의
특수한 운동법칙과 위기경향을 인식할 수 있다.[10] 캘리니코스가 정기적으
로 내 얼굴에 내던지는(그것은 거의 연례행사가 되어왔다) '주의주의'라는
문제는, 우리들 사이의 논쟁이 계급투쟁이 '객관적인' 결정들과 구조적 모
순들이라는 틀 내에서 발생하는가의 여부에 대한 것이 아니라 그 결정들과

---

10) 덧붙이자면, 나는 캘리니코스가 주장한 것처럼 합리적 선택 맑스주의의 노동가
    치설에 대한 비판에 양보한 일이 없다. 오히려 나는 우리가 자본주의에 반대하는
    도덕적 주장인 로머의 대안적인 착취론에 양보한다면, 노동가치설은 모든 설명력
    을, 자본주의의 위기를 포함하여 자본주의의 운동법칙을 설명할 모든 능력을 박탈
    당한다고 주장했다.

모순들 자체의 특수한 성격의 문제에 대한 것이기 때문에 주의를 딴데로 돌리는 것(red herring)에 불과하다. 만일 캘리니코스가 나의 역사유물론에 대한 견해가 '사회민주주의 쪽으로 무너져내리는' 경향이 있다고 걱정한다면, 그는 고전적인 사회민주주의적 주장은 자본주의 원리의 일반화, 즉 하나의 생산양식에 역사특수적인 운동법칙을 일반적인 자연의 법칙으로 전환시키는 경향과, 자본주의와 그것의 체제모순의 특수성을 인정하기를 거부하는 것에 의존한다는 점을 명심해야 할 것이다.

　나는 캘리니코스의 주된 동기가, 기술결정론이 아니라면, 약한 형태의 모종의 역사적 단선발전론(unilinearism)을 구출하고자 하는 것이 아닌가 의심스러운데, 이에 따르면 모든 역사는 조만간 자본주의를 가져온 단일하고도 움직일 수 없는 하나의 논리를 따라가야 한다. 그리고 그 논리의 최종적 결과는 사회주의가 될 것이다. 이것이 바로 그의 의도라는 사실은, 그가 자본주의를 (그리고 그것의 폐지를) 역사에 대한 보편이론 속에 무비판적으로 새겨넣는 효과를 갖는 여러가지의 미심쩍고 문제를 회피하는 정식들에 호소하고 있다는 사실에서 드러난다. 예컨대 그는 자본주의적 전유와 상업적 이윤취득에 대한 조지 꼼니넬의 구분이 "초기 상인자본주의가 레닌이 '이행기적 형태들'이라 불렀던 것의 출현을 위한 틀을 어느 정도나 제공했는가"를 고려하지 못했다는 이유로 그의 『프랑스혁명을 다시 생각한다』에 이의를 제기한다. 여기서 문제는 '상인'을 '자본주의'와 짝짓는 것이, 입증될 필요가 있는 바로 그것, 즉 상인의 활동이 그 자체로 자본주의를 향하는 추진력을 내포하고 있다는 것, 그리고 상업적 이윤취득이 그 자신의 체제적 축적논리로써 자본주의를 함축하는 경우들과 그렇지 않은 경우들 사이에 어떤 구분도 이루어질 필요가 없다는 것을 가정함으로써, 핵심적 문제들을 회피한다는 것이다. 꼼니넬과 달리 캘리니코스는 그 안에서 이런 활동들이 발생하는 소유관계의 지배적 맥락을 무시한다. 이는 또다시 원점으로 돌아와 삐렌과 그 추종자들이 말하는 것――자본주의를 무역과 동일시하고 그것을 전역사에 일반화하는 것――이다.

　'초기산업화'(proto-industrialization)라는 개념도 '농촌경제의 확산'이 어떻게든 그 자체 내에 산업자본주의의 맹아를 내포하고 있었다고 주장하기 때문에 이에 못지않게 문제가 된다. 또다시 여기서도 한편으로는 여전히 전자본주의적 사회관계들에 의해 구속을 받고 있었고 그 전통적 한계들을 극복할 능력의 징후를 전혀 보여주지 않고 있던 자기제한적 농촌경제와, 다른 한편으로는 농업자본주의를 기반으로 이미 변형된 경제가 이 오래된 한계들을 돌파할 능력('전통적으로 우세했던 직물수출산업의 위기와 정체에 직면해서도 지속적인 산업성장 및 전체적인 경제성장을 유지할 수 있었던 능력'[11])을 가지고 있었다는 점에서 독특했던 영국이라는 특수한 사례 간의 차이에 대해서 아무런 설명도 주어지지 않는다. 아마도 캘리니코스는, 그가 하려고만 한다면, 이를테면 프랑스의 농촌경제가 자본주의의 씨앗을 품고 있었다는 것을, 즉 단지 어떤 외재적 추진력(영국에서의 이전의 발전과 같은 그리고 영국으로부터의 경쟁압력 같은)을 전제로 하여 자본주의를 만들어낼 가능성이 아니라 자본주의로 향하는 내재적 추진력을 가지고 있었다는 것을 실제로 입증할 수 있을 것이다. 그러나 그는 의문시되는 바로 그 전제로 채워진 언어를 사용함으로써 그 문제를 그저 개념적으로 사상해버릴 권리를 가지고 있지는 않다.

　나는 일반적으로 사회주의 프로젝트로부터 후퇴하는 시기에 사회주의를 위해 역사를 탈환하려는 소망에 공감할 수 있다. 나는 실제로 '역사가 우리의 편'이라고 생각한다. 그러나 그것은 사회주의가 역사의 여명 이래로 움직일 수 없는 진보의 법칙 속에 각인되어왔다거나 그것의 도래가 불가피하다는 의미에서는 아니다. 나는 그보다는 사회주의를 의사일정에 올리고 사회주의를 탄생시킬 조건을 만들어내온 것은 자본주의에 의해 창출된, 역사적으로 특수하고도 독특한 가능성과 긴장이라고 생각한다. 시장의 '규율'이 확립됨에 따라 이미 구래의 모순과 계급갈등으로 회귀하는 징후가 나타나고 있는 동구에서조차, 사회주의적 해방의 조건들이 자본주의의 특수한 모순들 속에 존재한다는 명제를 최초로 시험할 기회는 아직 남아 있는지 모른다.

---

11) Brenner, *The Brenner Debate*, 325면.

찾아보기

한국어판 ⓒ 창작과비평사 1993

창비신서 • 120

계급으로부터의 후퇴

1993년 6월 25일 초판 인쇄
1993년 7월   5일 초판 발행

저 자   엘린 메익신즈 우드 외

편역자   손   호   철

발행자   김   윤   수

발행처   창 작 과 비 평 사

121-070 서울 마포구 용강동 50-1
전화 718-0541 • 0542 (영업)
718-0543 • 0544 (편집)
716-7876 • 7877 (독자관리)
FAX 713-2403
지로번호 3002568
대체구좌 010041-31-0518274
등록 1986. 8. 5 제10-145호

ISBN 89-364-1120-9   값 8,000원